KB263384

국어로 학문하기 2권

언어의 생성과 응용

[국어로 학문하기 2권]
[언어의 생성과 응용]

지은이 김기혁
초판 인쇄 2005년 2월 20일
초판 발행 2005년 2월 25일
펴낸이 박찬익
펴낸곳 도서출판 박이정
출판등록 1991년 3월 12일 제1-1182호
주소 서울시 동대문구 용두동 129-162
대표전화 922-1192 ‖ 팩스 928-4683
http://www.pjbook.com

ISBN 89-7878-773-8 (93700)
         89-7878-771-1 (세트)

값 16,000원

■ 잘못된 책은 바꾸어 드립니다.
■ 무단전재 및 무단복제를 금합니다.

국어로 학문하기

2권 언어의 생성과 응용

김기혁 지음

도서
출판 박이정

머리말

나는 국어국문학과 신입생에게 '국어학' 또는 '국어학개론'이라는 이름의 강의를 한다. 대학생이 되어 강의실에 들어온 이 꿈꾸는 신입생들이 나의 수업을 듣고 하는 투정은 크게 세 가지이다.

첫째, 어렵다는 것이다. 국어라는 것이 누구나 편하게 사용하는 것인데 왜 이렇게 어렵게 논의해야 하는가 하는 것이다. 둘째, 고등학교 때처럼 하나하나 가르쳐 주지 않는다는 점이다. 관심을 갖는 대상을 어떻게 이해하는가 하는 방법론에 대한 논의가 많고, 생각하는 폭이 넓어서 무엇을 공부해야 하는지 방향을 모르겠다고 한다. 셋째, 정답을 분명히 알려주지 않는다는 점이다. 고등학교 때까지 이 문제의 정답은 무엇이라고 분명히 배워서 알아왔는데, 그것은 여러 가지 견해 가운데 하나일 뿐이고 다르게 생각할 수도 있다고 하기 때문에 헷갈린다는 것이다. 꼭 집어서 답은 이것이라고 해 주길 바란다.

이에 대해 나는 두 가지로 답변을 생각한다. 하나는 내가 학문 연구나 강의 기법에서 부족하면서도 내 기분에 빠져 학생들의 수준을 생각하지 않고 강의를 하고 있지 않나 하는 자책이다. 다른 하나는 학생들이 고등학교 과정에서 선생님의 가르침을 이해하고 외우는 것에 익숙하기 때문에 대학에서 추구해야 할 문제 발굴의 창의적 사고와 문제에 대한 논리적 설명 방법의 학습에 적응하지 못하고 있기 때문이라는 것이다.

자기 합리화의 마음에서인지 나는 두 번째가 답이라고 생각하고 강의를 해오고 있고, 이에 대해 긍정하는 학생들의 이야기를 들으며 나름대로 보람을 갖고 있다. 이러한 과정의 반복 속에서 생각해 낸 것이 어떤 점이 대학생이 된 이들에게 필요한 문제 발굴의 창의적 사고이며, 어떤 점이 학문하는 방법인가를 가르쳐 주어야 한다는 것이다. 그리고 어떤 점이 고등학교에서 배운 바와 달리 대학생들에게 앞으로 대학생활에서 추구하여야 할 것인가를 구체적으로 제시할 필요가 있다고 생각했다.

내가 생각하고 나름대로 강의하는 것이 적절한가에 대한 반성인 동시에 대학에서 추구하여야 할 학문 연구 방법론을 제시하여 대학생들이 창조적 학습을 하기 위한 도움이 되어야 하겠다는 생각이다. 이를 위해 이 글에서는 국어 현상에 대해 설명하고 또 국어 현상을 설명하는 설명 방법에 대하여 논의하였다.

내가 전공으로 공부하여 잘 아는 것이 국어 분야이기 때문에 국어에 대한 현상 속에서 어떤 것이 논의의 대상으로 제시되며, 이 현상에 대한 설명이 어떤 과정을 통하여 이루어지는가를 제시하여 단지 국어만이 아닌 모든 분야의 학문에서 학문하는 방법, 대학에서 공부하는 방법의 하나를 보이고 싶다는 것이 넓은 바람이다.

무엇이 관심의 대상이고, 그것이 왜 관심의 대상이 되며, 어떤 방법으로 제기된 문제를 해결하여야 하는가를 국어 현상 속에서 찾아내고 이에 대해 답변을 해 나가는 방법으로 대학에서의 학문

연구 방법에 대한 논의를 하는 것이다. 이러한 국어의 현상에서 문제점 찾기와 이에 대한 설명하기의 과정이 모든 대학생들이 창의적으로 학문하는 방법을 배우는 한 방향이 될 수 있을 것으로 기대한다.

국어의 여러 분야 가운데 지은이가 아직 깊이 있게 생각하지 못한 부분이 많다. 그러한 부분들은 기존의 연구들을 소개하는 피상적인 서술에 그쳤다. 반대로 지은이가 깊이 생각한 부분은 자세히 논의하였다. 따라서 전반적인 윤곽을 제시하는 동시에 부분적으로는 다른 분야와 균형이 맞지 않게 깊이 있는 논의가 이루어진 부분이 많다. 국어 연구에 대한 전반적인 모습을 이해하는 것 못지않게 관심 있는 대상에 골몰하는 것이 필요하기 때문이다.

비교적 정밀하게 생각하고 행동하고 글도 쓰려고 노력하지만, 글을 쓰면서, 그리고 쓰고 나서 보면 언제나 빈틈이 많고 부족함이 많이 보인다. 그럼에도 이렇게 또 글을 내는 것은 이것이 나의 한계인 동시에 최선의 결과를 향한 삶의 길이라고 생각하기 때문이다.

2005년 2월 2일
김 기 혁

제7장
어미의 문법 범주와 문법 현상 ······························· 121

제8장
문장의 생성 ··· 203

제13장
국어의 전산화와 정보화 ·············· 371

제6장
서술어와 문장 유형

1 서술어의 분류

국어의 서술어를 이루는 용언은 전통적으로 동사와 형용사, 동사는 다시 자동사와 타동사로 구분된다. 이러한 구분은 품사 분류에서 이용하였던 단어의 형태, 의미, 기능에 근거한 것이다. 형용사와 동사의 구분은 모두 서술어로 기능하지만, 의미상 상태의 의미인가 동작의 의미인가의 기준과, 활용시 진행이나 명령형이 가능한가 등의 형태적 차이에 따른 것이다. 서술어의 분류는 형태, 통사, 의미를 종합적으로 고려한 전통적인 방법이 기본으로, 형용사와 자동사와 타동사의 구분은 서술어의 주요 분류이다.

서술어의 분류는 상태와 동작이라는 시상 의미를 비롯하여 어떤 명사구를 논항으로 갖는가, 즉 어떤 격틀을 갖는가, 의미역은 어떠한가가 분류의 기준으로 제시된다. 논항 구조나 의미역을 비롯한 의미를 고려하면 형용사와 자동사가 논항 구조나 의미상 서로 통합되어야 하는 면이 있고, 또 자동사나 타동사가 서로 통합되어야 하는 면도 있다.

서술어를 의미에 초점을 맞추어 심리동사, 이동동사, 사유동사 등으로 분류하기도 한다. 의미를 기준으로 분류하는 과정에서도 통사적인 특징에 관한 관점이 동시에 고려된다. 의미나 문법적인 성격이 다른 서술어와 구별되는 '이다'와 '있다'는 지정사와 존재사로 따로 나누어 다루어지기도 한다. 서술어를 다원적인 기준에 의하여 분류할 수밖에 없는 이유는 서술어 범주에 소속된 어휘의 수가 많아 분류의 기준이나 방법이 다양하기 때문이다.

의미를 중심으로 서술어를 분류하면 의미에 의해 구분할 수 있는 기준이 어느 정도까지인가를 한정한 문제와, 의미가 유사해도 문법적 특징이 다른 서술어들을 하나의 범주에서 논의하게 되는 문제가 있다. 이동, 심리, 판단, 평가, 인식 등의 의미 범주로 구분이 가능하지만 이러한 의미 범주가 모든 서술어를 포괄할 수 있는 것이 아니고, 또 이러한 범주에 어떠한 서술어가 소속되는가의 판단이 명확하지 못한 경우가 많다. 형용사 '좋다'는 의미상 심리 서술어이다. '좋아하다'는 타동사이지만 의미상 심리 서술어인 점은 '좋다'와 같다. 의미를 중심으로 보면 두 서술어는 하나의 범주에서 다루어질 수 있지만 다른 형태나 기능적 측면에서 보면 구별된다.

형태적 차이에 의한 서술어의 분류는 구분이 분명하다. 동사와 형용사를 구별할 때, 활용의 차이가 두 범주의 차이를 가장 간단하면서도 명시적으로 구분하여 준다. 그러나 형태에 의한 구별은 형용사와 동사 자체 내에서 하위범주를 나눌 형태적 근거가 마땅하지 않다.

논항 구조를 중심으로 서술어를 분류하는 것은 서술어의 통사적인 측면을 고려하는 것인데, 유사한 논항 구조에 의해 묶일 수 있는 서술어가 너무 다양하고, 개별 서술어도 다양한 논항 구조를 보이고 있어 특정 서술어에 한정된 논항 구조를 보이기 어렵다는 한계를 가지고 있다. 자동사의 경우 'N1이 N2에 V', 'N1이 N2로 V', 'N1이 N2와 V' 등의 문형에 대부분의 동사들이 포함되면서 또 격틀을 공유하기 때문에 분류를 통한 특징을 구분하는 데 효과가 크지 못하다.

의미역할도 문장의 특징을 파악하고 문장을 분류하는 한 기준이 되기는 하지만, 동사는 다양한 유형의 의미역할을 갖기 때문에 절대적인 분류의 기준이 되지는 못한다. 예를 들어 동사 '가다'는 품사에 따르면 자동사인데, '성호가 갔다'에서 주어의 의미역할은 '행위자', '맛이 갔다'에서는 '대상'의 의미역할을 갖는다. 논항 구조에서도 '우리는 미국에 갔다'와 '우리는 미국을 갔다'에서와 같이 단일한 논항 구조를 갖지 않는다.

따라서 서술어의 분류는 종합적인 기준에 의한 문법적 분류인 형용사, 자동사, 타동사를 기초로 하여, 이들 서술어의 하위에 소속되는 서술어들을 다시 논항 구조나 의미역할 등을 비롯한 여러 가지 통사·의미적 특징을 복합적으로 고려하여 분류하고 문장 유형을 확정하는 것이 바람직하다. 여기서는 자동사, 타동사, 형용사 구문을 중심으로 서술어를 분류하고, 하위 분류는 다시 의미나 논항 구조, 의미역을 고려한다. 순서는 전통적인 품사, 논항과 의미역할, 의미 범주의 순서이다.

형용사, 자동사 타동사에 따라 문장의 유형도 형용사문, 자동사문, 타동사문으로 나눌 수 있다. 문장의 성분을 중심으로 볼 때, 문장에서 가장 기본이 되는 성분은 서술어를 제외하면 주어와 목적어, 그리고 보어와 부사어이다. 따라서 문장도 주어 중심 문장, 목적어 중심 문장이 대표적인 문장을 형성하고, 보어 중심 문장, 부사어 중심 문장이 나타날 수 있다. 이러한 문장성분 중심의 문장 유형 분류는 논항 구조에 의한 문장 분류, 격틀에 의한 문장의 분류와 맥을 같이 한다고 할 수 있다. 문장의 의미역할을 중심으로 행위자 중심 구문, 대상 중심 구문 등의 방법으로 문장을 분류할 수 있다.

1) 분류 기준으로서 의미, 형태, 기능

품사를 분류할 때 기준이 되는 의미, 형태, 기능은 언어 연구의 여러 상황에서 필요한 기준이다. 이 세 가지 기준 가운데 어느 기준이 중시되어야 하는가는 문법적 상황에 따라 다르다. 서술어의 분류에서 동사와 형용사의 구분은 의미상 움직임을 나타내는가 모양을 나타내는가가 일차적 기준이다. 그러나 의미에 의한 구분은 명시적이지 못한 경우가 많아, 명시적 구별 기준으로 형태에 비중이 주어졌다. 동사와 형용사는 기능적인 면에서는 모두 서술어가 되는 점에서 동질성을 갖고 있다.

동사와 형용사는 형태적으로 '는, 는다, 는구나, 느냐'[1] 등의 현재형 어미와의 결합이 가능한가, 또 진행구성인 '고 있다'와의 연결이 가능한가, 명령형 표현이 가능한가에 따라 구분된다.

   (1) ㄱ. 가는 곳, 간다, 가는구나, 가느냐, 가고 있다, 가라
       ㄴ. *예쁘는 곳, *예쁘는다, *예쁘는구나, *예쁘느냐, *예쁘고 있다,
          *예뻐라

품사 분류에서 의미란 개별적 어휘의 의미가 아닌 범주를 형성하는 공통적인 의미이다. 의미면에서 동사는 사물의 움직임을 과정적으로 표시하고, 형용사는 사물의 성질이나 상태를 표시하는 품사이다. '달리다'와 '달리기'는 모두 '달리는 행위'를 뜻하지만, '달리다'는 움직이는 움직임을, '달리기'는 움직이는 행위의 대상화를 뜻하는 점에서 구분되고 이러한 차이가 품사의 차이이다.

동사와 형용사는 서로 겹치는 부분이 있다. '늙다'는 형용사로 쓰이지만 동사로도 쓰인다. 활용을 할 때도 '우리는 모두 늙는다'에서와 같이 동사로도 활용한다.

---

1) 이 글에서는 편의상 의존형태소 표시인 '-'를 생략한다.

2) 서술어의 논항과 의미역할의 관계

논항 구조나 격틀은 서술어와 서술어가 요구하는 명사구와의 관계이다. 서술어와 공기 관계를 갖는 명사구 논항이나 격, 즉 논항 구조와 격틀을 바탕으로, 문장성분들이 문장에서 갖는 의미역할을 고려하여 서술어를 나누고 문장 유형을 밝히는 것은 국어의 서술어의 분류와 문장 구조 해석에 좋은 방법이다.

서술어에 따라 논항은 달라지지만 국어에서 논항은 주로 주어(명사+이/가), 목적어(명사+을/를), 부사격 조사에 의한 부사어(명사+에, 에서, 에게, 로, 와/과)로 이루어진다. 1항, 2항, 3항 서술어라는 개념은 서술어가 논항을 몇 개 갖는가에 따른 것이다. 그러나 단지 서술어의 논항의 숫자뿐만 아니라, 어떤 논항을 서술어가 갖는가가 서술어의 특징을 구분하는 기준이 된다.

'격'이나 격체계의 설정은 원래 형태와 기능에 근거하였지만, 의미와 기능이 오히려 격의 중심 내용이 되었다.[2] 격의 설정이 형태를 기준으로 하면서도 아울러 어형 변화를 갖는 체언의 문장에서의 기능을 고려하였기 때문에, 영어와 같이 격의 어형 변화가 없는 경우에도 격이 존재할 수 있었고, 국어 문법에서도 격을 문장에서 차지하는 '자격' 또는 '자리'라는 개념으로 파악하였다. 국어에서의 격은 전통적으로 주격, 목적격, 부사격이 중심이 된다.

---

2) 의미가 격의 중심이 된 것은 필모어Fillmore의 격문법(Case Grammar) 이후이다. 그는 격을 "사람들이 자기 주변에서 일어나고 있는 일들에 관해서 내릴 수 있는 판단, 즉 누가 그 일을 일으켰는가, 누구에게 그 일이 일어났는가, 그리고 무엇이 변했는가와 같은 사항에 관한, 어떤 판단의 유형을 나타내는(identify) 보편적이고, 아마도 생득적인 개념의 집합"으로 보아, 의미 중심의 '격'을 규정한다.

　격문법에서 주장하는 격은 비록 의미뿐만 아니라 통사적인 면을 고려한 심층 구조격이라 하지만 실제로 나타난 격의 기준은 의미에 의존하는 것이기 때문에 전통적 의미에서의 격과 구별된다. 전통적인 형태, 기능 중심의 격과 구별하기 위해 '의미역할'이라는 개념이 필요하다.

　의미역할이란 '서술어를 중심으로 한 체언의 의미 관계'를 뜻하는 것으로 역할이라는 표현을 덧붙인 것은 이 의미가 문장에서 차지하는 구실, 즉 역할을 고려하여 설정되는 것이기 때문이다. 촘스키Chomsky의 GB(Government and Binding) 이론에서 '격이론'과 의미역할(θ기준, 또는 θ범주)을 구분하는 것은 이러한 점을 고려한 결과이다. 의미역할은 대부분 격문법에서의 의미격과 일치하는데, 행위격, 도구격, 경험격 등이 있다. 다음은 구조격과 의미격, 의미역의 관계를 보여준다.

(2)　ㄱ. <u>철수가</u> 물건을 떨어뜨렸다. (주어격/행위격/행위자역)
　　ㄴ. <u>돌이</u> 유리를 깼다. (주어격/도구격/도구역)
　　ㄷ. <u>물이</u> 맑다. (주어격/대상격/대상역)
　　ㄹ. <u>철수가</u> 영화를 보았다. (주어격/경험격/경험역)

　논항은 격을 갖고 또 의미역할을 갖는다. 논항은 서술어와 관련된 필수 성분으로 수의 성분인 부가어와 구별된다.

　문장에서 필수성을 판단하는 것은 용이하지 않다. 필수성과 수의성은 생략 여부만으로 확인할 수 없다. 주어와 목적어도 화자, 청자의 공동 인지 상태에서 생략될 수 있다. 필수 성분은 논항이 되지만 수의 성분은 논항이 될 수 없다. 그러나 수의 성분 가운데에는 문장에 없어서는 안 되는 논항들이 있다. 수의 성분인 부사어 가운데 필수적인 부사어들이다. '사위로 삼았다', '아버지와 닮았다', '진짜와 같다'에서의 부사어는 문장에서 없어서는 안 되는 필수 성분이기에 필수적 부사어라 하기도 하고 보어로 해석하기도 한다.

서술어와 연관되어 생략이 불가능한 명사어가 논항이지만, 명사어 가운데에는 문장에서 생략이 가능하여 수의적이지만 생략이 되어도 생략되기 이전으로 회복이 가능한 명사어들이 있다. 이러한 명사어를 부가어나 필수적인 논항과 구별하기 위해 수의적 논항이라 한다. 생략이 되어도 문장의 적격성에는 영향을 주지 않지만 서술어와 의미적인 연관성이 강하여 부가어로 보기 어렵고 논항으로 다룰 만한 명사어를 수의적 논항이라 하는 것이다. 수의 논항은 수의적이라도 통사적 층위의 개념이어서 구조 변환과 같은 통사적 절차에 참여할 수 있지만 부가어는 서술어의 서술구조와 무관하기 때문에 통사적 절차에 참여자로 기능할 수 없는 것으로 구별하기도 한다.3)

논항은 문장에서 필수적 성분이기 때문에 생략이 어렵고, 주요 성분인 점에서 어순이 자유스러우며, 격표시인 조사가 생략되어도 격을 알 수 있다. 이런 점에 근거해 논항은 관계절의 머리 명사가 되고, 분열문의 초점 성분이 되며, 격표시의 생략이 가능함을 통사 현상으로 제시한다. 그러나 이런 통사 현상으로 필수성 여부를 완전히 구분하기는 어렵다.

---

3) 유현경(1997: 33)에서는 '(바닥에) 물이 흥건하다/바닥이 물로 흥건하다', '(방안에) 담배 연기가 뿌얗다/방안이 (담배 연기로) 뿌얗다', '*(온몸에) 진땀이 축축했다/온몸이 (진땀으로) 축축했다'에서 '바닥에, 방안에'는 부사어이지만, 주어로의 교차 변환이 가능하다는 점에서 부사어는 수의적 논항이지만 교차 변환이 되지 않는 '축축하다'의 '명사+로'는 부가어로 구별하였다.

(3) ㄱ. 나는 학교에 갔다. 내가 간 학교. 학교에 간 나.

ㄴ. 나는 부산으로 갔다. ?내가 간 부산. 부산으로 간 나.

ㄷ. 나는 아침에 일어났다. 내가 일어난 아침. 아침에 일어난 나.

(3ㄴ)은 수의성분인 '부산으로'가 관계절의 머리 명사가 될 수 없음을 보여준다. 그러나 '아침에'와 같은 부사어도 관계절의 머리 명사가 될 수 있다.

(4) ㄱ. 나는 학교에/엘 갔다. 나는 학교 갔다.

ㄴ. 나는 운동장에서 놀았다. ?나는 운동장 놀았다.

ㄷ. 나는 의자에/엘 앉았다. ?나는 의자 앉았다.

(4ㄱ)에서는 조사 생략이 가능하지만, (4ㄴ)은 수의성분이기에 불가능하고, (4ㄷ)은 격표시가 없으면 불가능하다.

(5) ㄱ. 나는 학교에 갔다. 내가 간 곳은 ?학교에이다/학교이다.

ㄴ. 나는 부산으로 갔다. 내가 간 곳은 부산으로이다/부산이다.

ㄷ. 나는 아침에 일어났다. 내가 일어난 것은 아침에이다/아침이다.

ㄹ. 나는 운동장에서 놀았다. 내가 논 곳은 운동장에서이다/?운동장이다.

ㅁ. 나는 의자에 앉았다. 내가 앉은 것은 ?의자에이다/의자이다.

분열문의 초점 성분이 부가어인 경우는 조사가 있어야 하고, 논항이라면 조사가 생략되어야 한다는 통사적 근거도 분명하지 않은 경우가 많다. 같은 방향이라도 '명사+에'가 '명사+로'보다 생략이 자연스럽지만 확연히 구별이 가능한 것은 아니다.

논항과 의미역할을 중심으로 서술어와 문장을 분류하려면 먼저 논항을 중심으로 문장의 구조를 세우고, 이 문장 구조에서 의미역할이 다른 서술어들을 다시 하위 분류하면 될 것이다. 형용사의 경우 동일한 주어라도 의미역은 경험주, 대상, 위치의 차이를 가질 수 있다. 주어가 경험주인 형용사를 주관형용사, 주어가 대상역이나 위치역인 경우 객관형용사로 구분하는 것은 의미역할을 이용한 서술어 분류이다.

3) 서술어의 문법 범주와 문장 유형

서술어와 문장 가운데 어느 서술어는 더 중요하고 어느 문장은 덜 중요하다는 것은 큰 의미가 없다. 그러나 국어의 문법 현상을 고찰하다 보면 문법적으로 다양하거나 독특한 특징을 가지고 있어 다른 서술어나 문장에 비해 더 관심의 대상이 되는 서술어나 문장이 있다.

이러한 서술어로는 지정사 또는 서술격조사, 접사로 다루어지는 '이다'와, 존재사 또는 형용사, 동사, 접사로 다루어지는 '있다'가 있다. 지정사와 존재사는 동사나 형용사와 구별되는 특징이 있다. 심리동사와 심리형용사는 형용사와 동사에서 동시에 나타나며 이중주어의 문제와 연관된다. 이동동사도 목적어의 목적성 여부에 관한 문제와 함께 주요 관심의 대상이었다. 평가와 판정, 사유, 경험, 인지와 지각을 나타내는 의미 범주들도 동사들을 하나로 묶어 문법 범주를 형성하고 문장을 형성한다.

문장에 대한 설명은 국어 문장에 존재하는 문장 기본 유형을 제시하고, 이 문장을 구성하는 성분을 설명하고, 이어 문법 요소의 통사적 기능과 의미를 제시한 후, 문장의 짜임새에서 복문 구조를 설명하는 방향으로 제시되었다. 문장에 대한 설명은 먼저 단문에 대한 풍부한 논의가 필요하다. 기본 문장을 중심으로 문장 유형을 제시하고 기본문을 이루는 다양한 서술어들이 실제로 문장을 어떻게 이루고 있는가를 이해하는 과정이다.

'무엇이 무엇이다', '무엇이 어떠하다', '무엇이 어찌하다'의 기본문형을 중심으로 이러한 기본문을 이루는 문장의 서술어를 다양한 측면에서 고찰하여 국어 단문을 이루는 구조를 구체적으로 제시할 수 있다.

2 무엇이 무엇이다

국어의 기본문 '무엇이 무엇이다'를 이루는 서술어는 '이다' 뿐이다. 이 문장 유형을 구성하는 서술어가 '이다' 하나이기 때문에 문장 구조는 다른 문장에 비해 간단하다. 그러나 서술어 '이다'는 여러 가지 독특한 특징 때문에 간단히 설명할 수 없는 문장이다. 이 문장 유형은 '이다'에 대한 문법적 논의를 출발로 한다.

서술격조사 또는 접사로 다루어지기도 하는 지정사(잡음씨) '이다'는 그 특이성 때문에 다른 서술어보다 관심의 대상이 되었다.[4] '이다'가 무엇을 나타내기 위해서 문장에서 실현되는가, 즉 지정 구문의 의미와 기능이 무엇인가의 관점에서 볼 때, 지정사의 문법 범주는 서술어이며, 동일성을 기반으로 하는 판단 서술의 의미를 서술하기 위한 문장 형식으로 해석된다.

지정 구문은 '무엇이 무엇이다'의 기본문을 바탕으로 확장 구조를 이룬다. 그러나 실제 언어 사용에서 가장 생산적으로 쓰이는 구

---

4) 여기서는 '이다'를 서술어의 관점에서 보아 지정사로, 지정사로 이루어지는 문장을 지정 구문이라 한다.

문은 '것이다'로 이루어지는 문장으로, 이는 문법화를 통해 형성된 문장 구조이다. 이 구문은 존재 구문, 소유 구문, 그리고 이중주어 문과 관련이 있어 국어 문장 구조의 생성 원리를 밝히는 데 중요한 역할을 한다.

'이다'는 여러 가지 문법적 특징을 동시에 가지고 있어 범주 규정이 어렵다. 의존적이고, 조사로서의 특징과 용언으로서의 특징을 동시에 가지고 있어 문법 자격에서 용언, 굴곡어미, 접사로 다르게 해석되었다.5)

'이다'를 서술격조사로 보는 견해는 선행 명사구가 체언임을 중시하는 것이지만, 조사가 명사를 서술어로 바꾸고 활용을 한다는 점은 설명하기 어렵다.6) '이다'는 의존적으로 선행 명사를 반드시 필요로 하기 때문에 용언으로 보기도 어렵다. 물론 '이다'를 용언으로 보는 해석에서는 선행 명사는 보어로 해석된다. '이다'가 용언이라면 격을 배당하여야 하는데, 선행 명사에 적절한 격이 없는 점도 '이다'를 용언으로 보기 어렵게 한다. '이다'의 선행 명사가 격을 받지 못하는 것은 격이 없어서가 아니라 추상적 격을 받는 격표지가 없다고 볼 수도 있지만, 추상적 격이라는 예외 격을 인정해야 한다.

활용을 하고 서술어를 이루며 선행어로 명사가 나타날 수 있는

---

5) 용언은 지정사와 형용사, 굴곡어미는 서술격조사와 체언어미, 접사는 통사적 접사와 파생적 접사의 다른 해석이 있다. '이다'의 논의는 '이'가 의미를 가진 어근인가, 의미는 없고 소리 고르는 구실을 하는 고룸소리(매개모음)인가의 논의에서 비롯된다.
6) 서술격조사는 격이 서술성을 갖는 것이므로 격의 본질적 해석을 바꾸어야 한다. 또 '이다'의 선행요소로 명사뿐만 아니라 '공부해서이다', '오래이다', '먼저이다', '자기 방에서이다'와 같이 부사어도 올 수 있다.

점은 '이다'를 접사로 해석하는 근거가 된다. 그러나 '이다'를 접사로 보기 어려운 이유는 선행 명사가 관형어의 수식을 받아 파생이 불완전한 점과, 파생이라기보다는 통어 현상으로 볼 수밖에 없는 생산성 때문이다. 통사적 파생은 파생 결과가 어휘라는 점에서 별종의 문장을 인정해야 한다.[7]

'이다'의 의미가 무엇인가의 의견도 일치하지 않는다. 지정(잡음)의 의미, 의미가 없는 형식동사, 의미상으로 무의미한 명목상의 동사, 동일성의 의미가 논의되었다. '이다'는 구체적 의미가 없고 명사어를 연결하는 연결 기능을 가지고 있다는 견해가 주류이다.[8]

'이다'의 문법 범주와 의미의 규명을 위해서는 '이다'가 무엇을 나타내기 위해 필요한 언어 표현인가에 대한 근본적 문제의 성찰이 필요하다. 우리 사고의 어떤 모습을 나타내기 위해 이 범주를 이용한 것일까 하는 점이다. 지정사가 쓰인 지정 구문의 문장 구조를 충분히 기술적으로 조사하여 문장 유형을 규명하고, '이다'가 나타내는 의미와 기능을 확인한 후 이 표현을 요구하게 된 원인을 유추하여야 할 것이다. '이다'는 서술어 자체이거나 서술어를 구성하는 요소, 그리고 서술성을 가지고 있다는 기능적 특징과, 나아가 서술 의미도 가지고 있는 점이 중요하다. '이다'가 가진 서술적 의미와 기능을 근거로 '이다'의 용언으로서의 범주적 특징을 확인할 수 있다.

---

7) 시정곤(1993)에서는 '이다'의 선행 명사구는 격을 받지 못하고, '명사+이다' 사이에 다른 문장성분의 삽입이 불가한 점으로 보아 '답'과 같이 통사적 접사로 해석한다. 파생의 수가 많은 점도 선택제약의 차이로 본다. '이다'가 구개음화를 유발하는 것(솥이고[솓치고])도 접사적 특징이다. 양정석(1996)에서는 음운론적 의존성을 갖는다고 곧 단어 자격이 없는 것은 아니고, '이'의 생략 가능성은 오히려 접사가 아닌 증거가 될 수 있다고 비판한다.

8) '이다'가 두 명사항을 연결하여 준다는 기능적 관점에서의 해석은 영어에서의 copula(copular)와 동일한 개념으로 계사(繫詞, 繫辭)로 번역되었다.

1) 지정 구문의 구조

기본문 '무엇이 무엇이다'를 이루는 서술어는 '이다'뿐이어서, 다른 기본문에 비해 문장 구조가 단순하다. 지정 구문의 구문 구조는 다음과 같다.

    (6) ㄱ. NP1이 NP2이다: 그는 선생이다.
        ㄴ. NP1이 NP2이 NP3이다: 그는 얼굴이 미남이다.

    (7) ㄱ. NP1이 NP2가 아니다: 그는 선생이 아니다.
        ㄴ. NP1이 NP2이 NP3가 아니다: 그는 얼굴이 미남이 아니다.

지정 구문은 두세 명사구로 기본문을 이룬다. 부정문은 '아니다'가 하나의 어휘로 굳어 사용되지만, '안+이다'의 구성을 바탕으로 한 것이다.

지정 구문의 기본 구조는 'NP1이 NP2이다'이지만, 지정사나 주격 조사가 나타나지 않는 문장도 가능하다. 지정 구문 '무엇이 무엇이다'는 두 명사가 단순히 나열된 문장, 주격 조사가 나타나나 지정사는 없는 문장, 주격 조사가 없는 문장, 온전한 지정 구문으로 나누어진다.

다음은 두 명사의 단순한 나열이다.

    (8) ㄱ. 철수 학생, 산 산, 물 물
        ㄴ. 커피 원료, 커피 가루(커피의 원료)

언어에 따라서는 두 명사만으로 문장을 이루기도 하지만, 국어에서는 단순한 두 명사의 나열만으로는 문장을 이루기 어렵다. '철

수 학생'으로 '철수가 학생이다'를 또 '산 산, 물 물'로 '산은 산이
요, 물은 물이다'를 예측할 수 있지만, 두 명사의 나열이 이 의미
를 보장하지 못하며, 이 문장이 자연스럽지도 않다.[9]

두 명사 사이에 주격 조사는 나타나지만, '이다'는 나타나지 않
는 문장들이 있다.

    (9) ㄱ. 우리 나라 대표팀이 최강.
        ㄴ. 우리는 하나.

'한국 축구 일본 격파'에서, '격파'는 동작성 명사이기 때문에
'하다'가 없어도 서술어로서 기능한다. 주격 조사에 의해 선행 명
사가 주어임이 표시되면, '이다'가 실현되지 않아도 문장으로서의
역할을 한다.

문장 안에서 격 관계가 분명하면 주어를 표시하는 조사가 나타
나지 않을 수 있다. 그러나 지정 구문의 경우, 주격 조사가 없는
문장은 성분을 유추할 수 있지만 잘 쓰이지 않는다.

    (10) ㄱ. 우리 나라 대표팀 최강이다.
        ㄴ. 우리 하나이다.

이처럼 지정 구문은 문장이 의도하려는 내용을 적절히 전달할
수 있게 문장으로서의 완성도를 필요로 한다. 두 명사의 관계가 주
어와 술어 관계를 이루고 '이다'는 후행 명사를 서술어로 구실하기

---

9) 일부 언어에서 두 명사만의 나열로 문장을 이루고 있음은 아랍어에서
'haadi laxra'('이것 끝', '이것이 끝이다'), 말레이어의 'Ini koeda'('이것 말',
'이것은 말이다')를 통해 볼 수 있다. 최현배(1963: 28-40) 참조.

위해 필요하게 된 기능적 요소라는 해석은, '이다'의 문장 서술어로서의 기능을 중시하지 않은 설명이다.

지정 구문의 구조는 직접구성성분 분석에 따라 두 해석이 가능하다. 지정 구문은 '무엇1', '무엇2', '이다'의 세 요소로 구성되는데, '무엇1, 무엇2'이 먼저 직접구성을 이루는가, '무엇2, 이다'가 먼저 직접구성을 이루는가의 인식의 차이에서 문장 구조 해석의 차이를 갖게 된다. '내 마음은 호수이다'에서 '내 마음은 호수'가 직접구성을 이룬다는 인식에서는, 문장은 두 명사의 관계이고, '이다'는 단지 연결 기능만을 하는 것으로 해석하게 된다. 연결사나 계사라는 이름은 이러한 구조를 염두에 둔 것이다.

'무엇2, 이다'가 직접구성을 이룬다는 인식에서는 '무엇2'는 보어가 된다. 이는 '이다'를 서술어로 보는 해석이다.[10] 지정 구문의 부정 'NP1이 NP2가 아니다'에서 '아니다'는 부사 '안'과 '이다'의 결합으로 하나의 단어로 굳어졌다. '아니다'가 '안+이다'로 구성된 사실은 선행 명사와 분리되는 특징을 가졌던 '이다'의 독립적 특징을 보여준다.

'이다'는 두 명사를 단순히 연결하는 것이 아니라, 두 명사가 동일성이나 분류, 포함 관계와 같은 의미 관계를 갖게 하는 서술어이다. 두 명사의 나열만으로는 이러한 의미 관계가 형성되지 않는다. 이는 '이다'가 문장의 서술어로서의 필수적 기능을 가지고 있을 뿐만 아니라 고유의 의미도 가지고 있음을 보이는 것이다. 이것으로 보아 '이다'가 두 명사를 주어와 술어로 연결하고 서술 의미를 나타내기 위해 생겨났고 존재함을 알 수 있다.

---

10) '이다'는 불완전하고 의존적이기 때문에 '무엇+이다'로 이루어지는 구성 가운데 '최고이다, 제일이다' 등은 단일한 서술어로 굳어진 인식을 준다.

지정 구문은 '무엇이 무엇이다'의 기본 문장 구조를 갖지만, 실제 문장에서는 이러한 단순 구조로 나타나지 않는다. 오히려 '용언 관형사형+명사+이다' 구성의 문장이 생산적이다. '이다'는 자립명사 '모양, 일, 때문'과 의존명사 '따름, 뿐, 셈' 등과 함께 많이 쓰이는데, 그 중에도 '것이다' 구성이 가장 생산적이다. '따름, 뿐, 셈, 법' 등은 의존명사로서의 의미와 기능을 유지하지만 '것이다'에서 '것'은 의미가 완전히 탈색되어 서술어의 일부분으로 기능한다.[11]

2) 지정 구문의 특징

지정 구문은 존재 구문과 역사적으로 관계가 있을 뿐만 아니라 통어·의미적으로 연관성을 갖고 있다. '명사+이다'만으로 자연스러운 문장을 이룰 수 있는 것도 지정 구문의 특징이다. 지정 구문 가운데에는 다른 문장에서 변형되었을 것으로 보이는 문장들도 있다.

지정과 존재의 의미를 나타내는 술어가 같은 언어도 있지만, 국어는 두 어휘가 '이다'와 '있다'로 다르다.[12] 그러나 존재의 의미를 나타내는 지정의 문장도 있다.

> (11) ㄱ. 북에는 백두산이고, 남에는 한라산이다.
>   ㄴ. 북은 백두산이고, 남은 한라산이다.

---

11) 이 문장 유형의 보기는 다음과 같다. '진수처인 것이다, 내걸고 있는 것이다, 새길 수 있었을 것이다, 귀양지였을 따름이다, 들어오지 않는 법이다, 지정되어 있을 뿐이다, 있었던 모양이다, 화가는 없는 셈이다, 거대한 모습이다, 구하고 있는 그림이다, 갈라놓는 경계선이다.'
12) 영어에서 'is'는 'He is student(그는 학생이다)'와 'He is in the city(그는 도시에 있다)'의 다른 의미를 나타낸다.

‘NP1에 NP2이다’의 문장과 ‘NP1이 NP2이다’ 문장은 관련성이 있다. 존재 구문과 지정 구문의 상관성은 이 구문이 근원적으로 동일하였을 가능성을 보인다. 다른 언어에서 ‘있다’와 ‘이다’의 의미가 한 어휘에 나타나는 것으로 보아, 국어의 ‘있다’와 ‘이다’도 밀접한 관련성이 있을 것으로 예상할 수 있다.[13)]

국어의 모습을 온전히 볼 수 있는 최고 문헌인 중세 문헌에서는 ‘이다’와 ‘이시다’의 구별이 분명하여 문법화의 모습을 구체적으로 제시하기 어렵다. 그러나 ‘이다’가 존재나 소유의 의미를 나타내는 것도 있어 둘이 관련됨을 알 수 있다.[14)]

(12) ㄱ. 後엔 韋諷이 잇고 알핀 支遁이로다(後有韋諷前支遁)(두초 16: 39)
     ㄴ. 邊方ㅅ ᄀ술히 흔 그려긔 소리로다(邊秋一雁聲)(두초 10: 37)
     ㄷ. 方丈山ᄋᆞᆫ 三韓ㅅ 밧기오 崑崙山萬國ㅅ 西ㅅ녀긔 잇ᄂᆞ니라(方丈山三韓外 崑崙山萬國西)(두초 19: 13-4)

(13) ㄱ. 罪人이 다믄 흔 아ᄃᆞ리로디(월석 23: 85)
     ㄴ. 如來ᄂᆞᆫ 오안이 겨시고 長三ᄋᆞᆫ 오직 흔 雙이언마론(금삼 4: 21)

‘이시다’에서의 ‘이다’로의 변이 과정은 문헌적으로 증명하기 어

---

13) 최현배(1969)에서는 ‘이다’에 대한 역사적 자료를 근거로 ‘있음’을 뜻하는 ‘이시다(有)’가 잡음씨 ‘이다’로 몸바꿈하였음을 논의하였다. ‘있다’의 옛 형태인 ‘이시다’와 ‘잇다’는 문헌상 오래전부터 공존하였다. ‘겨다’도 ‘있음’과 ‘이다’의 의미와 기능으로 쓰였는데 ‘이시다’와 ‘잇다’가 대치한 것으로 논의하였다. ‘이시다’가 주격 조사, 사동, 피동의 접사, 높임의 어미 ‘시’, 시제의 어미로 파생되었음은 이희승(1954)에 논의된 바 있다.
14) 지정구문이 의미상 존재 구문, 소유 구문과 관련되어 있음은 이현희(1994)에 지적되었다.

려우나 두 문장의 상호 관련성은 확인할 수 있다. 이러한 관계는 현대 국어에서도 일부 가능하지만 중세 국어보다는 가능성이 떨어진다. 다음 문장도 각각 존재와 소유의 의미를 '이다'로 나타낸다.

> (14) ㄱ.?우리집 정원에는 배나무가 있고, 후원에는 잣나무이다.
>   ㄴ. 우리 학교는 남산 앞이다.

> (15) 작은 아버지는 아들이 다섯이다.

중세 국어와 현대 국어의 구조로 보아 지정 구문은 존재 구문, 소유 구문과 밀접한 관계를 갖고 있으며, 이는 지정사 '이다'가 존재의 '있다'와 근원적으로 동원적 관계였기 때문임을 확인할 수 있다. 그러나 '이다'와 '있다'의 관련성은 역사적인 사실이고, 현실적으로는 분명히 구별된다. 지정 구문이 존재의 의미를 나타낼 수 있는 것은 화석화의 모습으로 해석된다.

'이다'는 자립적인 용언에서 의존적 용언으로, 다시 접사로 변화하는 문법화 현상을 보이는 것으로 추론된다. 존재의 실사인 '이시다'가 자립적 어휘에서 의존적 어휘로 변모하며 동일성을 근본으로 하는 판단, 서술, 지정의 의미를 이루었다고 추론할 수 있다. 영어와 같은 언어에서 존재와 지정이나 판단이 미분화됨에 비해 국어는 이 의미가 분화된 것이다.

지정 구문 가운데에는 '명사+이다'만으로 자연스러운 문장을 이루는 것이 있는데, 이를 주어의 생략으로 설명하거나 발화 상황이 주어 역할을 하는 것으로 보기도 한다.

(16) ㄱ. 바다다!

　　 ㄴ. 불이야!

(17) 저기 불, 불, 불.

　문장성분의 생략은 일반적으로 생략된 성분을 추론할 수 있을 때 가능하다. 그러나 이들 '명사+이다' 문장은 생략된 주어를 생각하기 어렵다. 따라서 주어가 생략된 문장인가, 원래부터 주어가 없는 문장인가에 대해서는 이견이 있다.

　이러한 해석은 '명사+이다'가 서술어라는 인식 때문이다. 서술어만 있는 '명사+이다'는 서술어만의 문장이 된다. 명사만으로도 문장을 이룰 수 있지만, '이다'에 의해 분명한 서술이 이루어지므로, '바다다'와 같이 온전한 서술어가 되는 것이다.

　'바다다'만으로 문장이 가능한 것은 '바다'가 주어, '이다'가 서술어이기 때문으로 생각할 수 있다. 이는 '바다다'가 '바다(가) 있다'에서 연유하였기에 이 문장성분만으로 충분한 문장이 가능하다는 문법화 관점에서의 고려이다. '있다'의 문장 구조가 'NP1에 NP2이 있다'이므로 '(저기에) 바다(가) 있다'에서 '바다가 있다', '바다이다'의 화석 구조로 추측하는 것이다. 물론 지금의 '이다'가 '있다'의 의미를 가지고 있는 것은 아니지만, '있다'에서 형성된 '이다'이기 때문에 독립적 쓰임이 가능하다. 이러한 추론은 잠정적인 것으로 논리적 설명이 필요하다.

　지정문 가운데에는 다른 문형의 변형이거나, 다른 문장과 대응되는 표현이 지정 구문 형식으로 나타난 것으로 해석되는 문장이 있다.

(18) ㄱ. 나는 018이다. 나는 18살이다. 나는 18000원이다.
     ㄴ. 영수는 국문과다.
     ㄷ. 나는 냉면이다.

'나는 018이다'에서 '018'은 전화번호로 번호, 회사를 대표한다. '영수는 국문과다'는, '영수는 국문과에 다닌다'나 '영수는 국문과 학생이다'의 의미가 있다. '무엇을 먹을래? 무슨 음식을 제일 좋아하니? 무슨 음식을 잘 만드니?' 등의 답변으로 '나는 냉면이다'가 쓰일 수 있다.

이 문장들은 상대되는 문장이 변형되어 형성되는 것은 아니다. 지정 구문의 한 쓰임일 뿐이다. '너는 무엇을 먹을래?'라는 문장에 대해 '나는 냉면을 먹을래'라고 대답하는 것과 '나는 냉면이다'는 의미적으로도 구별된다. 지정 구문은 '나'와 '냉면'을 지정함으로써 냉면의 선택을 보인다. '너는 어떤 음식을 좋아하니?'의 대답에서 동일한 문장인 '나는 냉면이다'가 다른 의미를 갖는 것도 지정문으로 대답이 가능하기 때문이다.

'나는 냉면이다'는 '내가 주문할 것은, 내가 좋아하는 것은'이 발화 문맥에서 전제된 상황에서 생성된 것으로, '나'와 '냉면'을 동일시함으로써 상황에 맞는 의미를 갖는다. 이는 대화의 과정에서 문장성분을 일부 생략하는 것과 다르다.

'주책이 없다', '밥맛이 없다'는 정확한 의미이고 적절한 표현인데, '주책이다', '밥맛이다'로 이 의미를 나타낼 수 있는 것은 '명사+이다'가 '명사+없다'를 대신할 수 있는 포괄적 의미를 이룸을 보여준다.

(19) ㄱ. 그 사람은 주책이야. 그 사람은 주책(主着) 없다.
     ㄴ. 그 사람은 밥맛이야. 그 사람은 밥맛이 없다.

'명사+없다'가 주어-술어 구조를 갖추고 있는 것과 같이 '명사+이다'도 동일한 구조로 해석할 수 있다.

3) 지정 범주의 서술 기능과 의미

언어가 사고를 담는 그릇이며 사고를 형성하기 때문에, 문법 범주들이 어떤 과정과 이유에 의하여 이루어졌는가를 밝히는 것은 사고의 언어화, 언어 범주화의 문제를 해결할 수 있는 단서가 된다. '이다'를 해석하기 위한 바른 방향은 '이다'가 어떤 필요에 의하여 국어에서 사용되는가, 그리고 '이다'가 문장에서 어떻게 나타나고 있는가를 살피는 것이다. 이는 우리의 생각을 언어화하기 위해서 어떤 언어 표현이 이용되는가와 이 표현들의 여러 가지 양상은 어떤 것인가를 알아내는 것이다.

문장은 주어에 대한 서술을 기본적 형태로 갖고 있는데, '무엇이 어떠하다'와 '무엇이 어찌하다'는 '무엇'의 상태와 동작을 다양한 서술어를 통하여 나타낸다. 이에 비해 '무엇은 무엇이다'는 '무엇'을 나타내기 위하여 쓰이는가?

'이다'가 갖고 있는 분명한 특징은 서술 기능이다. '이다'는 두 명사의 관계를 나타낸다. 이 관계는 동일 관계이기도 하고 포함 관계이기도 하다.

(20) ㄱ. 샛별은 금성이다.
     ㄴ. 금성은 샛별이다.

(21)　ㄱ. 고래는 포유동물이다.
　　　　ㄴ.?포유동물은 고래이다.
　　　　ㄷ. 이 포유동물은 고래이다.

(20)처럼 두 명사의 역이 성립하는 경우는 동일 관계이고, (21)에서와 같이 역이 성립하지 않는 경우는 포함 관계이다. 포함 관계는 분류 문으로 구분되기도 한다. 특정 지칭에서는 포함 관계와도 두 명사의 역이 가능하다. 동일과 포함 관계의 구별은 '이다'와 함께 문장을 이루는 명사들의 의미 관계에 의한 것이다.

포함 관계는 두 명사 사이의 하의, 상의 의미 관계이다. '생물-동물-사람', '생물-식물-나무-소나무'와 같은 명사의 포함 의미 관계는 '이다'에 의한 동일성 서술을 바탕으로 나타난다. 포함 관계는 두 명사 사이의 의미 관계이고 '이다'는 동일성의 의미를 제시한다.

연계성이 있는 명사들의 나열만으로는 의미를 이루지 못한다. 즉 '나무, 산, 물, 사랑, 희망'의 단순한 나열은 문장으로의 의미를 갖지 못한다. 명사가 문장에서 어떤 자리에 위치하였을 때, 비로소 문장과 관련된 의미가 생기게 되는데 두 명사의 문장으로서의 관계를 이루어주는 것이 바로 '이다'이다. 이것이 '이다'의 서술 기능이다. 이처럼 동일성이라는 기본 의미와 서술성이라는 기본 기능을 바탕으로 문장을 형성하는 서술어가 '이다'이다.

'이다'의 의미와 기능은 두 명사항으로 이루어지는 개념 간의 일치와 불일치의 서술이다. 두 명사항의 일치 관계는 동일성을 바탕으로 포괄적 동일성인 분류의 의미로 확장된다.

두 명사항의 의미 관계는 논리적으로 두 명사 사이의 주연(周延) 관계로 설명된다. 판단은 주어와 술어의 두 개념을 포함하고 있는

데, 이 개념 사이에 성립하고 있는 외연에 관한 일정한 상호 규정
적인 관계를 '개념의 주연 관계'라 한다.

　주연이란 두 명사 가운데 한 편의 외연이 다른 한 편의 외연 속
에 그 일부로서 완전히 포섭되거나 완전히 배제되어서 한 편의 외
연이 미치는 범위가 다른 한 편의 외연에 의하여 명확하게 한정되
어 있는 경우이다.

　'모든 식물은 생물이다'라는 판단에서 '식물'이란 명사의 외연 전
부에 대해 언급하기 때문에 이 판단에서 '식물'이란 명사는 주연되
었다고 한다. 이 판단에서 '생물'은 모든 생물을 지시하는 것이 아닌
동물을 제외한 식물만을 지시하기 때문에 '생물'은 부주연되었다.

　'모든', '약간'과 같은 전칭이나 특칭을 나타내는 구체적 표현이
없어도 두 명사항은 주연 또는 부주연의 관계를 갖는다.

　　　(22)　ㄱ. 인간은 동물이다.
　　　　　　ㄴ.*동물은 인간이다.

　'인간'의 외연은 모든 인간이고, '동물'의 외연은 모든 동물이다.
'인간'의 외연이 '동물'의 외연과의 관계에서 모두 포섭된다. 그러
므로 주어인 '인간'은 주연되어 있다. (ㄱ)이 문법적인 이유는 주연
관계를 이루기 때문이다.

　이에 비해 술어는 주어와의 포섭과 배제의 관계에서 주어의 외
연의 일부에만 관계를 가지고, 외연이 미치는 범위가 다른 한 편의
외연에 의하여 반드시 명확하게 한정되지 않아 부주연되어 있다.
이렇게 부주연된 명사가 주어로 나타나면 (ㄴ)과 같이 비문법적 문
장이 된다.

주어가 술어에 대해 부주연인 문장이 문법적이 되려면 주어가
특칭이어야 한다. 그러나 주어가 이미 술어에 대해 포섭 관계에 의
한 주연인데 특칭이 되면 특칭으로 인해 배제된 외연이 술어에 주
연될 수 없기 때문에 의미상 비문이 된다.

    (23) ㄱ. 어떤 동물은 인간이다.
            ㄴ.*어떤 인간은 동물이다.

　판단의 환치 가능성은 주어와 술어 사이에 나타나는 주연 관계
로, 외연과 내포의 관계이다.
　'이다'는 두 명사를 동일하게 연결하는 서술 기능을 하는 서술어
이고, 분류와 같은 의미 관계는 두 명사의 주연과 부주연의 논리
관계에서 드러나는 의미 관계임을 확인할 수 있다. 두 명사항의 관
계가 지정사 '이다', '아니다'가 갖는 같음과 다름의 판단이라는 점
에서 '이다'의 서술어로서의 판단 기능과 동일성의 의미가 드러난
다. 동일성의 의미는 두 명사 사이의 주연 관계와 같은 명사의 관
계이다.
　인식의 대상으로서 각 사물은 모두 어떤 속성을 갖고, 다른 것과
일정한 관계를 갖거나, 운동 또는 정지와 같은 상태 속에 있다. 이
러한 것이 없는 무규정적인 것은 현실에는 존재하지 않는다. 개개
의 사물이 일정한 규정성을 갖춘 하나의 한정된 것으로서 존재하
고 있는 것을 나타내며, 각각의 사실 또는 사태를 다른 것으로부터
구별하여 나타내는 사고 형식이 판단이다.
　두 개념의 일치 또는 불일치의 단정이 판단이고, 이것을 언어를
빌려서 표현한 것이 명제라는 관점에서 볼 때, '그가 간다', '이 꽃

이 예쁘다'는 아직 판단 이전의 직접적인 표상이라 할 수 있다. '그가 간다'는 어떤 사태, 사건, 동작을 의미함에 비해 '그가 가는 것이다'는 '그'와 '가는 것'이라는 개념의 일치를 의미하고 이를 토대로 진리치도 결정된다. 이런 관점에서 '이다'는 판단 서술의 기능을 하는 서술어이다.

전통 논리학에서는 편의상 술어를 모두 명사화하여 취급한다. '장미는 붉다'는 '장미는 붉은 꽃이다'로 변형시킨다. 이러한 조작을 "판단 또는 명제를 표준형식으로 고친다."고 한다.[15] 일상의 표현에서 계사는 술어 개념과 결합하여 그 안에 포함되어 있는 경우가 많다고 본다.

지정 구문은 논리학에서 판단 명제를 나타내는 문장 구조이고 논리적 개념의 실현이다. '이다'가 논리적 판단 개념의 서술어로서 기능함은 이 범주의 형성과 관련성이 있는 것으로 지정 범주화의 원리를 설명할 수 있는 방법이 된다. '용언 관형사형+것이다'가 판단을 제시하는 역할을 함을 확인할 수 있다.

문장은 서술어를 중심으로 보아 동작을 나타내는 동작 서술과 상태를 나타내는 상태 서술, 그리고 주어와 객어로 연결되는 두 개념의 일치와 불일치의 단정인 판단 서술로 구분된다. 판단 서술은 폭넓은 의미에서 동작 서술과 상태 서술이 포함되고, 두 서술문은 판단 서술문이 되어 나타날 수 있다.

---

15) 하일민·진기행(1994: 48) 참조. 지그바르트Sigwart는 계사를 '술어의 어형 변화'라고 했다. 술어의 '아름답다'에서 '아름다운 것이다'라고 '이다'가 분화되어 나왔다는 것이다. 또 술어의 '아름답지 않다'에서 '아름다운 것이 아니다'가 분화해 나왔다고 본다. 이러한 관점은 '이다'의 의미와 기능을 파악하고, '것이다'의 문법화 과정을 설명하는 데 중요한 정보를 제공한다.

상태나 동작을 나타내는 서술어는 '예쁘다, 많다', '가다, 오다'와 같이 특정한 의미를 가지고 있지만, '이다'는 두 명사항의 관계를 판단하는 서술 기능을 갖고 있기 때문에 의미가 분명히 드러나지 않아 서술어로서의 기능도 의심 받은 것이다. 그러나 지정사 '이다'는 상태나 동작과는 구별되는, 나아가 이들을 포괄하는 판단 서술 문장을 형성하는 서술어임이 논리적 관점에서 확인된다.

4) 판단 서술문의 구조와 의미

'이다'의 논리학에서의 판단 서술의 의미 기능은 '것이다'로 이루어지는 판단 서술문에서 확인할 수 있다. '성호가 갔다', '성호가 간 것이다', '진선이가 예쁘다'와 '진선이가 예쁜 것이다'에서 볼 수 있듯이 '용언 관형사형+것이다'로 이루어지는 구성은 상태, 동작의 단순 서술문과 대응되어 판단 서술문을 이룬다. 그러므로 '것이다' 구성의 구조와 의미, 그리고 그 형성을 고찰함으로써 '이다'의 의미와 기능을 이해하고 '이다'의 형성 과정을 추론할 수 있다.

의존명사는 완전 명사가 어휘적 기능이 약화되고 문법 기능이 강화된 것으로 문법화의 특징을 보이는 범주이다. 이 가운데 '것'은 명사절과 새로운 서술형인 판단 서술의 범주를 형성하는 특징을 가지고 있다. 이 구성이 문장에서 여러 모습으로 나타나는 현상을 통해, 새로운 문법 범주가 형성되는 과정과 범주의 역할을 고찰할 수 있다.

'것'은 중세부터 현대에 이르기까지 의존명사로서 다양한 문장 유형에서 사용되며, 새로운 문법 범주를 이루었다. 문장의 분석이나 형태 해석에서 '것'을 의존명사로 분류함으로써 문법적 특징을 일관성 있게 설명할 수 있다. 그러나 '것'은 대용 기능뿐만 아니라, 명사절 형성과 판단 서술 기능을 가지고 있어 새로운 범주 해석이 필요하다.

'대용 기능'은 '것'이 실질적 어휘 의미를 갖지 않고 다른 말을 대신하는 것이다.

> (24) ㄱ. 내 것은 새 것이다.
>   ㄴ. 나는 내가 원하는 것을 얻었다.

이 문장에서 '것'은 구체적이거나 추상적인 대상을 대신한다. 사람을 '것'으로 나타낼 때 부자연스러운 점을 제외하면, 거의 모든 명사어를 대신한다. '것'의 대상은 문장, 문맥, 대화의 상황에 의해 드러난다. '것'이 대신하고 있는 것은 구체적인 어휘일 수도 있지만, 문장이나 문맥에 의하여 지칭될 수 있는 사건도 포함된다.

'것'이 가리키는 대상이 어휘로 분명히 드러나지 않는 경우도 많다. '나는 아는 것이 별로 없다'에서 '것'은 '사실, 지식, 소문, 내용'과 같은 추상적인 대상을 대신한다고 할 수 있지만, 이보다는 명사형인 '앎'과 동일한 차원의 의미와 기능을 가지고 있다. 마치 명사형 어미 '음, 기'와 같은 역할을 하는데, 이는 '명사절 형성 기능'이다.

> (25) ㄱ. 그가 범인이라는 사실이 밝혀졌다.
>   ㄴ. 그가 범인이라는 것이 밝혀졌다.
>   ㄷ. 그가 범인인 사실이 밝혀졌다.
>   ㄹ. 그가 범인인 것이 밝혀졌다.
>   ㅁ. 그가 범인임이 밝혀졌다.

'것'은 '사실'과 같은 실질적, 어휘적 의미와 기능과, 명사형 어미로서의 기능을 이중으로 가지고 있다. '것'은 통어적구성을 이루지만 어미와 같은 구실을 한다.[16)

'은/을 것'에 대해서는 두 가지 해석이 있다. 하나는 동격의 관계절로서의 해석이고, 다른 하나는 명사절로서의 해석이다.

(25)에서 '범인이라는/범인인 사실'의 짜임새는 동격 관형사절과 보문명사로 이루어져 있다. '범인이라는/범인인 것'도 이 구조와 차이가 없기 때문에 같은 동격 관형사절과 보문명사로 다루어졌다. 반면에 '은/을 것'을 명사화소로 보는 견해에서는 이들을 명사형 어미 '음/기'와 같이 명사절로 해석한다.[17)

여기서는 명사절을 인정하는 입장이다. '은/을 것'의 의미와 기능은 동격 관형사절 보문명사의 짜임으로는 설명할 수 없게 문법화되었기 때문이다. 대용의 의미로 '것'이 쓰일 때는 명사절로 해석할 수 없다.

명사형 어미 '음/기'에 비해 '것' 명사절은 선행 용언의 시제 선택이 자유로워 다양한 시간 표현을 할 수 있다는 점이 이 구성이 생산성을 확장하는 이유라 할 만하다.

---

16) 의존명사 '것'은 문법적 형태소인 보문자로 다루어지기도 한다. 관형사형 어미 '는, 은, 을'과 명사형 어미 '기, 음'과 의존명사 '것'이 모두 명사구 보문의 보문자로 다루어지기도 하였다. 이홍식(1999) 참조.

17) 명사화는 절이 하나의 명사구처럼 쓰이게 하는 통사적 절차이다. 명사화를 가능하게 하는 요소를 명사화소라 하는데, 명사화소에 대하여는 이견이 있다. '은/을 것'을 명사화소로 인정하는 견해는 이맹성(1968), 이홍배(1970), 양인석(1972), 양동휘(1976), 남기심 외(1985) 등이 있고, 명사화를 인정하지 않는 견해, 즉 '은/을'을 명사구 보문소로 보고 '것'을 보문명사로 보는 견해는 박병수(1972, 1974), 남기심(1973), 이익섭·임홍빈(1983) 등이 있다. 이필용(1998: 492) 참조.

‘것’이 이루는 문장 가운데에는 (26)처럼 어휘 대용이나 명사절로 설명하기 어려운 문장이 있다. ‘것이다’로 이루어지는 문장으로 여기서는 ‘판단 서술문’이라 한다.

(26) ㄱ. 우리가 이겼다, 우리가 이긴 것이다. (이긴 거야)
ㄴ. 우리가 이긴다, 우리가 이길 것이다. (이길 거야)

‘이긴 것이다’는 ‘이김이다’라는 명사절의 의미보다는 ‘이겼다’를 다르게 표현한 것이다. ‘이겼다’에 비해 ‘강조, 단정’, ‘추정, 추측’의 의미를 가지고 있는 것으로 설명되는데, 둘의 의미와 기능이 다름은 분명하다. 이 문장은 문법화가 많이 진행된 유형이다.

‘것이다’에 의한 판단 서술문은 분열문과 관련된다. 분열문은 단순문에서 문장성분을 강조하여 드러내기 위해 문장성분을 분리한 문장이다. 판단 서술문도 특정 성분을 드러내기 위한 점이라는 점에서 분열문 구조로 설명된다.

국어의 분열문은 ‘무엇이 무엇이다’의 판단 서술문에 의해 이루어지는데, 주로 명사 성분에 대해 이루어진다.[18] 성분을 이동하여 강조를 나타내는 주제화의 경우 강조 성분이 문장의 앞에 오는 것에 비해, 분열문에서는 강조 성분이 뒤에 간다.

---

18) 영어에서는 ‘It is…that’에 의해 분열문이 이루어진다. 분열문은 앞의 초점 부분(initial focal element)과, 뒤 배경(background)의 두 부분으로 나누어지며, 서술어에 대한 분열문은 없다. Quirk et al.(1985: 89) 참조.
　　1. Julie buys her vegetables in the market.
　　2. It's Julie that buys her vegetables in the market.
　　3. It's her vegetables that Julie buys in the market.
　　4. It's in the market that Julie buys her vegetables.
　　5.*It's buys that Julie her vegetables in the market.

(27) ㄱ. 내가 성호를 좋아한다.
ㄴ. 성호를 좋아하는 것은 나이다.
ㄷ. 내가 좋아하는 것은 성호이다.
ㄹ. 내가 성호를 좋아하는 것이다.

판단 서술문은 서술어 분열문의 관점에서 해석할 수 있다. 이것은 판단 서술문을 형성하는 원인의 하나가 된다. 서술어에 대한 분열문은 서술어 분열의 의미를 넘어서 문장 전체의 분열문화로 인식되는 효과가 있다. 그러나 서술어에 대한 분열은 서술어가 서술어 자리에 있는 상태에서 이루어지기 때문에 다른 성분보다 분열 효과가 적다.

'것'의 대용 기능과 명사절 기능의 차이는 문장 구조를 다르게 인식한 결과이다. [[그가 범인인] 것]의 동격 관형사절 구조와 구별하여 [그가 범인인 것]의 명사절로 인식한 것이다. 관형사절 구조 인식으로는 명사절 의미 해석이 불가능하다.

'것'에 의한 명사절과 판단 서술문도 기능과 구조 면에서 구별된다. '용언 관형사형+것'은 명사절 구조이므로 복문 구조이다. 그러나 '판단 서술문'인 '용언 관형사형+것이다'는 단일 서술어처럼 구실하기 때문에 복문 구조로 설명하기 어렵다. 판단 서술의 '것이다'는 명사절의 기능과 다른 문장 구조로 문법화하여 새로운 서술 의미를 표현하는 것이다. 두 문장의 구조는 [NP가 [NP가 V은/는/을 것]s 이다]s'와 [NP가 [V은/는/을 것이다]vp]s로 구별된다.

다음 두 문장은 표면적으로는 유사하지만, 구조와 의미가 다르다.

(28) ㄱ. 이 책이(은) 아버지가 주신 것이다.
ㄴ. 이 책을 아버지가 주신 것이다.

ㄱ' 이 책이 아버지가 주신 것이다.
   1. [이 책이 [아버지가 [e] 주신]s 책이다]s'
   2. [이 책이 [아버지가 [e] 주신]s 것이다]s'
   3.*[이 책이 [아버지가 [이 책을] 주신] 책이다.

(28ㄱ)의 '것'은 책을 대신할 수 있지만, (28ㄴ)에서는 불가능하다. '책'은 두 문장에서 목적 성분과 관계되어 주제의 자리로 이동하였지만, 다른 구조에서 이동하였다. (28ㄱ)은 관계 관형사절의 복문으로, 피수식의 명사와 동일한 관형사절 명사 [e]의 형태가 드러나지 않는다. 이에 비해 (28ㄴ)은 '아버지가 이 책을 주신 것이다'에서 목적어 '이 책을'이 주제의 자리로 이동한 문장으로, 관계 관형사절에서의 목적어와 빈 자리 [e]와는 다르다.

판단 서술문과 상대되는 상태, 동작 서술문은 시제나 강조를 비롯한 미묘한 의미 차이가 있다. '충격이 아닐 수 없을 것이다/충격이 아닐 수 없겠다'에서와 같이 '겠'과 '을 것'의 사이에 미묘한 의미의 차이가 있다.[19] 상태, 동작 서술문에 비해 판단 서술의 의미는 판단의 의미라는 점에서 구별되는데, 단순 서술에 비해 주장을 한층 더 강조한다.

5) 판단 서술문의 문법화와 재분석

현대 국어에서는 판단 서술형 문장이 많이 쓰여, 이 구성의 문법화와 생산성을 보여준다. '것'의 다양한 쓰임은 대용 기능의 '것'에

---

19) 두 의미의 차이는 여러 논문에서 논의된 바 있다. 서정수(1977, 1978)에서는 각각 '겠'과 'ㄹ 것'의 의미의 같고 다름에 대해 논의하였고 이기용(1978)에서도 '겠'과 '을 것'을 비교하였다.

서 문법 기능의 '것'으로 문법 범주화되는 과정을 드러내는 것이다.

판단 서술의 문장은 이미 중세 문헌에서부터 나타난다. 중세 문헌에서 '판단 서술문'의 예는 현대 국어와 비교할 때 현저히 적다. 그리고 서술 기능의 의미뿐만 아니라, 대상 지시의 의미로 먼저 해석되는 문장들이 많다. 판단 서술의 의미를 가진 문장들은 'ㄹ 것이다'가 생산적인데, 미래 표현의 요구에 의해 이루어진 구성이라고 추정할 수 있다. 다음은 「석보상절」의 보기이다.

(29) ㄱ. 太子ㅣ 보시고 너기샤디 겨지븨 양지 이러흔 거시로다(3장)
     ㄴ. 즐거본 쁘디 업고 주구믈 기드리노리 목수미 므거본 거실씨(6장)
     ㄷ. 欲올 젼 짓 흐고도 져믄 고ᄫ 양ᄌ롤 오래 믿디 몯홀 거시니(11장)
     ㄹ. 드루미 어려보니 一切ㅅ 聲聞과 辟支佛의 몰롫 거시라 엇뎨어뇨(13장)

위에서 '이러한 것'은 '이러한 양지'를, '므거본 거실씨'는 '무거운 존재, 대상'을 뜻하는 의미가 더 우선이어서 '어휘 대용'의 기능이 먼저 해석되고, '이렇도다, 무거울씨'의 의미로도 해석된다. '몯홀 거시니, 몰롫 거시라'는 '못하리니, 모르리라'의 의미인 '판단 서술문'이다.

이처럼 15세기 문헌인 「석보상절」에서는 '대용 기능'이 가장 생산적이고, '명사절 기능'과 '판단 서술 기능'은 상대적으로 활발하지 않았다. 그러나 이것이 범주의 존재를 부인하는 것은 아니다.

근대 국어 자료인 「독립신문」에서도 '판단 서술'의 의미로 쓰인 문장들이 다수 사용되지만 현대 국어처럼 생산적이지 않다. 판단 서술 기능은 현대에 들어 더욱 발달하고 있는 문법 범주라 할 만하다. 다음은 「독립신문」의 보기이다.

> (30) ㄱ. 서로 히흐랴흐고 눔의게 업수히 녁임을 밧눈 거시니(2호 논셜)
> ㄴ. 형이 아오를 히흐야도 하느님이 지앙을 느리실 거시며(2호 관보)
> ㄷ. 이런 일은 하느님끠셔 맛당히 벌을 주실 거시라(2호 관보)
> ㄹ. 영국말을 즈셰히 비호랴면 이칙이 잇셔야홀 거시니라(2호 광고)

'것이다'에 의한 판단 서술문은 명사절과 다른 구조 해석이 필요하다. 새로운 구조의 형성은 문법화 과정으로, 문법 범주화의 원리로 설명된다. '것'이 이루는 명사절과 판단 서술문은 재분석(Reanalysis)이라는 문법화 기제에 의하여 형성되는 것으로 추론된다.[20]

'것' 명사절은 다음과 같은 과정을 밟아 재분석에 의해 형성되었을 것으로 추정된다.

> (31) 그가 떠난 것이 분명하다.
> ㄱ. [[그가 떠난]s 사실n이 분명하다]s'
> ㄱ. [[그가 떠난]s 것n이 분명하다]s'
> ㄴ. [[그가 떠난 것]s.n이 분명하다]s'

[그가 떠난]은 관형사절로서 명사를 수식하는데, '관형사절+것'

---

20) Langacker(1977)의 "change in the structure of an expression or class of expression that does not involve any immediate or intrinsic modification of its surface manifestation"은 재분석에 대한 대표적 설명이다. 고대 라틴어의 [[cantare] haveo], 후기 라틴어의 [cantare habeo], 불어의 [chant-e-r-ai]로의 변화는 형태소의 경계가 바뀌고, 음운의 변화가 일어나고, 의미의 변화도 수반된 재분석이다. Hooper & Elizabeth(1993: 40).

구성에 대한 분리된 인식에서 통합적 구성으로 재분석하여 '관형사절+것'이 명사절로서 기능하게 되었다. 이 재분석은 명사절 형성의 재분석이다.

이러한 재분석이 가능한 것은 '것'이 갖고 있는 의미적 특징 때문이다. '것'은 '사실'과 같은 명사와는 달리 구체적 의미를 가지고 있지 않아서 대용의 의미조차 탈색될 수 있는 가능성을 갖고 있다. '것'의 이러한 특징은 재분석이 가능하게 하여 명사절을 형성하였다.

재분석이 일어나는 상황은 어휘 대용 기능과 명사절 형성 기능으로의 해석이 모두 가능한 문장에서 확인하기 쉽다. 어휘 대용은 구체적 대상을, 명사절은 추상적 대상을 지시한다. 구체적인 대상에서 추상적인 대상을 지시하면서 명사절 형성의 재분석이 이루어진 것이다.

   (32) ㄱ. 각자에게 유익한 것을 골라라. (물건>유익함)
         ㄴ. 각자에게 유익한 것을 생각해라. (유익함>물건)

명사절의 재분석은 모든 문장에서 동시에 일어났다기보다는 일부 문장에서 일어나기 시작하여 명사절 형성 기능으로 굳어진 후 새로운 문법 범주를 형성한 것으로 보인다.

'관형사절+것'으로 나타나는 표현이라고 모두 재분석이 되는 것은 아니다. '이 책이 아버지가 주신 것이다'는 '이 책이 아버지가 주심이다'라는 명사절 해석이 어렵다. '것'이 구체적인 '책'으로 명시되어 있어 명사절로의 재분석을 막기 때문이다.

한편 어휘 대용의 의미는 없고 명사절 해석만 가능한 문장들도 있다. 이는 문장이 생성될 때마다 재분석이 일어나 어휘 대용과 명

사절이 공존하는 것이 아니고 명사절로 문법화되었음을 보여주는
사실이다.

(33) 아버지가 나에게 이 책을 주신 것은 너 때문이다.

명사절 재분석에 비해, 판단 서술문 '관형사절+것이다'는 '이다'
와 '것'의 어휘적 특징이 결합하여 이루어진다. 판단 서술문의 형
성도 재분석을 기제로 한 것으로 보인다.
어휘 대용의 의미를 가진 문장과 명사절 의미를 가진 문장이 중
의적이기도 하고, 판단 서술 의미와 명사절에서의 의미가 겹치기도
한다. 재분석의 과정이 어휘 대용에서 명사절 형성으로, 명사절 형
성에서 다시 판단 서술문으로 단계적 순서를 거친 것으로 추론되
지만 단정하기는 어렵다.
(34)는 명사절 해석이 다소 부자연스럽지만, 세 가지 해석이 어
느 정도 모두 가능하다.

(34) 이 일은 우리 모두에게 유익한 것이다.
　　ㄱ. 이 일은 우리 모두에게 유익한 일이다.
　　ㄴ.?이 일은 우리 모두에게 유익함이다.
　　ㄷ. 이 일은 우리 모두에게 유익하다.

명사절 해석은 자연스럽지 않아 명사절의 과정을 거쳐 판단 서
술문이 형성된 것으로 보기 어렵다.
명사절은 내포문으로서 복문이다. 반면 판단 서술문은 명사절과
동일한 구조를 이루지만 의미상 단문으로 인식되어 구조적 재해석
이 필요하다. 이는 내포문 구조에서 동사구로서의 재구조화이다.

구조적으로 [[[유익한] 것]이다], [[유익한 것]이다], [유익한 것이다]
의 세 구조의 해석이다.

다음 판단 서술문은 명사절로의 해석이 부자연스럽고, 어휘 대
용의 의미 역시 불가능하다.

(35) 이 책을 아버지가 주신 것이다.
ㄱ.?이 책을 [아버지가 [e] 주신 것]n.s이다]s
ㄴ.?이 책을 [아버지가 [e] 주심]s이다]s
ㄷ.*[이 책을 [아버지가 [e] 주신]s 것n이다]s'
ㄹ. [이 책을 아버지가 [주신 것이다]vp]s
ㅁ. [아버지가 이 책을 [주신 것이다]vp]s

판단 서술문도 대용이나 명사절과 공존하여 그 때마다 재구조화
가 일어나는 것이 아니라, 판단 서술문으로 재구조화된 문법 범주
를 형성하여 문장을 생성한다.

'우리에게 때가 온 것이야'에서 '것이야'는 '우리에게 때가 온 거
야'의 '거야'와 같이 음성적으로 축약되면서 '것이다'가 어미화한
다. 이는 '나도 갈 것이어요>갈 것이에요>갈 거에요>갈게요'와 같
은 어미로의 문법화나 '나도 갈 터이야>갈테야'로의 문법화와 동일
하다.21)

---

21) 안주호(1998)에서는 '*간테야', '가는테야'가 불가능한 점과 의미가 달라지
   는 점을 문법화의 증거로 보았다. 이러한 구성을 문법화 용어 'clitic'을 번
   역하여 접어라 하기도 한다. 접어는 문법화 과정 중에 나타나는 형태 통
   어적구성으로 접사와 구별되는 개념이다. 접사와 용어상 구별이 잘 되지
   않는 약점이 있어 '융합어', '굳는말' 등의 대안을 제시할 수 있다.

6) 문법화와 문장 구조 해석

괄호나 수형도와 같은 방법으로 문장의 구조를 표시하는 것은 문장이 가지고 있는 특징을 가장 잘 나타내기 위한 것이기에, 문장 구조에 대한 인식을 바탕으로 문장 구조의 특징을 잘 반영해야 한다.

'이다'의 서술어로서의 특징이 반영된 문장 구조는 다음과 같이 보어를 갖는 문장 구조로 나타난다.

(36)

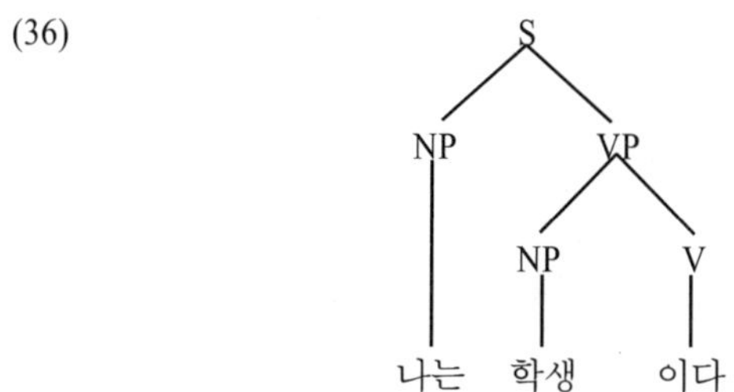

대용 기능을 하는 '것'의 문장 구조는 다음과 같이 복문 구조이다.

(37)

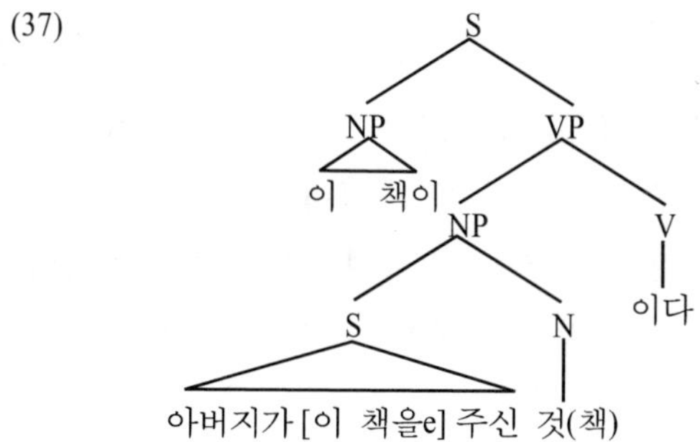

'것이다'에 의한 판단 서술문은 복문 구조에 근거한 것으로 복문

구조로 해석하는 것이 가능하다. 그러나 쓰임새로 보아서는 단문 구조 해석이 더 타당하다. 따라서 판단 서술문의 구조는 무주어문을 인정하는 경우와 서술 구성을 인정하는 경우의 두 가지로 나누어 생각할 수 있다.

무주어문으로 해석하는 구조는 다음과 같다.22)

(38)

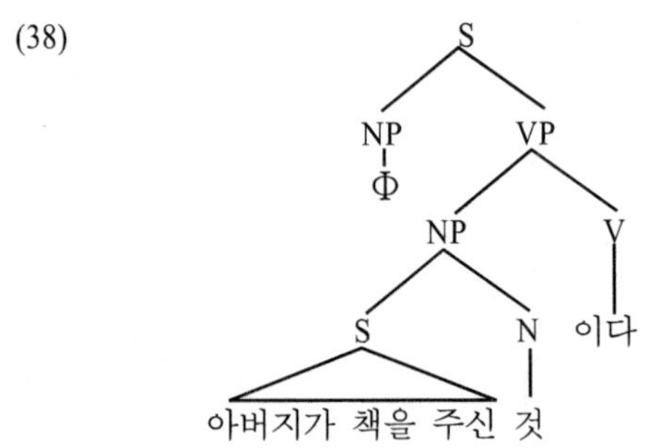

이는 '것이다'를 복문 구조로 이해하는 것으로 상위절의 주어가 자리는 있으나 실현되지 않는다는 해석이다. '사실은 아버지가 책을 준 것이다'에서 볼 수 있는 바와 같이 '사실은'과 같은 표현이 주어가 될 수 있고, '놀라운 사실은, 놀라운 일은, 중요한 사실은, 중요한 것은'과 같은 표현이 올 수 있다. 이 문장을 구성하는 성분 구조를 중심으로 할 때 이러한 분석은 타당하다.

그러나 '주신 것이다'라는 서술 구성이 보이는 문법화로서의 특징을 고려할 때 복문으로 이 문장을 설명하는 것이 적절한가 의심스럽

---

22) 무주어문으로의 해석은 박승윤(1999)에서 볼 수 있다. 무주어문의 보기로는 '철수가 죽은 것 같다. 철수는 반드시 올 것이다. 모두가 망하는 판이다. 철수는 시험에 떨어진 모양이다. 악인은 벌을 받는 법이다. 이 일은 이미 끝난 셈이다. 영희는 아픈 듯 했다'를 들었다.

다. 이 구성을 이룬 바탕이 복문인 점과 이 구성의 쓰임도 복문 구성인가는 구별된다. '것이다'는 이미 단일 서술어처럼 굳어진 구성을 이루기 때문에 복문 구조는 문법화 이전의 구조에 지나지 않는다.

'명사+의존명사'에 의하여 이루어지는 '척하다, 체하다, 듯하다'들은 보조용언으로 해석된 바 있다.[23) 이러한 해석이 비판을 받은 이유는 이들은 통합 구성된 하나의 동사로 보기 어렵기 때문이다.

(39) ㄱ. 선생님께서 그를 아는 체하셨다.(체를 하였다.)
      ㄴ. 선생님께서도 그를 아시는(아실, 아신) 것이었다.

(ㄱ)의 서술어 '알다'와 '하다'의 주어는 모두 '선생님'이다. 그러나 문법화의 관점에서 보면 이 구성도 보조용언으로서의 특징을 가지고 있다. '체하다'를 보조동사로 다룬 입장은 이 구성의 문법화를 인정한 것이다. 문법화 인식의 차이가 이들 구성에 대한 문법적 자격의 판단을 좌우한다.

보조동사와 비교할 때, 주체높임이나 시간 표현 같은 통어 현상은 '용언+것이다'가 완전히 하나의 서술어가 되었음을 보여주지는 않는다. 그러나 '것이다' 구성은 '것+이다'의 분리성이 약해 보조사를 비롯한 문법 요소가 사이에 끼어들 수 없다. 그리고 의미와 기능에서 단일 서술어로 구실한다. (ㄴ)에서 '알다'와 '이다'는 모두 서술어인데, '선생님'은 '이다'의 주어일 수 없다. 그렇다고 '이다'를 서술어로 하는 무주어를 인정하기도 어렵다.

판단 서술문의 의미는 '이다'를 서술어로 하는 문장과 구별된다.

---

23) 최현배(1955)에서는 매김끌(관형사형)에 붙는 도움움직씨로 '양하다, 체하다, 뻔하다'를, 도움그림씨로 '듯하다, 만하다, 법하다'를 제시한 바 있다.

(40) ㄱ. 사랑은 후회하지 않는 것이다.
　　 ㄴ. 그는 후회하지 않는 것이다.(않는다.)
　　 ㄷ. 꽃은 예쁜 것이다.
　　 ㄹ. 나도 가는 것이다.

　‘사랑’과 ‘후회하지 않는 것’은 동일성의 관계가 형성되지만, ‘그’
와 ‘후회하지 않는 것’의 관계는 ‘이다’로 연계되는 관계가 아닌 ‘후
회하지 않는다’의 판단 서술이다. ‘꽃’과 ‘예쁜 것’은 동일성의 관계
와 판단 서술의 의미가 있어 중의적이다. 즉 ‘꽃은 예쁜 존재이다’
라는 대용의 ‘것’ 의미와 ‘꽃은 예쁘다’의 판단 서술의 의미가 있다.
반면 ‘나도 가는 것이다’는 대용의 의미는 없고 판단 서술의 의미만
있다. 이러한 다양성은 판단 서술문화의 과정으로 보인다.
　‘것이다’ 판단 서술문은 의존명사와 ‘이다’로 이어지는 관형사절
에 의한 명사절과는 구별되는 동사구 문법화 구성이다. 이러한 구
성의 특징은 이 구성의 근원적 구조가 아닌 실제 쓰임의 구조라는
점이다.

(41)

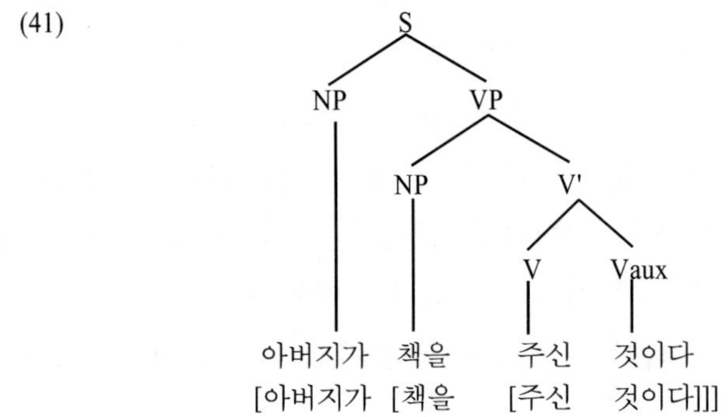

‘것이다’ 판단 서술 구성은 ‘관형사형+의존명사’ 구성 가운데 문법화가 가장 많이 진행된 구성이다. 문법화된 구조를 인정하지 않으면, 복문 구조로의 해석만이 가능하다. 그러나 복문 구조로는 판단 서술의 의미를 나타낼 수 없으므로 문법화된 단문 구조로 해석하는 것이 바람직하다.

3 무엇이 어떠하다

‘무엇이 어떠하다’ 문장 유형을 이루는 서술어는 형용사이다. 형용사는 의미와 문장 구조 유형이 다양하다. 형용사 구문과 동사 구문 사이에 밀접한 관계가 있는 문장들이 있어 ‘무엇이 어찌하다’ 문장 유형과 연계성이 있다. 여기서는 국어 문법에서 주요 논의의 대상이 되었던 주제를 중심으로 서술어와 문장에 대하여 논의한다.

1) 존재와 소유 구문

우리가 보고 느끼고 생각하는 존재, 상태, 동작의 인지를 사유화시키는 것이 언어이다. 언어를 통하여 인지는 세분화, 구체화되며 종합화된다. 사유가 언어에 의하여 이루어지기 때문에 우리는 사유의 그릇인 언어가 어떻게 사유를 담고 있는가에 관심을 갖게 된다.

사유가 언어에 어떻게 나타나고 있는가를 살펴보기 위하여 먼저 사유와 언어의 대상을 한정해야 하는데, 존재는 상태나 움직임의 바탕이기에 존재 범주는 언어와 사유와 관련된 논의의 중심이 된다. 따라서 존재라는 사유가 어떻게 언어화되는가를 언어를 통해서 사유의 과정을 추적하는 방향으로 생각하여 보게 된다.

존재에 대한 인식은 우리의 사고를 형성하고, 사고의 언어화를 이루는 가장 근본적인 인지 과정이다. 모든 대상과 현상에 대한 인식은 존재의 인식으로부터 시작한다. 존재가 단순히 존재하면서 그 형상을 드러낼 때 그 존재는 상태를 갖고, 존재가 움직임을 갖고 변화할 때 그 존재는 움직임으로 형상화된다. 따라서 모든 상태나 움직임의 근본은 존재이다. 철학에서 존재의 본질을 언어를 통해서 밝히려고 시도하는 것은 이 때문이다.[24]

존재론은 존재자들이 거주하는 존재 세계의 구조를 밝히기 위해 "이 세상에는 어떤 종류의 존재자들이 존재하며, 그들의 본성은 무엇이며 그들 존재자들 사이에는 어떤 관계가 있으며 또 그들 존재자들로부터 어떻게 세계가 구성될 수 있는가?" 하는 질문들을 한다. 이 세계에 개체(Individuals), 속성(Properties), 명제(Propositions), 사실(Facts), 사건(Events), 사상(State of affairs)과 같은 종류의 존재자들이 존재한다면 이들의 본질, 그리고 이들 간의 관계는 무엇이며, 또 이들로부터 어떻게 이 세계가 구성될 수 있는가 하는 문제를 다루고 있다.[25]

아리스토텔레스는 문장이 주어-술어의 형태를 지니고 있으며, 우

---

24) 하이데거는 '있다', '존재'의 의미를 알기 위해 '존재'란 말 자체에 의문을 갖고, 이 물음에 대한 답은 말의 문법에 통하는 방법과, 말의 어원에 통하는 방법에 의한다고 하였다. 이영춘 역(1976: 155).
25) 개체(Individuals)는 종종 실체(Substance) 혹은 개별자(Particulars)라고도 불리는데, 이 중 실체는 문맥에 따라 다른 뜻으로 쓰일 때도 있다. 속성(Properties)은 종종 보편자라고도 불리는데, 실제로 보편자와 속성은 꼭 같은 개념은 아니다. 보편자는 속성뿐만 아니라 관계(Relation)도 포함하기 때문이다.

리가 말할 때 실체를 지칭하는 언어적 표현들을 주어로 사용하고, 속성을 지칭하는 언어적 표현들을 술어로 사용하고 있음을 당연한 것으로 받아들인다. 이러한 언어적 사실의 기반 위에서 실체가 다른 어떠한 것에도 의존하지 않는 제1의 존재자로 가장 근본적인 서술 대상이라고 보았다. 실체에 관해서 술어를 사용하여 다양한 것들을 서술할 수 있지만, 실체를 지칭하는 언어적 표현들 자체는 다른 어떠한 것의 술어로 쓸 수 없다. 그의 존재론적 기초는 우리의 언어 내지 사고 체계에 드러난 바의 세계와 우리가 맺고 있는 관계라고 할 수 있다.

존재는 언어로서 완전히 표현될 수 없다고 해석되기도 한다. 언어는 그가 서술하는 대상과 똑같게 된다면 바로 그 순간 언어는 존재할 수 없음이 지적되고, 언어와 존재와의 거리는 우연한 사실에 끝나지 않고 논리적으로 불가피한 것으로 본다. 즉 언어와 존재와의 거리는 한 언어의 불완전성에 기인하는 것이 아니라, 언어가 존재할 수 있는 필수 조건이라는 것이다.[26) 언어는 그것이 표상하는 존재와 사실상 동일할 수 없고 언어와 존재와의 거리는 우연한 사실에 끝나지 않고 논리적으로 불가피한 것이라고 본다.[27)

그러나 사물과 언어, 존재와 언어는 서로 떼어 놓을 수 없는 관계를 가지고 있다. 언어가 불가피한 것은 비단 어떤 대상을 인식하

---

26) 노자의 '道可道非常道'는 언어 철학의 입장에서 볼 때, 존재에 대한 언어의 열등성의 지시이며, 노자가 말하고자 하는 것은 언어는 곧 존재가 아니고 언어로 의미화된 존재는 역시 의미에 불과하지 결코 의미화 이전의 존재가 아니라는 것, 더 구체적으로 말해서 존재에 비해서 그 존재를 의미하는 언어는 열등하다고 해석한다. 박이문(1980: 26) 참조.
27) 존재는 존재자와 존재자 사이의 얽힘을 의미하는 관계로서 설명되기도 한다. 한상연(1988: 143) 참조.

는 경우에 한한 것이 아니다. 우리들의 사고나 의식까지도 언어를 떠나서는 있을 수 없다.[28]

국어에서 존재는 '있다, 있음'이란 어휘로 표현된다. 그리고 '존재, 존재한다'로도 나타난다. 문장으로는 '무엇이 있다'로 나타난다. '있다'는 여러 가지 의미를 가지고 있지만 이는 '있다'와 함께 하는 논항의 의미와 관련된 것으로, '있다'의 기본적인 의미는 '존재'이다.[29] 이 동사가 형성하는 문장의 기본적인 유형은 'N1이 N2에 있다'이다. 이러한 유형은 좀 더 세분될 수 있다.

'있다'는 존재의 의미뿐만 아니라 소유의 의미도 있다. 국어에서 소유의 표현은 존재를 나타내는 '있다'에 의해 상당 부분이 실현된다. 존재와 소유를 모두 '있다'로 나타낼 수 있음은 이 두 의미가 같은 원리에서 인식될 수 있음을 보이는 것이다. 이 글에서는 '있

---

28) 노장사상은 존재론에 있어서 볼 때 언어 이전의 인식 혹은 지각을 전제로 하고 있다. 그래서 존재를 왜곡하는 언어를 넘어 그것 이전에 우선 존재를 의식하라고 강조한다. 그러나 노장이 자명한 것으로 전제하고 있는 것과는 달리 존재는 언어와 떼어 놓을 수 없는 관계를 갖고 있다. 박이문(1980: 45) 참조.

29) '있다' 서술어는 선행하는 논항의 종류에 따라 의미가 다양하다. 다음은 한글학회 「우리말 큰 사전」에서의 설명이다.
　　1. 어떤 곳에 자리를 차지하다. '마을, 사람, 학교가 있다.'
　　2. 어떤 사실이나 현상이 생기거나 나타나다. '좋은 일이, 말 못 할 사정이 있다.'
　　3. 머무르다. '서울에 있다.'
　　4. 머물러 살거나 직장에 근무하다. '고향에 있는 형, 큰 회사에 있는 사람'
　　5. 생기거나 벌어지거나 하다. '무슨 구경거리라도 있더냐.'
　　6. 갖추거나 가지거나 하다. '능력이 있다, 돈이 있다.'
　　7. 품거나 나타내거나 하다. '재미있는 이야기, 위엄 있는 얼굴'
　　8. 'ㄹ 수 있다'의 꼴로 쓰이어 '가능하다'의 뜻. '볼 수 있다.'
　　9. 입말에서 '있지, 있잖아' 따위로 쓰이어 어떤 사실을 강조, 확인
　이 가운데 'ㄹ 수 있다'와 '있지, 있잖아'는 새로이 문법화된 표현이다.

다'와 관련된 존재 구문을 중심으로 사고의 언어화라는 관점에서 국어에서 존재의 언어화가 어떻게 이루어지는가를 살펴보려고 한다. 또 언어의 재언어화의 과정인 문법화가 존재 구문과 관련되어 이루어지는 모습을 통해 국어에서의 문법화 현상의 일면을 밝혀보고자 한다.

(1) 존재 구문의 유형과 특징

국어에서 존재를 나타내는 서술어 '있다'가 이루는 문장은 'N1이 N2에 있다'로 대표된다. 'N1이 있다'와 'N2가 N1이 있다'도 존재하지만 이 문장들은 모두 'N1이 N2에 있다'와 연관된다. 이 외에도 'N1이 N2로 있다'가 있다.

    (42) ㄱ. N1이 있다.
          ㄴ. N1이 N2에(에게) 있다.
          ㄷ. N2가 N1이 있다.
          ㄹ. N1이 N2로 있다.

(42)는 각각 단순 존재, 상황 존재, 소유 존재, 자격 존재 등의 구문으로 이름지어 살펴볼 수 있다.

'N1이 있다'는 N1이 다른 존재자와 관계없이 단순히 존재함을 보인다. 즉 존재자의 존재만을 의미한다. 그러나 이 존재도 관련된 존재자를 내재한다. 다음은 존재 여부만의 의미를 가지고 있다고 해석되는 문장이다.

    (43) ㄱ. 신이 정말 있을까? (신이 이 세상에 정말 있을까?)
          ㄴ. 약속이 있다. (나에게/는 약속이 있다.)
          ㄷ. 일이 있다. (나에게/는 일이 있다.)

N1이 존재하는 위치나 상황은 제시될 수 있으나, 제시될 필요가 없기 때문에 문장에서 성분으로서 실현되지 않는다. 이를 상황어의 부재라 할 수 있다. 상황어가 제시되지 않는 것은 존재자의 존재만이 이 언어 행위에 필요하기 때문으로, 대화자 사이의 화용상의 공감에 의한 생략과는 구별된다.

이 둘은 넓은 의미에서 대화자 간에 위치나 상황에 대한 인식이 이루어짐을 전제로 하는 것으로 포괄적으로 공통성을 갖고 있다. 그러나 화용적 생략이 '있음'을 전제로 한 경제적 효과의 생략임에 비해, 위치어의 부재는 화용적 맥락에 의해 위치어의 실현이 불필요한 것이란 점에서 구별된다. 언어화의 측면에서 존재자의 존재에 대한 인식이 우선이요, 위치어는 다음의 필요에 의한 것이기 때문이다.

다음은 소설의 첫 문장으로, 위치나 상황의 표현이 없다. '나무'라는 존재자가 존재하였다는 사실 외에 어디에, 언제 존재하였다는 것을 제시할 필요가 없는 언어 표현의 요구에서 이러한 문장이 존재하고, 또한 적절하다.

(44) 나무 한 그루가 있었습니다.

존재자의 단순 존재가 아닌 존재자의 위치나 상황을 표현하고자 하는 의도에서의 문장은 'N2에'가 필수적으로 또는 수의적으로 요구된다.

(45) ㄱ. 사자 바위 옆에 바위섬이 있다. (바위섬이 있다.)
    ㄴ. 종유석이 동굴 안에 많이 있다. (종유석이 있다.)
    ㄷ. 우리집이 도봉구에 있다. (?우리집이 있다.)

(46) 성호는 좋은 상황에 있다. (*성호는 있다.)

'바위섬'과 '종유석'이란 존재자의 존재를 나타냄은 존재자의 존재만으로 문장이 충분할 수 있다. 그러나 (46)은 존재자의 존재라는 '성호는 있다'만으로는 이 문장이 갖고 있는 의미를 전달할 수 없다. 존재자가 존재하는 상황이 문장의 존재 이유가 되기 때문이다. 물론 (46)의 상황을 전제하지 않는, 즉 위치, 상황의 문장성분이 본래 없는 '성호는 있다'라는 단순 존재 문장이 불가능할 이유가 없다. (45)의 '바위섬이 있다'나 '종유석이 있다'에 비해 '우리집이 있다'가 단순 존재 구문으로서나 상황, 위치어 생략 구문으로의 의미 모두에서 부자연스러운 것은 존재자로서의 존재성이 약하기 때문으로 해석된다. 상황, 위치어 실현의 필수성이 달라지는 것은 존재자의 존재와 존재자의 존재 환경에 대한 인식과 그의 언어화에 대한 차이 때문이다.

'N1이 N2에 있다'의 문장은 존재자의 존재만을 뜻하는 단순 존재와 달리 위치, 상황을 필요로 하는 존재자가 존재하고 있는 상태, 상황에 대한 존재이다. 문장 유형의 형성이나 습득의 측면에서 보면 두 성분 문장인 단순 존재 구문에서 세 성분 문장인 상황, 위치 존재 구문이 이루어졌을 것이다. 그러나 문형의 형성 이후, 또 습득 이후는 표현 의도에 따라 문장 유형이 결정되게 마련이다.[30]

존재자인 N1과 존재자의 상황, 위치인 N2의 순서에 따라 존재자

---

[30] 하이데거는 「존재와 시간」에서 "묻는다는 일은 존재자가 존재하고 있는 사실과 존재하고 있는 상태에 있는 그 존재자를 인식하면서 탐구하는 일이다. … 존재란 존재자의 존재를 의미하는 것인 이상 존재 문제에 있어서 "물음을 받고 있는 자'는 존재자 자체라는 것이 된다."고 하였다. 전양범 역(1989: 26).

와 존재 상황에 대한 존재의 제시 의도가 달라져 의미상 차이가
날 뿐만 아니라 자연스러움에도 차이가 있다.

(47) ㄱ. 지하철이(성호가) 서울에 있다.
ㄴ. 서울에 지하철이(성호가) 있다.

어느 문장이 다른 어순의 문장보다, 예컨대 'N1이 N2에 있다'라
는 문장보다 'N2에 N1이 있다'가 더 자연스럽게 인지된다면 이유
가 있을 것이다. 언어 사용자들이 더 기본적이라고 생각하는 어순
과 다른 어순으로 표현하는 것은 특정 문장성분을 강조하려고 할
때가 많다. 존재 구문의 경우도 위치어를 강조하기 위하여 문장성
분의 이동이 이루어졌을 것으로 예측된다.
(47)은 명제적 의미는 같지만 두 문장에서 제시하고자 하는 내용
의 정보 전달의 초점은 다르다. 상황을 먼저 제시할 것인가 존재자
를 먼저 제시할 것인가에 따라 구별된다.

(47') ㄱ. 지하철이 서울에 있다.
존재자가 존재 위치에 존재한다. (존재자의 의미 부각)
ㄴ. 서울에 지하철이 있다.
존재 위치에 존재자가 존재한다. (존재 위치 의미의 부각)

'존재자'와 '존재 위치' 가운데 어느 성분을 말머리로 하는가에
따라 두 문장이 달라진다. '서울에 지하철이 있다'에서 '서울'은 '지
하철'을 존재하게 하는, 포함하는, 가지는, 소유하는 위치로서의 의
미를 가진다.
문장 어순의 차이는 전달 정보의 초점의 차이만 가져 오는 것이

아니다. 존재 구문에서 존재의 의미는 소유의 의미와 연결된다.

> (48) ㄱ. 돈이(돈은) 성호에게 있다.
>   ㄴ. 성호에게 돈이(돈은) 있다.
>
> (49) ㄱ. 약속이 성호에게 있다.
>   ㄴ. 성호에게 약속이 있다.

(ㄱ)은 존재에 의한 의미가 부각되고 (ㄴ)은 소유의 의미가 강하게 드러난다. 위치어가 유정물인 경우 이러한 소유의 의미가 형성되고, 존재자(존재물)가 위치어와 비분리의 관계가 있으면 역시 소유 관계가 부각된다.[31]

소유와 존재는 밀접한 관계가 있다. 존재의 의미에서 소유의 의미가 형성되는 것으로 보인다. 즉 국어의 존재의 범주는 존재의 통사 범주를 근거로 소유의 의미 범주를 형성하면서 새로운 통사 범주의 형성을 이루어 나가는 것으로 해석된다.

이러한 현상은 국어에 한정된 현상만은 아니다. 많은 언어가 '소유한다'에 해당하는 말을 가지고 있지 않고, 언어의 발달에서 '그것은 나에게 있다'고 하는 문장의 구성이 먼저 있었고, 후에 '나는 가지고 있다'고 하는 문장의 구성이 생기게 되었으며, 이 반대의 방향으로 진화하는 일은 없다고 한다.[32]

---

31) 소유에 대한 전형적인 속성으로 "소유자는 특정의 인간"이고, "피소유물은 구체적인 것이거나 구체적인 것의 집합물이며"이며, "소유 관계는 배타적임", "소유자는 피소유물을 사용할 권리"가 있고, "소유자는 피소유물과 공간적으로 인접해야 한다." 등이 논의되었다. Taylor(1995: 202) 참조.

32) 히브리어에서 '나는 가지고 있다'는 jesh li(그것은 나에게 있다. it is to me)라고 하는 간접적인 형식으로 표현될 수밖에 없으며, 소유를 이와 같

존재에서 소유 의미가 형성되는 것은 위치어에 의한 배경에 존재자가 존재함으로써 형성된다. 소유의 의미는 위치어에 유정의 명사어가 자리함으로 소유 범주의 원형을 이룬다. 위치어가 소유의 주체가 될 수 있는 유정물인 경우에 소유의 의미가 전형을 이루는 것은 자연스러운 일이다.

(48') ㄱ.

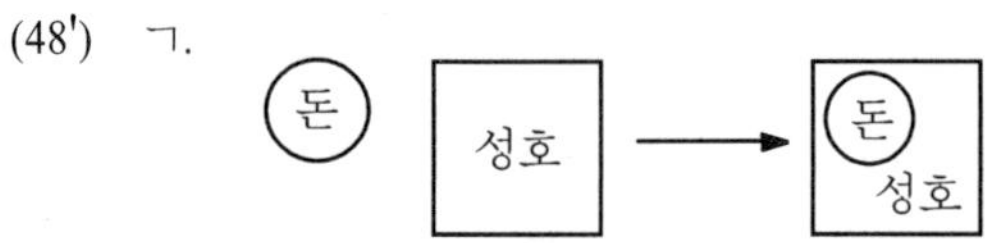

돈이 성호에게 있다.
존재물이 존재 위치에 존재한다. (존재자, 존재물의 부각)

ㄴ.

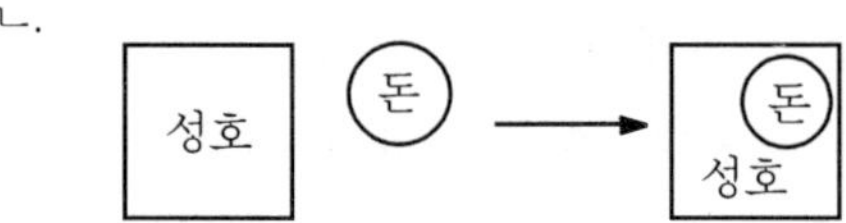

성호에게 돈이 있다.
존재 위치에 존재물이 존재한다. (존재 위치 의미 부각)
존재 위치의 존재에서 존재에 의한 소유 의미 형성

존재에 의하여 소유의 의미가 형성되기에 존재와 소유의 중의적 해석이 생긴다. 존재로부터 소유 의미로의 확장이라고 할 수 있다. '공원에 성호가 있다'에서는 소유의 의미가 잘 드러나지 않는다. '공원과 성호'와 '성호와 돈'의 관계가 존재에 의한 소유의 의미 형성에서 다르기 때문이다.

이 표현하는 언어가 더 지배적이라고 한다. 「소유냐 존재냐」에서 에리히 프롬Erich Fromm은 에밀 방브니스트Emile Benveniste의 지적에 근거하여 이처럼 설명하고 있다. 한완상·마상조 역(1978: 42) 참조.

존재 구문은 위치어를 주어의 앞에 두면서 소유 의미가 형성된다. 물론 이런 구문 구조를 가진 일부의 문장이 소유 의미를 이룬다. 이렇게 소유 의미를 이룬 문장을 여기서는 소유 존재 구문이라 한다.

존재 구문에서 소유의 의미가 형성되기 자연스러운 조건은 박양규(1975)에 제시된 바와 같이 'N1에 N2가 있다'에서 N1이 유정 체언일 때, 무정 체언인 경우는 N1과 N2가 비분리성이 있을 때이다. 앞에서 살펴본 바와 같이 위치어의 문두 위치도 소유 의미의 형성에 관련하고 있다.

존재와 소유와의 연결 고리는 존재자와 존재 위치의 관계에 의하여 이루어진다. 그러나 소유 의미는 존재 의미를 바탕으로 하지만 모든 존재 의미가 소유의 의미를 가질 수는 없다.

(50) ㄱ. 철수가 집에 있다/집에 철수가 있다.
     ㄴ. 냉장고가 집에 있다/집에 냉장고가 있다.

(51) ㄱ. 잎이 나무에 있다/나무에 잎이 있다.
     ㄴ. 창문이 집에 있다/집에 창문이 있다.

소유 의미 관계가 (50)의 두 명사는 약하고 (51)의 두 명사는 강한 것은 두 명사의 의미 관계 때문이다. 유정 체언은 존재 구문에서 위치어로서 특정 조사를 요구하는 구문을 이루면서, 또한 소유의 의미를 형성하게 되어 소유의 의미 범주화가 형성된다. 유정 체언에 존재하는 대상은 유정 체언에 대한 소유물이 될 수 있는 의미 관계를 갖기 때문이다. 무정 체언의 경우 소유 관계를 얻기가 유정 체언에 비하여 어려운 것은 당연한 일이다.

명사의 관계에 따라 형성되는 소유의 의미는 정도성이 있는데 다음은 이를 보여준다.

> (52) ㄱ. 김 교수는 연구실에 있다/연구실에 김 교수는 있다.
> ㄴ. 전축이 안방에 있다/안방에 전축이 있다.
> ㄷ. 사람이 거리에 있다/거리에 사람이 있다.
>
> (53) ㄱ. 지하철이 서울에 있다/서울에 지하철이 있다.
> ㄴ. 손잡이가 주전자에 있다/주전자에 손잡이가 있다.
> ㄷ. 점이 얼굴에 있다/얼굴에 점이 있다.
> ㄹ. 서랍이 책상에 있다/책상에 서랍이 있다.
>
> (54) ㄱ. 돈이 성호에게 있다/성호에게 돈이 있다.
> ㄴ. 약속이 성호에게 있다/성호에게 약속이 있다.

존재는 존재자의 존재를 기본 의미로 가지고 있지만 존재자가 소재에 자리함으로써, 즉 소재가 존재자를 포괄함으로써 소유의 의미를 형성한다. (52)의 소재는 존재자의 단순 존재를 나타내지만, 존재자의 소유 가능성에 따라 (53), (54)와 같이 소유 의미가 확장된다.

존재 구문에 나타나는 명사 사이의 의미 관계에서 소유의 의미가 형성되지만 소유 구문으로의 문법화도 이루고 있다. 존재와 소유의 관계는 이중주어문장과 연결되는데 이중주어문에서는 소재가 제일 주어로 나타나기 때문에 소유의 의미가 더 강하게 나타나게 된다.

위치어가 문두에 오는 존재 구문 'N2에 N1이 V'는 이중주어문 'N2가 N1이 V'와 의미와 기능에서 연관성을 갖고 있다. 두 문장의 이러한 관계성 때문에 변형에 의한 설명이 가능하지만 변형 해석에서 야기된 문제점은 그대로 남는다.

상황 존재 구문에 비해 위치어가 어두인 소유 존재 구문이 소유의 의미를 형성한다는 점에서 이를 구문 유형의 문법화로 해석할 수 있다. 문장의 처음에 나타나는 성분은 주어라는 인식으로 어두의 위치어를 주어화함으로써 이중주어문이 형성된 것으로 추론된다.

이중주어를 갖고 존재 동사를 갖는다고 모두 소유의 의미를 이루는 것은 아니다. 소유와 존재의 의미가 중의적일 때도 있고 이중한 의미가 부각되기도 한다. 또 모든 문두의 위치어가 주어로 나타날 수 있는 것도 아니다. 문두에 오는 위치어가 주어로 나타나는 문장과 연관성을 가질 수 있는 것은 위치말이 문장에서 주어로서의 인식이 필요한 때이다. '있다'에 의한 존재 구문으로 소유의 의미를 나타내고자 할 때 위치어보다는 주어에 의한 표현 요구가 강하다. 단순한 장소를 나타낼 때에는 주어로 나타나지 않는다. 이중주어문에 의한 소유 구문이 문법화에 의하여 현대 국어에 공시적으로 존재한다는 해석은 변형에 의한 해석과는 구별된다.

(55) ㄱ. 성호에게 돈이 있다.
     ㄴ. 성호가 돈이 있다.

(56) ㄱ. 공원에 성호가 있다.
     ㄴ.*공원이 성호가 있다.

이중주어로 실현되는 문장은 존재 구문에 비하여 '배타적 의미'의 실현과 '경험주, 또는 행위주, 또는 소유주'로서의 의미를 실현하려는 의도 하에서 범주화된 구문이다. 이러한 의미 특징을 주어성이라 할 수 있다.

N1이 주어이고 N2는 위치어이지만 N1에 대해 비분리성을 가지면서 문두의 주어 위치에 자리하여 서술어에 대한 주어성을 갖게되면 주어로 실현될 수 있다. 두 체언 관계의 비분리성의 정도가 클수록 문장의 용인성은 높아진다.

(57) ㄱ. 나무가 산에 있다.
     ㄴ. 산에 나무가 있다.
     ㄷ.*나무가 산이 있다.
     ㄹ.?산이 나무가 있다.
     ㅁ. 이 산이 나무가 있다.

(58) ㄱ. 손잡이가 문에 있다.
     ㄴ. 문에 손잡이가 있다.
     ㄷ.*손잡이가 문이 있다.
     ㄹ.?문이 손잡이가 있다.
     ㅁ. 이 문이 손잡이가 있다.

(59) ㄱ. 수염이 바다표범에게 있다.
     ㄴ. 바다표범에게 수염이 있다.
     ㄷ.*수염이 바다표범이 있다.
     ㄹ. 바다표범이 수염이 있다.
     ㅁ. 이 바다표범이 수염이 있다.

비분리성에 의해 주어성이 확보되면 배타적인 관계를 나타내는 관형사가 없어도 문장이 자연스러운 점으로 보아 주어성이 배타성보다 이중주어문 구성의 강한 형성 요인이다. 배타성은 지시대명사에 의해 강화된다.

비분리성 체언은 (60)에서와 같이 'N1의 N2'의 관형격 구성을 이루면서 소유 의미 관계를 형성하여 관형격 구성을 이루기 어려운 분리성의 의미 관계와 구별된다. 분리적 체언의 관계에서는 (61)처럼 이중주어문이 잘 이루어지지 않는다. 그러나 이 현상은 경향적인 것으로 절대적은 아니다.

(60) ㄱ. 서울에 지하철이 있다/서울이 지하철이 있다. (서울의 지하철)
ㄴ. 피부에 탄력이 있다/피부가 탄력이 있다. (피부의 탄력)
ㄷ. 수사에 진전이 있다/수사가 진전이 있다. (수사의 진전)
ㄹ. 물건에 주인이 있다/물건이 주인이 있다. (물건의 주인)

(61) ㄱ. 교실에 가방이 있다/?교실이 가방이 있다. (?교실의 가방)
ㄴ. 목에 가시가 있다/?목이 가시가 있다. (?목의 가시)
ㄷ. 2층에 방이 있다/?2층이 방이 있다. (?이층의 방)
ㄹ. 충무에 마리나가 있다/충무가 마리나가 있다. (충무의 마리나)

이중주어문의 형성은 주어성뿐만 아니라 조사 '이/가'의 의미와도 연관된다. 주격 조사인 '이/가'가 가지고 있는 배타적인 의미가 드러나는 경우, (62ㅁ)도 이중주어문이 가능하다.

(62) ㄱ. 컴퓨터가 교실에 있다.
ㄴ. 교실에 컴퓨터가 있다.
ㄷ.*컴퓨터가 교실이 있다.
ㄹ.?교실이 컴퓨터가 있다.
ㅁ. 이 교실이 컴퓨터가 있다.

주어성과 배타성의 두 가지 조건을 모두 갖춘 문장은 이중주어문으로 자연스럽다.

(2) 존재 구문의 문법화

언어는 변화하는 존재이다. 변화의 양상은 때로는 매우 규칙적이지만 전혀 규칙이 발견되지 않는 경우도 많다. 역사적인 증거가 없는 어휘나 문법의 변화에 대한 가설이나 설명은 명시적이지 못하다. 그러나 역사적 자료가 없어도 현재의 언어를 근거로 사적 현상을 설명하는 경우가 자주 있다. 공시적 사실을 근거로 문법화나 재구조화에 의해 문법 현상을 설명하려는 시도가 그 예이다.

존재 구문은 존재의 기본 의미를 바탕으로 소유 존재 구문과 소유 구문(이중주어문)으로 이어지는 구문 사이의 연관성을 이루는데 이는 문법화의 양상으로 설명된다. '있다'는 다른 동사와 이어지면서 특정한 의미 관계를 형성하는 문법화를 이룬다. '동사+아 있다'와 '동사+고 있다'는 통어적인 연속동사구성을 넘어서 새로운 문법 범주로 범주화를 형성하는 것으로 인식된다.

존재 구문과 소유 존재 구문, 이중주어구문의 연관 관계 해석에서 변형적 해석은 심층 중심의 해석으로 세 문장의 통사·의미적 연관성을 설명할 수 있다는 장점이 있다. 그러나 의미가 완전히 같지 않고, 문장의 유도와 관련하여 통사적으로 설득력 있는 설명을 하기가 어려운 점이 있다. 반면에 표면 중심의 해석은 심층 중심 해석에 나타났던 문제들은 없지만 이 세 문장의 연관성을 설명하지 못하는 약점이 있다.

이러한 설명의 무리는 이들 문장의 관계를 공시적인 현상으로 유도하려 하였기 때문에 발생하였다. 이들은 분명히 연관성이 있지만 공시적으로 같은 심층에서 다른 표면으로 유도되는 현상이라기보다는 한 문장 유형에서 다른 문장 유형으로 형성된 문법화 구문의 연관성으로 설명된다.

존재 구문에서의 존재는 유정 소재와 비분리성에 의하여 소유의 의미를 이루고 여기에 소유 존재 구문이 형성되며, 소유 구문의 소유자를 소재가 아닌 소유자로 나타내기 위하여 주어로 나타냄으로써 이중주어문인 소유 구문을 이룬다. 이는 구문의 문법화의 과정으로 공시적인 해석에서는 세 문장이 모두 다른 구조에서 유도되는 것으로 해석된다.

(63)

| 존재 구문 | > | 소유 존재 구문 | > | 소유 구문(이중주어문) |

이론적 해석에 의한 문법화와 언어의 역사 현상에 드러나는 문법화가 동일한 것은 아니다. 존재 구문에서 소유 존재 구문이나 이중주어문으로의 이론적 문법화 방향은 중세어에서 비롯되는 실제 자료와 명시적으로 일치하지는 않다.

중세 국어에서의 존재 구문은 현대 국어와 별 차이를 가지고 있지 않다. '에게'가 현대 국어와 일부 다르고, 이중주어구문이 다양하게 분포한다는 점이 구별된다. 따라서 존재 구문에서 소유 존재 구문, 이중주어문으로의 문법화의 방향을 문헌적으로 제시하기는 어렵다. 다음은 단순 존재, 위치 상황 존재(무정, 유정), 이중주어문의 보기이다.

(64) ㄱ. 목수미 몯 이실까 너겨(석보 11: 20)
　　　 比丘ㅣ 아니 겨시니잇가(석보 24: 33)
　　ㄴ. 내 그 中에 잇다이다(석보 24: 44)
　　　 淨飯王이...누본 자리예 겨샤(월석 10: 9)
　　ㄷ. 공이 흔 사ᄅᆞ미게 이쇼ᄃᆡ(功在一人이로ᄃᆡ)(금삼 1: 32)
　　　 용익그엔 이쇼리라(월석 7: 26)

ㄹ. 따히 축이 업스며(두초 22: 35)

　　태자ㅣ 므슷 죄 겨시관딕(석보 24: 51)

　중세어에서 상황과 위치는 현대어와 달리 조사 '에, 애, 예'와
'의, 인', 그리고 유정 명사는 '의/인+그에, 거긔'와 '끠'에 표시되는
위치어에 의하여 다양하게 나타난다.

　(65)　法이 흔 고대 잇디 아니ᄒᆞ야(석보 13: 4)
　　　　菩薩이 수프레 이셔(석보 13: 21)
　　　　釋帝桓因이 勝殿 우희 이셔(석보 19: 19)
　　　　世界 안팟긔 잇ᄂᆞᆫ 뫼히며 스프리며(석보 19: 13)
　　　　世尊이 獅子床이 겨샤(석보 23: 8)

　위치어가 주어보다 앞에 올 수 있는 점도 현대어와 차이가 없다.
위치어가 주어 앞에 오는 문장에서 소유의 의미가 드러나는 점은
현대 국어와 같은 것으로 보인다.

　(66)　모매 光明이 업고(석보 23: 26)
　　　　金剛山에 이 塔이 이셔(석보 24: 25)
　　　　이 山에 이 고지 만히 이셔(석보 6: 43)

　(66)이 '모미 光明이 업고, 金剛山이 이 塔이 이셔, 이 山이 이
고지 만히 이셔'와 같은 이중주어문으로 사용되었을 가능성도 예
측된다.

　존재 동사와 이중주어문을 형성하는 문장의 선행 주어는 유정
명사가 주로 나타나지만 유정 명사에 한정되지 않음은 (67ㄴ)을 통
해 알 수 있다.

(67) ㄱ. 比丘ㅣ 큰 세력이 잇더니(석보 23: 22)

　　　諸佛이 實엔 涅槃이 업스샤디(석보 23: 18)

　　　녀느 龍이 네가짓 熱惱이 잇거늘(석보 13: 7)

　　　여듧 王子ㅣ 威德이 自在ᄒ샤(석보 13: 30)

　　　태자ㅣ 므슷 죄 겨시관디(석보 24: 51)

　　ㄴ. 짜히 축이 업스며(두초 22: 35)

　소유 존재 구문에서 이중주어 존재 구문으로 문법화가 이루어질 것으로 예측되는 이론적 문법화에 따르면 '명사+에게'가 문두에 나타나는 문장이 많을 것으로 기대되나 실제로는 그다지 생산성이 없다.

　'에게'의 '에'는 중세 국어에서 '이/의'이었고, '게'는 '거긔', '그어긔', '그에'와 형태적으로 관련된다. '그어긔'가 의존명사로 쓰인 보기는 발견되지 않지만 '이어긔'의 존재로 보아 그 존재를 구성할 수 있고 '그에'의 쓰임은 여러 곳에서 볼 수 있다.[33]

　'이어긔'와 '그에'는 조사라기보다는 명사로서의 특징이 강하지만 조사로의 해석 가능성도 적지 않다.

(68) ㄱ. 如來 長常 이어긔 겨쇼셔(월석 7: 49)

　　ㄴ. 佛法이ᅀᅡ 내 이어긔도 죠고마치 잇다 하야시놀(남명 상 14)

　'그어긔'의 경우 'ㅇ' 음가가 실현되지 않으면, '그어긔'에서 '거긔', '거기'의 과정을 거치게 된다. '그어긔'의 변화 과정이라 할 수 있는 '거긔'가 많이 쓰이고 있는 것을 보면 15세기는 '그어긔'의 어휘적 짜임새가 '거긔'로 바뀐 후 그 모습을 잃어 버린 단계라고

---

33) 향가에서의 '良'을 '에게'로 풀이하기도 하고, 또 이 시기에 이에 상당하는 조사가 없었던 것으로 풀이하기도 한다. 김승곤(1989: 33).

보게 된다. 'ㅇ'의 음가가 실현되지 않으면 '그에'도 '게'의 형태로
나타날 수밖에 없다.

'거긔'와 '게'가 명사로서의 의미와 기능을 분명히 가지고 있음
은 관형사형 어미의 수식을 받는 문장에서 볼 수 있다[34](다음 보
기의 ㄱ). 관형격조사에 의한 관형어는 위치어(유정, 여격)로 해석
된다(다음 보기의 ㄴ).

(69) ㄱ. 부톄 本來 至極 寂靜흔 그에 주흐샤(석보 23: 44)
     ㄴ. ᄂᆞ미그에 브터 사로디(석보 6: 5)
         王이 … 각시를 그 모딘 노미 그에 보내야(석보 24: 15)
         나라히 ᄂᆞ미그에 가리이다(월석 2: 6)

(70) ㄱ. 더러본 거긔 미묘흔 이를 나토오미(석보 13: 33)
         거프디 아니흔 거긔 저픈 ᄆᆞᅀᆞ믈 내며(월석 7: 48)
     ㄴ. 大衆의거긔 눔 위흐야 쿨히내 니르며(석보 19: 8)
         儒術이 내거긔 므슴 됴흔 이리 이시리오(두언 15: 38)

(71) ㄱ. 더우니로 츤 게 섯거(능엄 3: 12)
         세흘 뫼화 흔 게 가게 흐샤(법화 2: 25)
     ㄴ. 모딘 즁싱이게 갓가비 가게 하며(월석 21: 24)
         내 제자들홀 네게 부속흐노라(월석 21: 204)

---

34) 허 웅(1989: 81)에서는 " '소학'의 '내거긔'가 「번역소학」에서는 '내게는'으로
    되어 있는 것으로 보면, 이 두 토씨가 같은 뜻으로 16세기 동안에 쓰여 있었
    음을 알 수 있다. 그러나 '의게'로 기울어지는 경향이 있는 듯이 보인다."고
    지적하였다. 16세기의 문헌에서의 '거긔'와 '게'의 쓰임은 다음과 같다.
       ㄱ. 의거긔: 우리 네거긔 만히 해자히와라(노걸 하 72)
               吳中 권당이 … 내거긔 진실로 親흐며 疎홈이 잇거니와(소학 5:
               80)
       ㄴ. 의게: 흔 부모의게 난 형뎨(노걸 하 46)
           엇디 녯사ᄅᆞ미게 몯 미츠리오(번소 8: 24)

‘거긔’, ‘그에’가 ‘명사+의/익’를 선행할 때 명사는 ‘놈, 늄, 大衆, 菩薩, 衆生’ 등의 유정명사로서의 공통성을 갖고 있고, 서술어는 ‘내다, 보내다, 븥다, 주다, 받다, 숨다, 니르다, 가다, 부속하다, 잇다’ 등의 동사와 연결된다.

관형격의 ‘ㅅ’과도 연결되어 위치어를 이룬다.

(72) 須達이...부텻긔 발심올 니르와(석보 6: 19)
      王들히 부텻긔 나삭가(석보 13: 20)
      衆生들히 부텻긔 법 듣ᄌᆞᄫ(석보 13: 54)

‘에게’의 선행 명사가 유정 명사에 한정되는 것은 ‘에’가 유정 명사에 대한 위치어로서의 기능을 수행할 수 없기 때문이라고 할 수 있다. ‘에게’는 유정 체언에 대하여 위치를 부여할 수 있는 언어 장치로 유정 명사의 위치 범주화로 설명한다.[35]

소유 존재 구문은 위치어를 문두에 위치함으로써 소유 존재 의미를 부각시키고 이를 이중주어문으로 나타내면서 소유문만의 의미를 부각시킬 수 있다. 다음 보기의 (ㄱ)은 현상적인 문장들이고 (ㄴ)은 가능한 문장들이다.

(73) ㄱ. 공이 흔 사르믹게 이쇼딕(금삼 1: 32)
         (내(부처)) 용익그엔 이쇼리라(월석 7: 26)
      ㄴ. 흔 사르믹게 공이 이쇼딕/흔 스르미 공이 이쇼딕
         용익 그엔 (내(부처)) 이쇼리라/?용이 (내(부처)) 이쇼리라

---

35) 박양규(1975: 101)에서는 이를 “유정물은 본질적으로 그러한 장소성과는
    무관하며 항시 일정한 공간의 범위 안에 머물러 있는 것은 더욱 아니다.
    그래서 유정 체언에게는 장소성이나 공간성을 부여하는 무정화의 절차가
    필요하다.”고 본다.

(74) ㄱ. 比丘ㅣ 큰 勢力이 잇더니(석보 23: 22)

　　　　녀느 龍이 네가짓 熱惱이 잇거늘(석보 13: 7)

　　　　太子ㅣ 므슷 죄 겨시관디(석보 24: 51)

　　ㄴ. 比丘에게 큰 勢力이 잇더니

　　　　녀느 龍에게 네가짓 熱惱이 잇거늘

　　　　太子에게 므슷 죄 겨시관디

　　이론적 문법화와 이와 관련된 언어 현상을 살펴본 결과 '에게'의 옛 형태는 중세 국어에서 동사의 관형사형과 관형격에 두루 쓰이고 있어 완전히 조사화된 현대 국어와 달리 문법화, 고정화되지 않았던 것으로 보인다. 이것으로 보아 '에게'가 문법화 단계에 있어 '유정 명사+에게'의 위치어가 '유정 명사+이'로 이중주어문화하는 역사적 과정을 현상적으로 제시하기는 어렵다. 이중주어문은 유정 체언 위치어의 고정화보다 이전에 존재하였기에 소유 존재 구문의 이중주어문화 추론이 불가능하다. 소유 존재 구문의 문법화가 이중주어문의 폭을 넓혔다고 해석할 수 있지만 이론적 문법화의 방향과 일치하는 것으로 증명하기는 어렵다.

　　16세기 문헌도 15세기와 같이 현대 국어와 유사한 분포를 이룬다. 그러나 유정 체언을 나타내는 조사의 형태나 기능이 현대 국어와 가까워 15세기와 구별된다.

　　위치어가 주어의 앞에 온 문장들과 이 가운데 소유 존재의 의미를 형성하고 있는 문장들을 각각 들어보면 다음과 같다. 다음은 한재영(1996)에서 제시한 보기이다.[36] (77)은 소유의 이중주어문이다.

---

36) 한재영(1996: 156, 139-140)에서는 16세기의 구문을 연구하는 가운데 '잇다' 구문의 구조가 'NP이 NP에 V'로 대표될 수 있는 반면에 '없다' 구문은 오히려 반대 양상을 보인다고 지적하였다. 또 존재 소유 동사 구문에서의 'NP에 NP이 V' 유형은 이동동사 구문에서 보다 상대적으로 높은 빈도를

(75) ᄆᆞ술히 급흔 일이 이셔도(번소 9)

眞實 ᄆᆞᆺ매 疑心이 이시면(몽산 33)

집안히 ᄉᆞᆺ 말이 업더라(번소 9: 77)

上下에 分홈이 업ᄉᆞ냐(맹자 11: 3)

(76) 몬젓 엄믜게 두 아ᄃᆞ리 이쇼더 어디디 아니터니(이륜 19)

내게 나믄 은이 이시니(번노 하 23)

실프리ᄲᅵ 어더 보내면 네게 도니 이시니라(간찰 70)

(77) 文王이 병이 잇거시든(소학 4: 12)

우리 王이 거의 疾病이 업스신가(맹자 2: 5)

님금이 병이 겨샤(소학 2: 23)

(3) 존재와 진행

국어에서 진행의 의미를 나타내는 'V고 있다' 구성이 진행의 의미를 가진 문법 범주로 고정되었는가, 아니면 두 문장의 연결에서 나타나는 동사 연결의 통어적구성인가는 문법화의 문제로 진행이라는 의미가 어떻게 언어로 나타나는가 하는 사고의 언어화 문제와 함께 주요한 연구의 대상이 된다.

진행구성은 동시 나열의 통어적구성과 의미가 유사하기 때문에 문법 범주로서 의심을 받아왔다. 이러한 의견은 진행구성의 의미는 선행 동사와 '있다' 사이에 나타나는 의미 자질의 결합에 의하여 나타나는 것이지 문법 범주로 형성된 의미가 아니라고 보기 때문이다.

연결어미 '-고'에 의하여 연결되는 문장은 나열의 의미를 기본적으로 가지고 있지만 연결되는 두 문장의 문맥에 따라 시간 의미가

가진다고 한다.

드러나는데 순차 나열과 동시 나열로 구별된다. 순차 나열의 의미를 가진 (78)은 선행 동작이 분명히 끝난 후 후행 동작이 이루어지고 동시나열 (79)는 두 동작이 동시에 일어나는 의미 해석이다. 이때 연결되는 두 문장의 주어는 반드시 동일하다.

    (78) 성호는 편지를 주고 갔다.

    (79) ㄱ. 우리는 비를 맞고 행군을 하였다.
         ㄴ. 젊은이들이 술을 마시고 놉니다.
         ㄷ. 그는 시골에서 농사를 짓고 산다.
         ㄹ. 그분이 자기 차를 몰고 부산에 갔습니다.

(79)에서 선행 동사 '맞다, 마시다, 짓다, 몰다'가 지속적인 행위로서, 후행 동사 '행군을 하다, 놀다, 살다, 가다'의 행위와 동시에 나타나는 것으로 해석된다. 선행문과 후행문의 동사가 행위의 반복이나 행위의 지속의 의미를 가지고 있으면 동시 나열의 의미가 나타나는데, '다니다', '가다(오다)', '놀다', '살다'와 같은 지속적 행위를 나타내는 동사가 올 때, 동시적 나열의 의미가 분명히 나타난다.

진행구성은 동시적 나열과는 의미와 통어의 특징에서 구별된다. 이러한 구별이 진행구성의 문법 범주로서의 존재 의미가 된다. 동시적 나열의 문장 가운데 통어적구성 'V고 가다'는 진행구성과 유사한 의미를 가지고 있지만 진행구성과 구별된다.

    (80) ㄱ. 성호가 북을 치고 간다.
         ㄴ. 성호가 옷을 입고 간다.
         ㄷ. 성호가 진선이의 손을 잡고 간다.

(80)은 모두 선행 행위 결과의 지속이라는 순차 나열의 의미를 가지고 있다. 그러나 동시적 의미 해석의 가능성은 다르다. (80ㄱ)은 동시 나열의 의미가 가능함에 비해 (80ㄴ)은 가능성이 적고 (80ㄷ)은 없다. 이에 비해 진행구성은 모든 동작동사에 적용되는 일관된 진행의 의미를 갖고 있다.

진행구성의 문법화를 보여주는 증거를 통어 현상을 중심으로 제시할 수 있다. 동일한 형태의 통어적구성으로는 성립할 수 없는 문장들이 진행구성의 문법 범주를 통하여 가능한 점은 진행구성의 문법화를 확인하여 준다.

(81) ㄱ. 얼음이 녹고 있다/*녹고(나서) 있다.
ㄴ. 해가 지고 있다/*해가 지고(나서) 있다.
ㄷ. 빛이 사라지고 있다/*사라지고(나서) 있다.

선행 행위의 결과 지속에 의한 순차 나열의 의미가 불가능한 것은 '녹고, 지고, 사라지고' 하는 대상이 그대로 남아있다는 표현이 우리의 인식의 체계 안에서 불가능하기 때문이다. 이는 진행구성이 문법화되었음을 증명하여 주는 것이다.

진행구성이 문법화되었음은 구성의 분리 이동, 대용, 부사의 수식과 같은 통어 현상에서도 밝혀진다. 진행구성이 분리되어 이동되거나, 다른 성분이 진행구성 사이에 끼어들 수 없다는 사실은 동시적 나열의 통어적구성과 구별되는 것으로 진행구성이 문법화되었음을 보여준다. 다음은 각각 분리, 대용, 수식의 보기이다.

(82) ㄱ. 얼음이 그릇에서 녹고 있다.
ㄴ.*그릇에서 녹고 얼음이 있다.
ㄷ.*얼음이 그릇에서 녹고 그대로 있다.

(83) ㄱ. 성호가 옷을 입고 있다.

　　　ㄴ. 진선이도 옷을 그러고 있다.

　　　ㄷ.?진선이도 옷을 입고 그런다.

　　　ㄹ. 진선이도 그런다.

(84) 그는 밥을 먹고 있지 않다.

　　　ㄱ. 그는 밥을 먹는 중이 아니다.

　　　ㄴ.?그는 밥을 먹고 나서, 있지 않다.

　이처럼 진행구성의 문법 범주화는 여러 가지 통어 의미적 특징에 의해서 확인된다. 통어적구성으로는 존재할 수 없는 표현들의 존재를 통하여 이 구성의 문법화가 증명된다.

　진행구성의 의미는 연결어미 '고'가 가지고 있는 '동시 나열'의 의미와 '있다'의 존재 의미가 결합한 것으로 '동작의 동시 나열의 존재'라는 의미로 진행의 의미가 형성된다.

(4) 존재와 지속

　문장 접속에 의한 통어적구성의 일부가 합성동사나 보조동사구성으로 변화하면서 통어적구성과 합성동사 사이에, 또한 통어적구성과 보조동사구성 사이에 중간적 문법 형태가 나타나게 되어 다단계의 통사 의미적 동사 연결 형태가 나타난다. '결과 지속'의 의미를 갖고 있는 'V아 있다' 구성은 의미의 단일화를 이루고 있지만 통어적 특징에서 보조동사구성과 같은 문법 구성으로 문법화되지 못했다.

　선행 동사와 '있다'의 연결은 선택제약이 아주 심하다. 선행 동사가 타동사인 경우 '아 있다'와 연결될 수 없다(87). 선행 동사가 자동사인 경우는, 상태나 동작이 마침을 나타내는 마침의 의미를 가지고 있는가(85), 마침의 의미가 없는가(86)에 따라 '있다'의 연결의 가능성이 달라진다.[37)

(85) 성호가 침대에 누워 있다.

(86) *진선이가 공원에서 걸어 있다.

(87) *진선이가 고무줄을 늘려 있다.

'안 마침(미완)'의 의미를 가지고 있는 자동사는 마침의 동사가 마침의 상태를 향하여 상태나 동작이 계속 변화하는 데 비하여 한 번 이루어진 동작이나 상태가 변화 없이 지속되고 있는 상태를 나타내는 것이 특징이다.[38)

선행 동사가 타동사인 경우는 '있다'와 일률적으로 연결될 수 없기 때문에 타동성 자체가 이 문장구성을 결정하는 요인임은 분명

---

37) 연결 가능성을 보이는 동사의 일부를 같은 순서로 들면 다음과 같다.
   ㄱ. 앉아있다, 녹아있다, 곪아있다, 덮여있다, 떠올라있다, 떠있다, 말라있다, 물러있다, 모여있다, 밀려있다, 서있다, 시들어있다, 식어있다, 썩어있다, 앉아있다, 얼어있다, 익어있다, 젖어있다, 죽어있다, 줄어있다, 터져있다, 퍼져있다, 휘어있다 등
   ㄴ.*기어있다, *놀아있다, *근무하여있다, *다녀있다, *다투어있다, *들려있다, *돌아있다 *떨려있다, *속아있다, *쉬어있다, *쑤셔있다, *졸아있다, *춤추어있다, *핥아있다, *흘러있다 등
   ㄷ.*가꾸어있다, *가르쳐있다, *가지어있다, *감싸있다, *감추어있다, *갖추어있다, *개어있다, *거두어있다, *담아있다(*담겨있다) 등
38) 안 마침이란 동작이나 행위에 끝이 없음을 보이는 것으로 임홍빈(1975), 양인석(1977), 이기동(1978)에서 논의된 바 있다. 정태구(1994)에 이러한 현상의 원인 규명 연구가 총체적으로 정리되어 있다.

하다. 타동사가 피동화된 것은 연결이 자연스러운데 일부 타동사 (89)처럼 연결이 가능하다. (89)는 임홍빈(1975: 26), 정태구(1994: 207)에서 든 것이다. 정태구(1994)에서는 자동사인 경우는 존재 조건이라는 의미의 충족 여부가 연결 제약의 원인이고, 타동사인 경우는 여기에 논항 구조를 추가하여 타동사가 주어에 대한 존재 의미가 결여되어 있기 때문으로 설명한다.

> (88) ㄱ. *성호가 떡을 그릇에 담아 있다.
>   ㄴ. 성호가 떡을 그릇에 담고 있다.
>   ㄷ. 떡이 그릇에 담겨 있다.
>   ㄹ. 떡이 그릇에 담기고 있다.

> (89) ㄱ. 총구가 나를 향해 있다.
>   ㄴ. 형은 서울을 떠나 있다.
>   ㄷ. 경계선이 서울을 접해 있다.
>   ㄹ. 철수가 영희를 앞서 있다.

두 동사 연결은 선행 동사와 후행 동사인 '있다'의 의미와 통사적 기능이 맞물리어 이루어지는 관계에서 비롯된 것임은 자명한 것이다. 여기에 당연히 연결어미 '아'의 의미, 통사적 기능도 관여하고 있음도 지적되어야 한다.

현대 국어와 중세 국어를 동시에 고려한다면 이 표현들의 연결 가능 여부에 대한 원인 파악은 더 포괄적 해석이 요구된다.[39) 역

---

39) 다음 보기는 각각 선행 동사가 형용사, 자동사 타동사로서 현대 국어에서는 불가능한 표현들이 전 시대에 가능한 것들이다.
    ㄱ. 모미 크그 ᄃ외야 虛空에 ᄀᆞᄃᆞᆨᄒᆞ야 잇다가(석보 6: 34)
      三天世界 時常 볼가 이시며(월석 2: 11)
    ㄴ. 수달이 시름하여 잇더니(석보 6: 27)

사적인 면과 공시적인 면을 동시에 고려할 때 이전 시기에는 '아 있다'가 현대에 비해 폭넓게 사용되었는데 타동사에서는 '고 있다' 형으로 그 쓰임을 넘겨주었다는 해석이 가능하다.

'V아 있다'에 의한 결과 지속 구성은 선행 동사와의 선택 제약이나 의미가 통어적구성과 동일하기 때문에, 진행구성과 같이 새로운 문법 범주로 범주화한 구성이 아닌 통어적구성으로 볼 만하다. 그러나 의미 면에서는 '결과 지속'의 공통적 의미를 형성하는 점에서 문법화의 과정에 있는 구성이라 하겠다.

2) 존재와 가능 구문

(1) 양태와 가능의 범주

우리는 생각을 나타낼 때 생각의 견해나 태도를 나타내는데 이러한 표현 방법이 언어 범주로 형상화된 것을 양태(modality)라 한다. Jespersen(1924: 320-321)에서는 의지(an element of will)를 포함하고 있느냐 없느냐로 양태를 구별하였다. 양태를 '문장이 나타내는 명제와 명제가 기술하는 상황에 대한 화자의 견해나 태도'의 구별로 보는 Lyons(1977: 452)도 같은 견해이다.[40]

      드른 하늘해 도다 잇거니(칠대 2)
      우리 바비 니거 잇ᄂ니(노걸 상 69)
   ㄷ. 네 이제 … 부텨를 맛나 잇나니(석보 6: 11)
      내 … 네 ᄌ롤 가져 잇노니(번소 9: 52)
      아츰 밥을 몯 머거 잇고(노걸 상 40)

40) Lyons(1977: 793, 681, 823)에서는 "인식 양태(epistemic modality)는 지식, 믿음과 관련되고", "사실보다는 의견에 관련"되고, "의무 양태(deontic modality)는 도덕적으로 대응 가능한 행위자에 의해 수행되는 행동의 가능성이나 필연과 관련되어 있다"고 구별하였다. Stleele et al.(1981: 21)에서는

양태는 인식 양태(epistemic modality)와 의무 양태(deontic modality)로 구별하기도 한다. 인식 양태는 명제의 진리치에 대한 가능성이나 필연성과 관련된 것으로 그것에 대한 화자의 지식이나 믿음을 포함하는 것이고, 의무 양태는 도덕적으로 책임있는 행위자가 수행하는 행동의 필연성이나 가능성과 관련된 것으로 허용이나 의무와 연관되어 있다.

국어 문법 연구에서 서법은 화자가 사태와 대결함으로써 나타나는 부수적 의미가 일정한 동사의 형태로 구현되는 문법 범주이고, 양태는 서법 범주나 기타 어휘적 수단에 의해 나타나는 부수적인 의미 자체를 가리키는 의미범주로 다루어졌다. 직설법, 가상법, 명령법은 일정한 형태적 특성을 보여준다는 점에서 서법 범주로 묶일 수 있고, 개연성, 가능성, 확실성을 서법 범주뿐만 아니라 다른 어휘적 수단에 기대어서도 나타난다는 점에서 양태성 내지 양태 범주로 묶일 수 있다.[41]

양태는 사실 자체를 표현하는 것이 아니라 사태에 대한 화자, 청자의 태도, 즉 명제에 대한 화자, 청자의 특정한 관점에서의 태도 표현이다.[42] 양태 표현이 사용되는 대표적인 경우는 화자, 청자가

"양태는 가능성(possibility) 또는 허락(permission)과 관련된 개념, 개연성(probability)이나 의무와 관련된 개념, 확실성이나 요구의 관계 개념" 중의 하나를 표시한다고 하였다. 이러한 논의는 Palmer(1986: 18)에 정리되어 있다.

41) 이는 고영근(1986: 250)에서의 논의인데 "국어에서 전통적 의미의 서법이란 화자의 사태에 대한 마음의 태도, 곧 심리적 태도가 일정한 활용형으로 실현되는 현상을 가리켜 왔으나 생성문법에 의한 문법 기술이 자리잡게 되자 진술, 의문, 명령, 감탄 등의 문장 종결형도 서법의 테두리에 들어오게 되었다."고 하였다.

42) 양태는 주어 중심 양태와 화자 중심 양태로 나누기도 한다. 주어 중심 양태는 선행 용언이 가리키는 행위의 완성과 관계된 주어의 의도, 바람, 능력, 의무 등의 양태 의미이다. 화자 중심 양태는 전통적으로 명제의 가능

사태의 사실성을 언급할 수 없는 상황이다. 화자와 청자가 사실을 확실하게 알고 있는 경우는 그 진리치에 대한 화자의 태도를 표명할 필요가 없다. 사실을 확실하게 알지 못하는 경우, 사실 자체는 말할 수 없고 사태에 대한 자신의 견해만을 말할 수 있다. 이와 같이 사실성이 문제되는 경우에 양태 표현이 사용된다.[43]

가능의 문법 범주는 영어의 경우 양태(modal) 동사 can, could로 나타나는데 can의 의미는 내부적(intrinsic)이냐 외부적(extrinsic)이냐에 따라 각각 허가와 가능, 능력으로 구분된다. may/might도 이러한 의미 관계를 갖는다.[44]

성, 개연성, 확실성 등에 대한 화자의 심리적인 태도에 한정하는 전통적인 인식 양태보다 확대하여 이들 양태 의미 영역뿐 아니라 명제 실현에 대한 화자의 희망, 바람, 유감 등의 심리적 태도까지를 모두 포괄하는 개념이다. 김지은(1997: 12-13).

43) 장경희(1995: 197)에서는 국어의 양태를 다음과 같이 구분하였다.
   ㄱ. 양태소: 문어체; 더, 네, 겠, 지, 구나
          구어체; 리, 니
   ㄴ. 양태 보조동사: (지, 구나, 다, 나, 는가, ㄹ까) 싶다, (나, 는가, (으)ㄹ까) 보다/한다
   ㄷ. 양태 관용 표현: (는 것이다, 는 바이다, 는 터이다, ((으)ㄴ, 는, (으)ㄹ) 것 같다, 모양이다, ((으)ㄹ) 법하다, 수 있다, 줄 알다, 터이다, ((으)ㄴ, 는) 척/체하다, ((으)ㄴ, 는, (으)ㄹ) 줄로 알다, (으)ㄹ 뻔하다
   ㄹ. 양태 부사: 정말, 반드시, 확실히, 아마, 부디, 다행히도, 상상컨대, 짐작컨대
   ㅁ. 양태 동사나 형용사: 추측하다, 생각하다, 믿다, 틀림없다, 확실하다
44) 다음은 Quirk et al.(1985: 221)에 제시되어 있는 의미 관계이다.

$$\text{can/could} \left\{ \begin{array}{l} \text{permission} \\ \text{possibility, ability} \end{array} \right\} \quad \text{may/might} \left\{ \begin{array}{l} \text{INTRINSIC} \\ \text{EXTRINSIC} \end{array} \right\}$$

can/could가 보이는 의미의 보기를 들면 다음과 같다.
   (a) Possibility: Even expert drivers can make mistakes.
   (b) Ability: Can you remember where they live?
   (c) Permission: In those days only men could vote in election.

가능은 짐작과 믿음을 구성하는 기본 양상이다. 짐작의 대상은 가능한 것이어야 하고, 불가능한 것은 짐작될 수 없다. 짐작은 가능한 것의 믿음이다.[45] 짐작과 앎의 대상은 입증 가능한 것, 적어도 입증 가능하다고 생각되는 것이다. 앎이나 짐작이나 둘 다 어떤 사실의 진위에 대한 사람의 인식 상태를 말한다. 앎은 어떤 사실의 진위를 제대로 파악하였음을 뜻하고 짐작은 그 가능성밖에 파악하지 못하였음을 말한다.

국어의 '겠'과 '(으)ㄹ 것'으로 나타나는 추정의 양태는 가능의 의미를 가지고 있다. 추정은 가능을 전제로 하고 있다. 그러나 국어의 가능 구성 '(으)ㄹ 수 있다'는 추정과 가능의 함의 관계의 역도 성립하는 구성은 아니다.

국어에서 가능의 의미는 '(으)ㄹ 것, 리', '겠'과 '(으)ㄹ 수 있다'에 의하여 이루어진다. 어미 '(으)ㄹ 것, 리'와 '겠'은 시간으로는 미래, 양태로는 추정과 의지의 의미를 갖는다. 추정은 확실성(분명히)과 개연성(아마)을 표시할 수 있다. 의지는 욕구나 의향 내지 약속을 포괄한다. 이 의미도 실현되지 않은 사태에 대한 발화행위란 점에서 개연성의 테두리에 들어온다. '나도 갈까?'와 같은 청자에 대한 질문에서 '(으)ㄹ, 리'는 가능성으로 해석될 수 있다.

추정 의미에 기반한 가능성이나 개연성의 의미는 추정에 의한 이차적인 의미 해석이므로 가능성의 의미를 명시적으로 보이기에

---

45) 가능은 양상 논리를 나타내는 기본이다. 가능의 논리를 보이기 위해 논리를 나타내는 관계 몇 가지를 들면 다음과 같다. 이기용(1978: 31).
　　$p \supset \Diamond p$, $Bap \supset \Diamond p$, $Gap \supset \Diamond p$, $Bap \supset Ba\Diamond p$, $Gap \supset Ka\Diamond p$
　　$\Box$은 필연(necessarily), $\Diamond$은 가능(possibly)의 논리기호이고, B(믿다: believe), K(알다: know), G(짐작하다: guess)는 술어기호이다. 개체 기호로 a는 임의의 사람 이름, s는 화자(speaker)이다. 문장기호 p와 q는 명제를 가리킨다.

부족하다. 이러한 불편함을 해소하기 위하여 가능 구성 '(으)ㄹ 수 있다'가 현대에 들어 생산성을 확장하여 나아가고 있는 것으로 보인다. '리'의 약화와 '겠'의 생성도 추정, 미정, 가능, 개연의 의미 관계의 형성과 표현에 복합적인 영향을 미쳤을 것이다.

(2) 가능 구성의 문법 범주

의존명사 가운데에는 특정한 성분으로만 쓰이는 것이 많은데, 주격 조사와 함께 주어로만 쓰이는 의존명사를 주어성 의존명사라고 한다. '지, 수, 리, 나위'가 이에 속하고 이들 가운데 '수, 리, 나위'는 주로 관형사형 어미 '(으)ㄴ, 또는 (으)ㄹ'과, 서술어 '있다/없다'와 결합하여 형태적 구성으로서의 특징을 갖는 통어적구성을 이룬다.46) 이 세 의존명사는 15세기 문헌에 나타나지 않지만 현대국어에서는 잘 사용되는 의존명사이다.

명사 '수'는 형태는 같지만 자립명사와 의존명사로서 다른 의미와 기능을 갖고 있다. 자립명사로 쓰이는 경우, 선행어와 휴지가 인식되고 '수'의 음이 그대로 나타나며, 뜻은 '방법이나 도리'의 의미를 가진다. 이에 비해 의존명사로 쓰이는 경우는 선행어와 휴지가 거의 없고 선행 어미 '(으)ㄹ' 아래에서 된소리 '쑤'로 소리나며 '가능성이나 능력'의 의미를 갖는다.

'수'의 자립명사로서의 의미는 '일을 처리하는 데의 좋은 방법이

---

46) '수'와 문법 기능이 유사한 의존명사로 '나위'와 '리'가 있다. '리'는 주로 '없다'와 함께 쓰인다. '있다'와 함께 쓰이는 경우는 의문법으로 쓰인다. '리'의 중심 의미는 '어떤 이유'이고 화자의 어떤 대상에 대한 강한 추정적 긍정 의지를 나타낸다. '리 있냐'가 '리 없다'보다 화자의 강한 의지를 나타낸다. 선행 어미 '(으)ㄹ'과만 연결되어 '추정', '의지'의 의미를 갖는다.

나 도리', 의존명사로서는 '가능성이나 능력'이다.47) '수단 방법 [手法]'의 의미로 보아 한자어 '手'에서 연유한 것으로 보인다.48) 중세 국어 문헌에서 수, 슈와 관련된 고유어가 나타나지 않는 사실은 이러한 예측을 하게 한다.

'(으)ㄹ'은 '미래, 추측, 의지'의 의미를 가진 어미, '수'는 방법이나 도리의 의미를 가진 명사, '있다'는 존재의 의미를 가진 서술어이다. 이들의 의미의 합은 '서술의 방법이나 도리가 있음'을 나타내게 된다. 이 구성은 의미 확장을 이루며 문법화되어 '방법이나 도리'에서 '가능, 능력'의 의미를 형성한 것으로 보인다. 주격 조사가 보통 생략되는 것은 이 구성이 통어적이지만 형태적 구성으로 기능하기 때문이다.

'(으)ㄹ 수 있다'의 중심 의미는 가능과 능력이다. 능력은 주어가 내부적으로 가지고 있는 정신적, 신체적 능력일 수도 있고, 주어에

---

47) 다음은 한글학회의 「우리말 큰 사전」에서의 설명이다.
　　수1: (이) 일을 처리하는 데의 좋은 방법이나 도리. 좋은 수가 있다.
　　　　(매이) 가능성이나 능력을 나타냄. 나는 갈 수가 없다.
　　이 밖에도 '수'와 관련된 표현으로 다음이 있다.
　　　　(으)ㄹ 수밖에 없다: 는 이외 다른 도리가 없다. 그는 떠날 수밖에 없었다.
　　　　수가 나다: 좋은 방법이 생기다. 무슨 수가 나올 리도 없었다.
　　　　수가 익다: 손에 익거나 익숙하여지다.
48) 수와 동일한 음을 갖고 있는 한자어의 의미와 쓰임은 다음과 같다.
　　ㄱ. 수(手): 바둑, 장기 등에서 두는 기술. 높은 수, 수가 세다.
　　　[불명] 바둑이나 장기를 둘 때 돌이나 말을 한 번씩 두는 번수. 서너 수는 내다본다.
　　ㄴ. 수(數): 좋은 운수, 옥수수는 무슨 수를 만난 듯이 기뻐 날뛴다.
　　　운수, 자네가 수가 좋아 합격이지. 앞으로 수가 트일 날도 있겠지.
　　　수(가) 없다: [형] 행운이 없다. 재수가 없다.
　　　수(가) 있다: [형] 좋은 운수나 재수가 있다.
　　ㄷ. 수(數): 낱낱의 것을 셈하여 본 결과의 값 학생의 수와 선생의 수.
　　　사물을 계속적인 면에서 포착하는 것. 그는 수에 밝다.

게 외부적으로 주어진 자격이나 권한일 수도 있다. 이 능력은 가능
에 포괄된다.

> (90) 우리는 이 산을 올라 갈 수 있다.
>   ㄱ. 우리는 이 산을 올라 갈 가능성이 있다. (가능)
>   ㄴ. 우리는 이 산을 올라 갈 능력이 있다. (능력)
>   ㄷ. 우리는 이 산을 올라 갈 수 있게 허락되었다. (허용)
>
> (91) 사람은 불의의 사고를 당할 수 있다.
>   ㄱ. 사람은 불의의 사고를 당할 가능성이 있다. (가능)
>   ㄴ.*사람은 불의의 사고를 당할 능력이 있다. (능력)
>   ㄷ.*사람은 불의의 사고를 당하게 허락되었다. (허용)

'(으)ㄹ 수 있다'는 가능과 능력의 의미가 동시에 나타나기도 하
고, 가능의 의미만 나타나기도 한다. 통사적으로 형용사나 지정사
와 결합하였을 때, 명제의 가능성이 있다는 뜻으로는 해석될 수 있
지만 능력의 뜻으로는 해석될 수 없다.

> (92) ㄱ. 장난일 수 없는 일이다.
>   그것은 유에프오일 수 있다.
>   우리의 약속일 수 있었다.
>   ㄴ. 그 딸이 그렇게 예쁠 수가 없었다.
>   그곳의 별들은 더 아름다울 수 있다.
>   ㄷ. 그들이 결합할 수 있을 만한 여건
>   알 수 있는 일이었다.
>   청년이 할 수 있는 일이라곤

선행 용언이 지정의 '이다'이면 가능의 의미만을 갖고, 형용사인
경우도 주된 의미는 가능이다. 서술어가 동작 동사일 경우는 가능
의 의미에 근거한 능력의 의미가 드러난다.

(3) 가능 구성의 문법화

국어에서는 '가능'의 의미를 나타내는 독립적인 표현이 존재하지
않다가 통어적구성 '(으)ㄹ 수 있다'가 문법화를 이루며 생산성을
확대한 것으로 보인다. 이 구성은 15세기 문헌에 나타나지 않는다.
「석보상절」의 경우 '슈'는 전혀 나타나지 않고, 이조어 사전에서의
'슈'는 수를 놓는 繡만이 제시되어 있다. 16세기 자료에서도 '슈'는
나타나지 않는다. 근대 국어 문헌에서도 가능 구성의 쓰임은 드물
다.[49] 근대 국어에 나타나는 '슈'는 주로 자립명사로 쓰이고, '(으)
ㄹ 슈' 표현 일부에서 의존명사의 쓰임으로 가능의 의미가 나타난
다. 의존명사 '수'는 자립명사에서의 '방법이나 도리'에서 '방법, 능
력, 가능'의 의미와 의존명사의 범주를 형성하였다.

구어체인 판소리에서 '수'는 자립명사(93)와 의존명사(94)로 쓰였
는데 문헌에 따라서도 쓰임의 차이가 있다.

    (93) 업난 슈가 잇난이라(春香傳 상 34)
          불가불 이벼리 될 박그 수 업다(春香傳 상 37)
          춘향은 요의다 틔와 갈 밧그 슈가 업네(春香傳 상 41)
          혼사할 박기 수가 업소(春香傳 하 9)
          삼빅 석을 무슨 수로 ᄒ것소(심청전 상 18)

---

49) 이주행(1982: 141, 160)에서는 '수'(슈>수)와 '리'(理)는 후기 중세 국어와
    근대 국어에서 자립명사이던 것이 현대 국어에서 의존명사로 기능한다고
    보았다. 허 웅(1975: 300)에는 '수, 리'에 대한 논의가 없다. 중세 국어에
    존재하지 않았던 것으로 해석된 듯하다. 현대 국어에는 없지만 중세 국어
    에 존재하였던 의존명사로 'ᄃᆞ, ᄉᆞ, 자히, 닷' 등이 지적되어 있다. 고영근
    (1997: 79)에서는 중세 국어의 주어성 의존명사로 '디, 숫'이 확인된다고
    하였다.

(94)　양반이 부르시난듸 안이 갈 슈 잇건난야(열녀 춘향 수절가, 완판본)

　　　　셔름은 기가 막키나 노상으셔 울 수 업셔(春香傳 상 37)

　　　　앗가 져러치 아니ᄒ시더이다 할 슈 업고(閑中錄 2: 34)

　　　　빅쳑간두의 홀 슈가 잇슬손야(심쳥젼 상 20)

　　　　모다 니 사랑 갓틔면 사랑 걸여 살 슈 잇나(열여 춘향 수절가)

장자백 창본의 경우는 '(으)ㄹ 수 있다'는 나타나지 않고 '(으)ㄹ 수 없다'만 나타나 이 표현 위주로 구성이 발달하였다고 볼 수 있다. 「열녀 춘향 수절가」나 「열여 춘향 슈절가」에서는 '슈 잇'도 나타난다.50)

초기 현대 국어 문헌인 「독립신문」에서도 '슈 잇' 구성은 거의 나타나지 않는 데 비해 '슈 업'은 상대적으로 많이 나타난다.51) 「독립신문」에 나타나는 가능 구성의 보기는 현대 국어에 비하면 적지만 쓰임새는 완전히 가능 구성의 의미를 형성하고 있다.

현대 국어에서 '(으)ㄹ 수 있'의 생산적 쓰임은 통계 조사에 의하여 확인된다. 현대 국어의 소설, 설명문, 논문, 수필 등의 글에 나타난 이 표현의 빈도 조사에 의하면 원고지, 3500장 정도 분량의

---

50) 국립국어연구원의 전산 자료에 의하면 홍길동전 24장본에는 '홀 슈 업셔', 홍길동전 경판 30장본에는 '헐 슈 업셔'가 나타나지만, 「구운몽」(서울대학교 소장 필사본), 「심청전」(경판 24장본), 「숙향전」(경판 64장본)에는 '슈 업다', '슈 잇다' 구성이 전혀 나타나지 않는다. 반면 「강태공전」(경판 39장본)에는 '버셔날 슈 업스니, 피홀 슈 업셔, 거홀 슈 업셔, 이를 슈 업스니, 밋츨 수 업ᄂ이다'와 같이 '슈 업다' 구성만 나타난다.

51) 「독립신문」은 최초의 한글 전용 신문으로 1897년에 창간되어 1899년 폐간되기까지 총 776호가 발간되었다. 창간호부터 116호까지(원고지 약 2000장 분량) 자료에 의하면 '슈 업' 구성은 84, '슈가 업' 구성은 56, 합하여 140 구성이 나타나는데, '슈 잇'은 3개뿐이다. 슈 잇: '디방관을 범연이 알슈 잇나', 슈 업: '직업을 힘쓸슈 업고', 슈가 업: '말ᄒ여도 긋칠슈가 업슨즉' 등이다. '슈도 업'은 2, '슈는 업'도 3개가 있다.

글에 950개 정도의 표현이 나타나 원고지 4장당 한 번이 나타나는 생산성이 있다.

'수 있다' 가능 구성이 현대에 들어 생산적으로 쓰이는 것은 '가능'의 의미를 나타낼 독립적 표현의 부재를 극복하기 위한 방법이다. 영어 표현의 유입이나 번역에서 영향을 받았을 것으로 보인다.

현대에 들어 '(으)ㄹ 수 있다'는 '가능'과 '능력'의 의미에서 완곡 표현으로 의미의 확장이 되고 있음을 볼 수 있다. '시작되었다고 할 수 있다'의 의미는 '할 가능성이 있다'로 해석되지만, 단순히 '시작되었다'는 의미를 나타내기 위해서도 쓰인다. '가능'의 의미가 약화된 의미로 표현되는 점에서 이 구성이 완곡 표현의 의미로 표현의 다양화를 이루었다 할 수 있다.

(4) 가능 구성의 생산성과 번역

영어를 한국어로 번역할 때 조동사 'can'은 '(으)ㄹ 수 있다'로, 국어의 '(으)ㄹ 수 있다'는 영어의 'can'으로 나타날 것으로 예측된다. 그러나 실제는 'can' 이외에도 많은 다른 표현들이 '(으)ㄹ 수 있다'로 나타난다. 이는 이 구성이 가능의 의미에 한정되지 않는 완곡 표현의 문체로 자리잡고 있음을 보여주는 것이다.

다음 자료는 이홍배(1984)에 나타난 번역과 원문이다.[52]

> (95) 이해할 수 있으리라   could read and digest the ideas
>   비판할 수 있는 첫 단계   first stage in being able to criticise a

---

52) 이 자료를 택한 특별한 이유는 없다. '(으)ㄹ 수 있다' 표현이 번역자나 필자의 개인 문체에 따라 차이가 많을 수 있으나 여기서는 이 점을 고려하지는 못하였다.

theory
스스로 읽을 수 있도록 the reader should then be able to go on and
    read
공부해 갈 수 있도록 enable the student to go on to read
사용할 수 있다 enable the student go on to read the primary literature
어느 곳에서 중단해도… 체계 있게 이해할 수 있도록 can stop at
    any point beyond
발전시킬 수 있기 때문에 can we develop theories
말하고 이해할 수 있게 해 주는 enable him to speak and understand

(96) 개론적 성격을 띤 책이라고 할 수 있다 it is an introduction
질문을 던지지 않을 수 없다 Let me try and answer
우리는 몇 가지 대답을 생각할 수 있고 There are several answers
줄여서 설명할 수밖에 없다 would have meant curtailing discussion
    of
비판적 평가는 할 수 있다 Why not give a critical evaluation
의미를 갖는다고 볼 수 있다 it makes sense to talk about attempting
    to
가르칠 수 있도록 to be used with a variety of different student
소개하는 데 활용할 수 있고 provide a basic introduction
유용하게 사용될 수 있다 would be useful
비판적으로 볼 수 있도록 to get the reader to look rather more
    critically
빨리 출판할 수 있도록 해준 for making an effort to publish it sooner
해답을 줄 수 있어야 한다 provide answers to question
질문에 답할 수 있는 will answer such question
여러 가지 요소에 기인한다고 할 수 있다. are attributable to a variety
    of performance

    (95)는 영어의 can, able, ability와 관련된 번역인 경우이지만, (96)
은 이들 동사와는 관련이 없다. ‘is, there are’과 같이 ‘이다, 있다’

로 나타날 부분들이 '(으)ㄹ 수 있다'로 번역되는 것은 역자의 개
인적 차이에 따른 것이기도 하지만, 단정적인 문장에 대한 완곡 표
현으로 가능 구성이 사용되고 있음은 분명하다.

반대로 한국어를 영어로 번역할 때도 같은 문제가 생긴다. '(으)
ㄹ 수 있다'와 'can'의 의미가 일대일 대응이 아니기 때문이다. '
(으)ㄹ 수 있다'는 'can' 이외의 다른 어휘로 번역된다.

(97) 한 생각 묻어 있을 수 있는 동안 As long as I can cling to
정들어 잊을 수 없던 사람들이 Friends I could never forget
나는 그 눈들을 볼 수가 없다 I can not bear to look into their eyes
어찌 차마 볼 수 있으리 How can I bear to look at those
지금 말할 수 없는 이 해답 I can not say
더 가까이 갈 수 없는 거리에서 Across a gulf I can not span
되돌아 갈 수 없는 거리에서 As I walk this road of no return
날개를 칠 수가 없어 And could not fly
잠들 수 없다 can not find sleep

(98) 생각을 버릴 수 없는 곳에 Where thought defies banishment
되돌아 갈 수 없는 거리에서 As I walk this road of no return
인간들이 더 갈 수 없는 이 지구에 They stream through an overcro-
wded world

위 보기는 조병화(1982) 영역 시집에서 나타난 '(으)ㄹ 수 있다'의
보기이다. 여기서는 문제를 제기하는 점에서 이 자료만 살펴보았다.

3) 심리동사와 심리구문

서술어와 관련된 문장의 연구에서 심리동사는 특별한 연구의 대

상이 되었다. 심리동사가 형용사나 자·타동사와 같이 문법적으로 큰 범주를 이루는 서술어가 아님에도 불구하고 관심이 집중된 것은 이 동사가 국어 문법의 중요 쟁점 사항인 이중주어문과 관련되어 있기 때문이다.[53] 그리고 다른 형용사와 달리 '어 하다' 동사와 밀접히 관련되어 있기 때문이다.

심리동사는 통사, 의미, 화용적 측면에서 일정한 특징을 공유한다. 여기서의 심리는 자기 판단, 주관 등의 다른 명칭으로 불리기도 하는데, 심리를 나타내는 공통 의미를 가지고 있어 심리동사로 구분된다. 동사 가운데에도 심리를 나타내는 동사들이 있는데 이들은 심리형용사와 밀접히 관련되어 있다. 심리동사는 폭넓게 범주상 형용사와 동사를 모두 포함하는 포괄적 문법 범주를 지칭한다.

심리동사에 대해서는 심리 이동 변형, 형용사 구문과 타동사 구문 간의 통사·의미적 대응 관계, 경험 대상 표시 주격형, 경험주 성분의 주제성, 경험주-화자 동일 조건을 비롯하여, 이중주어문, '어 하다'형 동사와의 변형 관계, 공범주 등이 주제로 논의되었다. 의미를 중시하는 경우, 감각, 인지 타동사 구문이나 보문 구문도 심리동사의 연장 위에서 다루어졌다. 김흥수(1990) 참조.

주어의 심리 상태를 서술하는 점에서 심리동사는 형용사와 동사를 포괄하여 논의되지만, 심리형용사는 '좋아하다', '알다', '생각하다'와 같은 내적인 경험을 동반하여 행동주의 의미역할을 부여하는 심리동사들과 구별된다. 심리형용사는 '무엇이 어떠하다'를 이루는 '무엇'이 의미적으로 주체의 주관이지만, 화자와 관련되어 있

---

53) 심리동사만이 이중주어문을 이루는 것은 아니다. 소유 구문(그가 돈이 있다)을 비롯하여, 감각형용사(나는 머리가 아프다), 성상형용사(그는 키가 크다), 태도형용사(그가 도둑임이 틀림없다) 등도 이중주어문을 이룬다.

는 형용사이다. 그래서 심리형용사는 주관적 형용사로 불리기도 한다. 심리형용사는 경험주의 심리 상태를 나타내는 서술어로 경험주가 문장의 주어로 나타난다.

심리형용사 구문은 주어인 경험주와 화자가 동일하여야 한다. 즉 '나는 슬프다'는 가능하지만 '*너는 슬프다'는 불가능하다. 발화 시의 경험은 화자만이 알 수 있기 때문에 현재일 때 화자이어야 자연스럽다. 2, 3인칭은 과거, 추측, 의문, 외적 표출의 '어하다'문에서 가능하다. 이는 형용사의 주어가 경험주인 주관성형용사의 공통적인 특징이다.

심리형용사의 논항 구조는 'NP1이 NP2가 V'이다. 심리형용사는 주체의 심리에 대한 대상이 문장에 제시되는가, 심리의 원인이 문장에 제시되는가에 따라 대상형용사와 원인형용사로 나눌 수 있다.54)

    (99) ㄱ. 나는 네가 좋다.
            ㄴ. 나는 네가 와서 좋다.
            ㄷ. 나는 기분이 좋다.
            ㄹ. 나는 네가 이기는 것이 좋다.

---

54) 대상심리형용사와 원인심리형용사의 보기는 다음과 같다. 유현경(1996)에서 보인 격틀과 보기이다.
   ㄱ. 대상 심리형용사: 경이롭다 궁금하다 귀엽다 그립다 달갑다 대견스럽다 두렵다 만족스럽다 무섭다 미덥다 믿음직스럽다 밉다 부럽다 불쌍하다 사랑스럽다 수상쩍다 싫다 아깝다 예쁘다 원만스럽다 좋다 측은하다 등. ('좋다'는 통사적으로 다원성을 가져 심리, 성상, 판단 모두에 쓰인다.)
   ㄴ. 원인 심리형용사: 갑갑하다 섭섭하다 놀랍다 고통스럽다 노엽다 흡족하다 기쁘다 슬프다 곤혹스럽다 괴롭다 외롭다 쓸쓸하다 서운하다 고깝다 아찔하다 고통스럽다 부끄럽다 서럽다 흐뭇하다 원통하다 등.

(100) ㄱ.?나는 네가 기쁘다.
      ㄴ. 나는 네가 와서 기쁘다.
      ㄷ. 나는 마음이 기쁘다.
      ㄹ. 나는 네가 이긴 것이 기쁘다.

　두 서술어가 모두 심리의 의미를 나타내고 있지만, 공존하는 문장성분이 다르다. '좋다'는 좋아하는 대상을 필요로 하지만, '기쁘다'는 기쁜 대상이 없다. '기쁘다'는 '그'와 같은 대상은 필요로 하지 않지만 '마음, 사실'이 원인의 대상이라 할 수 있다. 대상 심리형용사는 대상을 생략하면 어색한 문장이 되지만, 원인 심리형용사는 원인을 생략해도 가능하다. 그러나 이 현상은 절대적이지는 않다. 대상 성분이 생략되어도 문장의 문법성에 영향을 미치지는 않는다.

　심리형용사와 심리동사는 '어 하다' 파생에 의한 통사 의미적 관련성을 갖고 있다. 두 용언이 밀접하기 때문에 한 용언에서 다른 용언이 파생이나 생성의 방법에 의하여 이루어졌을 것이라고 추정하게 된다. '어 하다' 동사로 타동사화되어 문장에 쓰일 때 대상심리형용사는 가능하나, 원인 심리형용사는 불가능하다.

(101) ㄱ. 나는 (그가) 좋다.
      ㄴ. 나는 (그가) 섭섭했다.

(102) ㄱ. 나는 너를 좋아한다.
      ㄴ.*나는 마음을 기뻐한다.

　'어 하다' 동사 구성을 이루는 형용사는 많다. 주관성형용사들은 거의 모두 '어 하다' 구성의 동사를 이룬다. 주관성형용사들의 경험은 동사 구성이 되면서 마음의 움직임이 경험과 행위의 움직임이 된다.

> (103) 좋아하다, 싫어하다, 귀여워하다, 그리워하다, 만족스러워하다, 불쌍해하다, 예뻐하다, 갑갑해하다, 섭섭해하다, 놀라워하다, 고통스러워하다, 기뻐하다, 슬퍼하다, 괴로워하다 등

주어가 객관적인 객관성형용사, 또는 속성형용사로 구분되는 형용사들도 '어 하다' 구성이 일부 가능하다. 객관적 주어를 필요로 하던 서술어가 '어 하다' 구성에 의해 주어의 마음의 움직임을 나타내도록 바뀌기 때문에 주어에 주관적인 경험주나 행위주가 실현될 수 있다. 그러나 이들에 대한 용인 가능성은 어휘나 개인에 따라 차이가 있다.

> (104) 가벼워하다, 높아하다, 더러워하다, 두꺼워하다, 가까워하다, 틀림없어하다, 있어하다, 익숙해하다, 친숙해하다, 당연해하다 등
> ㄱ. 우리는 그를 가까워했다.
> ㄴ. 우리는 그 물건을 더러워했다.

형용사와 관련된 '어 하다' 구성의 동사는 긴밀한 의미 관계를 갖지만 문장 구조는 다르다. '나는 네가 좋다'는 이중주어문으로 해석되기도 하지만, '네가'가 '좋다'의 대상 보어인 문장이다. 이에 비해 '나는 너를 좋아한다'의 '너를'은 목적어이다.55)

---

55) '나는 네가 좋다'는 [나는 [네가 좋다]s]s에서와 같이 복문으로 해석하거나, [나는 [네가 좋다]vp]s에서와 같이 단문으로의 해석이 가능하다. 단문 해석의 경우 '네가'는 주격표시를 받지만 대상을 나타내는 문장성분이다. '나는 너를 좋아한다'도 [나는[(나는) 너를 좋아]한다]와 같은 복문구조로 해석할

두 문장이 의미적으로 밀접한 사실, 즉 '네가'가 대상이 되는 사실은 이 두 문장 가운데 한 문장이 기저 문장이고 다른 문장은 이 문장에서 유도되었다고 추론하게 한다. 이에 대해서는 '어 하다' 동사 구문에서 형용사 구문으로 변형된 것이라는 견해, 즉 '나는 너를 좋아한다'라는 문장에서 '나는 네가 좋다'가 유도되었다고 보는 해석과56), 반대로 형용사문에서 동사문이 이루어졌다는 변형 해석이 제시되었다. 역사적으로는 동사에서 형용사가 형성된 보기들이 있다.57)

현대 국어의 공시적인 입장에서 보면 형용사에서 '어 하다' 구성인 동사가 파생되었다고 보는 것이 합리적이다. 변형적 유도는 두 문장의 의미가 동일하지 않고 변형의 과정에서 '하' 탈락이나 첨가를 설명해야 한다. 두 문장이 각각 다른 구조를 가진다는 해석은 두 구성의 의미의 차이를 중시한 것이다. 형용사가 동사를 파생한다는 해석은 두 문장의 관계를 통사적 과정에 의한 형성이 아닌 어휘부의 파생에 의해 구별하는 것이다. 두 문장은 역사적인 생성에서 다른 문장의 기저가 될 수 있지만, 공시적인 관점에서 다른 문장의 기저 구조에서 변형 관계를 갖는 것으로 보기는 어렵다.

심리형용사들은 단문 구조에서 두 주격 표지를 가지고 있어, 이중주어문으로 다루어지기도 한다. 그러나 심리동사에 의하여 이루어지는 이중주어문은 '있다'나 '많다'와 같이 서술어가 두 논항을

수 있다. [[(나는) 너를 좋아]가 목적어 구실을 하는 명사구나 동사구로의 해석이다. 양인석(1972), 박병수(1974) 참조.

56) 이익섭(1978)에서는 '나는 호랑이를 무서워한다→나에게는 호랑이가 무섭다→나는 호랑이가 무섭다' 순서로 유도된다는 견해가 제시되었다. 두 문장의 의미 동일성, 생략을 비롯한 유도의 적절성이 비판의 대상이 되었다.

57) 형용사에서 동사가 형성되는 역사적 자료의 보기들은 '두리다/두럽다(두렵다), 믜다/밉다, 붓그리다/붓그럽다(부끄럽다), 짔다/짔브다(기쁘다), 곯다/곯브다(고프다)' 등이 있다.

필요로 하는 두 자리 서술어이다.

(105) ㄱ. 나는 네가 좋다/무섭다/섭섭하다.
      ㄴ. 나는 돈이 있다/많다.

　이는 논항을 부여 받지 않는 이중 주격 문장과 구별된다. 서술어 '길다, 크다'가 두 논항을 갖는 두 자리 서술어라고 보기 어려움은 관련된 관형 구성과 비교하면 알 수 있다. 관형 구성을 가진 '길다'의 논항이 주어 '코' 하나임에 비해, '코끼리가 코가 길다'의 '길다'는 두 자리 서술어라고 하기 어렵다. 이 문장의 '코끼리가'는 주제의 의미와 기능을 갖는다. 그러나 겹주어의 존재를 변형적 관점이 아닌 생성적 입장에서 인정하는 측면에 서면 이들은 두 논항을 갖는 서술어로 해석된다.

(106) ㄱ. 코끼리가 코가 길다. (코끼리의 코가 길다.)
      ㄴ. 성호는 키가 크다. (성호의 키가 크다.)

　심리동사 구문의 겹주어 문제는 크게 세 가지 견해가 있는데, 첫째, 경험주 성분인 NP1을 주제나 초점으로, 경험 대상 성분인 NP2는 주어로 해석하는 경우와, 둘째, 두 성분 모두를 주어로 보는 해석, 셋째, NP1은 주어로 NP2는 주어가 아닌 다른 성분으로 해석하는 것이다.
　첫째 입장은 NP2는 주어이고 NP1은 논항으로서의 통사 성분이 아닌 것으로 보는 입장이다. NP1이 관형사절의 표제 명사가 될 수 없고, 재귀 현상이나 주체높임은 주어 확인의 적극적인 증거가 아니라고 본다. 두 성분 모두를 주어로 보는 해석은 서술절설/비서술절설, 기저생성설/변형설로 나누어 볼 수 있다. 서술절설은 대체로 기저 생성설에 속한다. NP1이 주어이고 NP2는 주어가 아닌 다른 성분으로 보는 해석에서는 재귀화, 주체 존대 등의 문법 현상에서 이 성분이 주어일 수 없음을 보인다. 이홍배 외(1988)에서는 전형적인 주격 중출 구문과 심리형용사 구문을 구별하여 NP2를 보어로 보았다. 김홍수(1989)에서는 NP2를 기점 또는 지향점의 주제화, 초점화로 해석하였다.

이중주어문 구조로 나타나는 이 문장들은 여격 형태가 주제화된 것으로 해석이 가능하다.

> (107) ㄱ. 나는 네가 좋다/나에게는 네가 좋다.
> ㄴ. 나는 네가 무섭다/나에게는 네가 무섭다.
> ㄷ. 나는 네가 섭섭하다/나에게는 네가 섭섭하다.

> (108) ㄱ. 나는 돈이 있다/나에게는 돈이 있다.
> ㄴ. 나는 돈이 많다/나에게는 돈이 많다.

그러나 심리형용사의 경우 여격 형태의 문장과 주격 형태의 문장은 의미가 분명히 구분되어 다른 문장 구조로 해석된다. 두 문장이 생성 과정에서 연관성이 있다는 가정은 가능하지만 두 문장은 서로 다른 문장 구조로 구분된다.

4) 대칭, 동반, 비교동사와 구문

주어를 제외한 문장성분들은 서술어인 동사와 밀접한 관련이 있다. 목적어를 가진 동사들이 동사의 한 유형을 이루고, 장소를 나타내는 명사구를 가진 동사들은 또 그들대로 동사의 한 유형을 이룬다. '명사+조사' 명사어와 함께 쓰이는 동사들은 일정한 무리로서의 특징을 공유하기 때문에 동사 유형을 분류하는 데 효과적인 기준이 된다. 비교동사, 동반동사, 대칭동사, 경쟁동사 등으로 동사를 구분하는 것은 명사구 '명사+조사'와 함께 이루어지는 구문을 세밀하게 분류하고 특징을 밝히려는 작업에 의한 결과이다.

조사 '와'는 서술어와 관련없이 '구'나 '절'을 연결하는 기능을 일차로 갖는다. 대부분의 문장성분은 조사 '와'에 의해 연결된다. 조사 '와'는 비교의 대상을 나타내는 의미와 동반의 의미, 그리고 연결의 기능을 갖고 있다. 명사를 연결하는 기능으로 쓰일 경우에는 같이 쓰이는 동사들과 공기 제한이 거의 없지만, 동반이나 대칭, 비교의 의미를 갖는 경우는 연결되는 동사들이 의미와 관련되어 제한된다.[58]

연결문 'NP1와 NP2가 V'와 동반문 'NP2와 NP1와 V'은 두 문장이 전환이 가능한 경우와 불가능한 경우가 있어, 두 문장 사이의 관계가 일률적이 아님을 알 수 있다. 'NP1와 NP2가'와 'NP2와 NP1가'의 교체 가능성은 서술어에 따라 다르다. 일부 형용사들이 'NP1가 NP2와 V'의 문장으로 실현될 수 있고, 동사들 가운데에도 일부 동사들이 '동반'의 의미로 'NP와'를 갖는다. 지정, 존재 구문과 형용사를 서술어로 하는 문장과, 서술어가 동사인 일부 문장에서는 불가능하다. 이는 연결 구문과 동반 구문이 동일한 구조에서 문장성분이 이동한 것이라는 주장이 옳지 않음을 보이는 것이다.

---

58) 최현배(1955)에서는 이음토, 함께자리토, 견줌자리토의 세 가지 용법으로 나누어 쓰임새를 설명하였다. 여동격, 동반격, 비교격이라는 구분도 이 조사의 다른 문장의 의미와 기능을 설명한 것이다.

(109)　ㄱ. 진선이와 성호는 키가 크다/*성호는 진선이와 키가 크다.
　　　　　: 많다, 좋다 등
　　　ㄴ. 진선이와 성호는 중학생이다/?성호는 진선이와 중학생이다.
　　　ㄷ. 진선이와 성호는 집에 있다/성호는 진선이와 집에 있다.
　　　　　희망과 소망이 우리에게 있다/?소망이 희망과 우리에게 있다.

(110)　ㄱ. 진선이와 성호는 빵을 만들었다/성호는 진선이와 빵을 만들었다.
　　　　　희망과 소망이 기적을 만들었다/?소망이 희망과 기적을 만들
　　　　　었다.
　　　ㄴ. 진선이와 성호는 선물을 받았다/?성호는 진선이와 선물을 받았다.
　　　ㄷ. 진선이와 성호는 정답을 알았다/?성호는 진선이와 정답을 알았다.
　　　　　: 있다, 만들다, 오다, 보다, 놓다, 찾다, 놀다, 버리다, 느끼다,
　　　　　주다, 살다, 얻다, 쓰다, 먹다, 가다, 다니다, 앉다 등

　연결문이 모두 가능한 데 비해 동반문이 불가능한 것은 동사에
따라서 연결되는 두 명사의 의미적 특징에 따른 것이다. 주어가 행
위자인 경우 주어는 동반자와 함께 어떤 행위를 하게 되는데, 주어
가 행위자가 아닌 경우 동반에 의한 움직임이 어려워진다. 주어가
행위자이고 '함께'와 같이 쓰일 때 동반문이 자연스러운 것은 두
행위가 동반으로 일어나기 때문이다.
　연결문과 동반문의 관계 결정은 동사에 의해 결정되는 것만은 아
니다. 같은 서술어라도 명사어에 따라 동반문의 가능성이 달라진다.

(111)　ㄱ. 진선이와 성호는 학생이다/*성호는 진선이와 학생이다.
　　　ㄴ. 진선이와 성호는 친구이다/성호는 진선이와 친구이다.
　　　ㄷ. 진선이와 성호는 친구가 되었다/성호는 진선이와 친구가 되었다.
　　　ㄹ. 진선이와 성호는 학생이 되었다/*성호는 진선이와 학생이 되었다.

(111)에서 보듯이 '친구', '형제, 자매, 가족, 같은 반'과 같이 대칭 관계를 갖는 명사가 쓰인 경우와 그렇지 않은 경우로 구별된다. 동반의 문장이기 때문에 '서로'가 쓰일 수 있는가와도 관련되어 있다. '성호는 진선이와 서로 *학생/친구이다'의 차이도 명사의 대칭성 때문이다.

대칭관계를 이루는 대칭동사(닿다, 붙다, 이어지다 등)로 이루어지는 문장들은 'NP와' 성분의 이동이 자연스럽다. 연결문과 동반문이 모두 가능하다.

(112) ㄱ. 성호는 진선이와 다투었다.
      ㄴ. 진선이와 성호는 다투었다.
      ㄷ. 그들은 서로 다투었다.
      ㄹ. 그들은 다투었다.

그러나 대칭동사가 쓰인 문장이라고 두 가지 구문이 모두 자연스러운 것은 아니다. 두 명사어가 통사, 의미 자질상 서로 한 성분으로 묶이기 어려운 경우 동반문은 가능하지만 연결문이 불가능하다. 다음 보기의 일부는 남기심(1990)에 제시된 것이다.

(113) ㄱ. 나는 컴퓨터와 종일 씨름했다/?컴퓨터와 나는 종일 씨름했다.
      ㄴ. 우리는 거센 파도와 싸웠다/?거센 파도와 우리는 싸웠다.
      ㄷ. 그녀는 갈대와 같다/?갈대와 그녀는 같다.

'거센 파도와 우리는 싸웠다'는 연결문의 의미로는 불가능하지만, '우리가 싸운 상대'인 '거센 파도'를 앞세운 문장의 의미로 쓰인다. '거센 파도를 대상으로 우리는 싸웠다'는 의미로서이다.

연결문과 동반문은 동일한 문장이 문장성분의 이동에 의하여 성분 이동의 의미 차이를 갖는 문장 관계를 이루고 있는가 하면, 두 문장이 완전히 다른 문장으로 생성되었다고 볼 수밖에 없는 문장 관계가 존재함을 알 수 있다.

대칭구문은 '서로'에 의하여 수식되지만, 동반 구문은 '함께'에 의하여 수식되는데, 이는 이 동사들이 가진 대칭과 동반의 의미에 의해서이다. 그리고 동반의 명사구는 대칭의 동사구와 동시에 사용될 수도 있다. '철수는 기영이와 함께 영수와 서로 싸웠다'라는 문장이 어색하기는 하나 가능한 점을 들 수 있다. 동반 구문을 이루는 동사들은 대칭동사를 제외한 '가다, 오다, 만들다' 등의 서술어가 동반의 명사구를 요구하는 구성에서 이루어진다.[59)]

대칭구문과 같이 논리적으로 대칭성을 갖지만, 부사 '서로'가 필수적이고 대칭동사와 일부 특징을 달리하는 동사들이 있는데 이들을 상호동사라 한다. 상호동사에는 '믿다, 속이다, 싫어하다, 의지하다, 돕다, 모르다' 등이 있다.

조사 '와'가 비교격조사로도 다루어지는 것은 이 조사가 비교의 대상이 되는 명사구를 이끌기 때문이다. 비교되는 두 명사구가 상대되는 관계를 가지고 있어서 비교동사들은 대칭동사로 다루어지기도 한다. 그러나 비교와 대칭의 의미는 분명히 구별되기 때문에 따로 나누는 것이 적절하다. 비교는 비교의 대상이 같고 다름을 기

---

59) '명사+와'로 이루어지는 구문을 대칭구문을 중심으로, 동반동사에 의한 동반 구문과 상호동사에 의한 상호 구문으로 구분하여 문장 구성을 검토한 연구로 홍재성(1985)이 있다. 대칭동사를 수학적/논리적 대칭 관계를 내포하는 언어적 표현(문장)에 실현되는 서술어의 일종으로 정의하고, '결혼하다, 다투다, 헤어지다, 화해하다'의 동사를 예시하였다. 이 밖에도 '겨루다, 맞서다, 싸우다, 어울리다' 등이 있다.

반으로 한다.

> (114) ㄱ. 빠르기가 번개와 같다.
> ㄴ. 범은 고양이와 비슷하다.
> ㄷ. 희기가 눈과 다르다.
> ㄹ. 네 것은 내 것과 다르다.

이들 문장은 '번개, 고양이, 눈'과 같은 비교의 대상이 없으면 문장이 성립하지 않는다. 비교를 나타내는 조사가 쓰여서 비교의 의미를 갖는다고 비교의 대상을 나타내는 성분이 항상 필수적인 것은 아니다.

비교를 나타내는 문장도 연결문 구조로 나타날 수 있다. 그러나 이 두 문장은 분명히 의미적으로 구분되어 동일한 문장의 성분 이동으로 해석하기 어렵다.

> (115) ㄱ. 성호는 진선이와 성격이 같다.
> ㄴ. 진선이와 성호는 성격이 같다.
> ㄷ. 그들은 서로 성격이 같다.
> ㄹ. 그들은 성격이 같다.

> (116) ㄱ. 그는 분수에 넘는 요구를 하였다.
> ㄴ. 그 이야기는 이치에 맞는다.

비교구문에는 '명사+에'로 이루어지는 명사구에 의해 비교의 기준이 나타나는 문장도 있다. 비교동사에는 '같다, 다르다, 비슷하다'와 같은 형용사와 '닮다, 맞다, 어울리다'와 같은 자동사가 있다.

'나는 성호와 진선이를 만났다'가 '나는 성호를 만나고 나는 진선이를 만났다'라는 문장의 접속의 속구조에 의한 문장, 즉 문접속의 문장인가 단어의 접속인 구접속인가는 의문이 제기되었다. 전통적 학교문법의 견해에 의하면 이들은 당연히 구접속으로 해석될 것이지만, 속구조의 인식을 인정하는 입장에 서면 문접속에 의한 문장의 생성이 타당성을 인정받게 된다.

'나와 아버지는 닮았다'는 '나는 아버지를 닮았다'라는 문장과 '?아버지가 나를 닮았다'라는 문장을 속구조로 한 문접속의 문장이라고 해석하기 어렵다. 이는 '닮다'의 의미가 일방향성을 가지고 있기 때문이다.

4. 무엇이 어찌하다

1) 이동동사와 이동동사구문

이동동사는 이동의 의미를 가지고 있는 동사들의 무리이다. 이동동사들은 '이동'이라는 공통 의미를 가지고 있을 뿐만 아니라, 문법적 특징을 공유하고 있어 문법적 관심의 대상이 되었다. 이동의 문법 범주가 어떻게 형성되어 있는가를 서술어에 의한 이동 의미의 표현과 서술명사에 의한 이동의 의미 실현으로 나누어 살펴볼 수 있다. 이동동사에 대한 기존의 연구는 이동의 의미와 이동동사구문의 통사적 특징에 대한 것이 주로 다루어졌다.

이동동사는 이동의 방법만을 나타내는 동사와 장소의 이동을 나타내는 동사로 크게 나누어진다.[60) 이동동사에는 '가다, 오다, 다니

---

60) 이동동사의 의미 연구는 전수태(1987), 김응모(1993)가 있다. 전수태(1987)

다, 들르다, 모이다’와 같은 단순동사와 ‘아/어가다, 아/어오다’로 이루어지는 합성동사가 있다. 이동동사에 ‘건너다, 남다, 내리다, 넘다, 눕다, 닿다, 앉다’ 등을 포함하기도 하는데, 이들 동사들은 ‘다리를/*다리에 건너다’, ‘집에/*집으로 남다’, ‘산을/*산에/산으로 넘다’에서와 같이 문장성분의 연결에서 차이가 있다. 이런 이유로 ‘남다, 눕다, 앉다’와 같은 동사들을 이동동사와 구별하여 위치자동사로 구분하기도 한다. 실제로 이들 동사들은 의미에서도 이동의 의미를 가진 동사로 보기 어렵다.

이동동사의 격틀은 ‘NP이 NP로 V(달아나다, 도망치다, 떠나다 등)’, ‘NP이 NP에 V(가다, 내리다, 다니다, 돌아가다, 모이다 등)’, ‘NP이 NP에서 V(나가다, 떠나다, 비키다 등)’이다. ‘가다, 오다’는 이동동사의 특징을 보이는 대표적 동사로, 상대적 의미를 가지고 있어 이동동사의 논의에서 주 대상이 되었다.

이동동사구문에는 위치어 ‘명사+에’, ‘명사+로’가 쓰인다. 이들 위치어는 대개 이동의 지향점이 된다.

    (117)　ㄱ. 성호는 (집에서) 학교에 갔다.
          ㄴ. 성호는 (집에서) 학교로 갔다.
          ㄷ. 성호는 서울에서 부산까지 갔다.

‘가다’는 이동의 지향점을 나타내는 동사들과 주로 쓰이기 때문에 기점인 ‘명사+에서’를 반드시 필요로 하지는 않는다. 대부분의

에서는 처소의 이동을 나타내는 모든 동사들을 이동동사로 보고 이동의 단계에 따라 세분하는데, 가다/오다와 같은 이동에 더하여, 기동 단계(떠나다, 출발하다 등), 완료 단계(다다르다, 도달하다 등), 부차적 의미를 가지고 있는 ‘추적하다, 도망하다, 모이다’로 나누어 살피었다.

이동동사들은 '가다'와 같이 이동의 지향점이 필수 성분이다. 이에 비해 '오다'는 기점의 의미가 중요하기 때문에 '가다'에 비해 기점 표시가 잘 나타난다. '집에서 나간다/떠난다' 등이 자연스러운 점도 이러한 이유 때문이다.

지향점을 나타내는 명사구 '명사+에'와 '명사+로'는 의미가 유사하면서도 달라 서로 혼용하면서도 구분된다. '명사+에'가 지향점을 명시함에 비해 '명사+로'는 방향을 뜻하는 의미가 중심이다. '명사+로'는 경로의 의미로도 쓰인다. '나는 엘리베이터로 간다'는 중의적인데, 엘리베이터를 향한 방향의 의미와 엘리베이터를 타고 가는 경로의 의미가 있다. 이동의 지향점은 목적격 조사에 의하여도 나타난다. '명사+에'가 위치 중심의 의미를 나타냄에 비해 '명사+에를'은 위치어의 대상화, '명사+를'은 명사의 대상화의 의미를 갖는다.

 (118) ㄱ. 성호는 학교에 갔다.
     ㄴ. 성호는 학교엘 갔다.
     ㄷ. 성호는 학교를 갔다.
     ㄹ.*성호는 학교롤 갔다.

(118)의 '를'은 목적격 조사로서 선행 부사어를 목적 대상화하는 기능의 관점과, 양태의 보조사로 달리 해석될 수 있다. 그러나 어느 경우에도 '명사+에'에 의한 부사어에는 목적격 조사가 올 수 있지만, 같은 부사어임에도 '명사+로'에는 조사 '를'이 연결될 수 없음을 설명하기는 쉽지 않다.

 (119) ㄱ. 성호는 산길을 간다.
     ㄴ. 성호는 다리를 건너간다.
     ㄷ. 성호는 담을 넘어간다.

　‘산길을 가다’의 목적어는 ‘명사+에’와 교체되지 않는다. 이 명사
구는 장소를 나타내지만 다른 장소를 나타내는 조사와 상보적이거
나 의미가 다르다. ‘신혼여행을, 시집을, 피난을’ 등이 ‘가다’의 목
적어로 자연스럽게 쓰이는 것과 같이 행로를 나타내는 명사구는
목적어로서의 특징을 갖는다. 이러한 문장의 목적어로 나타날 수
있는 명사와 서술어가 될 수 있는 동사는 한정된다.[61]

　　　(120) 성호는 여행을 갔다.
　　　　　ㄱ. 성호는 하와이로 여행을 갔다. (여행하러 하와이로 갔다)
　　　　　ㄴ. 성호는 하와이에 여행을 갔다. (여행하러 하와이에 갔다)

　서술성명사들은 주어에 대해 서술어로서 의미 기능을 수행하기
때문에 ‘가다’는 기능동사적 기능을 가지고 있다고 볼 만하다. 이
들 서술성명사들은 모두 ‘여행하다, 감독하다, 강습하다’ 등에서와
같이 기능동사로 해석되는 ‘하다’와 결합된다.
　이동동사는 기점에서 지향점으로의 이동의 의미 외에 이동의 목

---

61) 홍재성(1987: 20)에서는 이러한 목적어를 행로(parcours)의 보어라 하여 장
　　면, 경로, 여정의 보어와 구별하였다. 이 글에서 보인 이동동사와 이동명
　　사 가운데 일부는 다음과 같다.
　　　ㄱ. 이동동사: 가다, 나가다, 나오다, 나서다, 내려가다, 내려오다, 다녀가
　　　　다, 다녀오다, 따라오다, 따라다니다, 떠나다, 떠나가다, 떠나오다, 돌
　　　　아다니다, 오다, 오르내리다, 올라가다, 올라오다, 쫓아가다, 쫓아오
　　　　다, 쫓아다니다 등
　　　ㄴ. 이동명사: 가정방문, 감독, 감사, 강습, 강연, 강의, 고기잡이, 과외,
　　　　관광, 구경, 나들이, 낚시, 답사, 데이트, 도망, 드라이브, 등산, 마중,
　　　　망명, 면회, 문병, 문안, 물놀이, 바캉스, 배달, 사냥, 사우나, 산보,
　　　　산책, 세계일주, 세배, 소풍, 순찰, 심부름, 아르바이트, 여행, 왕진,
　　　　원정, 위문, 유배, 유람, 응원, 이민, 이사, 인사, 캠핑, 파견, 품팔이,
　　　　피난, 피서, 피크닉, 해수욕, 행군, 휴가, 휴양 등

적을 나타내는 명사구를 필요로 하는 문장을 이룬다. 이 목적의 명사구와 목적의 연결문 '동사+러'는 밀접한 관련성이 있다.

 (121) 성호는 학교에 갔다.
   ㄱ. 성호는 영희를 만나러 학교에 갔다.
   ㄴ. 성호는 영희를 만나러 갔다.
   ㄴ. 성호는 학교에도 가고 영희를 만나러도 갔다.

 이동동사는 목적을 나타내는 종속적 연결문이 부사적 명사어와 동시적, 상보적으로 실현될 수 있다. 홍재성(1987) 참조.
 '가다'와 '오다'는 서로 장소 이동의 기준점을 향하여 이동하는 동사의 관계를 이루는데 대체적으로 화자가 이동의 기준점이 된다.

 (122) ㄱ. 그는 나에게 온다/나는 그에게 간다.
   ㄴ. 나는 지금 막 학교에 왔다/?나는 지금 막 학교에 갔다.

 (123) ㄱ. 이 생선회는 맛이 갔다.
   ㄴ. 이제 정신이 돌아왔다.
   ㄷ. 상처가 점점 썩어간다/?썩어온다.

 '가다, 오다'는 연결어미 '어'와 함께 보조동사구성을 이루는데 정상적인 상태나 바라는 상태가 기준점이 되는 상태의 변화를 보여준다. 이기동(1977) 참조.

2) 판단, 사유, 경험동사와 구문

 평가, 판정구문은 인식 주체가 어떤 대상이나 일, 또는 사태를 어떠하다고 판단하여 평가한다는 내용을 담고 있는 구문이다. 여기에 속하는 동사로는 '가깝다, 곱다, 굵다, 더럽다, 마땅하다, 멀다, 쉽다, 어렵다, 옳다, 적다, 좁다 좋다'가 있다. '좋다'는 평가 구문과 심리 구문에 모두 쓰인다.

평가나 판정의 주체는 화자나 문장의 주어이다. 주체는 문장에 잘 드러나지 않는다. 평가나 판단의 근거 또는 기준은 위치어에 의해 제시되는 것이 보통이다. 'NP이 V' 문장과 'NP이 NP에 V'을 비롯하여, 'NP이 NP이 V'의 이중주어 문장으로도 나타난다.

    (124) ㄱ. 그가 가는 것이 옳다.
         ㄴ. 너의 생각이 옳다.

    (125) ㄱ. 이 그릇이 물건을 담기에 적당하다.
         ㄴ. 네가 가는 것이 적당하다.

사유, 인지, 경험, 화법의 구문을 나타내는 동사들은 모두 목적어를 가진 타동 구문으로 다른 의미역을 갖고 있다.

사유동사에는 '믿다, 생각하다'가, 인지동사에는 '알다, 모르다, 여기다'가 있다. 사유가 '새로운 영역을 지향하는 정신 작용'이라면 인지는 이미 존재하는 영역을 수용하는 정신 작용으로 구분한다. 내적 사유에서 나아가, 인식 활동을 통해 정보를 알게 되는 인식 활동을 표현하는 동사가 인지동사이다. 이들은 각각 사유동사 구문과 인지동사 구문을 이룬다.

경험동사 구문은 실제로 겪거나 해 본 것, 이를 통하여 얻어진 지식, 정보, 기술의 경험을 나타내는 문장이다. 경험의 통로에 따라 시각·청각 등의 감각 경험, 정신적·육체적·직접·간접·개인적 등의 사회적 경험으로 나누어 볼 수 있다. 경험동사에는 '듣다, 보다, 먹다' 등이 있다. '듣다'는 청각 경험, '보다'는 시각 경험을 나타낸다. 지각 경험동사는 감각동사의 하위 부류이다. 감각동사는 인간의 오감을 통해 바깥 세계의 사건이나 사태를 인간 내부로 받아들이는 행위를 표현하는 동사들이다.

이 밖에도 문장 구조를 근거로 한 문법적인 특징에 따라 사동, 피동 구문이나 겸용동사구문이 관심의 대상이다. 의미와 통사적 특성에 따른 동사의 하위분류는 다양하다.

제7장
어미의 문법 범주와 문법 현상

1 높임

국어의 높임은 말듣는이를 높이는 상대높임과 문장의 주체를 높이는 주체높임이 있다. 중세 국어에서는 '王이 부텨를 請ᄒᆞᅀᆞᄫᆞ쇼셔'와 같이 어미로 객체를 높이는 방법이 있었다. 현대 국어에는 많지는 않으나 '선생님을 모시고', '진지를 드시다'에서와 같이 어휘로 객체를 높이는 방법이 있다.

주체높임은 어미 '(으)시'에 의하여 표시된다. 높임은 나이를 비롯한 사회적 지위 등 복합적 요인에 의하여 이루어진다. 높임의 대상이 청자와 관계되어 함께 나타날 때에는 더 높은 것에 의하여 높임이 제한되기도 하는데 이를 압존법이라 한다. 이 압존법은 현대에는 잘 지켜지지 않고 있다.

(1) ㄱ. 할아버지, 아버지가 왔습니다.
    ㄴ. 할아버지, 아버지께서 오셨습니다.

객관적 진술을 위해서 높임의 어미를 생략하기도 한다.

(2) 할아버지는 위대한 학자였다. (학자시었다.)

주체높임은 직접 주체가 아닌 주체와 관련된 대상에도 이루어진다.

(3) ㄱ. 할아버지의 머리는 희시다. (?희다.)
    ㄴ. 할아버지의 지팡이는 희시다. (희다.)
    ㄷ. 할아버지는 머리가 희시다. (희다.)

(4) ㄱ. 선생님은 자제분이 있으신가요?
    ㄴ. 선생님 댁에도 컴퓨터가 있으신가요?

직접 주체에 대한 높임이 아니기 때문에 간접 존대라고도 한다. 주체가 화자보다 낮은 경우에도 주체높임이 사용된다.

(5) ㄱ. 아버지 어디 가셨니? (할아버지가 손자에게)
    ㄴ. 김서방도 같이 가시게? (장모가 사위에게)

존대를 하지 않아야 할 상황임에도 대접을 하고 싶거나, 존대를 어떻게 하여야 하는지의 설정이 모호할 때도 주체의 존대가 이루어지는 경우가 많다.

2 시간
1) 언어 범주화와 시간 범주

많은 언어학자나 인류학자들은 범주는 실제 세계나 지각적인 기초에 의한 것이 아니고, 실체는 단순히 흩어진 연속이고 범주화는 학습과 같은 규약에 의한 것이라고 주장하였다. 이러한 구조주의적 견해에 대하여 비록 다른 언어가 다른 수의 기초 색을 갖더라도 보편적인 색의 범주가 존재한다는 주장이 색채 범주와 관련하여 논의된 바 있다.

인간이 시각에 의해 인지하는 색과 언어에 실현되고 있는 색의 어휘는 차이가 크다. 언어 가운데에는 기본 색채가 두 가지밖에 없는 언어가 있는가 하면 11가지 기본 색채를 가지고 있는 언어가 있다. 그리고 언어에는 사람들에게 심리학적으로 실재하는 초점색이 있다. 기본 색채 용어는 이러한 초점색과 관련이 있다. 기본 색채 용어의 가장 좋은 예를 고르도록 요구받았을 때 화자는 실질상 같은 것을 기본 색채 용어의 가장 좋은 예로 선택한다.

색채어의 예들은 통해 볼 때 인간에게 공통적 색채에 대한 인식은 존재하지만 이 색채에 대한 언어적 인식은 구별됨을 보여준다. 색에 대한 어휘를 알지 못하더라도 존재하는 모든 색을 인지하는데 이러한 색에 대한 인지를 '색의 자연적 인지'라고 할 수 있다. 자연적인 색 가운데 같은 무리를 이룰 수 있는 유사한 색을 동일한 언어로 표현하는 것은 그 색채어가 자연색을 포괄적으로 나타내기 때문으로 이러한 색에 대한 인지를 '색의 언어적 인지'라고 할 수 있다.

시간을 나타내는 범주도 이처럼 자연적 시간의 인식과 언어적 시간의 인식이 존재한다. 그리고 언어에 나타난 시간 표현을 근거로 언어 속에서 시간 범주를 해석하는 것과, 시간 개념을 전제로 시간의 언어화에 대해 해석하는 것은 시간 범주의 인식과 시간 표현의 본질 파악에서도 차이를 가지게 된다.

시간은 자연이나 일상생활 속에 나타나는 현상을 기반으로 한다. 일출과 일몰, 계절의 변화 등을 통해 순환적 시간의 개념을 얻고, 우주의 관찰에 의해 지구의 자전이나 태양계에서의 공존을 비롯한 천계의 주기적인 사건도 시간 개념으로 들어오게 되었다. 언어는 흘러가 버리는 것을 머무르게 하여주는 도구로, 시간은 언어로 형상화되었다. 가까운 미래와 과거에서 탄생 이전과 죽음 이후를 넘어서는 시간적 지평의 확장은 언어가 없이는 불가능했을 것이다.

　인간은 다른 동물과 달리 세계에 대한 시간의 인식에서 현재뿐만 아니라 과거와 미래의 인식도 가지고 있다. 가까운 미래와 과거에서 탄생 이전과 죽음 이후를 넘어서는 시간의 확장은 언어가 없이는 불가능했을 것이다. 오늘날 우리들은 시간을 시, 분, 초와 같이 정밀한 방법으로 나타내기도 하지만, 이른 시기의 시간에 대한 개념은 자연이나 일상생활 속에 나타나는 것으로 자연의 순환적 변화, 탄생에서 죽음에 이르는 삶의 과정을 통하여 시간을 인식하게 되었을 것이다.

　순환적 시간의 개념은 많은 문화에서 나타나는데 선형적인 시간의 개념은 유태교와 그리스도교에 의해서 서양 사상에 도입된 것으로 본다. 유태교는 어느 일정한 시점에 발생한 특정한 역사적 사건을 강조한다.[1] 시간은 가시적인 존재가 아니기 때문에 언어를 통하여 나타내는 방법을 취하게 되었다. 시간을 공간을 통해서 나타내는 것도 하나의 방법이다. 시계 진자가 위치에 도달하는 주기를 근거로 시간을 판단하거나 주기를 헤아리는 것은 가장 원초적이고 자연적인 유형의 시간 측정 방법이다. 지구의 회전각에 의해 일주기를 세분하는 것은 시간의 특징을 공간적 크기의 도움을 받아 측정하는 것이다.[2]

　공간과 시간 개념의 상관성은 단어에서 구체적으로 드러나는데

---

1) History ceased to be just one thing after another and became, instead, an intricately interwoven series of events that progressed from a well-defined beginning to an appointed goal. This view of history is known as salvation history, and with it, the idea of linear time was born. Fraser(1987: 21).
2) 두 종류의 기본적인 시간 측정 방법이 있는데, 하나는 주기적 과정을 세는 것이고, 또 하나는 어떤 비주기적 과정에 대응하는 공간적 거리를 측정하는 것이다. 이정우 역(1986: 145) 참조.

영어에서 'here', 한자어에서 '當場'과 같은 단어, 국어에서 '동안, 곳(곧), 틈(쯤), 저녁'과 같은 단어들이 공간과 시간을 동시에 나타내고 있어 공간어의 시간어로의 확장을 보여준다. '시간 개념은 공간 개념과의 공존을 통하여, 의미상으로는 공간 개념 속에 견인 흡수·내포·동반되어 나타난다'는 것이 시간과 공간의 관련성에 대한 일반적 인식이다.[3]

시간어를 중심으로 보면 자연의 변화에 대한 순환적인 시간 개념, 과학적인 시간 나누기에 의한 단위 시간 개념, 현재를 중심으로 전후의 시간 개념이 존재하고 있음을 알 수 있다. 이 가운데 서술어의 어미와 공기 관계를 형성하며 문장에서의 시간 개념을 형성하는 것은 현재를 중심으로 한 과거와 미래의 시간 개념이다.

국어의 시간 범주에 대한 논의는 현재, 과거, 미래를 축으로 이루어져 왔다. 현재, 과거, 미래가 시간 개념의 근본적 바탕이기 때문이다. 국어의 어미에 의한 시간 범주는 현실과 회상의 이분적 시간 범주 구분 하에 다시 과거 현재, 미래의 시간으로 나누어진다. 과거와 미래에 비해 현재가 무표적 형태로 나타남은 시간의 인식과 표현에서 현재가 기본적임을 보이는 것이다. 국어의 시간 어미는 높임의 종결에 따라 달리 나타난다.

현대 국어에서의 현재, 과거, 미래의 시간 범주는 서술형과 의문형에서 'Ф, 었, 겠' 어미로 형태 실현된다. 관형사형에 나타나는 '는, 은, 을'의 대립은 의문형에서도 나타나는데 '은, 을'의 기본적 대립으로 보아 역사적으로 과거를 포함한 현재와 미래로의 이분적

---

3) 심재기(1982: 64-80)에서 "공간 개념의 어휘는 언제고 기회만 있으면 시간 개념의 어휘로 변모할 준비가 되어 있는 예비어의 기능을 갖고 있다."고 논의한 바 있다.

인식의 대립이 존재했을 것으로 추정할 수 있다.

시간의 인식과 시간을 나타내는 형태가 일대일로 대응하는 것은 아니다. 현재를 나타내는 형태는 현재 이외에도 일부 과거와 미래, 진리를 나타낼 때도 쓰인다. 현재는 사건시가 발화시와 일치됨을 기본으로 하지만 발화시의 관점에서 사건시의 시폭은 넓은 폭으로 인식될 수 있다. 과거나 미래라는 시간 인식은 완료나 추정과 같은 형태를 통해서 그 표현 방법의 영역을 확장할 수 있는 점도 이러한 인식과 형태의 유연한 대응성에 기인한다.

국어의 시간 범주를 나타내는 어미들은 근본부터 시간 표현으로서의 체계적인 짜임을 가지고 출발하였다기보다는 시간 표현과 유관한 의미를 가진 어휘들이 시간 범주를 이루면서 시간 표현의 틀을 형성하여 온 것으로 보인다.

역사적 현상을 통해서 시간에 대한 언어 표현은 시간과 관련성이 있는 다른 언어 표현들을 시간 표현으로 끌어들여 시간을 나타내는 문법 어미화하는 모습을 볼 수 있다. 15세기 국어에서 발달하기 시작한 '았'의 문법화나 17세기에서 비롯된 '겠'의 문법화가 대표적인 것이다.

현대 국어의 서술형에서 시간 표현을 나타내는 어미는 'Φ'를 비롯하여 'ㄴ/는' 또는 '느', 그리고 '었'과 '겠', '더'이다. 이에 비해 15세기 국어에 나타나는 어미는 'Φ'를 비롯하여 'ᄂ', '(으)ㄴ' 또는 '(으)니, (으)리'와 '더'이다. 자연 시간에 대한 인식이 현대와 15세기가 달랐다기보다는 자연 시간에 대한 언어화가 시대에 따라 다를 수 있음을 보인다.

일부 문법 어미는 문장에서 형태를 갖든 갖지 않든 내재하는 문법 요소로서의 특징을 갖고 있다. 따라서 이들 어미들은 문장을 형성할 때마다 우리의 사고 속에서 준비되고 언어로서 실현되는 점에서 문장 구성의 필수 요소이다. 이러한 한정된 수의 문법 어미들이 일상 존재하는 의식의 표현으로서 문장에 실현되고 있는 것이다. 높임, 시간, 문장 종결은 국어의 문장에서 반드시 나타나 이 범주가 국어에서 가장 기본적이며 필수적임을 보인다.

어미의 순서는 뒤에서부터 보아 듣는이와 관련된 어미, 말하는이와 듣는이와 관련된 어미, 말하는이와 관련된 어미의 순서로 이어져 있다. 그리고 문장의 통사적인 구조와 관련된 어미들이 연결된다. 이는 언어 범주화의 방향이다. 국어의 시간 어미와 종결어미들은 인접하여 연결될 뿐만 아니라 결합하여 시간과 종결의 의미가 융합된 형태를 이루어내기 때문에 시간의 어미와 종결어미의 연관 관계는 국어 시간 범주에 대한 논의의 기초가 된다.

2) 국어의 시간 범주

어휘나 문법 형태인 어미에 나타나는 시간 표현을 근거로 국어의 시간 범주의 체계를 연구함[4]과 더불어 국어에서 시간 표현을 나타내기 위해서 어떠한 어휘와 어미를 사용하고 있는가를 관찰하는 것이 필요하다. 현재, 과거, 미래의 시간 인식이 국어에서 어떻게 실현되고 있는가를 살피는 시간 개념의 언어화라는 관점에서이다.

시간을 나타내는 어휘는 시간 개념을 나타내는 '때, 시간, 세월', 계절을 나타내는 '봄, 여름, 가을, 겨울', 시간의 단위인 '시, 분,

---

4) 국어의 시간 범주에 대한 연구는 우리말의 문법적 형태소를 분석하고 그것이 나타내는 관념에 따라 문법 범주를 설정하는 방법이 바른 길이다. 허웅(1987: 203).

초', '일, 요일, 월, 연', 하루의 때인 '새벽, 아침, 점심, 저녁', 밝고 어둠에 따른 '낮, 밤', 오늘을 중심으로 한 전후의 날을 세는 '그끄저께, 그제, 어제, 오늘, 내일, 모레, 글피, 그글피', 날을 수로 세는 '하루, 이틀, 사흘, 나흘, 닷새, 엿새, 이레, 여드레, 아흐레, 열흘'이 있고, 현재를 중심으로 한 앞뒤의 시간인 '과거, 현재, 미래' 등이 있다. 이 밖에 '옛날' 등의 어휘도 있다.

시간을 나타내는 어휘 가운데 '하루, 이틀, 사흘, 나흘, 닷새, 엿새, 이레, 여드레, 아흐레, 열흘'은 날을 수량적으로 나타내는 것이다. 이는 중세 국어에서는 '홀(ᄒᆞᄅᆞ), 이틀, 사ᄋᆞᆯ, 나ᄋᆞᆯ, 닷쇄, 엿쇄, 닐웨, 여드레, 아ᄒᆞ래, 열흘'로 나타났다. 이들은 형태소 분석에서 수를 나타내는 형태와 날을 나타내는 형태로 분리되는데 날을 나타내는 'ᄋᆞᆯ, 홀, 쇄, 애'가 존재하였으나 지금은 독립적으로 쓰이지 않고 화석으로 존재하고 있다.[5] 오늘을 중심으로 한 전후의 날을 세는 '그끄저께, 그제, 어제, 오늘, 내일, 모레, 글피, 그글피'에서는 지시어와 때를 나타내는 '적'으로 분리된다.[6]

---

5) '홀'은 'ᄒᆞᆫ+ᄋᆞᆯ>ᄒᆞᄂᆞᆯ>홀:ᄒᆞᄅᆞ'와 같은 변화를 예상할 수 있지만 이러한 변화의 모습은 합리적이지는 않다. 이틀은 '이+틀'이나 '읻+홀', '읻+을'로 분석할 수 있다. 수사와 일칭명사의 결합의 연결로 보아 '二'의 '이'로 보기는 어렵다. '읻히', '이듬히'에서와 동일한 형태소인 읻으로 해석된다. '사ᄋᆞᆯ', '사홀'은 '사흘'이 되었는데 사는 '서되', '서말' 등에서의 '서'와 서로 상관성을 가지고 있는 것으로 보아 '사+ᄋᆞᆯ'로 분석되고, '나ᄋᆞᆯ'도 '나홀', '나흘'의 과정을 겪었는데 '나'도 '너되', '너말' 등에서 나타나는 '너'와 서로 상관성을 가지고 있는 것으로 보아 '나+ᄋᆞᆯ'로 분석된다. '닷새'는 '닷쇄'로 쓰이다가, '엿새'는 '엿쇄'로 쓰이다가 변한 것으로 각각 '닷+쇄', '엿+쇄'로 분석된다. '닐웨'는 '닐에'를 거쳐 지금 '이레'로 쓰이기에 '닐+웨'로 분석되고, '여드래'의 '여ᄃᆞ래'는 '여둘+애', '아흐래'의 '아ᄒᆞ래'는 '아홀+애'로 분석된다. '열흘'은 '열+홀'이다. 유창돈(1971: 305-310).

6) '그제'는 '그젓긔'로도 나타나는데 '그+제', '그+적ㅅ+의'로 분석 가능하고 '긋그제'와 '긋그적긔'는 '그'가 덧붙었다. '어제'와 '어젓긔'도 동일한 방법

국어의 시간 범주에 대한 논의는 전통문법, 학교문법에서 현재, 과거, 미래의 삼분법을 축으로 논의되어 왔다. 이러한 견해에 대하여 국어의 시제를 나타내는 어미들이 해당 시제만을 표현하는 것이 아니라, 다른 시제를 표현할 수도 있고 또 다른 시제 어미들과 연결되어 사용될 수 있는 점 등에 대한 반성에서 시상이나 서법, 양태와 같은 새로운 문법 범주에 의해 시제 어미에 대한 해석이 새롭게 시도되었다. 그래서 국어에는 시제 범주는 존재하지 않고 상이나 서법과 같은 범주로 해석되어야 한다는 견해들도 등장한다.[7]

전통적인 견해인 「우리 말본」(최현배 1982)에서는 직접시제와 회상시제를 가르는 기준을 말하는이가 대종삼은 때점의 차이로 해석하였는데[8], 이러한 구분은 국어의 시간 표현을 사건시에 한정하지 않고 다각도에서 해석하였다는 점에서 적절한 시각이다. 말하는이가 말하는 그 때점을 대종으로 하였다는 기준과 지난적에 겪던 그 때점을 대종으로 삼았다고 구별한 것은, 말하는이가 말하는 때점을 경험시나 인식시와 같은 시간으로 구분하여 표현함과 다름이 없는

으로 분석하면 '어+제', '어+적ㅅ+의'가 된다. '오늘'은 '온+올'로 '너일'을 나타내는 '할재(轄載)'는 '올+제'였던 것으로 해석된다. '모래', '모리'와 '글피', '글픠'는 '몰+이'와 '긂+의'로 분석 가능한데 '몰', '긂'의 존재는 확인하기 어렵다. 유창돈(1971: 132-134).
7) 시제, 시상, 양태 등 시간 범주에 대해 이효상(1995), 장경희(1995), 고영근(1990), 이남순(1990), 이지양(1990) 등에 정리된 논의가 있다.
8) "바로 때매김은 '말하는이가 말하는 그 때점을 대종삼고서 그 말에 들어오는 움직임의 때를 매기는 것을 이름이니 이는 곧 움직임의 때를 바로 나타내는 것(온다, 오았다, 오겠다)'이고, 도로생각 때매김은 '지난적에 겪은(경험한, 본) 일을 도로 생각하여 말할 때에 쓰히는 때매김이니 말하는이가 말하는 그 때점을 대종삼지 아니하고 지난적에 그 일을 겪던 그 때점을 대종을 삼아서 그 말에 들어오는 움직임의 때를 매기는 것(오더라, 오았더라, 오겠더라)"이라 하였다.

것이다.

회상은 과거의 어떤 사실에 대한 지각 또는 앞선 시점에 인식이 있음을 전제하고 이를 말하는 시점에 논의함을 보이는 점에서 포괄적인 의미이다.9) 회상에 상대되는 적절한 의미 개념은 '직접'이라기보다는 '현실'이다. 허 웅(1983)에서의 현실법과 회상법의 대립적 구별이 이런 점에서 합리적이다.

최현배(1955, 1983)에서는 움직씨가 나타내는 움직임의 때를 대중(표준) 삼아서 '으뜸때(원시), 끝남때(완료시), 나아감때(진행시), 나아가기끝남때(진행완료시)'로 구분하였는데, 이는 상의 범주에 해당하고, 현재 말하는 사람을 대중하여 다시 이를 이적(현재), 지난적(과거), 올적(미래)의 세 가지씩으로 갈랐는데 시제에 해당한다. 이를 근거로 정연한 12시제의 체계를 구분하였다.10)

여기서 현재, 과거, 미래로 가름의 기준을 현재 말하는 사람을 대종으로 하였다는 구분은 말하는 사람의 무엇을 가름의 기준으로 하였는지를 명시적으로 제시하지 않고 있다. 이는 말하는이가 발화

---

9) 최현배(1955, 1983: 433)에서는 "도로생각 때매김은 다른 나라말에서는 이러한 때매김을 풀이하는 일이 없지마는 우리말에서 때매김으로 풀이함이 말본을 깨치기에 매우 유리"한 것으로 설명한다. 또 " '더'를 도로생각의 도움줄기라 하지 아니하고 도로생각 때 도움줄기라 한 것은 그것이 때매김에 관계 있다는 말맛을 주는 것이 일반이기 때문"이라 하였다. 장경희(1985)에서의 "과거지각"으로의 해석이나, 한동완(1996)에서의 "인식의 선시성"은 이런 점에서 회상에 포괄될 수 있는 의미 개념이다.
10) 「우리 말본」에서의 시제는 시간을 나타내는 여러 가지 방법을 때매김이라는 총체적인 방법의 자로 재단하였기 때문에 전제적인 체계로서의 일관성을 가지고는 있으나 개별적인 특징들을 나타내는 데는 한계를 가지고 있었다. 이러한 점이 열두 가지 시제 체계에 대한 의문으로 도출되었고 국어의 시제에 관련된 논의가 시상, 상, 법, 양태 등의 구별로서 나타나게 되었다.

하는 시간인 발화시와 사건(상황)이 일어나는 사건시를 제시하여
줌으로써 명시적인 구별의 기준이 제시된다. '기술되는 상황의 시
간적 내부 구성', '사건의 완성, 완료, 지속, 진행, 시작, 끝, 반복,
습관' 등을 표시하는 문법 범주로서의 상의 범주가 국어 문법에서
논의되면서 상은 국어 시간 범주의 하나로 인정되었다. 이러한 상
개념과는 달리 상을 화자가 상황을 내적인 시간 구성 단계 중 어
떤 관점에서 어느 면에 초점을 두고 보느냐, 시작, 전개, 완성, 결
과 중 어느 지점의 상황을 보느냐, 아니면 그 단계가 다 끝난 하나
의 통합된 덩어리로 보느냐에 따라 완료상과 미완료상으로 나누어
살피는 Comrie(1976: 4)의 견해도 국어의 연구에서 논의되었다.

양태는 화자의 상황에 대한 태도인데 국어의 시간을 나타내는
어미들이 시간보다는 화자의 태도를 나타내는 의미가 본질적이라
는 측면에서 시간 범주에 대한 존재를 부인하는 문법 범주로 제시
되었다. 이러한 상이나 법 또는 양태에 의한 의미 범주들은 국어에
시간 범주를 다른 방법으로 해석하려는 의도에서 조명을 받게 된
범주들로 공통성을 가진다.

국어에 시간 범주라는 것이 존재하지 않는 것인가? 아니면 범위
를 좁혀서 국어에 시제라는 개념이 존재하지 않는 것인가? 이러한
의문은 언어가 사고를 표현하기 위해 생겨난 것이며 시간 범주도
시간이라는 인식의 개념을 언어화한 것이라는 근본적인 시각에서
보면 대답을 찾을 수 있다.

인간의 시간에 대한 가장 자연스러운 인식은 현재를 중심으로
한 과거와 미래의 인식이다. 이러한 인식의 언어화는 다른 양태나
시상의 개념에서 끌어들여 고정화할 수 있는 것이기는 하지만 존
재하지 않는 것은 아니다. 즉 언어에서의 시간 범주 또는 현재, 과

거, 미래로 구분하는 시제 범주는 언어에서 가장 기본적이며 근본적으로 존재하는 시간 개념으로서 현재, 과거, 미래가 어떻게 언어화되어 있는가의 문제, 즉 시간의 언어화가 어떻게 이루어져 있는가의 논의가 요구된다.

국어의 시간 범주에 대한 연구는 우리말의 문법적 형태소를 분석하고 그것이 나타내는 관념에 따라 문법 범주를 설정하는 방법이 바른 길이다. 허 웅(1987: 203). 그러나 이것은 주로 청자나 독자적인 관점에서의 해석이라는 점에서 한 방향으로 치우칠 수 있다. 따라서 화자나 필자적인 관점에서의 해석이 필요하다.

국어의 문법 형태소에 나타나는 시간 범주 표현을 근거로 국어의 시간 범주의 체계를 연구함과 더불어 국어에서 시간 표현을 나타내기 위해서는 어떠한 어미를 사용하고 있는가를 관찰하는 것이 이런 점에서 동시에 필요하다. 즉 인간의 시간 개념에서 현재, 과거, 미래의 개념이 존재하기 때문에 이러한 시간 범주가 국어에서 어떻게 실현되고 있는가를 살피는 것은 시간 개념의 언어화에 관한 고찰이다.

3) 상대높임 어미와 시간 범주

국어의 시간 범주에 대한 연구는 높임법에서 격식체를 위주로 이루어졌다. 그러나 국어의 구어체로서 대화의 대부분이 비격식체로 이루어지는 점에서 국어의 시간 표현도 비격식체에 초점을 맞추어 볼 필요가 있다.

국어의 비격식체 어미는 두루낮춤(또는 안높임)의 어미와 여기에 조사 '요'를 붙여서 높이는 두루높임으로 나누어진다. 이 비격식체

어미와 시간 표현 어미와의 연결 관계를 보면 다른 어미들의 시간 표현 어미와의 연결 관계와는 아주 다름을 알 수 있다.

    (6) 어(요), 지(요)
        ㄱ. 성호는 밥을 먹어, *먹는어, 먹었어, *먹더어, 먹겠어, *먹으리어.
        ㄴ. 성호는 밥을 먹지, *먹는지, 먹었지, *먹더지, 먹겠지, *먹으리지.
        ㄷ. 성호는 밥을 먹다, 먹는다, 먹었다, 먹더라, 먹겠다, ?먹으리다.

비격식체 어미와 시간 어미와의 연결 관계만을 중심으로 국어의 시간 표현의 짜임새를 논의하면 'Φ, 었, 겠'의 대립만이 나타난다. '었, 겠'이 각각 완료, 추측의 의미와 과거와 미래의 시제의 의미를 가지고 있기 때문에 이 어미들을 중심으로 볼 때 비격식체는 현실법의 삼분법적인 시간 범주만을 가지고 있는 것으로 해석된다.

이 높임법의 현재 시제는 종결어미만으로, 즉 무표로 나타나고 과거나 미래는 현재와 대립적 측면에서 유표로 나타난다. 회상의 '더'와 미래의 '리'는 사용될 수 없다. 회상의 '더'가 쓰일 수 없는 것은 어미 '어'와 '지'의 형성과 관련성이 있는 것으로 보인다. 이들 어미의 제약이 동일한 형태의 연결어미와 'Φ, 었, 겠'과의 연결에서 제약과 유사성을 보이기 때문이다. 그러나 이는 통시적 추정으로 공시적 현상의 설명은 아니다. 15세기 국어에서는 이 높임의 어미들이 발견되지 않는데 이 시기의 자료들이 문헌 자료라는 측면에서 이와 같은 구어체 어미가 존재하였을 가능성에 대해서는 확언하기 어렵다.

격식체의 예사높임(하오)의 어미에서의 시간 표현도 비격식체에서와 유사하다.

(7) 오, 소
ㄱ. 성호는 학교에 가오, *가는오, 갔오, *가더오, 가겠오, *가리오.

이 어미에서의 시간 표현도 어미와 시간 표현의 연결 관계를 중심으로 논의하면 'ⓓ, 었, 겠'의 대립만이 나타난다. 현재를 표시하는 '는'이 없어도 종결어미만으로 현재를 나타낼 수 있으며 회상의 '더'가 사용될 수 없는 점도 비격식체와 같다.

이처럼 비격식체와 격식체의 예사높임에서의 시간 표현은 'ⓓ, 었, 겠'의 삼분법의 체계로 이루어졌고 '더'와 '는', 그리고 '리'도 쓰일 수 없다. 이 어미들도 15세기를 비롯한 역사적 문헌에서는 찾아볼 수 없는 어미라는 점에서 구어체의 어미로서 문헌에 드러나지 못한 어미이거나 통시적으로 연결어미와 같은 어미들에서 형성된 종결어미로 추정된다.

이 높임법에서의 회상법 '가더오'는 이론적으로는 가능한 것이기 때문에 형태 실현의 제약은 시간의 인식은 존재하나, 그 인식의 언어 표현이 부재함으로 인해 생기는 공백이다. 해당 언어 표현의 부재는 변화되기 이전의 언어 구조에 대한 보수성 때문이다. 이는 구개음화에서의 '잔디'류의 존재나 '았았, 었었'의 불가능과 같은 맥을 이룬다.

예사낮춤(하게)의 평서형 종결어미들의 시간 어미와의 연결 관계는 다음과 같다.

(8) 네, 데, 구려
ㄱ. 성호도 학교에 가네/*가는네/갔네/*가더네/가겠네/*가리네.
ㄴ. 성호도 학교에 가데/*가는데/갔데/*가더데/가겠데/*가리데.
ㄷ. 성호도 학교에 *가구려/가는구려/갔구려/*가더구려/가겠구려/*가리구려.

이 어미에서의 시간 범주도 종결어미와 시간 어미의 연결 관계를 중심으로 보면 'φ, 었, 겠'의 대립이 나타난다. 종결어미만으로 현재를 나타낼 수 있으며 회상의 '더'도 사용될 수 없는 점은 비격식체와 같다.

그러나 '데'의 경우 '더'의 의미가 녹아들어 있어 형태소의 분석에서 '더'를 분석해 낼 수 있다. '네'도 '데'와 대립적인 시간의 짜임을 형성하는 면에서 '느'를 분석하여 낼 수 있다. 이 분석에 의하면 상대적으로 종결어미가 'ㅣ, ㅔ'의 이형태를 갖는 것으로 분석되지만 이들은 역사적으로 유추에 의해 동일한 높임의 어미로 형태의 변화를 가졌을 것으로 짐작된다.

어미 '데'와 '네'는 다음과 같이 의미적으로 대립된다.

(9) ㄱ. 성호는 학교에 가네, 진선이도 학교에 가데.
    ㄴ. 성호는 합격을 하였네, 진선이도 합격을 하였데.
    ㄷ. 성호는 합격을 하겠네, 진선이도 합격을 하겠데.

'네'는 어떤 상황에 대한 현실에서의 인식을 나타내는 표현임에 비해 '데'는 어떤 상황에 대한 과거 경험 또는 지각의 인식을 나타내는 점에서 구별된다. 즉 두 표현은 상황에 대한 인식의 시점이 다름을 나타낸다. 따라서 예사낮춤의 어미 체계에서는 '네'와 '데'로 대립되는 체계가 '현재, 미래, 과거'의 시간 범주 체계와 함께 공존한다.

국어의 회상법은 반드시 '더'가 그 형태를 유지하고 있거나 다른 어미에 녹아들어 실현됨에 비해 현실법은 무형태나 어미 '느'가 형태소 속에 녹아들어서 실현된다. 회상법과 현실법의 이러한 차이는 회상법이 유표적이기 때문이다.

의문법 예사낮춤(하게)은 시간의 어미 '느, 더, 리'와 의문형의 '(으)ㄴ가, (으)ㄴ고'의 결합인데 종결어미가 관형사형의 짜임과 같은 유형을 가진다.

아주높임(합니다) 평서형 종결어미들의 시간 어미와의 연결 관계는 다음과 같다.

(10) 니다
　　ㄱ. 성호도 학교에 갑니다, *가는습니다, 갔습니다, *가덥니다, 가겠습니다.
　　ㄴ. 성호도 학교에 갑디다, *가는습디다, 갔습디다, *가덥디다, 가겠습디다.

(10)의 어미에서도 'ф, 었, 겠'의 대립이 나타나 현실법의 삼분법을 이룬다. '습/ㅂ니다'와 '습/ㅂ디다'에서 '디'와 '니'가 대립적으로 분리된다. 이들도 역사적으로 다른 어미와의 결합과 변화의 과정을 겪으면서 화석화하여 형성된 것으로 해석된다.

이처럼 평서형 아주높임의 어미도 현실과 회상의 대립적인 시간 표현법을 바탕으로 이를 현재, 과거, 미래로 삼분하는 시간적 구성 원리를 가지고 있다. 그러나 '합니다'는 아주높임의 의미를 가지고 있지만 이와 상대되는 '합디다'는 예사높임 정도의 의미를 가지고 있다. '합쇼'의 높임이 높임의 변화를 가졌듯이 이 높임도 달라졌다.

아주높임의 의문형 어미는 '습니까, 습디까'의 대립을 이루어 평서형과 같은 유형을 이룬다.

아주낮춤(해라)의 평서형 종결어미는 '다, 라'로 대표되지만 '니, 느, 더, 리'의 분석 가능성에 따라 다음과 같이 어미를 다르게 해

석한다.[11]

> (11) ㄱ. 다, (으)니라, (더, 리)라, [(으)마], [느니라](나니라), 노라/구나,
>   도다, 거든
>   ㄴ. 다, 라, ㄹ다
>   감탄: 구나/로구나, 군/로군, 어라, ㄹ거나
>   약속: (으)마, (으)마고, (으)ㄹ게
>   ㄷ. 는다, 으마, 는구나, 으니, 을라, 노라, 누나, 는단다, 느니라, 도
>   다, 을진져, 을지니라

평서형의 아주낮춤의 어미는 '다'와 '(으)니, 더, 리, 느니, 나니, 노+라'로 대표된다. '(으)니, 더, 리, 느니, 나니', 노가 상대적인 의미를 갖고 쓰이면 이들이 특정한 의미나 기능을 가지고 있는 것으로 해석되어야 할 것이다. 그러나 '느니, 나니, 노+라'의 의미 변별이 어렵다. 또 이들 어미 가운데 현대 국어에서 쓰이는 어미는 '다'와 '더라, 리라'에 불과하고 나머지 어미들은 모두 예스러운 문장에서만 쓰이기 때문에 엄밀한 의미의 현대 국어의 어미라고 보기 어렵다. 이들 어미와 시간 표현 어미와의 연결 관계를 보면 다음과 같다.

> (12) ㄱ. 성호가 학교에 가다/간다/갔다/*가더다/?가리다/가겠다/*가겠으리다.
>   ㄴ. 성호가 학교에 *가라/*간라/*갔라/가더라/가리라/*가겠으리라.
>   ㄷ. 성호가 학교에 가니라/*간니라/*갔니라/*가더니라/*가리니라/*가겠으니라.
>   ㄹ. 성호가 학교에 가느니라/*간느니라/갔느니라/*가더느니라/*가리느니라/*가겠느니라.

---

11) 이 분석은 각각 최현배(1982), 고영근(1989), 한 길(1993)에서의 종결어미의 분석이다. 최현배(1982)에서의 [ ]는 움직씨에서만 나타나는 어미임을 뜻한다.

아주낮춤의 평서형 어미와 시간 어미의 연결 관계는 'ɸ, 었, 겠'
과 '리, 더', 그리고 '느, 는'과 관련된 이형태들이 복합적으로 쓰여
서 단일한 짜임을 이루지 않는다.

현실법의 시간 범주에서는 '는, 었, 겠'이 대립을 이룬다. 동시에
'ɸ' 형을 갖는 '다'는 중립적 시간의 폭을 가지고 있다. '더, 리'는
어미 '라'와 연결되며 상보적인 관계를 이루는데 '었, 겠'과의 연결
이 불가능하다.

'*갔니라'가 불가능한 것은 '잇다'가 항상 '느'와 같이 쓰였기 때
문이다. '*가겠으리라'에서 어미 '겠'과 '리'가 동시에 연결될 수 없
는 것은 새로 형성된 시간 어미 '겠'과 이전 체계의 '리'가 동일성
에 의한 충돌로서 대립하기 때문이다.

'라'에 오는 다양한 형태를 중심으로 볼 때 '(으)니, 더, 리', '느니,
나니, 노'가 의미적으로 대립을 이룰 것으로 예측된다. 그러나 지금
의 언어 직관으로는 어미 '(으)니'와 '느니, 나니, 노'의 대립성을 찾
기는 어렵다.

이 높임의 시간 범주는 '나니, 으니, 으리' 등의 어미에서 나타나
는 이전의 시간 체계와 '는', '았', '겠'에 의한 새로운 시간 체계가
복합적으로 짜여진 시간 체계이다.12) 이 두 체계는 동시에 쓰이지
않는다.

아주낮춤(해라)의 의문형 어미는 '나, 느/나냐, 느/나뇨, 니, (으)랴'
등으로 나타나는데 시간 범주와의 관계는 평서형과 유사하다.

국어의 시간 범주는 현실과 회상의 이분적 시간 표현법의 시간
범주 구분하에 다시 과거, 현재, 미래의 시간으로 나누어진다. 이

---

12) '는'은 '는다'에 분포가 제약되어 있지만 'ㅎㄴ다→흔다'의 과정에서 화석
   화된 어미로 이 높임에서 '았', '겠'과 대립적으로 현재를 지시한다.

관계는 종결어미를 중심으로 나누어진다.

(13)

	과거	현재	미래
현실법: 비격식체 격식체	았어	어	겠어
예사높임	았오	오	겠오
예사낮춤	았네	네	겠네
아주높임	았습니다	습니다	겠습니다
아주낮춤	았다(-으니라)	ㄴ/는다(나니라)	겠다(으리라)
회상법: 비격식체 격식체 예사높임			
예사낮춤	았데	데	겠데
아주높임	았습디다	습디다	겠습디다
아주낮춤	았더라	더라	겠더라

　　현대 국어의 현실법은 상대높임의 종결어미에 따라 정연하게 나타나지만, 회상법은 높임의 종류에 따라 분포가 다르다. 기존의 어미 체계를 유지하려는 힘과 새로운 종결어미의 형성 사이에서 회상법의 비격식체에서 공백이 나타나게 된 것으로 보인다.

　　국어의 관형사형 어미는 높임이 들어 있지 않아 서술형 체계와 달리 단일한 높임의 시간 범주 체계를 이룬다. 관형사형 어미는 다음과 같이 기본적인 시간 어미의 관계를 갖고 있다.

(14) ㄱ. 성호가 간 산
     ㄴ. 성호가 가는 산
     ㄷ. 성호가 가던 산
     ㄹ. 성호가 갈 산

이 관형사형 어미의 체계는 형태소 분석의 입장에서 보아 'φ, 더, 느'와 '(으)ㄴ'으로 분석이 되고 이와 상대적으로 '(으)ㄹ'이 대립된다. 이는 '(으)ㄴ'과 '(으)ㄹ'의 대립으로 요약되어 '(으)ㄴ'은 확정 또는 현실의 의미를, '(으)ㄹ'은 미정 또는 비현실의 의미를 가지고 있는 것으로 해석되었다.

이러한 형태소의 분석의 관점에서 보면 다음과 같은 대립적인 관계를 형성하게 된다.

(15)

	현실	회상
확정 (으)ㄴ	는	던
미정 (으)ㄹ		

이 대립으로 보면 확정과 미정의 대립만이 존재하였는데 이 확정의 체계를 바탕으로 현실과 회상의 대립 체계가 형성된 것으로 해석된다. 이러한 시간 범주의 혼합을 문헌에 의해 확인할 수 있는 것은 아니지만 형태소 분석에 의한 문법화의 과정으로 추론하는 것이다.

이와 같은 형태소 분석을 중심으로 한 시간의 분석은 문법화의 과정을 추론한다는 점에서 가치 있는 일이지만 공시적인 측면에서의 시간 범주로서의 체계적 인식과 동일한 것은 아니다. 시간의 언어 범주화의 관점에서 관형사형의 시간 어미 범주는 형태소 분석상에서 나타났던 시간 범주상의 구분과는 차이가 있음을 알 수 있다.

(16)

	과거	현재	미래
현실법: ф	(으)ㄴ *-았은	는	(으)ㄹ *겠을
회상법: 더	았던	던	겠던

이들 어미들은 서술형에서와 같이 새로 형성된 어미들과 새로운 연결 관계를 이루면서 시간 범주를 형성한다. 다른 시간의 어미들과 이루는 연결 관계를 보면 다음과 같다.

(17)　ㄱ. 성호도 *갔은/간/*가겠은 산
　　　ㄴ. 성호도 *갔는/가는/?가겠는 산
　　　ㄷ. 성호도 갔던/가던/가겠던 산
　　　ㄹ. 성호도 갔을/갈/*가겠을 산

이들 어미의 연결에 대한 판단은 다소 차이가 있다. '았은'은 전혀 쓰이지 않는 표현임에 비해 '았는'은 잘 쓰이지 않는 것, 즉 쓰이기도 하는 것으로 이해된다.[13]

---

13) 최현배(1982: 464)에서는 '았는' 표현은 옛적법으로 '벌써 보았는 것이여. 죽었는 범을 살았는 줄로만 알았지요.'는 잘 쓰이지 않는 것으로 '저 사람도 한마리 잡았는 걸'은 잘 쓰이는 것으로 보았다. '겠는'은 '내일이면 피겠는 꽃이…, 네 사람이나 자겠는 형편인데'의 보기로 그 사용을 들고 있

관형사형의 시간 체계는 '은, 는, 을' 어미에 의한 과거, 현재, 미래의 시간 구분이 존재하고 여기에 어미 '더'와 함께 하는 '았, ϕ, 겠'의 대립이 존재한다. 회상법의 시간 체계는 평서형 어미와 같은 짜임을 유지하고 있음에 비해 현실법은 전혀 다른 시간 체계를 구성하고 있다. 이는 관형사형 시간 범주의 이중성이다. 이러한 이중 체계는 평서형의 일부 높임의 어미에서도 나타나는 것이다.

기존의 과거, 현재, 미래의 인식에 대한 언어 범주의 체계와 새로운 체계의 결합은 두 결합에서의 충돌을 가져오게 마련이다. 과거의 경우 관형사형의 '은'에 다시 과거형의 '았'이 새로이 형성되었으므로 이 둘의 연결은 잉여적인 것이 된다. 따라서 '았은'이나 '았는'과 같은 표현은 새로운 표현의 생성에 의해 서로 동시적으로 사용되는 과정을 지나면서 사라지게 된다. 이 표현이 예스러운 표현으로 나타나는 것은 두 표현이 혼용의 과정을 지나고 있기 때문으로 보인다.

관형사형의 현실법에서는 '은, 는, 을'의 과거-현재-미래의 체계가 짜임새 있게 형성되어 있음에 비해 중세 국어의 회상법에서는 체계의 공백이 있었는데 '았, 겠'의 등장으로 인하여 국어의 관형사형 시간 체계는 짜임새를 이룬 시간 범주를 형성하게 되었다.

지금까지 시간 어미와 종결어미의 연결 관계에서 살펴본 바와 같이 국어의 시간 표현은 관형사형과 일부 평서형어미에서 기존의 시간 체계와 새롭게 형성된 새로운 시간 체계가 복합적으로 나타나고, 일부 평서형 어미에서는 새로운 시간 체계만 나타나는 이중적인 시간 체계를 형성하고 있다.

지만 잘 쓰이는 표현이라고 보기는 어렵다.

이러한 이중적인 체계는 시간 범주를 나타내는 여러 어미들이 역사적으로 생성과 소멸을 거치면서 이루어진 체계로서 언어가 고정적인 존재가 아니라 변화하는 역동적인 존재이기 때문이다.

4) 시간 어미의 범주와 의미의 원형성

문법 범주화의 과정을 보면 많은 문법어미들이 어휘나 어미의 결합에 의하여 새로이 형성되는 모습을 볼 수 있다. 국어의 시간 어미의 경우 '았'은 15세기부터 형성되기 시작하였고 '겠'은 18세기 말에 이루어진 것이며, '는다'에서의 '는'도 역사적인 문법화의 과정 속에서 어미와의 결합에서 형성되었다.

이러한 시간 어미들의 문법화의 모습은 이들 어미들의 문법적인 특징과 의미를 밝히는 데 중요한 단서가 된다. 그러나 현대 국어의 공시적인 상황에서 이들 문법 어미들이 어떻게 문법 범주로 인식되고 있는가를 밝히는 것과는 여전히 구별할 필요가 있다.

과거 시간을 나타내는 어미 '았'은 그 의미의 해석에서 여러 가지로 다루어져 왔다. 과거의 시제를 나타내는 어미, 완료상 또는 완결의 의미로 해석되기도 하였다. 그래서 (18)은 각각 완료, 미래, 경험 등의 의미를 가지고 있는 것으로 해석되었다.

(18) ㄱ. 성호는 지금 의자에 앉았다.
　　　ㄴ. 넌 이제 죽었다.
　　　ㄷ. 나도 만나 보았다.

(19) ㄱ. 그는 어제 떠났다.
　　　ㄴ. 그는 미남이었다.
　　　ㄷ. 그녀는 아주 예뻤다.

그러나 현대 국어에서 '았'이 나타내는 가장 대표적인 의미는 사건시가 발화시에 선행하는 과거의 의미이다. (19)는 각각 발화시에 선행하는 동작이나 상태, 지정의 의미를 가지고 있다. (18)도 모두 발화시 또는 인식시에 대한 선행 사건시의 시간 관계에 근원적으로 관계되어 있다.

경험은 과거의 의미에 기반한 것이며 '이제 죽었다'와 같은 미래의 의미는 미래의 어느 시점을 기준으로 그러한 행위가 과거 행위로서 드러남을 보이는 의미가 내재하여 있다. 완료의 의미는 행위 결과의 지속이라는 '았'의 형성 과정에서 내재하고 있던 의미에 기인한다.

역사적으로 보면 어미 '았'의 의미는 행위 결과 지속의 의미에서 완료의 의미로, 그리고 과거의 의미를 형성한 것으로 확인된다. 그러나 현대 국어의 공시적인 측면에서 '았'의 의미와 기능을 보면 이는 과거 어미를 중심으로 다른 의미들이 문맥에 의해 동시적으로 드러나는 것으로 해석된다. 이는 어느 문법 형태소나 어휘가 형성되는 과정에서 가지고 있던 의미나 기능이 문법화하여 변화한 후, 언어 사용자가 문장에서 사용하는 의미나 기능의 인식이 구별됨을 보이는 것이다.

미래를 나타내는 시간 어미는 '겠'으로 대표되는데, 이 어미도 미래의 의미뿐만 아니라 추측과 의지의 의미로 해석되기 때문에 양태의 의미를 가지고 있는 어미로 다루어진다.

  (20) ㄱ. 금방 눈이 오겠습니다.
        ㄴ. 나도 가겠습니다.
        ㄷ. 그 일이라면 나도 하겠습니다.

이들은 모두 사건시가 발화시보다 나중에 이루어지는 미래를 나타내지만 추측, 의지, 가능성의 의미를 동시에 가지고 있다. 이러한 의미의 다의성은 '겠'에 한정된 것은 아니고 '리'와 'ㄹ 것'에도 이러한 의미가 들어 있다.

> (21) ㄱ. 다음달에는 눈이 오리라/올 것이다.
>   ㄴ. 나도 가리라/갈 것이다.
>   ㄷ. 그 일이라면 나도 하리라/할 것이다.

이런 점에서 추측과 의지 가능성의 의미는 '겠'에 한정된 의미가 아니고 발화시나 인식시에 후행하는 동작시와의 시간적인 관계에서 비롯되는 의미 관계라 할 수 있다. 추측과 의지의 의미가 모두 미래와 의미적인 연관성을 가지고 있음을 보이는 것이다.

추측의 의미만이 부각되고 미래의 의미는 드러나지 않는 문장들이 있다.

> (22) 지금 그는 태평양을 날아가고 있겠다.

이는 '겠'이 시간 범주의 언어화 과정에서 미래의 의미뿐만 아니라 양태 의미로서 추측의 의미도 실현되기 때문이다.

'리'의 형성 과정은 국어 문법사에서 증명하기 어렵지만 '겠'은 '게 ㅎ얏다'에서 유래한 것으로 현대 국어의 해석에서 본다면 이는 사동의 의미를 가졌다고 할 수 있다. 이 사동의 의미는 의지의 의미와 연관된다. 그러나 'ㅎ'가 사라지면서 '게'의 의미가 드러나고 이는 미래의 의미를 중심의미로 하는 문법화가 이루어지며 아울러 추측의 의미도 형성된 것으로 보인다.

이러한 문법화 과정에 대한 추측은 현대 국어의 공시적인 측면에서의 미래에 대한 인식으로서의 어미 '겠'의 해석과는 구별된다. 현대 국어에서 '겠'의 의미는 미래라는 시간 범주를 원형적인 중심 의미로 추측이나 의지, 그리고 가능성의 의미가 유사성의 의미로서 연결되는 의미의 연결고리를 갖고 있다 하겠다.

현재 시제는 종결형에서 '는' 또는 'Φ' 형태로 나타난다. 현재라는 시간 범주는 일반적으로 사건시가 발화시와 일치되는 시간을 뜻하는데, 이 일치되는 시간은 좁거나 넓은 시간 폭을 가질 수 있어 엄밀하게 현재를 구분하기 어렵다.

또한 현재를 나타내는 이들 형태소들이 현재만을 뜻하는 것도 아니다. 그러나 이들 형태소들이 현재만을 나타내지 않고 여러 가지 시간 폭을 가지고 쓰인다고 해서 국어에 현재 시제가 존재하지 않는다는 해석은 적당하지 않다.

   (23) ㄱ. 성호는 아까부터 지금까지 책만 읽는다/읽어.
          ㄴ. 성호는 지금 책을 읽는다/읽어.
          ㄷ. 성호는 지금부터 내일까지 책만 읽는다/읽어.
          ㄹ. 성호는 내년에 미국에 유학을 간다/가.
          ㅁ. 지구는 태양을 돈다/돌아.

현재는 '지금'과 함께 가장 현재성을 보인다. 이들 현재를 나타내는 형태는 현재 이외에도 일부 과거, 미래를 나타낼 때, 그리고 시간 개념을 벗어난 진리를 나타낼 때도 쓰인다. 현재는 사건시가 발화시와 일치됨을 기본으로 하지만 발화시의 관점에서 사건시의 시폭은 넓은 폭으로 인식될 수 있다.

과거나 미래라는 시간 범주의 인지가 객관적이며 일반적이라는 직관에 근거한 논의는 의미 해석의 방향성 즉 과거의 의미에서 완료의 의미로, 또는 미래의 의미에서 의지나 추측의 의미가 이루어진다는 의미 해석의 방향성을 명시적으로 규명하는 검증을 통하여 확인될 수 있다.[14)

5) 존재와 시간 범주

우리의 생각이 어떻게 언어로 구조화되고, 이 구조화된 언어로 어떻게 생각을 하는가는 언어라는 구체적 존재를 통해서 밝힐 수 있다. 언어가 가지고 있는 조직과 체계와 내용은 바로 우리의 사유의 세계를 형성하는 구체적인 형상이기 때문이다.

존재와 시간의 국어 범주화를 통해 사고의 언어화 과정을 살펴볼 수 있다. 현대 국어의 공시적 현상을 바탕으로 존재 범주와 시간 범주의 언어화에 대한 연구와 함께 관련 범주의 통시적인 고찰은 현상 설명의 근거를 제공할 뿐만 아니라 문법화 현상을 설명하여 준다.[15)] 존재는 시간을 구체화하여 주는 하나의 방법이 될 수 있는데 국어는 존재를 통하여 시간을 나타내는 전형적인 유형을 취하고 있어 존재 범주에서 시간 범주로의 범주적 확장을 보여준다.

---

14) 영어의 과거 시제(past tense)는 과거 시간(past time)과 관련이 없는 비사실성(unreal), 화용적으로 부드럽게 하기(pragmatic softner)로의 다의성을 갖는다고 한다. Taylor(1995: 149). 국어에서 과거-완료, 미래-추측-의지의 의미도 다의의 의미 관계로 가족적 유사성이나 중심 의미의 확장으로 논의될 수 있을 것이다.

15) 범주화는 인간의 사유, 인식, 행위, 언어 사용에 있어서 기본적으로 이용되는 방법으로서 아리스토텔레스에서 비롯되는 고전 이론과 이에 상대적인 관점에서는 원형이론, 도식이론 등을 바탕으로 한다.

국어에서 존재의 언어화가 어떻게 이루어지는가와 언어의 재언어화의 과정인 문법화가 존재 구문과 관련되어 이루어지는 모습을 살펴보면, 존재를 나타내는 어휘는 '있다'이고, 문장으로는 '무엇이 있다'로 나타난다. 서술어 '있다'를 중심으로 한 존재 구문은 모든 존재 문제의 근본이 된다. '있다'는 존재 외에도 여러 가지 의미를 가지고 있지만 이는 '있다'와 함께 하는 논항과 관련된 의미이다.

국어의 미래와 과거를 나타내는 '겠', '았'과 현재, 현재 진행을 나타내는 '고 있', 행위 결과 지속을 나타내는 '아 있' 모두가 선행 동사와 이어지는 연결어미와 존재 동사와의 결합 형태로 시간 어미를 비롯한 시간 표현을 이루고 있다. 시간이 추상적인 개념이기 때문에 비교적 구체적인 공간을 통하여 시간 표현을 확장하는 바와 같이 존재는 시간을 구체화하여 주는 하나의 방법이 될 수 있다. 국어는 존재를 통하여 시간을 나타내는 전형적인 유형을 취하고 있어 존재 범주에서 시간 범주로의 범주적 확장을 보여주는 언어라 할 수 있다.

국어의 시간 어미 '았'은 15세기부터 형성되기 시작하였고 '겠'은 18세기 말에 이루어진 것이며, '는다'에서의 '는'도 역사적인 문법화의 과정 속에서 어미와의 결합에서 형성되었다. '고 있다'는 19세기에도 잘 발달하지 않아 쓰인 예가 흔하지 않다. 지금과 같은 표현법은 20세기에 이르러 활발해졌다.[16]

어미 '았'은 그 의미의 해석에서 여러 가지로 다루어져 왔다. 과거의 시제를 나타내는 어미, 완료상, 또는 완결, 경험의 의미로 해

---

16) 허 웅(1987: 196)에서는 이 표현법의 발달의 이유를 현실법의 약화에 있지 않을까 생각한다고 하였다.

석되기도 하였다. 그러나 현대 국어에서 '았'이 나타내는 가장 대표적인 의미는 사건시가 발화시에 선행하는 과거의 의미이다.

'았'은 역사적으로 15세기의 '아 이시/잇'에서 연유하였다. 통어적구성인 '아 이시/잇'은 어떤 모양이나 움직임이 완결되어 그 모습이 지속됨을 나타내는데, '아'와 '이시/잇'은 줄어져서 '애시/앳'이 되고 15세기 끝에 가까워지면 '아시/앗'으로 바뀐다. 16세기에도 '아 이시/잇', '애시/앳', '아시/앗' 세 형은 공존하는데 제3형으로 기울어지는 현상이 나타난다. 17세기에는 제1형은 여전히 쓰이고 있으나 제2형은 보이지 않고, 그 대신 제3형이 우세한데, 여기에서 현재말의 특색이 완성되었다고 본다. 또한 '아시/앗'의 'ㅅ'이 된소리(또는 겹소리)가 되어 '았'으로 바뀐 것은 19세기 끝이다.[17]

과거를 나타내는 '았'이 이처럼 '아 잇'에서 유래한 것은 선행 동사와 이어지는 연결어미 '아'와 존재 동사와의 결합이 과거의 시간 어미의 형태를 형성하는 것으로, 존재의 개념을 통하여 과거라는 추상적 개념을 구체적으로 형상화하는 모습을 보여주는 것이다.

'결과 지속'의 의미를 갖고 있는 'V아 있다' 구성은 선행 동사와 '있다'의 연결에서 선택제약이 심하다. 선행 동사가 타동사인 경우 '아 있다'와 연결될 수 없고, 선행 동사가 자동사인 경우는 상태나 동작이 마침의 의미를 가지고 있는가, 없는가에 따라 연결 가능성이 달라진다.

미래를 나타내는 시간 어미는 '겠'으로 대표되는데, 미래의 의미뿐만 아니라 추측과 의지의 의미로 해석되기 때문에 양태의 의미를 가지고 있는 어미로 다루어진다. 이러한 의미의 다의성은 '겠'

---

17) 허 웅(1987: 215217, 235) 참조.

에 한정된 것은 아니고 '리'와 'ㄹ 것'에도 이러한 의미가 들어 있다. 이런 점에서 추측과 의지 가능성의 의미는 '겠'에 한정된 의미가 아니고 발화시나 인식시에 후행하는 동작시와의 시간적인 관계에서 비롯되는 의미 관계라 할 수 있다.

'겠'은 '게 ㅎ얏다'에서 유래한 것으로 보는 것이 일반적인 해석이다. 그렇다면 이는 사동의 의미와 연관성이 있어야 할 터인데 그 연관성을 찾기가 어렵다. 구태여 의미를 붙인다면 이 사동의 의미는 의지의 의미와 연관된다. 그러나 'ㅎ'가 사라지면서 '게'의 의미가 드러나고 남은 '얏'과 함께 미래의 의미를 중심의미로 하는 문법화가 이루어지며 아울러 추측의 의미도 형성된 것으로 보인다. 엄밀히 말하면 'ㅎ야'가 없어지고 '있'만 남는 것이다.

나진석(1953, 1972: 301304)에서 '겠'은 '게 하엿'의 줄어진 형태인 '게엿'에서 형성되었다는 사실을 문헌을 근거로 제시하였다. '게엿'은 '게 하엿'에서 '하'가 줄어진 꼴이고, '겟'은 '게+엿'이 모음 충돌로 '여'가 탈락하여 이루어졌고, '겟'은 과거의 '엿'이 '였'으로 변함과 같은 변화로 '겠'이 되었다고 추론한다.[18] "이희승님의 「조선어학논고」(236쪽)에서 '겠'의 어원을 '게 있다'라고 추정함에 대해서는 그 설명이 너무 간략하여 수긍하기 곤란하다."고 지적하였다.

여기서는 '겠'이 '게'와 '있'의 결합에 의하여 이루어졌다는 점을 중시하려고 한다. 형성의 측면에서 '하'가 존재하였더라도 '겠'의

---

18) 나진석(1978: 301)에서 보인 한중록에서의 '겠'과 관련된 보기들은 모두 미래시상을 표시하기 위하여 쓰인 것으로 본다. '모르게 하여시나', '못 살게 하엿다 하오시고', '어디 살게 하엿는가', '人倫의 일을 폐ㅎ지 못하게 하여시니', '걱정 아니시게 하엿다', '규즁은 하마 나려 가게얏삽더니', '美事가 되겟다 하니', '자네는 조히 살겟네', '다 큰 병이 나게 하엿다.'(意幽堂日記)

의미에서 '하'의 의미는 없다. 이러한 방식의 '하' 생략은 국어의 여러 상황에서 나타난다. 결국 남는 것은 '게'와 '었'인데 '었'이 '어 있'이 굳어져 단일한 형태로서의 의미와 기능을 갖게 되었지만 '어 있'의 생성적 영향을 유지할 수 있다는 점에서 '어 있'으로의 의미를 유지할 수 있다.[19) 즉 '게 (하여) 있'은 '게 있'의 의미만 남아 결국 '겠'은 '게 있'의 의미를 갖는다.[20) 그래서 미래의 '겠'은 '게'와 존재의 '있다'에 의해 의미와 기능이 형성된다. '게'는 '기에'로 분석되는 것이어서 '기'의 문제로 소급된다.

현대 국어의 과거는 '았'이, 미래는 '겠'이 전형을 이루게 되었지만 현재를 나타내는 표현은 종결어미에 따라 '느, 는'이나 'φ'로 나타난다. 특히 'φ'은 그 쓰임의 많은 부분을 차지함에도 불구하고, 구체적 형태를 가지고 있지 않아 현재라는 시간을 명시적으로 보이는 데 부족함을 느끼게 된다. 이에 비해 '고 있'은 현재를 구체적인 형태로 명시적으로 보일 수 있어 그 사용의 폭을 넓혀가고 있고 앞으로 더욱 넓혀갈 것으로 예측된다. '나도 가'라는 표현은 시간을 무표에 의해 나타내 시간 의식이 약하지만 '나도 가고 있어'는 시간을 명시적으로 나타낼 수 있다. 또 '지금 중부 지방은 맑고 있습니다'와 같은 표현 즉 '상태동사+고 있다'의 표현이 그

---

19) '았'이 굳어지기 이전의 형태인 '아 있'의 특징을 유지함은 음운 현상에서도 볼 수 있다. 어미의 연결에서 '먹었었다, 막았었다'는 가능함에 비해 '*먹었았다, *막았았다'는 불가능하다. 앞의 '았/었'은 선행 어간의 모음에 따라 모음조화 일치로 선택되지만 뒤의 '었'은 '었'만이 가능한데 이는 앞의 '았/었'이 굳어지기 이전의 형태인 '아/어 있'에서의 '있'의 음운적 영향 때문이다.
20) 선행 동사와 '하다'가 어미에 의하여 연결될 때 '하다'의 본동사로서의 의미가 약해지면 '하'가 탈락되는 것은 국어에서 흔히 있는 현상이다. '가려고 한다>가련다', '간다고 한다>간단다' 등에서 볼 수 있다.

사용 쓰임새를 넓혀가는 것도 시간 표현을 명료하게 하려는 언어 의식의 발로라고 본다. 앞으로 2~3세기 또는 그 이후에 '고 있'이 '곳'과 같은 형태로 융합되어 과거의 '았', 미래의 '겠'과 상대적으로 현재를 명시적으로 나타내는 시간 어미로서의 자격을 획득할 것을 예측할 수 있다. '겠'과의 음성적 유사성을 피하기 위해서 '고 있'의 형태를 그대로 유지할 가능성도 있다.

'고 있다' 표현이 다른 동사가 아닌 존재 동사 '있다'와 함께 진행구성을 이루는 것은 존재 동사가 존재를 통하여 시간을 존재할 수 있게 하는 범주임을 보여주는 것이다. 진행구성은 과거, 미래와 대등 관계를 형성하면서 현재의 영역을 담당하여 가는 것으로 볼 수 있다.

'았'은 '아 있'에서 '겠'은 '게 있'에서 형성되었고 '고 있'은 아직 융합되지 않은 상태로 존재한다. 결국 어미 '아/게/고'와 존재의 '있다'의 결합이 국어의 시간 어미를 형성하는 것이다. '있다'가 존재를 나타냄에 비해 어미 '아/게/고'는 각각 다른 시간을 지정한다. 이들 어미의 시간성이 시간을 결정하는 것이다. 어미 '아/게/고'와 '있다'의 결합이 의미 있는 것은 이러한 어미와 존재 동사의 결합에 의하여 국어의 서술형에서의 시간 어미의 체계가 확립되었다는 점이다. 관형구성이 '은/을/는'의 대립에 의한 과거, 미래, 현재의 구조적 시간 체계를 어미에 의해 형성하고 있음에 비해 중세 국어에서의 서술형의 시간 체계는 '았'의 형성으로 새로운 체계를 형성하면서 '겠'을 이루고 '고 있'과 삼각 체계를 구성하게 된 것이다. 존재를 통하여 시간을 나타내는 존재 범주에서 시간 범주로의 범주적 확장을 보인다.

'았', '겠'을 비롯한 이러한 시간 어미와 '고 있'의 시간 표현이 모두 시기적으로 15세기 이후에 '았', '겠', '고 있'의 순서로 수 세기를 지나면서 형성되었다는 점에서 존재를 통하여 시간을 나타내려 한 국어의 시간 표현 방법이 형성된 배경과, 이 시기 이전의 시간을 나타내는 방법은 존재가 아닌 어떤 것이었으며, 이러한 표현 방법이 존재를 근거로 한 방법으로 바뀌게 된 원인은 무엇이었을까 하는 점이 의문과 연구 과제로 남는다. 또 시간이 체계 속의 각 부분이라는 점에서 각 시기에서의 전체적인 시간 체계 구조의 변화와 시간을 나타내는 형태 변화의 원인, 시간에 대한 언어 표현 방법이나 구조의 변화 등 총체적으로 연구해야 할 점이 많다.

새로 형성된 어미들은 각각 '겠'은 '리, ㄹ'을, '았'은 '니, ㄴ'을 대체하고, '고 있'은 'ㄴ'에서 비롯된 '느, 는'과 'φ'를 대체했거나 대체하고 있고, 대체할 것으로 예측된다.

지금까지의 존재 범주의 시간 범주화를 간략하게 정리하면 다음과 같다.

(24)

시간/형태	통어적구성(의미)	어미 형태
미래	게(이루어질) 있(존재)	겠
과거	아(이루어진) 있(존재)	았
현재	고(이루는) 있(존재)	고 있(어미화 가능성)

하이데거는 현존재의 존재를 시간이라고 하였다. 그리고 시간의 세 가지 탈자태들(과거, 현재, 미래)은 존재론적으로 분석된다고 하였다. 현존재가 존재한다는 것이 의미하는 바는 언제나 시간 내에 있다는 것이다.

시간의 두 탈자태, 즉 과거와 미래가 인간의 실존하기라는 견지에서 해석되어야 함을 깨달아야 하는데, 미래는 '나는 향하여 가는 바로서 현존한다'라는 의미에서, 과거는 '나는 이었었던 바로서 현존한다'라는 의미에서 의미가 있다. 현재를 의의 있게 하는 것은 바로 어떤 행위를 실제로 완수하는 것이다.[21] 어떤 순간에 있어서 그 현재적 순간으로서의 그 순간을 의미 있게 만드는 것은 우리가 실제로 하고 있는 바의 것이다.[22]

미래가 의의 있는 것은 곧 나의 가능태들 때문이다. 궁극적으로 존재의 가능한 방법들을 소유할 수 있는 나의 능력은 미래이다. 한편 나는 행동을 하고 내가 상황을 만들어냄을 발견한다. 이러한 방법으로 현재라는 것은 나에게 있다. 현재 속에 내가 있다는 것은 행동을 한다는 것이고 상황 속에 있다는 것이다. 과거가 나에게 의의 있게 되는 바의 근거는 나의 망각과 기억이다. 김성룡 역(1991: 243-250) 참조.

국어의 시간 표현은 현존재가 어떻게 존재하는가에 의하여 이루어진다고 볼 수 있다. 미래는 '향하여 가는 바'로서 현존인데 'X게

---

21) 하이데거의 「존재와 시간」에서는, 도래와 기재성과 현재는 '스스로를 향해', '의 쪽으로 돌아와', '을 만나게 한다'고 하는 그 각각의 현상적 성격을 표시하고 있다. 이 무엇을 향해, 어느 쪽으로, 무엇의 밑에서라는 모든 현상은 시간성을 엑스타티콘, 즉 탈자(脫自) 그 자체로서 노정시킨다. 시간성은 근원적인 '스스로의 바깥을 향해 탈출하고 있는 탈자' 그 자체인 것이다. 그래서 우리는 도래, 기재성, 현재라는 이미 성격지어진 모든 현상을 시간성의 '탈자태(脫自態)'라고 부른다고 하였다. 전양범 역(1992: 429).
22) 이는 Gelven의 「A Commentary on Heidegger's Being and Time」의 김성룡 역(1991: 243-250)을 시간의 관점에서 정리한 것이다. 탈자태는 '밖에 서 있음'을 의미하는 것으로 현재, 과거, 미래에 대해 초점을 맞춘다는 것은 시간과 실존의 일반적인 흐름 '으로부터 밖으로 나온다'는 것이다. 영어의 'ecstasy'는 동일한 그리스어 어근으로부터 파생된 것이라 한다.

있다'의 'X게'는 '향하여 가는 바'를 '있다'는 존재를 나타내어 미래를 이룬다. 과거는 '이었었던 바'로서 현존인데 'X아 있다'의 'X아'는 '이었었던 바'를, '있다'는 존재를 나타내여 과거를 이룬다. 현재는 '우리가 실제로 하고 있는 바'인데 'X고 있다'의 'X고'는 '실제로 하고 있는 바'를, '있다'는 존재를 나타내어 현재를 이룬다. 이러한 모습을 정리하여 나타내면 다음과 같다.

(25)

시간/존재	존재 유형	시간 표현
미래	향하여 가는 바/현존	겠(게 있)
과거	이었었던 바/현존	았(아 있)
현재	하고 있는 바/현존	고 있

'아/게/고 있다'의 어미와 존재 동사의 결합이 국어의 시간 어미를 형성하고 있는 점은 선행 행위를 존재화함으로써 시간을 나타내려고 한 존재 범주의 시간 범주화이다. 이러한 우리 국어의 언어 의식은 존재를 통한 시간화라는 점에서 존재를 시간으로 해석하려한 철학적 연구에 시사하는 바가 크다.

6) 진행구성의 범주 확장

국어에서 진행구성은 진행의 의미를 가진 문법 범주로 고정화되었다.[23] 국어 문법 연구에서 '고 있다'를 진행의 범주로 인식하고

---

23) 진행의 의미를 보이는 다른 구성으로 '는 중이다'와 '는 중에 있다'가 있

이를 구체적으로 지적한 것은 최현배(1937, 1982: 600)「우리말본」에서이다. 베풂꼴의 이적이 으뜸꼴로 나타나는 것에 비해 이적 나아감은 '고 있다'와 '는다'로 나타나는 것으로 구분한다.[24] 김윤경(1948: 137-138)에도 유사한 설명이 있다.「우리말본」이전의 다른 문법서들은 대부분 진행 범주에 대한 논의가 없다. 논의가 없다고 인식도 없었다고 할 수는 없다. 이 범주가 적시되지 않은 것은 다른 시간을 나타내는 어미들은 어미로서 어간에 뒤이어 나타나, 'ф'나 '는'으로 나타나는 현재, '았'으로 나타나는 과거, '겠'으로 나타나는 미래로 대표되는데, 진행구성은 통어적구성에 의해 의미를 나타내기 때문에 시제를 나타내는 과정에서 논의하지 않은 것으로 보인다.

최광옥(1908), 유길준(1909)에서는 '현재: 가오, 미래: 갈, 과거: 갓, 대과거: 갓섯'으로 주시경(1910)에서는 '이때: 뛰어, 간때: 가앗다, 올 때: 오겟다'로 구분하였다. 영어의 진행형으로 보아 초기 문법서 가운데 영문법의 영향에 의한 진행구성 해석이 있을 것으로 보이나 '고 있다'에 대한 설명은 없다.[25]

다. 이 구성에 대한 연구로 고영근(1980)이 있다.

24) 최현배(1955, 1982)에서는 "이적 나아감(現在進行)은, 그 움직임이 이적에 바야흐로 되어 가는 중에 있음을 보이는 것이니: 이에는 두 가지 꼴이 있느니라… 첫째 꼴―이 꼴은 움직씨의 넷째 어찌꼴 '고'에다가 도움그림씨 '있다'를 더하여 만드는 것… 둘째 꼴―이것은, 움직씨의 씨몸에다가 도움줄기 'ㄴ'(홀소리 뒤에서) 또는 '는'(닿소리 뒤에서)을 더하고, 그 뒤에 씨끝 '다'를 더하여 만드는 것"이라 하였다.

25) 언더우드(1910)에서는 progressive에 대해 다음과 같은 설명이 있다. "The Progressive tense represents the action as incomplete, and progressing; and may be either present or past. It is, however, more commonly used in the past tense, and is then exactly equivalent to the imperfect tense of the Greek." 그러나 보기로 "일본에 동빅이만터이다. 일본은 롱ᄉ 잘 ᄒ더라. 아비는

진행구성이 연결어미 '고'로 이루어지는 동시 나열의 문장과, 의미나 구성이 유사하여 문법 범주 자격에 대해 의문이 있지만, 통어적구성과는 다른 진행의 의미를 가진 동사 구성이다. 연결어미 '고'에 의한 문장은 선행 행위가 끝난 후 후행 행위가 이루어지는 순차나열과 두 행위가 동시에 이루어지는 동시나열의 의미가 있다.26) '있다'의 '지속' 의미는 동시 나열의 문장을 이루기에 적합하여 동시적 나열문과 진행구성은 의미적으로 공감대를 이룬다. 그러나 진행구성은 반복에 의한 동시 나열의 의미와 구별되는 진행의 의미가 있다.

다음 문장은 (ㄱ)의 순차 나열, (ㄴ)의 진행구성, (ㄷ)의 반복의 동시 나열의 의미를 중의적으로 갖고 있음을 보여준다.

(26) 남호가 창문을 닫고 있다.
ㄱ. 남호가 창문을 닫고 나서 있다.
ㄴ. 남호가 창문을 닫는 중이다.
ㄷ. 남호가 여러 창문들을 계속해서 닫고 있다.

게얼너도 아둘은 브즈런ᄒ더라."라 하여 '고 있다'에 대한 논의는 없다.
26) 동시 나열의 의미는 동사의 의미 특질과 관련이 있다. 동시 나열의 의미를 이루는 문장으로 가장 대표적인 문장은 후행동사가 '가다'로 이루어진 문장이다. '철새들이 알을 낳고(낳으면서) 간다'는 가면서 동시에 '낳는' 반복적 행위에 의해 동시 나열의 의미를 갖는다. 순차 나열의 반복에 의한 동시성이다. '영희는 웃고(웃으면서) 간다'는 순차 나열의 의미도 가능하지만, 동시적 나열의 의미가 일차적이다. 이들은 연결어미, '면서'로 대치할 수 있다. 그러나 '있다'처럼 고정된 진행구성을 이루지 못한다. 동시 나열문으로는 '그는 눈물을 흘리고(흘리면서), 죄를 용서해 줄 것을 애원했다', '온종일 우리는 비를 맞고(맞으면서) 행군을 하였다', '젊은이들이 술을 마시고(마시면서) 놉니다', '그는 시골에서 농사를 짓고(지으면서) 산다' 등이 논의되었다.

형태는 같지만 통어적구성으로는 성립할 수 없는 문장들이 진행구성에서 가능한 점은 진행구성의 문법화를 보여주는 증거이다.

(27) ㄱ. *얼음이 녹고(나서) 있다/*녹으면서 있다.
     ㄴ. *해가 지고(나서) 있다/*지면서 있다.

(27)에서 통어적구성인 '녹고(나서) 있다, 지고(나서) 있다'의 의미는 불가능하지만 진행구성의 의미 '녹는 중이다, 지는 중이다'는 가능하다. 연결어미 '면서'로 대치될 수 없음도 이러한 의미 관계 때문이다.

'사랑하고 있다', '좋아하고 있다'와 같은 동사들은 동시 행위에 의한 진행의 의미로 해석하기 어렵다. 두 행위가 동시에 이루어져 진행의 의미가 이루어지기보다는 '진행'의 의미 범주 형성에 의해 진행 의미를 나타낸다. '북을 치고 간다', '노래를 부르고 간다'와 같은 문장에서 선행 행위 '치다', '부르다'와 후행 행위 '가다'가 동시에 이루어져 동시 나열의 의미를 갖지만, 선행 행위 '사랑하다', '좋아하다'와 '있다'에 의한 동시 나열은 아니다.

진행구성은 구성의 분리가 불가능하다. 구성이 분리되면 진행구성의 의미는 사라진다. 부정의 수식 범위에서 진행구성 전체의 부정만 가능한 점도 진행구성이 단일 구성임을 보이는 것이다.

우리말의 진행구성은 영어와 달리 명령형으로 쓰일 수 있고, 영어에서 진행형으로 사용될 수 없는 '알다, 믿다, 가지다'와 같은 동사도 구성이 가능하다. 이는 국어의 진행구성은 통어적구성에서의 '있다'의 어휘 의미인 '존재', '지속'의 뜻을 가지고 있기 때문이다.27)

'V고 있다(이하 '고 있다'로 간략히 표기)' 구성은 선행 동사의 종류에 따라 선행 행위의 결과에 의한 결과 지속, 선행 행위 반복에 의한 진행, 진행 범주의 문법화에 의한 진행의 의미가 동시적으로 또는 개별적으로 나타난다.

선행 동사가 상태동사(형용사)인 경우 '고 있다' 구성은 불가능하다. 동작동사들은 '고 있다' 구성을 이루지만, 동사의 상적 의미로 보아 순간동사, 과정동사인가에 따라, 결과성이 있는가에 따라 구성의 가능성과 의미가 달라진다.[28)]

순간적 행동은 진행이 불가능하다. 그러나 순간적으로 이루어지는 행동이라도 어느 정도 시간 폭을 생각할 수 있는 경우 진행구성이 가능한데, 비결과성 동사 구문 가운데 '전쟁이 끝나고 있다', '그 아이가 죽고 있다'를 들 수 있다. 동일한 행위의 반복에 의한 진행의 의미도 가능하다. '많은 병사들이 죽고 있다', '돈을 많이 잃고 있다' 등이 그 보기이다.

결과성 동사들은 행위 결과의 지속에 의하여, '그녀와 인연을 맺

---

27) '알고 있다', '믿고 있다'는 엄밀히 보면 '알고 나서 있다', '믿고 나서 있다'의 선행 행위 결과 지속의 의미이다. '입고 있다', '쓰고 있다'에서 보이는 행위 결과 지속의 의미와 동일하다. '알고 있다'는 '알아가고 있다'의 의미도 있는데 물론 진행구성으로의 의미이다.
   ㄱ. 공부하고 있어라/*Be studying.
   ㄴ. 나는 책을 갖고 있다/*I am having a book.
   ㄷ. 나는 그를 알고 있다/*I am knowing him.
28) 여기서의 동사의 상적 특성은 정문수(1984)를 참고하였다. 순간동사는 행동이 순간적으로 일어나지만 순간적 행동도 시간의 폭을 가질 수 있다. 순간동사는 행위의 결과를 갖는 경우와 갖지 않는 경우로 나누어진다.
   ㄱ. 비결과성: 끝나다, 붙다, 다치다, 죽다, 잃다, 얻다, 들르다, 출렁하다, 반짝하다 등
   ㄴ. 결과성: 맺다, 끊다, 삼다, 쥐다, 잡다, 알다, 이해하다, 내리다, 미치다, 돌다 등

고 있다’, ‘소식을 끊고 있다’, ‘손을 잡고 있다’와 같이 결과 지속에 의한 진행구성을 이루지만, 얼마간의 시간 폭에 의해 진행구성이 이루어지기도 한다. ‘알고 있다’는 ‘아는 행위가 이루어진 후 그 상태가 지속됨’의 의미 외에도 ‘알아 가고 있다’라는 의미 즉 ‘나도 그 비밀을 조금씩 알고 있다’의 의미도 있다.

순간적으로 행위가 일어나는 동사가 아닌 동사들은 동작의 과정을 가지고 있어 과정동사로 구분하는데 행위의 완성 여부에 따라 완성 동사와 비완성동사로 구분한다.[29]

비완성동사는 선행 행위 결과 지속에 의한 진행의 의미는 없다. ‘웃고 있다’, ‘울고 있다’, ‘밀고 있다’, ‘끌고 있다’는 모두 ‘웃는 중이다’의 동시 행위에 의한 진행의 의미만 있다. ‘*울고(나서) 있다’, ‘밀고(나서) 있다’의 결과 지속의 의미로는 좀처럼 해석되지 않는다. 완성동사가 ‘입고 있다’에서와 같이 ‘입고(나서) 있다’라는 의미가 가능한 점과 구별된다.

후행 동사가 ‘가다’인 경우는 ‘있다’에 비해, ‘울고 가다’, ‘놀고 가다’, ‘싸우고 가다’나 ‘연주하고 가다’, ‘밀고 가다’에서와 같이 결과 지속에 의한 의미가 더 자연스럽다. ‘바람이 불고 간 자리에는’에서와 같이 결과 지속의 의미는 가능하지만 동시 행위의 의미는 어려워 구별된다.

완성동사는 결과성과 비결과성으로 나누는데, 결과성동사들은

---

29) 완성동사는 결과성 여부에 따라 결과성과 비결과성으로 나눈다.
　　ㄱ. 비결과성: 비우다, 익다, 지다, 내리다 등
　　ㄴ. 결과성: 입다, 벗다, 신다, 매다, 굽히다, 외우다, 개다, 얼다, 뜨다 등
다음은 비완성동사들이다.
　　ㄱ. 웃다, 울다, 놀다, 싸우다, 졸다, 불다, 오다, 달리다, 날다, 걷다 등
　　ㄴ. 밀다, 끌다, 연주하다, 사용하다, 사랑하다, 증오하다, 좋아하다 등

'고 있'과 연결되어 '결과 지속'의 의미를 이룬다. 동시에 동시 행위의 의미도 가지고 있다.

'고 있' 구성은 이처럼 '결과 지속'에 의한 진행과 '동시 행위'에 의한 진행의 의미가 통어적구성에서 이루어지고, 이러한 통어적구성에서는 불가능한 동사의 연결이 '동시 행위'에 기반하여 새롭게 문법 범주를 형성한 것으로 보인다. 이 새로운 문법 범주의 형성으로 인하여 '결과 지속'이나, '동시 행위' 모두가 커다란 범주에서 동일하게 진행의 범주로 인식된다.

진행구성의 '있다'는 본동사에서와 같은 '존재'의 의미와는 구별된다. 이들은 통어적구성에 의한 문장 접속으로는 설명이 불가능하다.

현대 국어에서 진행구성의 쓰임은 아주 생산적이다. 그러나 현대 이전 시기에는 그 쓰임이 적은 것으로 문헌에 나타난다. 따라서 진행구성이 언제부터 지금과 같이 생산적으로 쓰이게 되었는가, 또 진행구성의 의미는 어느 시기부터 이루어졌는가의 의문이 제기된다.

국어의 온전한 모습을 볼 수 있는 가장 이른 시기인 15세기 국어의 문헌에서 진행구성의 쓰임은 잘 보이지 않는다.[30] 현대 국어에서는 진행구성의 '고 있다'와 결과 지속인 '아 있다'는 분명히 구분되지만 중세 국어를 비롯한 이른 시기의 문헌에서는 현대 국어의 쓰임새와 다르다. 이 구성이 문헌어로서는 적합하지 않아 문헌에 잘 나타나지 않았거나 진행구성과 관련된 의미를 다른 표현

---

30) 허 웅(1987: 158)에서는 "'고 잇다'는 아주 드물게 쓰이어 15세기 문헌에서 그 예를 찾아보기는 매우 어렵다."고 하고 일부 쓰임도 "행동의 지속으로 못 볼 것은 아니나, 그러한 풀이보다 '잇다'의 본디의 뜻으로 해석하는 것이 나을 듯 하다. … 그러므로 여기에서는 지속(행동의 지속이나, 끝난 상태의 지속이나)의 때매김의 싹은 아직 찾기 어렵게 되어 있다."고 하였다.

이 나타냈기 때문이라고 생각할 수 있다.31)

존재의 의미를 나타내는 '잇다'와 '겨시다'는 중세 문헌에서 '有, 在, 存'의 의미를 갖고 이들 한자와 상대적으로 쓰였다. '겨시다'로 번역된 문장은 대부분 존재를 의미하는 '在'와 관계되고, '잇다'가 독립적인 서술어로 쓰인 경우도 존재의 '在'나 '有'를 나타내기 위한 것이 대부분이다.32)

(28) ㄱ. 釋迦文佛이 겨싫저긔: 釋迦文佛在世(석보 24: 31)
ㄴ. 優留蔓茶山애 겨시니이다: 住在優留蔓茶山中(석보 24: 33)
ㄷ. 묏고래 이셔 무슴 煩惱롤 몯 쓰러브리관디 在此行道 有何患累 (석보 24: 26)
ㄹ. 王이 善容이 잇는디 가 논하야 닐오데 王躬自往 語弟(석보 24: 26)

'아 잇다'의 '잇다'도 존재를 나타냈음은 다음의 한문 문장에 '在', '有'의 어사가 있음을 보아 알 수 있다.

(29) ㄱ. 긔 부텨를 아래 보ᅀᆞ뱃더라 見佛在世(석보 24: 19)
ㄴ. 이어긔 안자이셔 사ᅀᆞ미 홀레 ᄒᆞ거든 坐有群鹿數共合會(석보 24: 26)
ㄷ. 王ㅅ겨틔 안잿다가 在王右邊(석보 24: 47)

---

31) 여기서는 자료를 한정하여 살펴보는데, 15세기 자료로는 「석보상절」을 살핀다. 「석보상절」은 의역이 많아 직역의 관점에서 비교하는 것은 바람직하지 않지만, 한문 원문이 있어 '고 있다'와 관련된 표현이 한문에서는 어떻게 나타나고 있는가를 비교할 수 있다. 「석보상절」 24권에 나타나는 보기를 위주로 살펴보는데, 그 이유는 이 권에서만 '고 잇다' 표현이 나타나기 때문이다.
32) 여기서의 한문 원문은 김영배(1977)에 의한 것이다.

이처럼 '동사+아 잇'으로 나타나는 문장에서도 존재의 의미가 나타나지만, 한문에서 '有, 在, 存'으로 나타나지 않는 문장에서도 '아 잇'이 쓰여 '아 잇'이 존재 이외의 의미도 나타냄을 보여준다. '아 잇'으로 나타나거나 '앗' 또는 '앳'과 같이 축약 표현으로 나타나는가와 관계 없이 존재의 의미에서 한 발 멀어져 있음을 보이는 것이다. 시간 표현이 구체적이지 못한 한문에 대해 우리말의 시간 표현을 드러내기 위한 것으로 보인다.[33]

'아 잇다' 구성 가운데 지금의 '고 있다'로 나타나는 진행구성의 의미로 쓰였다고 볼 만한 문장들이 있다. (30ㄱ,ㄴ)은 결과 지속을 나타낸 것이라고 보기 어렵다. (30ㄷ)은 결과 지속의 의미도 가능하여 중의적이다.

> (30)　ㄱ. 누늘 장상 빨아 잇더라(석보 24: 42)
> 　　　ㄴ. 떠 무든 옷 닙고 시름ᄒ야 잇더니(석보 6: 27)
> 　　　ㄷ. 네 이제 사ᄅᆞ미 모몰 득ᄒ고 부텨를 맛나 잇ᄂ니(석보 6: 11)

「석보상절」에는 '고 잇' 구성이 나타난다. 이 구성이 당시에 존재하였음이 확인되는데, 의미도 지금과 같은 진행구성이었을 것으로 생각할 수 있다.

---

33) 다음 '아 잇다' 보기들은 번역 대상인 한문에 '在, 有'가 없다.
　　ㄱ. 제 庫房애 ᄲᅳ리라 ᄒ야 뒷던 홀골 우희여　即取倉中土(석보 24: 7)
　　ㄴ. 得度ᄅᆞᆯ 몯ᄒ얫더니 不能得度(석보 24: 15)
　　ㄷ. 너희가 셰욜 양ᄋ로 올히ᄒ야 이시라 治槃護利安鈴(석보 24: 25)
　　ㄹ. 뫼해 山行갯다가 入山遊獵(석보 24: 25)
　　ㅁ. 得道ᄅᆞᆯ 몯ᄒ얫ᄂ다 而無成辦(석보 24: 26)
　　ㅂ. 得道ᄅᆞᆯ 몯하얫ᄂ오이다 不能自制(석보 24: 26)
　　ㅅ. 塔애 녀허 뒷ᅀᆞᆸ다가　藏著是塔中(석보 24: 31)

(31) ㄱ. 沙門이 됴흔 음담 먹고 됴흔 平床 우희 옷도 ᄆᆞᆺ난 조초 ᄀᆞ라
      닙고 됴흔 香 퓌우고 잇거니: 釋子沙門 飲食甘美 在好床坐 衣服
      隨時 香化自熏(석보 24: 26)

    ㄴ. 네 내 옷 닙고 내 宮殿에 드러 내 풍류밧지 드리고 됴흔 차반
      먹고 이쇼디 엇뎨 몯 듣고 몯 보노라 ᄒᆞᄂᆞ다: 著吾服飾 入吾宮殿
      衆妓自娛 食以甘美 向以而欺 不見不聞 不快樂耶(석보 24: 28)

‘香化自熏’이나 ‘食以甘美’에 존재의 ‘在’가 없어 ‘잇거니, 이쇼
디’를 존재의 ‘있다’로 해석하기 어렵다. 그러나 (ㄱ)에서 앞에 ‘在’
가 ‘잇거니’로 번역되는 데 영향을 미친 것으로 볼 만하다. 반면에
(ㄴ)의 ‘이쇼디’는 ‘在’와 무관하게 의역된 것이다. 이러한 점으로
보아 ‘고 있다’의 ‘있다’는 ‘在’ 의미 외에도 행위 결과의 지속이나
진행의 의미로 쓰였을 가능성이 있다.

15세기 국어 자료들은 결과 지속의 의미가 가능하고, 보기가 아
주 적어 진행구성의 의미를 확인하기 어렵다. 또 자료가 적다고 진
행구성이 존재하지 않았다고 단정하기도 어렵다. 16세기 문헌에도
진행 형식은 잘 나타나지 않는다. ‘있다’의 ‘在’가 한문에 없음에도
‘고 있다’가 쓰이는 점은 「석보상절」과 같다. (32ㄱ)의 ‘패설하고
있다’는 결과 지속의 의미, (32ㄴ)의 ‘디킈고 있다’는 진행의 의미
로 해석된다. 이것으로 보아 당시에 진행구성이 없었다기보다 생산
성이 없었던 것으로 추정된다.

(32) ㄱ. 그 아온 셰간눌 다 패셜ᄒᆞ고 잇써늘 다시 ᄂᆞ화 주니라: 弟盡破
      其産(이륜 2)
    ㄴ. 도경이 아ᄋ 좌경이와 ᄉᆞ당올 디킈고 잇짜가: 道卿與弟佐卿 獨
      守祠不去(이륜 23)
    ㄷ. 여러히 셰간눌 배오 이시니: 今多破産(이륜 25)

(33) ㄱ. 일시예 부텨 왕사셩의 뎨즈 삼만 팔쳔 드리고 겨시더니(은즁경 1)
　　 ㄴ. 남즈는 이셩의 이실제 한삼 닙고 씌 씌오 훠 신고 이실씨(은즁
　　　　 경 2)

「번역노걸대」는 16세기 초 문헌으로 구어체가 많고, 전산 작업이
이루어져 자료 이용이 용이하다. '고 있다' 구성이 나타나는 문장
은 하나에 불과한데, '아 잇다'로 나타나는 문장은 생산적이고, 현
대 국어에서는 불가능한 표현들이 많다. 이들의 일부만 살펴본
다.34)

(34) 남신인 양으로 ᄒ고 잇거든 做好漢(노걸 54ㄴ)

(35) ㄱ. 아리 외와 免帖 타 잇던 공오로: 便將功折過免了(노걸 4ㄴ)
　　 ㄴ. 한 짜해 니기 둔니디 몯ᄒ야 잇노니: 漢兒地面裏不慣行(노걸 7
　　　　 ㄴ)
　　 ㄷ. 묻디 아니 ᄒ야 잇다니: 都不曾問(노걸 15ㄴ)
　　 ㄹ. 이제 고텨 잇ᄂ가 몯 ᄒ얏ᄂ가: 如今修起了不曾(노걸 26ㄱ)

(36) ㄱ. 一統ᄒ야 겨시니: 如今朝廷一統天下(노걸 5ㄱ)
　　 ㄴ. 부뫼 살아 겨신 父母在生時(노걸 148ㄱ)

---

34) 「번역노걸대」의 자료 확인에는 서상규(1997)을 기본으로 이용하고, 이를 다
　 시 원문과 대조하는 방법을 취하였다. 이외에도 다음과 같은 보기가 있다.
　　 볼셔 고텨 잇ᄂ니: 早修起了(노걸 26ㄴ)
　　 이제는 다 널 ᄯ라 잇고: 如今都是板鞅了(노걸 39ㄱ)
　　 우리 바비 니거 잇ᄂ니: 我的飯熟了(노걸 40ㄱ)
　　 저희 지서 잇는 밥을: 他們做下見成的飯(노걸 45ㄱ)
　　 잡 사롬 업다 ᄒ야 잇는: 官司排門粉壁(노걸 47ㄴ)
　　 인틴 글워를 번드기 가져 잇노라: 現將印信文引(노걸 48ㄱ)
　　 술윗방의 잘 디ᄒ야 이시라: 安排宿處(노걸 55ㄴ)
　　 어듸 싱각ᄒ야 이시리오: 那裏記得(노걸 60ㄴ)

‘아 잇다’와 한자의 ‘了’가 많이 연관됨은 ‘아 잇다’가 완료의 의미를 가지고 있음을 보여준다. 그러나 ‘了’가 있다고 모두 ‘아 잇’으로 번역한 것은 아니다.

18, 19세기 문헌에서도 ‘고 잇다’의 진행구성으로서의 쓰임이 생산적으로 발견되지 않지만 구성의 존재는 분명히 확인된다.[35] 진행구성이 활성화된 것은 20세기 초반의 문헌에 이르러서이다. 바로 이전시기의 현대 국어 문헌에서도 진행구성은 잘 나타나지 않는다. 구어체 문헌이라 볼 수 있는 판소리에서도 이 구성은 잘 나타나지 않는다. 「춘향가」와 「심청전」에 ‘고 있다’ 구성은 아주 드물다.[36] 또 현대 국어에서는 ‘고 있다’로 나타나야 할 표현들이 ‘아 있다’로 나타나고 있다.

> (37) ㄱ. 이도령 장니지심을 네 엇지 아는이 헛쏘이 밋쏘 잇다(춘 72)
> 뫼 한나를 싱각하고 잇네마는(춘 83)
> 머리들고 잇난 양은 창희 노룡이 셩을 닌 듯(심청전)
> ㄴ. 금곽쳔봉이 셩셰를 둘너 잇고(춘 3)
> 졈졈낙포쳥게수난 어연이 흘너 잇고(춘 3)
> 금붕어난 시시쩌쩌 물결 츠자 츌녕풍덩 노라 잇고(춘 25)
> 이만ᄒ고 셧는 모양 역역이 긔려 잇고(춘 27)
> 셜중의 푸룬 솔은 쳔고졀을 직켜 잇쏘(춘 82)
> 교룡산셩 놉푼 봉언 건희방을 막어 잇쏘(춘 107)

---

35) 허 웅(1987: 196)에서는 “‘고 잇’(행동과 상태의 지속)은 19세기에도 그리 잘 발달되지 못했던 듯하여 그 쓰인 예가 흔하지 않다. 지금 말의, 이 통사적 표현법의 발달은 아마 현실법의 약화에 그 이유가 있지 않을까 생각된다.”고 하였다.

36) 「춘향가」나 「심청전」을 살펴본 이유는 이들이 구어체 문장으로 보수적인 문어체 문장보다 시기적으로 당대의 언어를 반영할 것으로 기대하에이다. 여기서 살펴본 「춘향가」는 명창 장자백 창본으로 김진영 외(1997)에 수록되어 있는 것이다. 허재영 전산자료(1998) 「심청전」에는 ‘머리두고 잇난 양은’이 나타날 뿐이다.

선행 행위의 결과 지속이 아닌 진행구성으로서의 의미를 분명히 가지고 있지만 생산적이지 못했다.

언문일치를 최초로 이룩한 신문인 「독립신문」에서도 '고 있' 구성은 상대적으로 드물게 나타난다.[37] 선행 동사는 'ᄒ고', '말고', '가지고', '먹고'와 '직히고, 밋고, 알고, 놀고, 의지ᄒ고, 쎌고'가 '잇다'에 선행한다. 이를 결과 지속이 가능한 보기와 불가능한 보기로 나누어 보면 다음과 같다.

(38)　ㄱ. 흑전청륭씨가 총리 대신 디리ᄒ고 잇더니(독 01-004 외국통신)
　　　　　 뎡부에서 월급 타 먹고 잇는 대쇼관원은(독 01-042 논셜1)
　　　　　 류빅여냥을 드려 지여 쎌고 잇는 죄인(독 01-107 잡보)
　　　ㄴ. 뎡부 월급을 타먹고 잇다가(독 01-041 논셜)
　　　　　 몃십년이라도 가지고 잇슬줄노 싱각 ᄒ야(독 01-050 논셜)
　　　　　 이러 홀줄만 알고 잇다가 번연히 셰계샹(독 01-094 논셜)
　　　　　 무단히 먹고 놀고 잇스니 세가지가(독 01-106 논셜)

(38ㄱ)은 '선행 행위가 일어난 후 결과가 있다'라는 의미로의 해석은 불가능하다. '대리하고 나서 있다'라는 의미는 적절하지 않다. 이에 비해 (38ㄴ)은 결과 지속의 의미에 의한 진행의 의미이다. '먹다, 생각하다, 알다, 놀다'라는 행위가 일어난 후, 이 행위를 지속한다는 의미 해석이 기반이 되기 때문이다. 이처럼 「독립신문」에 나

---

37) 「독립신문」은 최초의 한글전용 신문으로 1897년에 창간되어 1899년 폐간되기까지 총 776호가 발간되었다. 전산화된 「독립신문」의 일부(창간호부터 116호까지)를 통계 자료로 하였다. 이 시기는 한글판과 영문판이 같이 발행되던 시기로 원고지로 약 2,000장 분량이다. 광고와 관보와 같은 비문장 요소를 제외해도 최소한 1,000장의 분량이다. 이 가운에 22개의 진행구성이 나타나므로 원고지 약 50장마다 한 표현이 나타나는 것으로 거칠게 계산된다. 이 전산 자료는 경희대 국어 문법 연구회에서 구축한 것이다.

타나는 진행구성의 보기는 현대 국어에 비하면 아주 적지만 쓰임새로 보아서는 완전히 진행구성의 의미를 형성하고 있다.

20세기 초기의 소설들에서 진행구성은 쓰임의 빈도가 높아져 생산적으로 쓰였다. 신소설에 나타난 진행구성 자료를 보면, 문장의 종류와 필자에 따라 쓰임새가 다르다.38) 이인직(1906; 이동희 편, 1994: 25-65)의 「혈의누」를 보면,39) 대부분 선행 행위의 결과 지속 해석이 가능하지 않다. 다음은 선행 행위 결과 지속의 의미보다는 진행의 의미로 해석된다.

   (39) 장팔의어미를 다리고잇스니 힝낭에는 늘근과부오
         네공부나 시기고잇다가 심년후에는
         개야 너혼즈 집을 지키고잇구ㄴ

이해조의 「자유종」(1910; 이동희 편, 1994: 69-78)에서는 진행구성을 하나도 발견할 수 없어 다른 소설과 비교된다. 이광수의 「무정」(1917; 이동희 편, 1994: 109-150)은 그 양에 비해 이인직의 「혈의누」보다 진행구성이 상대적으로 적다.40)

---

38) 여기서는 이동희 편(1994)에 나타난 개화 계몽기 소설을 자료로 하였다. 이 자료는 1906년에서 1945년 사이의 소설을 수록하고 있어 글을 분량이나 시간적인 순서로 비교하기에 적절하다.

39) 다음은 이인직(1906; 이동희 편, 1994: 25-65)의 「혈의누」이다. 선행 동사의 분포를 보기 위해 선행 동사 별로 정리한 것이다.
가고잇스니, 공부ᄒ고잇더라, 미여노코 잇는 우리느라 빅성들을, 다리고잇스니 힝낭에는 늘근과부오, 듯고잇느ㄴ, 듸밀고잇더라, 먹고잇깃소, 밧고잇는디, 처어다보고잇더라, 봉공ᄒ고잇슬이라 결심ᄒ고, 시기고잇다가 심년후에는, 알고잇느보다마는, 자고잇다가 최씨부인을 구하야살럿스니, 지키고잇구ㄴ, 직히고잇다가 멋히후가되던지, ᄒ고잇다

40) 이 글에 나타나는 '기다리다, 흔들거리다'는 모두 선행 동작의 결과 지속의 의미로는 보기 어려워 진행구성의 의미로만 해석된다.

현대 국어(1980, 1990년대)의 소설이나 논문에서의 진행구성의 쓰임은 아주 생산적이다. 「독립신문」에 200자 원고지 약 50매당 1번의 횟수로 진행구성이 나타남에 비해 요즈음 글에서는 원고지 2장의 한 번 정도의 빈도로 나타났다.[41] 25배 이상 쓰임이 증가한 것이다.

동시 나열과 구별되는 통어 의미적 특징을 갖고 있는 진행구성이 현대에 들어 발달한 것은 현재, 현실을 나타내는 '느'의 사라짐과 일차적으로 관련이 있는 것으로 해석된다.[42] 어미 '느'는 '으'가 소멸되면서 '느, 나, 노'로 바뀌고, 종결어미로 녹아 붙어 현재를 나타내는 표현이 분명하지 않게 되었다. '느'가 녹아 붙지 않은 반말 어미와 같은 종결어미 '어, 지'의 현재 시간은 무표지로 나타나는데 명시적이지 못해 이를 나타내는 표현 방법이 필요하였다.

진행구성이 현대에 이르러 급격히 사용의 범위를 확장하는 것은 현재를 나타내는 형태가 사라진 것과 더불어, 적확한 시간을 표현하고자 하는 요구에 의한 것으로 보인다. 「독립신문」이나 신소설에

압헤 기다리고 잇는 행복을 바리고, 내가 이젼 신우션이가 아닌줄로 알고 잇게, 몸을 흔들거리고 잇다

그러나 뒤 시기 작품인 '나의 훼절', 이광수(1948; 이동희 편, 1994)에서는 소설의 분량은 적지만(139-150쪽) 진행구성이 많아졌다.

당국의 주목을 받고 있으니, 마흔두 명 동지가 감옥에서 신음하고 있었다, 많은 평론을 쓰고 있었고, 나는 불경을 읽고 있었다

이들도 일부는 행위 결과 지속의 의미가 가능하지만, 진행구성의 의미가 분명하여 진행구성의 쓰임이 확정된 모습을 보여준다.

41) 소설, 논문, 수필 등의 글로 이루어진 말뭉치를 검색한 결과, 원고지 3,686장 분량의 글에 '고 있'으로 나타나는 표현은 1,690개이었다. 이는 원고지 2장당 한 번 꼴로 나타난 것으로 생산성이 있는 구성임을 알 수 있다.

42) 허 웅(1987: 234)에서는 " '고 있다'는 15-16-17-18-19세기를 통해서 나타나기는 하나, 지금 말처럼 그렇게 잘 발달하지는 않았던 듯하다. 이것이 발달된 것은 20세기, 곧 현실법의 '느'의 완전 퇴화와 관련이 있지나 않을까 생각된다." 하였다.

서 볼 수 있듯이 현대 국어 초기의 자료와 약 100년 후의 지금의 현대 글에서 나타나는 진행구성의 빈도의 차이는 진행구성의 발달을 명시적으로 보여준다. 특히 현대 국어에서는 '형용사+고 있다' 표현도 가능함으로써 그 확장의 정도를 보여준다.

7) 국어 시간 표현의 동정(動靜)적 인식

(1) 인식의 유형과 시간 인식

국어 서술어와 시간 표현 어미에 나타나는 언어 범주를 통해서, 시간이나 동작과 상태에 대한 인식이 국어에 어떻게 나타나고 있는가를 세계 인식의 패턴의 하나인 동태와 정태 즉 동정(動靜)적 관점에서 해석해 볼 수 있다. 이는 세계에 대한 인식이 언어에 어떻게 반영되는가를 밝히는 작업의 하나로 시간의 언어 범주화, 서술어의 시상 인식이 총류 인식 패턴의 하나인 음양 동정론의 관점에서 해석될 수 있는가의 가능성을 시도하는 것이기도 하다.

이규호(1968: 108-110)에서는 "우리말의 시제는 아주 특징적이다. 인도-유럽말처럼 일차원적인 시간관에 근거한 것이 아니고 삼차원적인 시간관에 근거한 것이다", "일차원적인 시간관이란 시간을 일직선으로 흘러가는 것처럼 생각하는 물리적인 시간관이다. 이러한 일차원적인 시간관에 있어서는 과거는 '이미' 지나가 없고, 미래는 '아직' 오지 않아 없다. 현재도 엄밀하게 따지면 과거와 미래로 갈라지고 남는 것은 부피가 없는 순간이 된다. 인도-유럽말의 시제는 일차원적인 시간관에 근거하고 있기 때문에 시제가 일직선적인 시간의 흐름에 따라서 대과거, 과거, 현재완료, 현재, 전미래, 그리고 미래로 나누어져 있지만 우리말의 시제는 삼차원적인 구체적인 시간관에 근거하고 있기 때문에 현재를 중심으로 해서 완료된 전승과 지향적인 기대의 시제가 있을 뿐이다."라 하였다. 정말 우리말이 삼차원적인 시간관을 나타내고 있는 것인가 하는 의문을 풀어보려 하는 것도 중요하다.

세계에 존재하는 대상을 분류할 수 있는 것은 나누어지는 대상들이 공통적인 것으로 묶일 특징을 갖고 있기 때문이다. 대상들이 공통적인 특징을 갖고 있다는 인식은 범주화에 의해 이루어진다. 사물과 개념을 같고 다름에 따라 구분하는 것이 범주화이고, 범주화에 의해 이루어진 인식의 구분이 범주이다. 시간에 대한 범주적 인식이 세상에 대한 인식 패턴의 하나인 음양 동정의 관점에서 어떻게 이해될 수 있는가를 살피기 위해서는 음양 동정론과 국어에서의 시간 인식의 범주와 범주화를 각각 살펴보고 두 범주가 하나의 원리로 설명될 수 있는가를 관찰하게 된다.

세상에는 다양한 존재들이 있고 이 존재들 사이에 현상이 있다. 이러한 존재와 현상에 대한 인식 방법의 하나로 동양에서는 음양, 오행과 사상과 팔괘가 제시되었다. 이러한 동양에서의 세계 인식 패턴은 역(易)에 제시된 것으로 역에 제시된 세계 인식은 음양과 동정의 관점으로 집약되고, 사상과 팔괘 육십사 효로 확장된다. 동정은 태극과 관련된다. 본래부터 갖추어진 음과 양의 태극이 움직이면서 음양이 드러난다. 고요함, 머무름 즉 정(靜)과 움직임 즉 동(動)은 세계를 인식하는 기본 패턴이고 이 패턴 인식은 언어 범주에서도 나타난다.

(2) 서술어 내적 시상을 통한 시간 인식

서술어를 시간의 관점에서 분석하는 것은 모든 행위가 시간 속에서 이루어지기 때문이다. 시간의 언어적 표현은 발화자가 발화하는 문장의 사건이 나타난 사건시와 발화시를 어떻게 인식하여 언어로 표현하는가 하는, 방향성을 가진 시제와, 서술어에 의해 나타나는 상황에 내재하는 즉 서술어의 고유 의미로부터 예측되는 내적 시간인 시상으로 나누어 볼 수 있다.

서술어의 내적 시상을 동작(activity), 완성(accomplishment), 성취(achievement), 상태(state)로 나누는 것은 대표적 구분이다. 내적 시상은 상태성과, 비상태성인 동작성, 동작성은 다시 시간의 한계성 여부에 따라 한계성과 비한계성으로, 한계성은 다시 완결의 순간성에 따라 구분한다. 이러한 서술어의 시상 특징에 따른 구분은 다른 서술어를 하위 구분하고, 서술어와 공존하는 다른 문장성분과 문법 관계를 효과적으로 설명할 수 있는 장점이 있다.

이러한 분류를 요약 분류 자질과 벤들러의 동사 분류와 관결지어 정리하면 다음과 같다.[43]

---

43) Valin & La Polla(1977)에서도 Vendler(1957)에서 제안되고 Dowty(1979)에서 보완한 네 종류의 동사 분류의 시상 유형을 받아들이고 있다. 벤들러의 네 가지 동사 분류와 이들이 가지는 시간 자질은 다음과 같다. telic과 -telic인 atelic은 시간적인 한계(temporal boundary)를 갖는가에 따라 갖는 것 telic, 갖지 않는 것 -telic의 구별이다. 한정한(1999: 366) 참조.

Aktionsart types	temporal feature
state	[+state], [−telic], [−puntual]: believe
activity	[−state], [−telic], [−puntual]: walk
accomplishment	[−state], [+telic], [−puntual]: melt
achievement	[−state], [+telic], [+puntual]: shatter

(40)

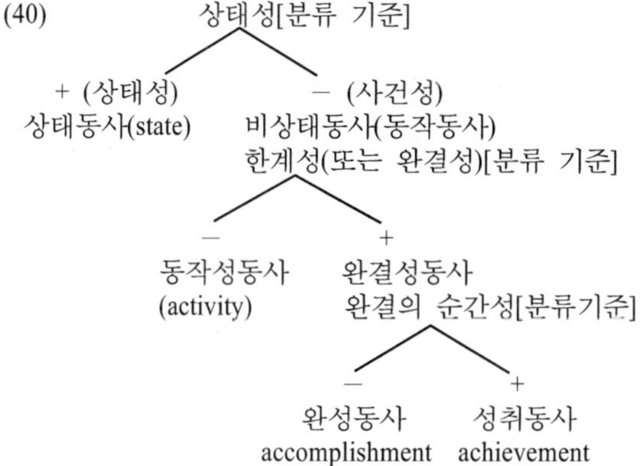

각 분류에 해당하는 서술어의 보기를 들면 다음과 같다.44)

(41) 상태동사: 착하다, 좋다, 있다, 가렵다 등
　　　동작동사: 걷다, 뛰다, 밀다, 끌다 등
　　　완성동사: 짓다, 건설하다, 입다, 익다 등
　　　성취동사: 주다, 사다, 팔다, 죽다, 치다 등

국어의 동사를 상적 특성을 중심으로 자질 분석할 경우에 여러 가지 다른 각도의 자질이 제시될 수 있다. 이는 동사의 상을 파악하는 방식이 동일하지 않고 상적 특성 가운데도 어떤 측면을 더 주목하는가에 따른 차이가 생기기 때문이다.

---

44) Vendler(1967)에서 든 보기의 일부는 다음과 같다.
　　　state: having, possessing, desiring, wanting, something, liking, disliking, loving…
　　　activity: running, swimming, pushing, pulling something…
　　　accomplishment: painting a picture, making a chair, building a house…
　　　achievement: recognizing, realizing, spotting, identifying something…

(3) 동정론에 따른 시간 인식

시간의 언어에서의 실현은 서술어에 내부의 상태성, 한계성, 동작성에 의한 상적 의미나 '았', '겠', '고 있'과 같은 시간과 관련된 문법형태로 표시된다.

움직임은 시작과 끝이 있는 '시'에서 '종'까지의 과정이다. 서술어 가운데에는 내적 시상이 상태라서 움직임이 제시되지 않는 서술어와, 내적 과정이 한계성이 없어서 끝남이 없는 동작동사가 있다. 이들은 각각 음양 동정의 정태와 동태의 두 부분이다. 그러나 '푸르다'와 같은 상태도 상태의 시작에서 상태의 끝으로의 과정이 있으며, '뛰다'와 같이 한계성이 없는 동작동사도 움직임의 시작에서 끝까지의 시종의 과정을 갖는데 역시 정에서 동을 지나 다시 정으로의 과정이다.

'시작하다'와 같은 기동동사, 과정을 보이는 과정동사, 완수를 보이는 성취동사, 순간적으로 일어나는 순간동사, 반복적으로 일어나는가에 대한 반복동사 등은 서술어 내부의 상적 의미에 따른 하위 범주들이다. 내적 시상인 상태나 동작의 의미를 통해 동태나 정태가 나타나지만 시작과 끝을 나타내는 시제적인 시간의 의미는 시간을 나타내는 어미, 즉 시간 표현의 선어말어미에 의해서 구체적으로 드러난다.

모든 움직임은 시작과 종결, 그리고 시작과 종결 사이의 움직임의 지속이 있다. 시, 중, 종의 과정은 움직임에서 나타나는 것이므로 움직임에 대한 새로운 나눔이 필요하다. 동정론에서 정은 동의 시작이고 동은 정의 시작이라는 점에서 움직임인 '가다'의 경우 정의 상태에서 동의 상태로 변화하기 시작하여, 즉 '가기 시작하여',

동의 상태인 '가다'가 진행되고, 마지막에 '가다'가 종결되어 정의 상태가 된다. 움직임의 이러한 과정은 서술어 내부의 내적 시상과 선어말어미를 통한 시간 표현의 복합에 의해서 드러난다.

    (42) ㄱ. 나는 학교에 가기 시작했다.
            ㄴ. 나는 학교에 가고 있다.
            ㄷ. 나는 학교에 갔다.
            ㄹ. 나는 학교에 가 있다
            ㅁ. 나는 학교에 가겠다.

(42)는 각각 움직임의 시작, 움직임의 진행, 움직임의 완료, 움직임 완료 결과 지속이다. 그리고 정태의 끝에서는 움직임의 비롯함을 추정, 또는 의지로 제시한다. 기동을 나타내는 '기 시작하다'를 제외하면 '고 있', '았', '아 있', '겠'으로 움직임의 시작에서 종결까지의 작용과, 움직임 후의 상태로서의 머무름의 과정이 존재를 나타내는 '있다'를 중심으로 전개된다. 이러한 움직임의 과정은 동사 내부의 시상과 연계된다. 이러한 일련의 과정은 정에서 동으로 그리고 동에서 정으로의 순환이며 음양과 동정의 순환이라는 세계 인식의 과정이 언어에 실현되어 있음을 보인다.

이규호(1968: 108110)에서는 "우리말 문법가들은 하'ㄴ다'를 현재 진행이라고 하고 하'였'다를 과거라고 하고 하'겠'다를 미래라고 하고 하'였겠'다를 미래 완료라고 한다. 그러나 살아 있는 구체적인 시간에 있어서는 현재는 언제나 진행이기 때문에 현재와 진행을 억지로 구별할 필요가 없다. '하였다'는 이룩해서 현재 이어받은 전승을, '하겠다'는 현재가 지향하는 기대를 표현한다. '하였겠다'는 이룩해서 전승해 줄 것을 기대하는 것이다."라 하고, "삼차원적인 시간관은 둥근 원과 같은 시간 구조를 말한다. 아래 원은 과거이고 위의 반원은 미래이고, 이들이 원의 직경으로서의 현재를 둘러싸고 있는 삼차원적인 시간 구조를 뜻한다. 여기서는 과거는 '이미' 없는 것을 말하는 것이 아니고 기억과 이룩된 전승으로서 현재 살아 있고, 미래는 '아직' 없는 것이 아니라 희망, 기대 혹은 계획으로서 현재 살아 있다."라고 하였다.

이러한 국어 시간의 삼차원적 이해는 태극을 바탕으로 한 동정 이론을 통해 국어의 시간 표현이 서술어의 내적 시상과 선어말어미에 의해 실현됨을 좀더 구체적으로 보여준다. 즉 삼차원적인 시간을 둥근 원과 연계하는 것은 동일하지만, 아래 반원은 과거, 위의 반원은 미리, 그리고 원의 직경이 현재라기보다는 태극으로 나누어지는 음양의 두 반 원 중 한 반원은 정태 즉 머무름, 한 반원은 동태 즉 움직임을 나타내고, 이 태극은 각각 출발과 끝남, 그리고 지속을 나타낸다. 이러한 과정을 태극의 음양과 동정론의 관점에서 도식으로 나타내면 다음과 같다.

(43)

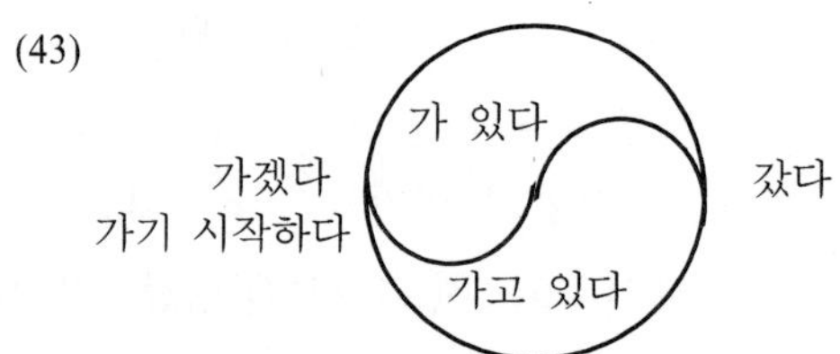

이 도식은 움직임에 대한 동정의 관계를 보인 것이다. 서술어의 기본적인 동정의 관계가 이루어진 후의 다음 동작에 대한 동정의 관계이다. 서술어에 대한 비 상태와 상태가 동과 정의 관점에서 제시되고, 동작에 대한 이차적인 동과 정의 관계를 보인 것이다. '가고 있다'는 '동의 정'이고, '가 있다'는 '정의 동'이다.

태극의 관점에서 보면 움직임의 시작은 음의 끝에서 양이 시작
되는 지점이고, 진행은 양의 중심이며, 움직임의 완료지점은 양이
종료되는 지점으로 음의 시작, 상태 지속은 음의 중심이다. 미래
시제로 나타내는 추정이나 의지는 정태에서 동태로의, 즉 음에서
양으로의 기점을 보인다.

그러나 이러한 움직임의 과정이 모든 동사에 획일적으로 실현되
지는 않는다. 행위의 결과 지속이 나타나지 않는 서술어의 문장들
이 있다.

    (44)　ㄱ. 나는 학교로 뛰기 시작했다.
　　　　　　ㄴ. 나는 학교로 뛰고 있다.
　　　　　　ㄷ. 나는 학교로 뛰었다.
　　　　　　ㄹ.*나는 학교로 뛰어 있다.
　　　　　　ㅁ. 나는 학교로 뛰겠다.

이러한 문장은 '*걸어 있다', '*밀어 있다', '*끌어 있다'에서와
같이 서술어가 동작동사인 경우뿐만 아니라, 상태동사를 비롯하여
동작의 한계성을 갖는 완성동사나 성취동사에서도 나타난다.

    (45)　ㄱ.*나는 그가 좋아 있다.
　　　　　　ㄴ.*나는 의자를 밀어 있다.
　　　　　　ㄷ.*나는 건물을 지어 있다.
　　　　　　ㄹ.*나는 책을 사 있다.

    (46)　ㄱ. 나는 옷을 입고 있다.
　　　　　　ㄴ. 나는 모자를 쓰고 있다.

또 행위 결과 지속이 '아 있다'가 아닌 '고 있다'로 실현되는 동사들은 '입다, 벗다, 쓰다, 달다' 등의 착용 동사들을 비롯한 동사들이 있다.

현대 국어에서 '아 있다'나 '고 있다'에 의한 상태 지속의 머무름의 정적 표현이 나타날 수 없는 것은 동사들의 시상적 의미와는 직접 관련성이 없다. 상태동사는 이미 상태를 나타내기 때문에 상태 지속의 표현이 따로 필요하지 않지만, 상태 지속이 불가능한 다른 동사들은 주로 타동사들로 상태 지속의 의미와 충돌하지 않는 점에서 확실한 이유를 제시하기 어렵다. 물론 역사적으로는 형용사와 타동사도 상태 지속 표현과 공존한 자료들이 있다. 이로 보면 상태 지속과 선행 서술어의 관계는 동정론과는 다른 원리에 의해 지배되고 있는 것으로 추론된다.

상태를 나타내는 서술어는 '예쁘다'에서 볼 수 있는 바와 같이 동적 움직임이 없는 상태의 지속이다. 상태를 나타내는 형용사는 정적인 상태만 나타내기 때문에 움직임이 없다. 이 정적인 상태가 움직임을 얻기 위해서는 '높다'에 비해 '높이다'나 '높게 하다', '좋다'에 대해 '좋아하다'와 같이, 파생이나 구 구조로의 변환이라는 언어 형태의 변화를 가져야 한다.

서술어의 내적 시상이 상태를 나타내는 서술어이기 때문에 '예쁘고 있다'와 같은 상태 지속의 표현은 불가능하지만, '예뻤다'에서와 같이 완료에 의한 상태의 끝남, '예쁘겠다'에서와 같이 추론에 의한 상태의 시작을 보일 수 있다.

움직임을 갖는 비상태 동사는 움직임의 내부에 종결이 있는 움직임이냐 종결이 없는 움직임이냐에 따라 구분되는데 '뛰다'는 내적 시상에서 움직임의 지속을 보여주고 움직임의 완결을 보여주지 않는 동작동사이다. 움직임의 시종의 과정은 '뛰었다'에서와 같이 완료의 선어말어미를 통하여 보충함으로써 시간의 종료를 보충하여 준다. '입다', '벗다'와 같은 동사는 [－상태], [+한계]의 서술로 동작이 이루어지고 그 결과가 지속되는 점에서 정에서 동으로 또 동에서 정으로의 과정이다.

다음은 시간의 시작의 도식화가 왼쪽은 과거, 오른쪽은 미래라는 관점에 근거하여 제시한 것이다. 음양과 동정의 관점을 모두 고려하면 다음과 같이 시작점이 바뀐다.

(47)

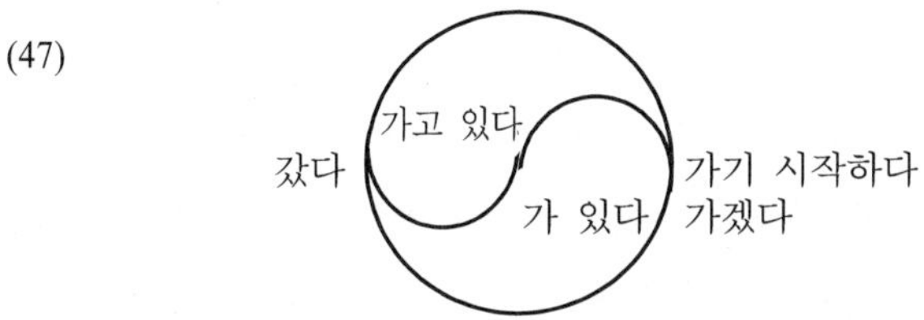

태극에서 아래 반원이 음이며 정의 상태이고, 위 반원이 양이며 동의 상태라는 점에서, 그리고 정의 끝에서 출발이 이루어지고 동인 움직임이 지속되고, 동의 끝에서 완료가 이루어지며, 정의 상태가 지속됨을 보인다.

시간을 일차원적인 직선의 관점에서 보면 당연히 왼쪽에서 현재인 가운데를 거쳐 미래인 오른쪽으로 지나가는 것으로 인식된다. 그러나 음양의 동적론적 관점에서 보면 움직임의 시작 전에는 존재라는 상태가 음의 정적인 상태로 충만하다가 움직임이 이루어지기 때문에, 움직임의 시작 전의 상태는 반원의 왼쪽에서 반원의 오른쪽까지 존재의 상태가 유지되다가 반원의 오른쪽 끝에서 움직임이 시작되고, 움직이고, 반원의 오른쪽 끝에서 종료된 후 다시 움직임의 시작 전인 음의 정태로 이어지는 것이기에 일차원적 시간과 달리, 삼차원적인 음양 동정론의 해석에서는 움직임의 시작이 오른쪽에서 시작하는 것으로 도식화된다. 즉 정적인 상태인 '있다'에서 비롯한 움직임은 '가기 시작하여, 가는'의 동태적 상황이 지속되다가, '가 있는'의 정태 상황으로 마무리된다. 움직임이 이루어지기 전과 후의 정태 상황이 전 구조에서 드러난다.

훈민정음에서 제자해에서는 글자 만든 원리를 음양 오행의 자연스러운 이치에 맡겨 두었다고 하였다. 세계 인식의 패턴의 하나인 동태와 정태 즉 동정(動靜)의 관점은 세계에 대한 인식이 언어에 어떻게 반영되는가를 밝히는 작업의 하나일 수 있다. 국어 현상에 적용될 수 있는 동태와 정태의 관계는 무궁무진하다.

동양에서의 세계 인식 방법은 성리학에서의 '이기론', 불교에서 함께 논의한 '체용론' 등 다양한 해석이 있다. 이러한 해석들은 우주 만물의 본체론과 인간의 본성론과 관련하여 다양하게 논의된 바 있으나, 사유 구조의 틀인 언어, 국어를 중심으로 하여 국어 해석의 이론으로 발전되지 못하였다. 사유 구조에 대한 충분한 이해와 국어 문법 현상에 대한 통찰력이 아직 함께하지 않았기 때문이다. 이 둘을 잘 연계하여 풀어낼 때 국어를 자료로 한, 동양적 인식 방법에 바탕을 둔 국어의 해석, 언어 인식 방법의 해석을 제시할 수 있다.

3 사동과 피동

1) 국어의 사동과 피동법

움직임을 스스로 하는 주동(主動)에 대해, 움직임을 하게 하는 사동의 표현법을 사동법이라고 한다. 사동법에는 사동사에 위한 사동법과 통사적 사동법 '게 하다'에 의한 사동법이 있다. 이에 비해, 스스로의 힘으로 행하는 능동(能動)에 대해 남의 행동에 의해서 이루어지는 행위를 피동이라 하고, 이 표현법을 피동법이라고 한다. 피동법에도 피동사에 의한 피동법과 '어 지다'와 '게 되다'에 의한 피동법이 있다. '받다'나 '당하다'와 같은 어휘에 의한 피동과 '시키다'와 같은 어휘에 의한 사동의 의미도 있다. 여기서는 파생법이나 통어적구성에 의한 사동과 피동에 대해 논의한다.

사동사를 이루는 파생접사는 '이, 히, 리, 기, 우, 구, 추' 등이고 피동사를 이루는 파생접사는 '이, 히, 리, 기' 등이다. 이들은 형태가 유사하고 모두 파생을 이루는 점에서 공통적인데, 하임과 입음이라는 상반 작용의 의미를 이루는 점에서 사동과 피동은 하나의 원리로 설명할 수 있는 가능성이 있다. 반의어에서 볼 수 있듯이, 반대라는 것은 대부분의 특질이 공통적임에 비해, 어떤 특정 특질이 다른 경우가 많기 때문이다. '게 하다'와 '게 되다', '어 지다' 구성도 두 동사의 통어적구성으로 이루어지면서 하임과 입음의 상반 작용의 의미를 이루는 구성의 동질성이 있다. 주동과 능동은 모두 스스로 하는 행위라는 점에서 같은 것이지만 그 상대가 다른 움직임이다.

사동사의 파생은 제한적인데 제한의 원인이 분명하지 않다. '가다, 하다'와 같은 생산적인 동사도 사동사 '가이다, 하이다'로 나타날 수 없다. 사동을 우리말로 '하임'이라고 표현한 것은 파생의 가능성을 의식한 이름 짓기이다. 현재로서는 사동사의 파생 여부를 결정하는 이유는 확실하지 않다. 사동사는 파생 이전의 주동사의 문법적 특징, 즉 자동사, 타동사, 형용사인가에 따라, 자동사에서 타동사로의 변화인가 타동사에서 타동사로의 변화인가, 형용사에서 동사로의 변화인가의 파생 결과에 따라, 또 주동사의 주어의 의미 역할이 무엇인가에 따라 사동의 의미가 달라진다.[45]

사동문은 주동문과 관련이 있기 때문에 단순한 파생법이 아닌 두 문장 사이의 관계인 문법 현상이다. 파생법에 의한 사동에서 일차적 의미는 사동자가 피동자에게 직접 행위를 하는 의미이다. 이 때 피동자는 주동적 행위 없이 사동자의 행위에 의해 행위를 받는다. 이차적 의미는 사동자의 사동에 의해 주동자가 주동적으로 행위를 하는 사동이다.

사동자의 직접 행위에 의한 사동은 모든 파생 사동에서 나타나지만, 간접 행위에 의한 사동은 파생 사동에서 모두 나타나지는 않는다. 주동자가 직접 행위를 할 경우 주동문에서 주어는 사동문에서 여격의 위치어인 '명사+에게'로 나타난다. 사동자가 직접 행위자로 나타날 때는 주동자는 사동행위를 받는 피위자(피행위자), 즉 피동자가 된다. 의미 관계로 보아 낙착점이라 하기도 한다.[46]

---

45) ㄱ. 자동사에서 타동사로의 사동: 죽이다, 속이다, 줄이다, 녹이다, 익히다, 앉히다, 날리다, 돌리다, 울리다, 얼리다, 살리다, 웃기다, 남기다, 숨기다, 깨우다, 비우다, 새우다, 재우다, 돋구다 등
　　ㄴ. 타동사에서 타동사로의 사동: 먹이다, 보이다, 붙이다, 입히다, 읽히다, 업히다, 물리다, 들리다, 놀리다, 안기다, 뜯기다, 벗기다, 맡기다, 감기다, 지우다, 채우다 등
　　ㄷ. 형용사에서 타동사로의 사동: 높이다, 좁히다, 넓히다, 밝히다, 낮추다, 늦추다 등

사동사 사동법에서의 이러한 두 의미 관계를 살펴보면 다음과
같다.

> (48) ㄱ. 영희가 (아이에게) 옷을 입혔다/아이가 옷을 입었다.
> ㄴ. 영희가 (아이에게) 책을 읽혔다/아이가 책을 읽었다.
> ㄷ. 영희가 (아이에게) 밥을 먹였다/아이가 밥을 먹었다.

사동사 사동은 서술어에 따라 피사동자가 주동적으로 행위를 하
는가에 차이가 있다. (ㄱ)에서 아이는 행위가 없이 사동 행위를 받
는 대상으로서의 의미가 강하다. 그러나 아이가 행위자가 되는 의
미해석이 불가능하다고 할 수는 없다. 이러한 동사들에는 '입히다,
벗기다, 씌우다, 지우다, (머리를) 감기다, 굶기다'와 같은 동사들이
있다. 이에 비해 (ㄴ)에서 사동주에 의하여 이루어지는 피사동자는
주동자로서 행위자이다. 행위를 하지 않는 대상으로서의 의미 해석
이 불가능하다. 이러한 동사들은 '(글을) 씌우다, 읽히다, 빨리다'
등이 있다. (ㄷ)의 '먹이다'도 사동주가 행위를 하는 동시에 피사동
주의 행위도 동반되어야 한다. '읽히다'에 비해 약하지만, '입히다'
에 비해 주동자의 주동성이 상대적으로 강하다.[47)

---

46) 이러한 사동법에 대한 두 의미에 대해서는 송석중(1967), Shibatani(1973),
이기동(1975), 박양규(1978), 양정석(1997) 등에서 재귀성 등의 의미와 관련
되어 논의되었다.
47) 사동사를 직접 사동의 의미가 부각되는 사동사와 간접 사동의 의미가 부
각되는 동사로 나눈 연구로 이기동(1975) 참조할 수 있다.
ㄱ. 직접 사동의 의미가 부각되는 사동사: 벗기다, 신기다, 씌우다, 지우
다, (목도리를) 감기다, (대님을) 치이다, (가방을) 메우다, 빗기다, 굶
기다, 맡기다, 먹이다 등
ㄴ. 간접 사동의 의미가 부각되는 사동사: 불리다, (글씨를) 씌우다, 들리
다, 뜯기다, 읽히다, 갈리다, (오줌을) 누이다, 빨리다, 품기다, 딸리
다, 보이다 등

　직접 사동의 의미가 부각되는 동사들도 간접 사동의 의미를 동시에 가질 수 있다. 사동사에 의해 직접 사동이 이루어지지만, 피동자의 행위도 가능하기에 간접 사동의 의미가 열려 있게 마련이다. 사동사에 의한 사동은 직접 사동 방식이 중심이고 간접 행위의 의미는 주변적이라 할 수 있다.

　주동이란 어떤 동작이나 행위를 남이 시켜서가 아니라 자기 스스로 행하는 것을 의미한다. 그러나 자동사문에서 주동을 하는 주체는 행위자일 수도 있고 대상일 수도 있다. '날다, 울다, 웃다' 등의 주어는 모두 행위자이다. 이 주동은 사동에 의하여 촉발될 수 있다. 이에 비해 '녹다, 솟다, 익다, 줄다' 등의 주어의 의미역할은 대상이다. 이 동사들은 주어가 스스로 하는 행위가 아니라는 관점에서는 주동이라 하기 어렵다.

　사동 파생 이전의 주동사의 의미역할이 행위자인가 대상인가에 따라 주어가 행위자인 경우는 직접 사동의 의미뿐만 아니라 간접 사동의 의미 해석이 부각되지만, 대상인 경우는 간접 사동의 의미가 드러나지 않는 것은 이런 점에서 당연하다. 다음은 주동의 주어가 대상인 문장의 보기이다.

(49)　ㄱ. 영희가 모기를 죽였다. (모기가 죽었다.)
　　　ㄴ. 영희가 얼음을 녹였다. (얼음이 녹았다.)

　주동사가 상태동사인 경우는 사동에 의해 상태의 변화를 갖는다. 상태의 변화를 주도하는 것은 사동자이고, 피동자는 스스로의 행위가 없는 대상이다.

　사동자가 주동자에게 행위를 하게 한다는 점에서 간접 사동이 사동 의미의 중심 의미라 할 수 있다. 명시적인 간접 사동의 필요로 통사적 사동이 사동사 사동과 공존한다. 사동사에 의한 사동이 동사에 따라 직접성과 간접성의 의미 차이를 가질 수 있음에 비해 통사적 사동은 일관되게 간접 사동의 의미를 갖는다. 상태동사나 자동사, 타동사 등 모든 서술어에 일반적으로 사동이 가능하다는 점에서 어휘 개별적이 아닌 문법적 현상이라는 보편성도 가지고 있다. 통사적 사동도 문맥에 의해 직접 사동의 의미해석이 가능하다.

통사적 사동법은 모두 주동자가 직접 행위를 하거나 행위의 대상자가 된다는 점에서 사동사 사동법과 구별된다.

(50) ㄱ. 나는 아이에게 옷을 입게 했다. (아이가 옷을 입다.)
ㄴ. 나는 아이에게 책을 읽게 했다. (아이가 책을 읽다.)
ㄷ. 나는 모기가 죽게 했다. (모기가 죽었다.)
ㄹ. 나는 얼음이 얼게 했다. (얼음이 얼었다.)

통사적 파생의 문장은 '나는 물이 끓게 했다/나는 물을 끓게 했다'에서와 같이 격 교체가 일어난다.

피동은 남의 행동에 의해서 이루어지는 행위이다. 피동문은 파생법에 의한 피동접사에 이루어지는 피동문과 함께, '어 지다', '게 되다'로 이루어지는 통사적 피동문이 있다. 피동접사에 의한 피동에는 '파괴되다'에서와 같은 '되' 파생과 파생접사 '이, 히, 리, 기'에 의한 피동 파생법이 있다.

(51) ㄱ. 경찰이 도둑을 잡았다/도둑이 경찰에게 잡혔다.
ㄴ. 적군이 도시를 파괴했다/도시가 적군에게 파괴되었다.
ㄷ. 우리는 책을 찢었다/책이 (우리에 의해) 찢어졌다.
ㄹ. 우리는 그를 떠나게 하였다/그는 (우리에 의해) 떠나게 되었다.

피동사는 능동인 타동사에 피동 접미사가 붙어서 이루어진다. 능동에서 피동이 남의 행동을 받기 때문에 남의 행동을 받지 않는 자동사와 형용사는 피동사 파생을 이루지 않는다. 피동사가 없는 동사에는 형용사와 자동사를 비롯하여 '움직이다'와 같은 자·타 양용 동사, '하다'나 '하다'에 의한 파생동사, '만나다', '닮다'와 같은 교호성 동사, '주다', '받다'와 같이 대응동사가 있는 동사, '느끼다'와 같은 심리동사 등의 동사들이 있다. 그러나 피동사를 이루는 동사들을 일관된 원칙으로 설명하는 것이 현재로서는 어렵다.48)

능동문과 피동문은 능동의 목적어가 피동의 주어가 되는 점에서 문법 관계를 이루는데, 이 관계는 반드시 일대일 대응 관계를 이루는 것은 아니다. 능동문은 모두 타동사로서 목적어를 갖지만 피동문에서 주어로 나타나지 않는 문장이 있다. 또 능동문의 주어가 피동문에서 '명사+에게'가 아닌, '명사+에', '명사+로'로 나타나기도 한다.

(52) ㄱ. 나는 하수도를 막았다/하수도가 나에게 막혔다.
　　　하수도가 막혔다/하수도가 쓰레기로 막혔다.
　　ㄴ. 나는 그의 손을 잡았다/그가 나에게 손을 잡혔다.
　　　손에 물집이 잡혔다.

---

48) 배희임(1988) 참조. 다음은 일부 보기이다.
　ㄱ. 피동사가 있는 능동사: 보이다, 쓰이다, 파이다, 놓이다, 섞이다, 잡히다, 박히다, 밟히다, 묻히다, 얹히다, 물리다, 풀리다, 들리다, 눌리다, 안기다, 끊기다, 감기다, 찢기다 등
　ㄴ. 피동사가 없는 능동사: 주다, 받다, 얻다, 잃다, 참다, 돕다, 알다, 배우다, 바라다, 느끼다, 닮다, 만나다 등
타동사 가운데 '맡다, 벗다, 알다, 입다' 등의 피동화가 불가능한 점을 들어 완성동사만이 피동화가 가능하다는 주장도 있다. '주다, 사다, 팔다, 죽다, 치다' 등과 같은 성취동사(달성동사)의 피동화가 불가능함은 분명하다. 김윤신(2001) 참조.

능동동사와 피동동사는 사건구조의 측면에서 능동은 어떤 사건을 그 사건의 시작 시점에서 기술하는 반면 피동은 사건의 결과 시점에서 기술하는 의미가 있다.

'어 지다', '게 되다'로 이루어지는 통사적 파생은 파생 피동과 달리 피동과 능동의 문법 관계를 이루지 못하는 경우가 많다(53). 피동의 의미를 이루지 않는 경우도 많다(54).

> (53) ㄱ. 경찰이 도둑을 잡았다/?도둑이 경찰에게 잡아졌다.
>   ㄴ. 경찰이 도둑을 잡았다/?도둑이 경찰에게 잡게 되었다.
>   ㄷ. 경찰이 도둑을 잡게 되었다.
>
> (54) ㄱ. 나도 그를 좋아하게 되었다/나도 서울에 가게 되었다.
>   ㄴ. 그녀도 이제 예뻐졌다/나도 모르게 그곳으로 가진다.

그래서 '어 지다'에 의한 통사적 구성을 피동보다는 기동동사 구성으로 볼 수 있다.

사동은 사동의 행위자와 주동의 행위자에 의한 복합 사건임에 비해, 피동은 동일한 사건에 대한 피동자 관점에서의 해석과 능동자 관점의 해석이라는 점에서 동일한 사건에 다른 해석이라고 보는 이유는 사동의 논항이 셋이지만, 피동의 논항은 둘이기 때문이다.

2) 동정론과 체용론에 따른 사동과 피동의 해석

세상에는 다양한 존재들이 있고 이 존재들 사이에 현상이 있다. 존재와 현상에 대한 설명 방법은 시대나 지역, 분야에 따라 다양하다. 동양에서의 세계에 대한 인식 방법은 음양오행 이론과 이기론,

체용론이 대표적이다. 음양오행은 다양하고 복잡한 세계의 현상이나 신체 마음을 분석, 분류, 설명하기 위한 방법이다. 이기론도 우주 현상과 인간의 문제를 설명하기 위한 사유 인식의 방법으로 천지 만물을 원리와 작용의 관점에서 해석한다. 체용론도 사물의 본체와 작용에 근거한 세계 인식 방법이다.

우리가 생각을 언어로 전달하거나 또는 생각을 언어로 하기 때문에, 언어는 사유의 방법이며 동시에 사유 자체이다. 세계 인식 방법인 음양 동정 이론이나 이기론, 체용론을 통해서 사유 현상인 언어를 어떻게 설명할 수 있고, 역으로 언어를 통해서 세계 인식 방법을 제시하거나 확인할 수 있을 것으로 추론된다. 이를 밝히기 위해 음양 동정론과 이기론, 체용론의 개념을 근거로 이 이론들이 국어 현상의 연구에서 설명력 있는 인식 범주로 제시될 수 있는가를 검토하여야 할 것이다.

동양의 사유 방식에서 중심 방법론이 되어온 '이기론'과 '체용론'을 바탕으로 국어의 문장은 어떻게 해석될 수 있는가를 생성과 해석의 관점에서 논의하고, 국어에 나타나는 문장 구성을 통하여 이들 사유 방식의 해석 차이와 타당성을 제시하려고 하는 것은 학문적 방법론의 연속성의 측면에서, 또 전통적 사유 방식에 근거한 언어 연구라는 점에서 논의할 만하다. 국어에서 용언과 체언의 관계를 비롯하여, 주체와 객체 사이의 관계는 모두 체용론의 체와 용의 관점에서 비롯되고 논의되는 것이다. 그러나 이들 범주들이 체용의 관점에서 어떻게 설명되어야 하는가의 구체적 논의는 미진하다.

고요함과 머무름 즉 정(靜)과, 움직임 즉 동(動)은 세계를 인식하는 기본 패턴이고 이 패턴 인식은 언어 범주에서도 나타난다. 음양을 바탕으로 한 동정의 관계가 언어 범주에 나타나는 것은 세상의 존재와 현상이 동과 정의 과정을 반복하면서 유지된다는 점에서 자명한 것이다. 문장 서술이 동사와 형용사로서 동작과 상태를 나타내는 것은 세상에 대한 서술이 동정의 관계로 구성됨을 보인다. 서술어를 중심으로 한 여러 문법 현상들이 동정의 관점에서 해석된다는 것은 동정적인 인식 방법이 언어에 내재하고 있는 규칙과 질서를 설명하는 바탕 이론이 될 수 있음을 보이는 것이다. 특히 국어의 경우, 상태나 동작 서술어로의 파생법이나 서술어를 중심으로 한 시간 표현, 사동과 피동의 관계는 동과 정의 관계의 상호 작용에 의해 형성된다는 점에서 관심의 대상이 된다.

사동과 피동의 관계는 사동이나 주동, 능동과 피동의 주체와 객체 사이의 상호관계이다. 따라서 사동과 피동은 동정적 움직임과 더불어 체용의 체의 관점에서 동시에 관찰할 대상이다. 사동법과 피동법이 하나의 원리로 설명될 수 있음을 염두에 두고, 두 문법 현상이 모두 정태에서 동태로의 변환 과정과 이러한 변환에 작용하는 힘의 작용체인 주체와 객체를 중심으로 하는 체의 관계로 이루어짐을 동정과 체용의 관점에서 설명할 수 있다.

세계 인식 방법의 하나가 음양 동정론이다. 사동과 피동이 움직임의 결과라는 점에서 동정적 관점에서 해석된다. 태극은 분화의 시점이자 통일의 완성이다. 태극 속에 음과 양이 본래부터 갖추어져 있으면서 이것의 운동으로 즉 음과 양이 상반상성(相反相成)하여 만물을 낳는다고 본다. 고요함이 극에 이르면 움직이기 시작하고 움직임이 극에 이르면 고요함에 이른다. 음이 극에 이르면 양이 생기고, 양이 극에 이르면 음이 생기는 과정은 사동과 피동의 움직임의 과정을 설명하는 방법이 될 수 있다.

사동과 피동의 움직임이 주체와 객체와의 상관관계라는 점에서 역시 세계 인식 방법의 하나인 체용론의 관점에서 사동과 피동 현상의 관찰이 가능하다. 성리학에서 본체와 현상의 관계는 체와 용의 관계로서, 이와 기, 도와 기, 형이상과 형이하, 일리와 분수리 등의 관계로 구체화된다. 체용의 관계는 불상리, 불상잡의 관계나 체용일원, 현미무간의 관계로 논의되었다. 불교에서의 체용론은 인과론과 대비된다. 원인과 결과의 관계가 바람과 파도의 관계라면, 체와 용의 관계는 물과 파도의 관계이다. 인과론에서 원인과 결과는 서로 별개의 것이지만 체용론에서 체와 용은 다른 실체가 아니다.

사동은 주동을 내재한다. 주동이 정태에서 동태로의 움직임의 변화임에 비해 사동은 주동이 이루어지게 하는 힘의 작용으로서 주동과 구분되는 다른 움직임이다. 사동법은 주동자와 사동자에 의해 일어나는 두 사건이 하나의 문장으로 표현된 것으로 주동자의 동정적 변화와 사동자의 힘의 작용으로 요약된다. 그러나 사동은 사동법이나 서술어에 따라 간접 사동과 직접 사동의 두 해석이 가능하다. 직접 사동은 사동자가 주동의 행위를 동시에 수행하지만, 간접 사동은 사동자와 주동자의 두 행위이다. 주동자가 스스로 행동을 할 수 없는 대상인 경우는 사동자가 주동의 행위를 직접 수행한다.

사동의 힘은 사동사에 의한 사동에서는 파생접사에 의해, 통사적 사동에서는 '하다'로 나타난다. '울다'는 울지 않는 정의 상태 [−울다]에서 우는 동의 상태인 [+울다]로의 주동 행위로 행위자는 주동자이고, 이 변환을 일으키는 힘으로서 행위자는 사동자이다. '어머니는 아기의 머리를 감기었다'에서와 같이 사동자가 직접 주동의 행위를 하는 사동은 사동법의 사동에서 서술어에 따라 달리 나타난다.

능동과 피동은 한 사건에 대해 능동적 해석과 피동적 해석이라는 점에서 사동에서의 사동자와 주동자의 두 행위 관계와 구별된다. '잡다'가 잡히지 않은 정의 상태 [−잡다]에서 잡는 동의 상태인 [+잡다]로의 능동의 변환임에 대해, '잡히다'는 이러한 능동의 행위가 이루어짐을 피동자의 관점에서 해석하는 것이다.

사동법이 사동사에 의한 사동의 힘에 의하여 주동자가 정에서 동으로의 움직임을 이루는 이중 구조임에 비해, 피동법은 능동자가 능동적인 행위에 의해 정에서 동으로의 움직임을 한 결과 피동자가 행동의 입음을 받는 피동 관계이다. 사동법에서는 세 자리의 체가 나타날 수 있지만, 피동과 능동에서는 두 자리의 체만 나타난다. 그러나 피동법은 능동법과는 달리, '잡히'는 피동자의 움직임 속에 '잡다'라는 능동의 행위가 함의되어 있는 점에서 사동과 같이 이중 행위로 해석된다. 이 점이 사동과 다르면서도 같게 인식되는 점이다.

사동과 피동의 관계는 각각 주동과 능동과 관련하여 다음과 같은 연속 관계를 이룬다.

(55) ㄱ. X가 Y에게 Z를 먹였다.
　　 ㄴ. Y가 (X에 의해) Z를 먹었다.
　　 ㄴ'. Y가 Z를 먹었다.
　　 ㄷ. Z가 Y에게 먹혔다.

주동자는 사동에서 위치어, 여격으로서 사동의 대상이 되고, 능동의 대상은 피동에서 피동자가 된다. 사동과 주동이 XY의 교체임에 비해 능동과 피동은 YZ의 교체라는 점에서 사동과 피동은 직접적 관계가 없음을 알 수 있다. 또 사동과 피동에 나타나는 X의 경우는 사동에서는 행위를 받는 낙착점이 됨에 비해, 피동에서는 행위자가 되는 점에서 반대이다. 그러나 XY가 Y를 매개로 하여 YZ으로 연쇄되는 점에서, 즉 주동과 능동의 동질성으로 인해 사동과 피동의 연속관계가 유지된다. 사동과 주동의 관계에서 X가 드러나지만, 능동과 피동의 관계에서는 X가 없이 YZ의 상대 관계를 이루는 점에서 사동과 피동이 구별된다. Y를 중심으로 상대적인 체들이 힘의 작용을 이룬다.

이러한 관계는 하나의 원리로 설명할 수 있다. '먹이다'라는 사동의 행위에 의해 '먹다'라는 주동의 행위가 이루어짐에 비해, '먹다'라는 능동의 행위에 의해 '먹히다'라는 피동의 행위가 이루어진다는 점에서 사동이 주동을 유발하고, 능동이 피동을 유발한다. 사동접사 '이'에 의해 사동이 유발됨에 비해, 능동에 의해 피동이 이루어짐을 '히'가 보여준다. 사동접사가 힘을 주는 것에 비해, 피동접사는 힘을 받는 것으로, 두 힘은 방향성의 차이를 갖지만 힘의 작용을 나타낸다는 점에서 공통성이 있다.

사동과 피동 모두 정태에서 동태로의 변환인 주동과 능동을 바탕으로 하지만, 사동법에서는 사동자의 힘에 의해 주동자가 동정의 변화를 가짐에 비해 피동법에서는 능동자의 동정의 변화에 의해 피동자가 피동을 입는다는 점에서 구별된다. 이러한 움직임과 힘의 방향을 태극 도식으로 나타내면 다음과 같다.

(56)

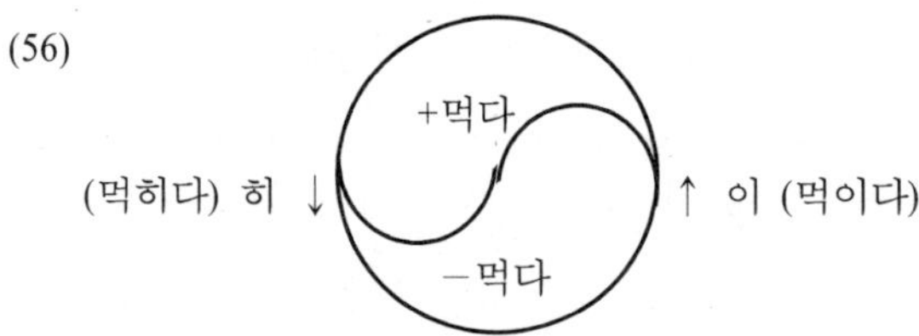

사동법이 사동의 힘에 의한 결과임에 비해, 피동은 능동의 결과에 의한 피동이라는 점에서 힘의 작용이 반대이다. 즉 동정의 과정과 힘의 관계는 근본적으로 동질적이지만 그 방향과 힘을 주고받는 관계가 이질적이다.

사동과 피동의 파생접사가 거의 유사한 형태를 갖는 점은, 힘의 작용이 반대로 나타나지만 힘에 의하여 이루어지는 관계라는 점에서 동일하기 때문에 이루어진 결과로 추론된다. 이에 비해 사동과 피동의 차이점은 힘의 방향의 차이이다. 힘의 방향의 차이는 결국 주체의 차이이다. 따라서 사동과 피동은 체와 용의 두 관점에서의 설명이 요구된다. 태극에 의한 음양 동정의 관계가 움직임을 바탕으로 하는 용의 관계임에 비해, 체는 이 작용을 이루는 주체와 객체의 힘이다. 사동이 사동을 일으키는 사동자로서의 체와 사동의 영향에 의해 행위를 하는 주동주인 객체와 용과의 관계임에 비해, 피동은 능동을 하는 능동자인 체와 능동의 행위를 받는 피동체와의 용의 관계이다.

사동은 사동의 체가 직접 사동에 의해 주동을 수행하는 점에서 중의성이 나타나기도 한다. 사동문에서 사동주의 체와 주동의 체는 각각 부각되기도 하지만 잘 드러나지 않기도 한다. 피동문에서도 '길이 많이 파였다'에서와 같이 능동문의 주어가 드러나지 않는 문장도 있다.

사동법과 피동법의 체용과 동정 관계는 '게 하다' 구형 사동과 '어 지다', '게 되다' 구형 피동에서도 같은 원리로 나타난다. 울지 않는 정의 상태 [−울다]에서 동의 상태인 [+울다]로의 변화는 주동이고, 이 움직임을 일으키는 힘은 '울게 하다'의 [게 하다]로 나타난다. 주동의 변환을 하는 행위자는 주동자이고, 이 변환을 일으키는 행위자는 사동자이다. 통사적 사동법도 주동자와 사동자에 의해 일어나는 두 사건이 하나의 문장으로 표현된 것으로 주동자의 동정적 변화와 사동자의 힘의 작용으로 요약된다. 두 서술어가 드러남으로써 두 행위에 의한 힘의 작용을 구체적으로 보인다.

사동의 '게 하다'의 '하다'는 정태를 동태로 향하게 하는 힘이다. '게'는 두 서술어를 연결해 주는 역할만을 하는 것이 아니라, 시간적으로 정태의 끝점과 동태의 시작점에 위치하여 움직임의 비롯됨을 나타내준다. 이는 '겠'이 행위의 시작점을 나타내는 것과 같다. 피동의 '울게 되다'의 '되다'는 정의 상태에서 동의 상태로의 변화가 이루어짐을 보여준다. 피동이 어떤 힘에 의해 이루어짐을 나타내며, 시간적으로는 역시 정태의 끝점과 동태의 시작점에 위치한다.

'게 하다'와 '게 되다'는 '하다'와 '되다'에 의해, 힘의 방향에서 상대성을 보이면서 사동과 피동의 이질성과 동질성의 관계를 보여준다. '울게 하다'에서 '울다'의 주동과 '하다'의 사동의 두 주체가 구별되지만, 피동에서는 '울게 되다'에서 '울다'의 능동과 '되다'의 피동의 주체가 동일한 점에서 사동과 피동의 차이가 드러난다. '게 되다'가 피동의 의미에 더불어 '이루어짐(become)'의 의미를 갖는 것은 '되다'의 완성의 의미 때문이다. 피동의 의미는 '게 되다'가 가지고 있는 의미 가운데 하나이다.

'잡아 지다'는 잡히지 않은 정의 상태 [−잡다]에서 동의 상태 [+잡다]로의 주동의 변화이고, 이 변화를 일으키는 힘은 [아 지다]로 나타난다. 행위자는 능동자이고 피행위자는 피동자이다. '아 지다'는 '지다'에 의해 능동의 결과에 의해서 이루어지는 피동을 나타낸다.

‘-아 지다’에서 ‘아’는 ‘았’이나, ‘-아 있’에서 보는 바와 같이 끝점을 나타낸다. ‘-아’에 의해 동태의 끝점과 정태의 시작점에 행위가 이루어짐을 보인다. ‘-게 되다’에서는 동태의 시작점에 위치하여 피동의 행위가 비롯됨을 의미한다. 이러한 동태와 정태의 상반적인 관계가 ‘-게 되다’와 ‘-아 지다’ 두 피동구성의 의미 차이를 효과적으로 나타낸다.

사동과 두 피동의 통어적구성의 동질성과 이질성은 다음과 같이 태극 도식으로 나타낼 수 있다.

(57)

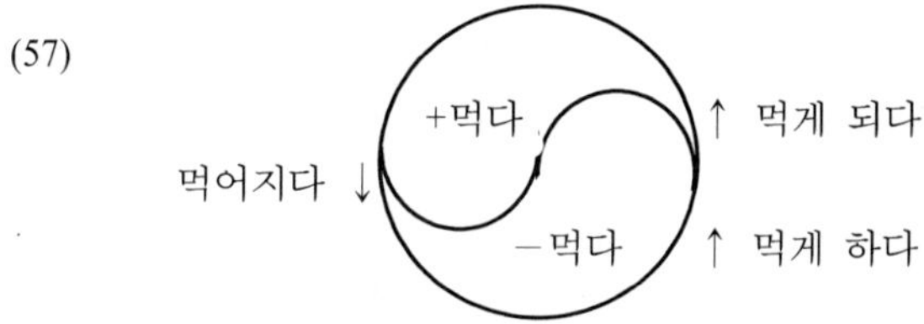

‘하다’가 사동의 힘을 담당하고, ‘되다’와 ‘지다’가 피동의 힘을 의미함에 비해 ‘게’와 ‘아’는 각각 시간의 시작점과 끝점을 나타내는 점에서 시간 표현과 일치한다. 어미와 동사들의 의미 차이로 인해 사동과 피동의 의미가 다르게 되고, 두 피동법에서의 의미도 다르게 된다.

파생법에 의한 사동사와 피동사가 유사한 파생접사를 갖게 된 것은 사동과 피동을 이루는 힘의 방향을 제외한 사동과 피동을 이루는 힘과 주동과 능동을 이루는 힘이 동일하기 때문에 이루어진 형태적 동질성으로 보인다. 이러한 파생법에 의한 사동과 피동을 구별하고, 파생법에 의한 사동과 파생 표현의 제한성을 극복하기 위해 통사적 사동 피동법이 활성화되었다. 또 피동법에서는 좀 더 정밀한 피동의 의미를 나타낼 수 있게 두 가지 통사적 피동법이 사용된다.

　결과적으로 파생법과 통사적구성의 두 가지 사동법과 피동법이 존재하게 되고, 두 사동법과 피동법의 의미의 동질성 여부가 문제로 제기되었다. 파생법에 의한 사동, 피동과 통사적구성에 의한 사동과 피동은 기본적 의미를 공유하고 있으나, 통사적구성에서 주동 사동의 두 행위의 분명한 구별, 능동과 피동에서도 피동의 '지다', '되다'의 제시로 구분되는 어휘적 의미 차이와 동정 관계의 시간적 제시라는 점에서 파생법과 의미 차이를 갖는다.

　'먹이다'는 '먹다'의 행위가 사동자의 직접 행위에 의하여 일어남을 기본 의미로 한다. 그러나 주동자가 직접 행위를 하여야만 하는가에 따라 중의적 문장이 된다. 중의성의 정도는 서술어에 따라 다르다. '먹게 하다'는 '먹다'라는 주동적 행위가 비롯되어 시작함을 의미한다. 행위의 비롯함은 어미 '게'에 의해서 드러나고 사동 행위도 '하다'에 의해 명시적으로 제시된다. 사동자의 주동 행위에 대한 직접 행위의 의미는 통사적사동에는 없어 중의성이 없다.

　'먹이다'와 같은 파생법에 의한 사동이 '먹게 하다'라는 구 구성에 의한 사동법으로 자리를 넘기는 것은 구구성에 의한 사동법이 주동자의 행위와 사동자의 행위를 명시적으로 제시할 수 있기 때문이다. 사동자가 직접 주동의 행위를 하는 파생 사동은 사동과 주동의 두 행위를 표현하기에는 중의적 해석으로만 가능하기에 명시적이지 못하다.

　피동법은 파생 피동법과 통사적 피동법이 의미가 다를 뿐만 아니라, 능동과의 문법 관계도 다르다. '게 되다'와 '아 지다' 구성은 피동의 의미만을 가지고 있지 않다.

(58) ㄱ. 경찰이 도둑을 잡았다.
      ㄴ. 도둑이 경찰에게 잡히었다.
      ㄷ.?도둑이 경찰에게 잡아졌다.
      ㄹ. 경찰이 도둑을 잡게 되었다.

지금까지 논의한 파생에 의한 방법과 통사적 구성에 의한 사동법과 피동법을 체용, 동정의 관점에서 정리하여 태극 도식으로 나타내면 다음과 같다.

(59)

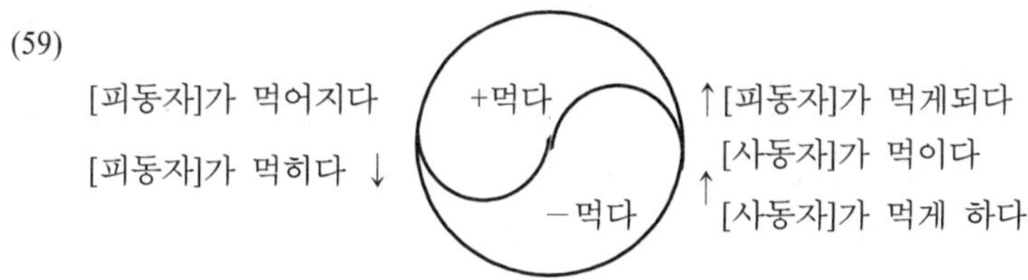

통사적 파생에 의해 사동법이 확대되었고 파생 사동법의 범위가 축소된 것으로 보아, 사동사에 의한 사동법은 사동자의 직접 행위에 의해 이루어지는 사동의 의미를 기반으로 주동자가 행위를 하는 사동으로 사동의 범위를 넓혀온 것으로 추론된다. 통사적 파생은 주동자의 행위가 이루어진다.

형용사에 의한 파생도 체용과 동정의 관점에서 이루어지는 의미 관계이다. 동사의 사동이 움직임이 비롯되게 함에 비해, 형용사 파생은 상태의 변화가 이루어짐으로 나타나기 때문에 형용사에서 동사로의 파생이 이루어진다. 구 구성에서도 정적인 상태가 시작되도록 시킴을 '게 하다'가 이룬다. 형용사 파생은 형용사가 주동사가 될 수 없기 때문에 사동이라고 할 수 없으나 '사물을 어떻게 한다'는 시킴의 뜻이 있어 사동의 힘이 있는 파생으로 볼 수 있다.

(60) ㄱ. 나는 의자를 높였다.
      ㄴ. 나는 의자를 높게 했다.

(61) ㄱ.*그가 나를 슬프이었다.
      ㄴ. 그가 나를 슬프게 했다.

상태를 나타내는 서술어는 '좋다'나 '예쁘다'에서 볼 수 있는 바와 같이 동적 움직임이 없는 상태의 지속이다. 상태를 나타내는 형용사는 정적인 상태만 나타내기 때문에 움직임이 없다. 이 정적인 상태가 움직임을 얻기 위해서도 파생이나 구 구조로 변환이라는 언어 형태의 변화를 가져야 한다.

'좋다'가 마음의 상태임에 비해 '좋아하다'는 마음의 움직임이고, '예쁘다'가 대상의 상태임에 비해, '예뻐하다'는 대상에 대한 마음의 움직임이다. 정적인 상태가 '하다'에 의하여 동적 상태로 변환하게 된다. 사동에서의 사동접사와 더불어 동사 '하다'는 정태를 동태로 움직이게 하는 주요 파생접사로서, 또 통사적 구성의 구성요소로 기능한다.

사동과 피동 모두 정태에서 동태로의 변환인 주동과 능동을 바탕으로 하지만, 사동법에서는 사동자의 힘에 의해 주동자가 동정의 변화를 가짐에 비해, 피동법에서는 능동자의 동정의 변화에 의해 피동자가 피동을 입는다는 점에서 구별된다. 사동법이 사동의 힘에 의한 결과임에 비해, 피동은 능동의 결과에 의한 피동이라는 점에서 힘의 작용이 반대이다. 즉 동정의 과정과 힘의 관계는 근본적으로 동질적이지만 그 방향과 힘을 주고받는 관계가 이질적이다. 사동과 피동의 동질성은 동일한 동정적 힘의 작용에 바탕을 둔다. 사동과 피동의 파생접사가 거의 유사한 형태를 갖는 점은 이렇게 힘의 작용이 반대로 나타나지만 힘에 의하여 이루어지는 원인과 결과의 관계가 동일하다는 점에서 가능하게 된 것으로 추론된다.

사동과 피동은 모두 행위가 이루어지는 동정 관계뿐만 아니라, 동정 관계를 이루는 힘으로서의 주체와 이 힘을 받는 객체와의 상호 작용이라는 점에서, 이 문법 현상을 충분히 설명하기 위해 '체용론'에 의한 세계 인식 방법이 필요하다. 성리학에서의 '이기론', 불교에서 함께 논의한 체용론도 동정론과 더불어, 우주 만물의 본체론과 인간의 본성론과 함께 사유 구조의 틀인 국어를 설명하는 방법론이 될 수 있다.

제8장
문장의 생성

사람이 어떻게 문장을 생성하는가는 언어 연구에서 가장 중심적인 연구의 대상이다. 문장을 생성하는 방법을 알아내기 위한 방법의 하나는 사용된 문장을 분석하는 것이다. 그러나 문장의 분석과 문장의 생성이 동일한 것은 아니다. 분석이 이루어지는 과정의 역순이 곧 생성일 수 없기 때문이다.

문장의 생성은 두 가지 방법에 의하여 접근할 수 있다. 하나는 성인들이 사용하는 언어를 근거로 어떻게 이러한 발화가 이루어졌는가를 추정하는 것이고, 다른 하나는 어린이들의 언어 습득 과정을 통하여 사유의 언어화를 추정하는 방법이다. 물론 이 두 가지를 동일시할 수는 없다. 언어를 습득하는 과정이 성인의 언어 생성과 동일한 것은 아니기 때문이다.

성인이 발화하는 것은 이미 완전한 어휘와 문법 체계를 소유하고 있음을 전제로 한다. 여기서의 어휘는 어휘의 총체인 어휘부(Lexicon)을 뜻하는데 이 어휘부에서 원하는 어휘를 뽑아내어 문장을 구성하게 된다.

적절한 어휘를 어휘부에서 뽑아내어 어순과 계층 구조를 비롯한 언어의 규칙과 질서와 관련된 통사부에 맞게 연결하는 것이 문장의 생성 원리이고 이것이 곧 문법이다. 어휘부의 각 어휘들이 가지고 있는 문법적인 특성 그 자체도 문법이다.

우리가 문장을 통해 생각을 나타내기 위해서는 먼저 어휘부에 있는 어휘를 표현하고자 하는 목적에 맞게 뽑아내야 한다. 이를 위하여 우리 머리에는 어휘에 대한 충분한 사전적 지식이 포함되어 있어야 한다. 우리 머리 속에 존재하지 않는 어휘를 발화할 방법은 없기 때문이다.

선택된 어휘를 가지고 문장을 생성하는 방법은 문장을 분석할 때의 반대의 방법으로 이루어진다고 가정할 수 있다. '남호가 그 나무를 아주 좋아했다'라는 문장을 발화하기 위해서 어휘 '좋아했다, 남호, 나무, 그, 아주'를 우리 머리 속의 어휘부에서 뽑아내야 하고 이를 적절한 문장이 되도록 배열하여야 한다.

문장의 생성 과정을 통사부와 어휘부로 나누는 것은 개별 어휘적인 특징은 어휘에서 다루어지고, 문장을 형성하는 일반적이며 공통적인 원리가 통사부에 존재한다고 보기 때문이다. 모든 어휘에 공통적으로 작용할 수 있는 통사 구조와 규칙을 발견하는 데 일차적 관심을 갖는 이유는 이러한 관점에서이다.

1 문장 생성의 원리

문장의 생성에 관련한 연구를 비롯하여 대부분의 언어 연구는 이상적으로 잘 형성된 언어 상황에서 발화되는 이상적으로 적격한 문장을 바탕으로 이루어진다. 언어 습득기를 거치면서 잘 습득된 언어, 주로 성인들의 언어를 근거로 언어의 생성 원리를 밝히는 것이 생성 이론의 대상이다.

이상적인 언어의 생성 과정은 문장의 생성과 문장을 구성하는 단어의 생성으로 나누어 볼 수 있다. 단어의 생성은 어휘부의 단어 생성의 과정이 따로 존재함을 전제하는 것으로 어휘부에 단어 형성부가 존재하는가 여부는 학자마다 견해가 다르다.

문장을 생성하기 위해 어휘를 선택하는 과정은 문장의 구성과 동시에 이루어진다. '푸르다'라는 단어가 같이 쓰일 수 있는 어휘와 문장성분이 통사, 의미적으로 한정될 뿐만 아니라 비유적인 의미를 고려한 선택 제한도 동시에 이루어진다.

‘하늘이 푸르다’라는 문장이 바른 것은 서술어 ‘푸르다’와 주어 ‘하늘’의 결합에서 선택 제약의 문제가 없기 때문이다. ‘눈(雪)이 푸르다’라는 문장은 일반적인 ‘눈’에 대한 우리의 지식과의 충돌로 선택이 제약되어 적절한 결합을 이루지 못한다. 이 문장이 가능하려면 일반 언어적 지식에 더하여 시적, 비유적 환경과 의식이 필요하다. ‘마음속이 파랗다’는 어색한 듯하지만 ‘마음속이 꺼멓다/하얗다’ 등과 비교하면 가능성을 인정하게 된다.

‘나는 물을 마신다’, ‘나는 공기를 마신다’, ‘?나는 밥을 마신다’, ‘?나는 돌을 마신다’에서 볼 수 있는 자연스러움의 차이는 ‘마시다’가 선택할 수 있는 목적 명사어가 의미적으로 한정되기 때문이다. 선택 제약은 비유적 의미에 의한 확장이 자유스럽지만 비유적 확장 안에서 한계를 가진다.

어휘가 가지고 있는 다른 어휘와의 선택 정보는 각 어휘의 특질로 우리의 머리 속에 기억되어 있다고 할 수 있다. 이러한 우리 머리 속에 존재하는 결합 선택 정보를 Chomsky(1965)에서는 엄밀 하위범주화 규칙(strict subcategorization rule)으로 설명하였다.

‘남호는 물을 마신다’, ‘?남호는 돌을 마신다’라는 문장에서 서술어 ‘마신다’는 타동사이므로 어휘 정보상 [±NP]로 엄밀 하위범주화된다. 의미적으로 목적어가 유동적인 것을 선택하는 것이 기본적이므로 [+유동성]을 선택제약으로 한다. 선택제약은 어휘부에 표시되는데 비유에 의한 확장 가능성도 문장을 형성하는 하위범주의 대상이 되어야 한다. 그러나 문장 형성 원리의 설명에 비유의 설명이 도입될 경우 명시적으로 설명하기 어려운 한계가 있기 때문에 이들의 설명은 생략하는 것이 일반적이다.

어휘나 성분들이 결합하여 문장을 구성할 때 이루어지는 하위범 주화와 문장 연결의 원리는 언어의 총체적 정보를 필요로 한다. 각 어휘, 성분, 구들의 음성, 의미, 통사, 형태, 화용적 정보가 복합적으로 작용하여 문장을 구성하기 때문이다. 문장 구성의 원리를 설명할 때 자질에 의해 정보를 제공하는 것은 자질이 통사, 의미, 화용 등의 문법 특징에 의한 문장 구성 원리를 효과적으로 보여 줄 수 있기 때문이다.

문장은 구성 재료의 관점에서 최소자립형식이나 형태소로 분석되고, 구조의 측면에서는 선형 구조나 계층 구조로 분석된다. 여기서 한걸음 더 나아가 언어 형식에 대한 모든 통사, 의미, 화용적인 자료들의 총체적인 분석이 가능하다. 그리고 이러한 분석은 반대로 문장의 생성과 연계된다.

문장의 생성은 형태소나 단어로 이름지어진 문장 구성 요소들의 결합에 의하여 이루어진다. 이들 구성 요소들은 각자의 어휘로서의 소리와 의미를 가지고 있고 문장 형성에서의 기능을 갖고 있다. 문장을 이루기 위해서는 이들 요소들이 결합되는데, 결합에는 하위범 주화나 선택제약이 적용된다.

문장을 구성하는 요소들이 어떤 의미와 기능을 갖고 선택 관계를 이루면서 문장을 형성하는가를 규명하기 위해서 각 어휘들이 가지고 있는 통사, 의미, 화용적인 총체적인 정보를 모으고 이 정보들이 다른 어휘들과 결합할 때 어떤 문법 현상을 보이는가를 살펴보는 것은 이처럼 문장 생성의 원리를 규명하는 방법으로 이용된다. 그래서 지금까지 연구된 문장 생성의 원리들은 각 어휘들이 가지고 있는 의미 정보와 통사 정보를 제시하는 데 중점을 두었고 나아가 화용적인 정보도 명시하려 시도하고 있다.

통사 정보는 문장을 구성할 때 각 어휘들이 이루는 구조, 범주 관계 등의 정보이다. 문장 구조의 분석에서 이루어진 계층성, 문법 범주, 그리고 이들 사이의 하위범주화 등이 모든 정보로 포함된다.

의미 정보는 어휘의 개별적 의미에 대한 정보이다. 어휘들이 가지고 있는 의미 상관 관계를 규명하기 위해 어휘 의미 구조를 어휘의 해체 분석과 같은 방법으로 분석하여 개별 어휘의 의미와 다른 어휘와의 의미 관계를 밝히는 작업이 이루어진다.

의미역 이론이나 논항 구조도 의미나 통사 정보이다. 이들을 따로 구별하여 문장 구성의 원리 과정 중에 하나로 분리하기도 하고 통사, 의미 정보에 함께 포함시키기도 한다. 의미, 통사, 화행적인 총체적인 정보를 바탕으로 이 정보들이 결합하여 문장을 생성하는 결합의 과정을 따로 연결 원리라 하여 연결의 과정을 설명한다.

문장의 생성 과정에서 먼저 관심의 대상이 된 것은 문장이 어떤 방법에 의해 생성되는가이다. 문장의 생성에 대하여 가장 관심을 집중하였던 생성문법에서는 문장의 존재를 전제하고 논의를 전개한다. 즉 어떤 문장이 주어졌는데, 이 문장은 어떤 과정을 거쳐서 생성되는가에 관심을 둔다.

어떤 문장 S가 명사구 NP와 동사구 VP가 결합되어 구성됨을 S→NP+VP, 또는 S→NP-PredP로 나타낸다. 이것은 문장의 분석에서 살펴본 바 있는 구절구조규칙이다. 이 구절구조규칙은 문장의 생성 과정을 보여주는, 비교적 언어 보편적인 규칙이다.

Chomsky(1957: 26, 111)에서는 S→NP+VP로 구조를 설정한 것에 비해, Chomsky(1965: 107)에서는 (1) S→NP+Predicate-Phrase (2) Predicate-Phrase→Aux VP (Place) (Time)으로 구절구조를 설정하였다.[1] S→NP+Predicate-Phrase를 세운 것은 동사와 전치사구 사이에

나타나는 밀접성 때문이다. 전치사구 가운데에는 동사와 밀접한 관계가 없는 전치사구, 동사와 밀접한 관계를 가지고 있는 전치사구가 있는데, 동사와 밀접한 관계가 있는 전치사구와 동사구를 포함하는 개념으로 서술어구 Pred-Phrase를 설정하였다. Predicate-Phrase의 개념을 충실히 받아들여 국어의 구절구조를 설정한 연구로는 이홍배(1975: 26)의 구절구조가 있다.

(1) ㄱ. S→(Adv) NP+PredP

ㄴ. PredP→(Adv) $\left\{ \begin{array}{c} VP \\ Pred(Copula) \end{array} \right\}$ Aux

ㄷ. VP→(NP) $\left\{ \begin{array}{c} (NP) \\ (S) \end{array} \right\}$ (Adv) V

문장 S의 직접지배를 받는 부사어, 서술구 PredP의 직접지배를 받는 부사어, 동사구 VP의 직접지배를 받는 부사어가 각각 구절구조에 표시되어 있다. S의 직접지배를 받는 NP와 VP는 구 범주로 이루어져 있다. 이러한 구절구조에서는 구 범주(Phrasal Category)가 문법적으로 하나의 단위로서 기능한다. 문장은 구 범주로 이루어지는 문장성분의 결합에 의하여 형성되는 것이기에 구 구성의 생성 원리가 문장의 생성 원리가 된다.

문장 S의 직접지배를 받는 동사구는 동사에 따라 여러 종류의 내부 구조를 가진다. 동사구 내부 구조의 기본 골격은 다음과 같이 비교적 일치된 견해를 가지고 있다.

---

1) Chomsky(1965: 68)에서는 범주상에서의 구절구조를 S→NP Aux VP로 설정하고 Subject와 Predicate는 기능 개념으로 Noun Phrase와 Verb와 같은 범주 개념과는 뚜렷이 구별해야 하고, 두 가지 종류의 개념에 동일한 개념을 사용함으로써 이 구별을 흐리게 해서는 안 된다고 하였다.

(2)　ㄱ. VP→V (하늘이 푸르다)

　　ㄴ. VP→NP+V (남호가 노래를 부른다)

　　ㄷ. VP→NP+NP+V (나는 남호에게 편지를 주었다)

　이러한 문장 외에도 부사어, 즉 위치어, 방편어, 견줌어 등도 동사구를 이루는 문장성분이다. '유선이가 남호와 학교에서 나무로 장난감을 만들었다'는 'VP→NP+NP+NP+NP+V'의 동사구 구조를 갖는다.

　동사구 구조는 명사, 부사어와 동사의 결합 관계인데 이 관계를 통하여 동사구가 형성된다. 동사와 목적어, 부사어와의 결합 관계는 동사의 하위범주적 특징에 의하여 연결된다. 통사 범주인 동사 V, 명사 N, 부사 Adv에 소속되어 있는 어휘들은 어휘마다 다른 특징을 가지고 있는데, 이러한 차이들은 어휘들에 대한 하위범주화에 의해 나타난다.

　다음은 영어의 구절구조규칙(3)과 하위범주화(4), 국어의 구절구조규칙(5)과 하위범주화(6)이다.

(3)　ㄱ. V'→V

　　ㄴ. V'→V NP

　　ㄷ. V'→V PP

　　ㄹ. V'→V S

　　ㅁ. V'→V NP PP

　　ㅂ. V'→V NP S

(4)　ㄱ. [___Φ]

　　ㄴ. [___NP]

　　ㄷ. [___PP]

　　ㄹ. [___S]

    ㅁ. [___NP PP]

    ㅂ. [___NP S]

(5) ㄱ. V'→V

    ㄴ. V'→NP V

    ㄷ. V'→NP Adv V

    ㄹ. V'→S V

    ㅁ. V'→NP NP Adv V

    ㅂ. V'→NP S V

(6) ㄱ. [___Φ]

    ㄴ. [___NP]

    ㄷ. [___NP Adv]

    ㄹ. [___S]

    ㅁ. [___NP NP Adv]

    ㅂ. [___NP S]

　문장의 형성은 각 어휘들이 가지고 있는 구절구조규칙의 하위범주화에 의하여 연결되고 결합되는데, 이 구절구조규칙과 하위범주화를 모두 제시하는 것은 잉여적이라는 면에서 약점을 가지고 있다.

　구절구조규칙과 하위범주화 중복의 약점을 극복하기 위해서는 구절구조규칙을 없애는 방법과 하위범주화를 없애는 방법이 있다. GB(Government and Binding, 지배와 결속) 이론에서는 구절구조규칙을 없애는 방법을 취한다. 여러 규칙들 대신에 'X'→X, YP*'의 '중심어-보어(Head-Complement)' 규칙을 사용한다. 이 규칙은 중간범주가 그와 관련된 어휘 범주와 구 범주를 관할함을 의미한다. ','에 의해 어순이 다른 언어를 포함하고 '*'로 특정한 수를 표시한다. 이는 자질 체계를 전제로 한다. 국어에서는 'X'→YP X'로 나타낸다.

하위범주화를 포기하는 방법은, GPSG(Generalized Phrase Structure Grammar, 구 구조문법)에서의 방법이다. 자의적인 번호를 가지고 있는 SUBCAT(하위범주)의 자질을 전제하는데, 이렇게 함으로써 하위범주화 구조는 필요하지 않게 된다. HPSG(Head driven Phrase Structure Grammar, 핵어중심 구 구조문법)에서는 SUBCAT을 전제하기는 하나 자의적인 번호가 아닌 '하위범주의 목록'에서 그 자질 값을 취한다. 이는 GB처럼 범주 특징적인 규칙을 포기하는 것이다.

다음은 영어를 기준으로 한 GPSG와 HPSG에서의 하위범주화이다.

(7) V'→V[SUBCAT, 1]
     V'→V[SUBCAT, 2], NP
     V'→V[SUBCAT, 3], PP
     V'→V[SUBCAT, 4], S
     V'→V[SUBCAT, 5], NP, PP
     V'→V[SUBCAT, 6], NP, S

(8) V'→V[SUBCAT, < >]
     V'→V[SUBCAT, <NP>]
     V'→V[SUBCAT, <PP>]
     V'→V[SUBCAT, <S>]
     V'→V[SUBCAT, <PP, NP>]
     V'→V[SUBCAT, <S, NP>]

X[SUBCAT, < >]→X[SUBCAT, <···>], C*
(아무 보어도 필요로 하지 않는 범주가 어떤 수(특정 수, any number)의 보어들과 그 보어를 필요로 하는 관련 범주를 직접관할한다.)

‘하늘이 푸르다’라는 문장을 분석하여 다음과 같이 구조로 제시하는 것은 이 문장이 가지고 있는 통사, 의미 정보를 이해하고 설명하기 쉽기 때문이다. 우리 머릿속에 짜여 있는 문장 구조가 이러한 구조에 의하여 형성되어 있다고 가정하는 것이다.

(9)

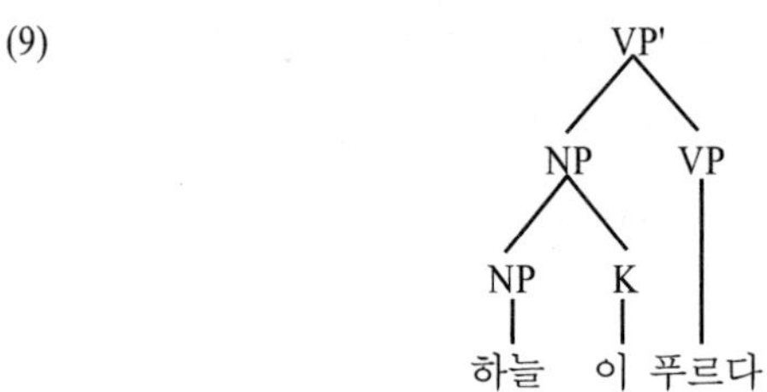

이 구조는 어순, 계층과 범주를 보여준다. 그리고 문장보다는 동사구가 중심어(머리어, Head)임을 보여준다. 이 문장 구조는 단순한 통사 구조만을 보여준다. 즉 이 문장을 이루는 통사 구조가 문장을 생성할 때 어떤 연결 구조를 가지고 있는가를 보여준다. 이 문장의 통사, 의미 정보를 다음과 같이 하위범주화의 정보를 제공하는 방법으로 좀 더 자세히 제공할 수 있다.

(10)

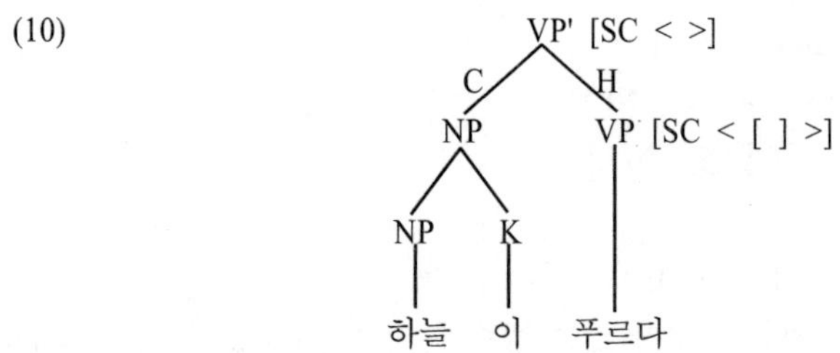

이 구조에서 SC는 SUBCAT로 엄밀 하위범주화(Subcategorization)

를 뜻한다. [SC < [ ] >]는 논항을 하나 가짐을 뜻한다. [SC < [ ], [ ] >]는 '먹다, 만들다'와 같이 논항을 둘 갖는 서술어를 표시한다. H는 중심어(머리어, Head)로 자매항에서 중심되는 항임을 보여준다.

핵어중심 구 구조문법(HPSG)에서는 각 항목의 언어 형식들이 갖고 있는 언어 특징들을 '자질 속성 행렬(AVM: Attribute Value Matrix)'로 나타내는데, 이는 통사범주(CAT: category)와 내용의미(CTT: content)와 화맥의미(CXT: context)를 종합한 것이다.

문장 생성 원리를 설명하는 방법에서 문장을 구성하는 여러 구성소들이 어떠한 원리에 의해서 결합하는가의 정보를 가장 자세하게 나열하여 제시하고 있는 것이 핵어 중심구조 문법이다. 이 문법을 통해 통사적, 의미적, 화용적인 특징들이 문장 형성에서 어떻게 유기적으로 작용하는가에 대한 다양한 정보를 얻을 수 있다. 핵어 중심 문법에서의 어휘에 대한 정보 표시와 문장에 대한 정보 처리를 살펴보는 것은 이러한 이유 때문이다.

다음은 HPSG에서 제시한 'she'에 대한 정보이다. Pollad & Sag (1994: 20) 참조.

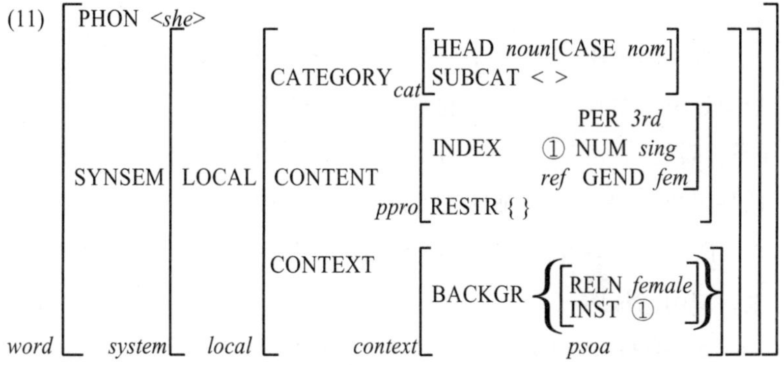

(11)은 명사 'she'의 통사범주(category)는 중심어(Head)가 되고, 품사범주는 명사(noun), 주격(nominative)임을 보인다. 내용의미(content)에서 INDEX는 지표인데 인칭(person)과 수(number)와 성(gender)을 나타낸다. 제약(RESTR: Restriction)은 { }로 나타나는데 { }는 무순의 표시로 < >의 유순 표기와 구별된다. 화용문맥의 배경(Background)에는 관계(RELN: Relation)와 실례(INST: Instance)가 나타나며, 실례는 내용 의미의 지표와 일치 관계를 갖는다. 인칭대명사(ppro: personal pronoun)와 매개변인 상태(psoa: parameterized states of affairs)도 표시한다.

동사의 보기로 'sees'의 자질 속성의 행렬을 보이면 다음과 같다. Pollad & Sag(1994: 28-29).

(12)

$$sees \begin{bmatrix} \text{CAT} \begin{bmatrix} \text{HEAD } verb[fin] \\ \text{SUBCAT } <\text{NP}[nom]① \; _{[3rd, \; sing]}, \; \text{NP}[acc]②> \end{bmatrix} \\ \text{CONTENT} \begin{bmatrix} \text{RELN } see \\ \text{SEER } ① \\ \text{SEEN } ② \end{bmatrix} \end{bmatrix}$$

'sees'의 자질 속성을 살펴보면, 통사범주(CAT)는 HEAD를 이루는 한정동사 verb[fin]이다. 논항으로는 주격인 명사구와 목적격인 명사구를 갖는데, 각각 ①, ②의 지표와 주어가 삼인칭 단수 [3rd, sing], 내용의미(CONTENT)에서 SEER ①과 SEEN ②는 각각 <SUBCAT>의 ①, ②와 동지표임을 나타낸다. 여기서 화용 문맥(CONTEXT)은 생략되어 있다.

구의 속성은 어휘에서 논의되는 음운, 통사·의미(SYNSEM) 외에 자녀(DAUGHTER) 속성이 추가된다. 이는 구의 직접구성을 나타내는 성분구조 속성이다. 중심어 구조는 중심어와 딸림어의 관계인 HEAD와 DAUGHTER(HEAD-DTR), 보충어 자녀 관계인 COMPLEMENT와 DAUGHTER(COMP-DTRS) 등의 관계가 있다.[2]

구 구조의 관계를 간략히 보이면 다음과 같다. Pollard & Sag(1994: 32).

(13)

S[fin]
C / \ H
NP[nom]   VP[fin]
|
Kim   walks

문장의 생성은 이러한 명사나 동사들이 가지고 있는 통사, 의미, 화용적인 특징들이 서로 연결되어 형성된다고 볼 수 있다. 이러한 자질들을 연결하여 주는 원리로서 중심어 자질 원리나 하위범주화 원리가 있다.[3]

---

2) 이 밖에도 ADJUNCT-DAUGHTER(ADJ-DTR), FILLER-DAUGHTER(FILLER-DTR), MARKER-DAUGHTER(MARKER-DTR) 등이 있다. Pollard & Sag (1994: 32).

3) '중심어(머리) 자질 원리'(Head Feature Principle)는 중심어구를 이루는 중심어(머리어)의 값은 중심 자녀어(head daughter)의 중심어와 구조를 공유한다는 것이다. "The HEAD value of any headed phrase is structure-shared with the HEAD value of the head daughter." '하위범주화 원리'(Subcategorization Principle)는 중심어구에서, 중심 자녀어의 하위범주화 자질(SUBCAT)의 값은 구의 하위범주 목록에 보충 자녀어의 통사 의미 가치의 목록을 합친 것이다. "In a headed phrase(i.e. a phrasal sign whose DTRS value is of sort head-struc), the SUBCAT value of the head daughter is the concatenation of

이들 원리에 의하여 자질과 하위범주화가 통합되어 문장이 생성
되는 과정은 다음과 같다. Pollard & Sag(1994: 33) 참조.

(14)

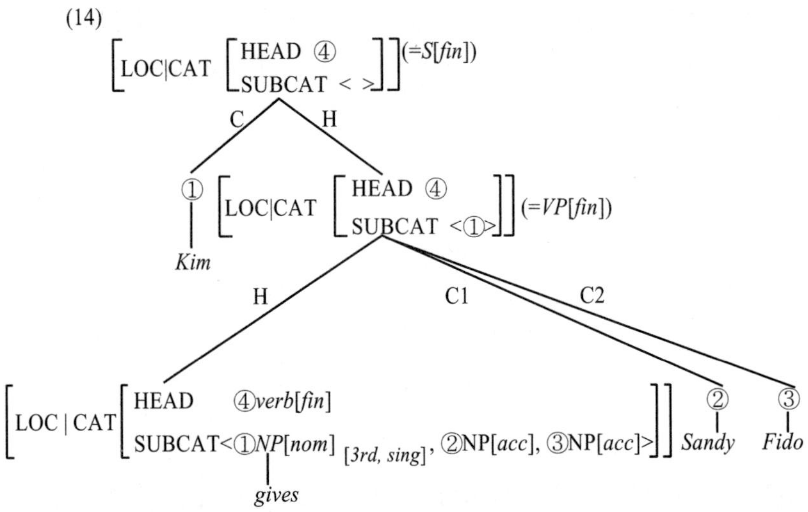

최종구가 문장인 위 구조의 중심어 자질은 중심 자녀어인 동사
의 중심 자질과 같다. 즉 문장은 동사의 중심 자질을 그대로 받는
다. 문장의 하위범주화 자질과 보충어의 자질을 모두 합한 것이 중
심어인 동사의 하위범주화 자질이다.4)

---

the phrase's SUBCAT list with the (in order of increasing obliqueness) of
SYNSEM values of the complement daughters."

4) 범주 문법의 함수 적용(functional application)과 유사한 연산이다. 'X/Y→Y=
X'는 X/Y가 Y를 만나 약분되어 X가 됨을 뜻한다. 구조는 다음과 같다.
Steedman(1988), 장석진(1993: 119) 참조.

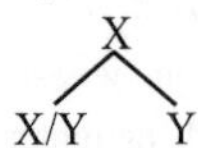

문장을 이처럼 자질과 그 자질의 값으로 분석하고 이들의 연결에 의해 문장 생성을 설명하는 것은 여러 언어 연구에서 시도하고 있다. 필모어의 구성 문법(Construction Grammar)은 세부 내용에서는 핵어 중심 구조 문법과 차이가 있지만 자질 구조로 문장을 분석하고 생성의 원리를 밝히는 것은 동일하다.

구성문법에서는 문장을 구성하는 어휘의 특징을 통사(syn), 의미(sem) 자질을 중심으로 구분하는데, 항가구조(valency)를 더 보태는 것이 특징이다. 의미역할(θ role, thematic role), 문법기능(Grammatical Function), 통사형태(Syntactic Form)가 항가 구조에 포함된다.

의미역할로는 행동주(agent), 수용자(patient), 대상(theme), 도구(instrument), 경험주(experiencer), 내용(content), 자극(stimulus), 원인(source), 목표(goal), 위치(location)가 있다. 문법 기능에는 주어(subject, subj), 목적어(object, obj)와 같은 문법 범주가 있고, 통사적 형태로는 NP, VP, PP 등의 통사 범주를 항가구조에서 논의한다. 구조 특징적인 역할(Frame-specific role)은 각 단어의 구조상에서의 역할을 의미한다. 'give'의 보기를 들면 다음과 같다. Fillmore(1995: 4-30) 참조.

(15)	give	*(Joe)*	*(apple)*	*(teacher)*
fr		giver	gift	receiver
θ		agent	theme	goal
gf		subject	object	oblique
sf		NP	NP	PP[to]

이러한 항가구조를 포함하는 동사의 자질값 구조를 보이기 위해 relish를 보기로 들어보면 다음과 같다. Fillmore(1995: 5-18) 참조.

(16)

$$
\begin{array}{ll}
\text{syn} & [\text{cat v, lex +, voice active}] \\
\text{sem} & \begin{bmatrix} \text{frame} & \text{RELISHING} \\ \text{part1} & \#1[\ ] \\ \text{part2} & \#2[\ ] \end{bmatrix} \\
\text{val} & \left\{ \begin{bmatrix} \text{syn} & [\text{cat n, max +}] \\ \text{sem} & \#1[\ ] \\ \text{rel} & \begin{bmatrix} \text{gf subj} \\ \theta \ \text{exp} \end{bmatrix} \end{bmatrix}, \begin{bmatrix} \text{syn} & [\text{cat n, max + }] \\ \text{sem} & \#2[\ ] \\ \text{rel} & \begin{bmatrix} \text{gf obj} \\ \theta \ \text{cont} \end{bmatrix} \end{bmatrix} \right\} \\
\text{lxm} & \text{relish} \\
\text{lfm} & \text{relish}
\end{array}
$$

이 동사의 통사 범주는 동사인 어휘이며 주동태이다. 의미 자질이 항가구조의 의미와 동일함을 동일 지표의 연결 관계로 표시한다. 항가구조에는 '맛있게 먹다'라는 뜻의 'relish'가 경험주의 의미역할을 주어로 가지고 있고, 내용, 즉 대상의 의미역할을 목적어로서 가지고 있음을 표시하고 있다. 서술어의 통사, 의미, 항가구조는 논항과 연결되어 문장을 이루고, 어휘의 결합은 중심어에 의하여 나타난다. 이러한 해석은 핵어 중심 구 구조 문법과 같다.

이 이론에 따른 문장 생성은 다음과 같다.

(17)　　Jim squirmed(Sentential construct)

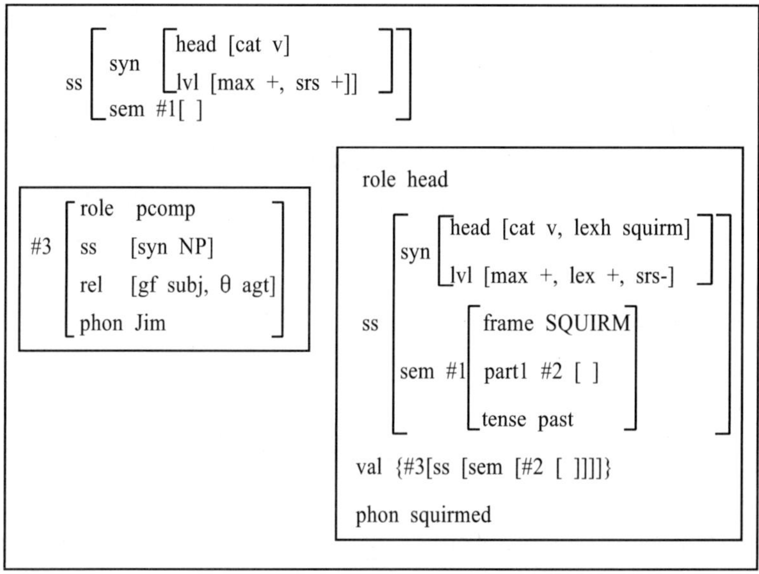

　명사 Jim과 동사 squirmed가 결합하여 문장을 이루는데, 동사가 중심어의 역할을, 주어는 보충어(pcomp)의 역할을 하고, 결합된 중심어의 통사 범주는 동사가 된다. 단계 lvl(level)는 동사와 문장은 최대인 max+이고 주어 충족 상태인 srs(subject requirement satisfied)는 동사인 경우는 －이고 문장인 경우는 ＋이다.

　국어의 문장 생성도 이러한 방법에 의하여 설명될 수 있다. 문장을 구성하는 어휘들의 통사, 의미적 특징과 그 결합 관계를 '하늘이 푸르다'라는 문장을 재료로 보이면 다음과 같다.

(18) 하늘이 푸르다

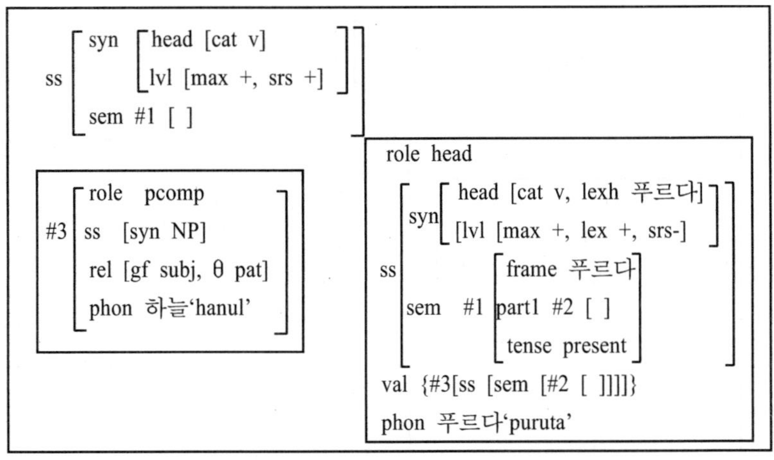

　‘하늘이 푸르다’와 같은 간단한 문장을 만들기 위해 이러한 복잡한 과정이 이루어질 것인가 하는 의문이 들 만하다. 우리는 한 순간에 이 문장을 별 깊은 생각 없이 생성하여 낼 수 있기 때문이다. 그러나 이 간단한 문장이 다양한 문장의 통사, 의미, 화용적 정보 없이 산출될 수 없음은 당연하다. 우리가 물 한 모금 또는 쌀 한 톨을 먹고 이를 삶의 에너지로 이용하고 배설하는 과정에서는 우리가 상상할 수 없는 복잡한 화학 반응이 우리 몸속에서 이루어지는 것과 같이 우리는 문장을 생성하기 위하여 복잡한 사고의 과정을 거치게 된다.

　우리 몸 속에 일어나는 다양한 소화 반응을 화학식으로 표현할 수 있는 바와 같이, 문장의 생성에도 복잡한 과정이 언어학적인 방식에 의하여 표현된다. 지금 우리가 보이고 있는 것은 이러한 언어학적 방법으로 문장의 생성 과정을 나타낸 것이다. 이보다 더 바람직한 방법이 발견되기까지는 이러한 방법이 유효하다.

문장은 단어와 단어들이 합하여 이루어진다. 국어의 경우 문장을 이루는 단어들 가운데 일부 단어들은 형태적인 면에서 어간과 어미로 나누어진다. 용언은 용언 어간과 어미로 분석되는데, 이러한 어간과 어미의 결합은 단어를 형성하는 원리인 동시에 문장 형성의 기초가 된다. 명사와 조사의 연결도 명사 어간과 어미의 연결 및 결합이다.

국어 문장 생성은 단어들과 시제, 높임, 서법과 문법 형태소의 유기적인 관련성에 의해 이루어진다. 어미나 조사는 용언이나 체언에 한정된 문법 기능을 부여하는 것이 아니라 문장 전체 구성 성분과 유기적 관계를 이루기 때문에 단순히 형태적인 어간 어미의 결합만이 아닌 문장의 구성 원리의 관점에서 논의된다.

문장 생성 과정에서 단어나 문법 형태소는 일정한 순서를 갖는다. 문법 형태소인 어미들도 연결에서 일정한 순서를 가지고 있다.5) 선어말어미의 순서는 선어말어미 분포의 넓고 좁음, 또는 해당 형태소의 분포상 제약 정도나 생산성에 정비례하여 결정된다.

어미들의 순서는 다른 문장성분과 관계되어 있다. 주체와 객체의 관계처럼 문장 구성 요소의 통사론적 관계 의미를 나타내는 선어말어미는 순서가 앞에 오고, 화자와 청자의 관계처럼 담화 구성요소

---

5) 최현배(1955)에서 제시되었던 대표적인 순서 '깨뜨리시었겠습더이다'나, '들리시었겠습더이다'는 고영근(1985: 152)에서는 주체높임의 '시', 시제의 '는, 었, 겠', 공손의 '옵', 상대높임의 'ㅂ', 서법의 '느 ,더, 리', 강조법의 '것, 니'의 순서로 해석된다. 이는 공손법, 강조법의 문법 범주 해석이 다르기 때문이다. 고영근 외(1985: 151), 고영근(1989: 239) 참조.

의 화용론적인 관계 의미를 나타내는 선어말어미는 뒤에 나온다. 화자와 청자의 관계를 나타내는 경우, 화자에 관련된 의미를 나타내는 선어말어미가 청자에 관련된 의미를 나타내는 선어말어미보다 앞선다. 이러한 문법적 특징은 문장의 생성 원리에 모두 반영되고 문장은 이러한 이들 원리에 합당할 때 적격한 문장이 된다.

중세 국어의 객체높임을 나타내던 '습'은 현대 국어에서는 상대 높임을 나타내게 변화되었다. 그리고 순서도 'ᄒᆞᆸ시고'의 어순에서 '하십니다'로 바뀌었다. 이러한 변화의 원인은 통사적인 관계를 나타내던 이 어미가 화자, 청자의 화용적인 관계를 나타내는 관계 의미로 바뀐 것과 맞물려 있다.[6]

조사의 배열은 격조사끼리의 결합과 격조사와 보조사와의 결합, 보조사끼리의 결합으로 나누어진다. 격조사끼리의 결합에서는 위치의 부사격에 다른 격조사가 붙는 것(에서가, 에를, 에로 등)이 대부분이고, 격조사에 보조사가 붙는 것은 격조사가 부사격인 경우에 한한다(에도, 에서만, *가도, *를도 등). 반대로 보조사 뒤에 격조사가 연결되는 것은 선행 보조사가 '만, 마다, 부터, 까지, 조차, 마저'일 때이고, '는/은, 도' 등은 연결이 불가능하다. 보조사끼리의 연결은 활발하지는 않다.

문장의 생성은 이러한 어미와 조사에 대한 연결의 원리가 바탕이 되어 이루어진다. 문장 생성 구조의 규명은 이러한 관계를 명시적인 방법으로 제시하는 것이다. 생성문법의 이론과 방법을 국어의 생성 과정을 제시하는데 이용하는 것은 문장 생성 과정에 대한 연

---

6) 임홍빈(1985: 455)에서는 '(으)ㅂ'과 관련하여 어간 형태와 멀어질수록 청자와의 관련성이 커짐을 들어, 선어말어미의 형태와 자리와 관련된 변화를 지적하고 있다.

구가 영어를 중심으로 한 생성문법에서 많이 이루어졌고 기술적
방법도 발달하였기 때문이다. 그러나 문장의 생성 원리는 단순히
기호에 의하여 기술적 방법으로 생성의 과정을 제시하는 데서 만
족할 수 없다. 생성과 관련된 인지적, 심리적, 상황적 요인을 총체
적으로 규명하고 언어적으로 기술할 수 있어야 할 것이다.

국어 문법에서 문장 생성에 대한 논의는 단어 결합과 관련지을
수 있다. 남한의 학교문법에서는 문장성분의 결합 관계에 대해 따
로 논의하지 않고 있다. 문장성분의 성립에서 구성 요소들에 대한
논의가 있는 정도이다. 문장성분의 결합 구조는 전통문법에서 구문
도해로 표현된 바 있으나, 구절구조규칙이나 수형도에 의한 설명이
이론 문법에서 주를 이루고 있다. 국어의 구절구조에 대한 연구는
생성문법의 구절구조규칙에 국어를 적용하는 시도로 국어 문장 구
조를 중심으로 하여 우리말에 맞는 문장 구조, 구절 구조를 찾아내
는 데 미약했다.

북한 문법에서는 단어 결합이란 부분을 따로 두어 단어들이 문
장을 구성하는 한 과정을 보이고 있어 남한의 문법과 구별된다.

「조선문화어 문법 규범」(1976: 348)에서는 "단어 결합이란 의미-
문법적으로 련결되고 문장에서 그 구성 자료로 되는 2개 또는 그
이상의 단어들의 결합이다."라 하였다. 단어 결합에는 자유로운 단
어 결합과 자유롭지 못한 단어 결합이 있다. 단어 결합은 결합을
이루는 단어들의 성격에 따라 '자립적 단어들의 결합, 자립적 단어
와 보조적 단어들의 결합'으로 나누어진다. 자립적 단어들의 결합
은 연결되는 단어의 성격에 따라 매임결합과 벌림결합으로, 의미
구조의 성격에 따라 단순결합과 확대 결합으로 나누었다. 같은 책
(1976: 347-362). 이러한 단어 결합 구조의 인식과 분류는 문장의

직접구성성분을 다양하게 분석한 것이다.

「조선어 리론문법」(1987: 79)에서의 단어들의 결합 관계는 "상대적인 구획성을 가지는 단어들이 문법적으로 밀접히 련결되여 묶여진 뜻덩이를 이루면서 문장의 구성재료로 되는 관계"이다. "공고한 단어결합, 합성결합, 복합결합, 종속적 단어 결합, 단어들의 결합, 단어들의 결합으로서의 '부', 단어 결합으로서의 '구'로 이루어졌다" "구조-문법적립장에서 보면 조선어에서 단어들이 맺는 결합 관계는 크게 체언과 용언을 축으로 하여 '체언을 축으로 하는 단어들의 결합 관계', '용언을 축으로 하는 단어들의 결합 관계'로 이루어진다." 이 관계는 문장 구성에서 명사구 구조와 동사구 구조를 이룬다는 점에서 명사구, 동사구 구조의 구성 원리를 밝히는 것이 된다.

북한 문법에서의 '단어 결합'은 단어 결합으로 이루어지는 문장 구성의 결합 관계를 기술적으로 정리하고, 연결 관계를 분류한 점이 돋보인다. 이 과정은 문장 생성 원리 규명의 바탕이 된다. 그러나 단어 결합의 과정이 문장 구성의 과정이기 때문에 문장 구성, 즉 통사론의 한 과정으로 논의가 확장되어야 하는데 문장을 생성하는 생성적 관점으로 발전하지는 못하였다.

2 단어 생성의 원리

문장은 단어의 결합에 의하여 이루어진다. 단어는 단순어뿐만 아니라 복합어, 즉 파생어와 합성어도 있다. 단어 형성은 단순어가 더 큰 단위인 복합어로 확장되는 과정으로 파생법과 합성법이 있다. 분석된 문장을 바탕으로 문장 생성 원리를 역추적하였던 것과 같은 방법으로, 분석된 단어를 바탕으로 단어 형성 과정을 역추적하게 된다.

　파생어 형성에서 어느 성분이 중심어인가는 파생어 형성의 원리를 밝히는 데 중요하다. 어느 성분이 중심이 되어 다른 성분을 결합하는가를 추론할 수 있기 때문이다.

　문장의 형성에서는 중심어에 따라 상위 범주가 결정된다. 명사와 동사의 연결에서 중심어와 상위 범주는 동사가 된다. 관형어와 명사와의 결합에서는 명사가, 부사와 동사의 결합에서는 동사가 각각 중심어와 상위 범주가 된다.

(19)

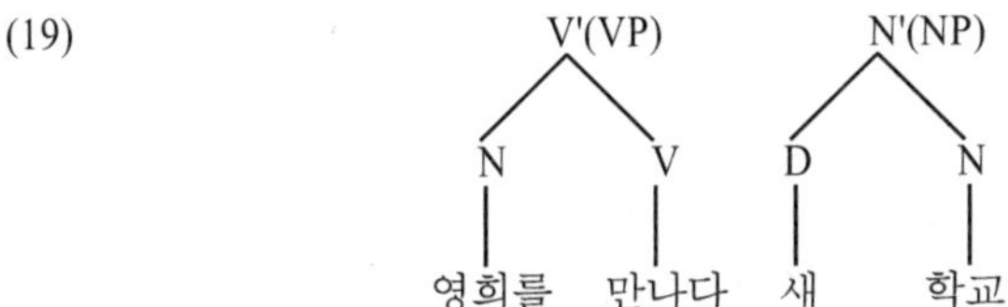

　명사와 조사, 용언의 어간과 어미의 결합에서도 어느 것이 중심어인가의 해석이 다르다. 어휘 의미를 중시하는가, 문법적 기능을 중시하는가에 따라 중심어와 상위 범주가 달라진다.

(20)

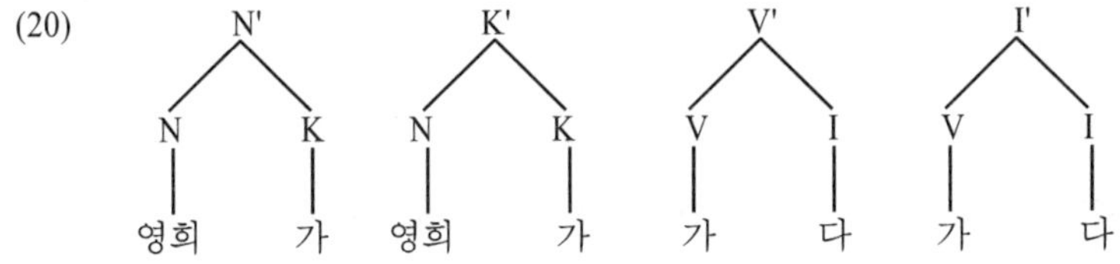

　명사가 중심어로 해석되는 경우 상위 범주는 N'가 되지만, 조사가 중심어로 해석되는 경우는 K'가 된다. 어미의 경우도 동사가 중

심어가 되는가 어미가 중심어가 되는가에 따라 다르다.

선행 용언과 파생접사 가운데 어느 것이 중심어를 이루는가를 결정하는 것이 파생어 생성의 과정을 보이는 출발이 된다. 파생을 이루는 어근과 접사 사이에서 어느 문법 형태가 중심어를 이루고 나아가 상위 범주는 무엇으로 결정되는가가 중요한 이유는, 파생을 이루는 원인 제공자가 무엇인가를 밝히는 중요한 설명이 될 수 있기 때문이다.

(21) ㄱ. 가르침, 가뭄, 걸음, 놀림, 기쁨, 게으름, 설움, 수줍음, 슬픔, 아픔
　　　ㄴ. 달리기, 걷기, 누르기, 던지기, 더하기, 굵기, 세기, 빠르기, 크기
　　　ㄷ. 구이, 놀이, 다듬이, 먹이, 몰이, 벌이, 풀이, 길이, 깊이, 높이, 넓이
　　　ㄹ. 가리개, 날개, 누르개, 덮개, 베개, 싸개

(22) ㄱ. 굶주림, 보살핌, 되새김, 비웃음
　　　ㄴ. 글짓기, 줄넘기, 소매치기, 실뜨기, 파도치기, 피돌기
　　　ㄷ. 재떨이, 옷걸이, 책꽂이, 고기잡이, 구두닦이, 때밀이
　　　ㄹ. 불쏘시개, 이쑤시개, 머리쓰개

의미의 중심을 이루는 면에서는 선행 동사가 중심이 되고 문법, 통사적인 특징으로 보아서는 어미가 중심이 된다. 문장의 형성에서 중심 성분이 상위 범주의 범주가 되는 것과 같은 이치이다.

파생명사의 경우 의미 중심적 해석이라면 파생명사를 이루는 어근인 동사가 상위 범주가 되지만, 단어 형성의 파생적 기능을 중심으로 볼 때 상위 범주가 명사가 되기 때문에 파생접사가 중심어가 되고, 접사나 명사가 상위 범주가 된다. 기능어 중심의 상위 범주 표시로 볼 때 파생접사가 상위 범주가 되지만 문장의 어휘 범주 구성이라는 측면에서는 명사가 상위 범주가 된다.

(23)

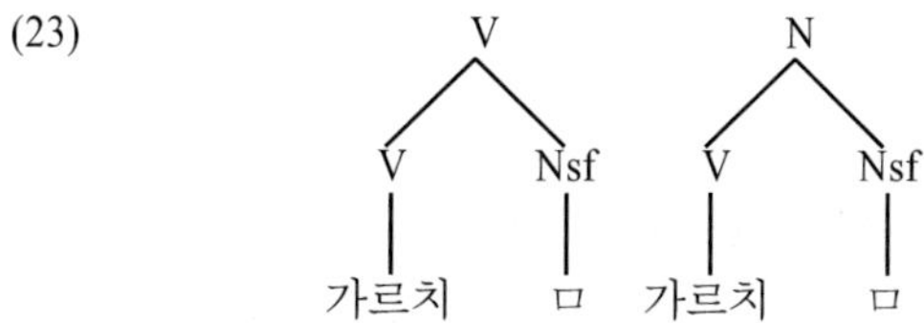

　　선행 어근과 파생접사의 결합에는 어근과 파생접사와의 선택제약이 있다. 이는 문장의 생성에서 문장을 구성하는 어휘들의 하위범주화와 같은 연결 관계이다. '가르침, 가뭄, 걸음, 놀림, 기쁨, 게으름, 설움, 수줍음, 슬픔, 아픔'이 가능함에 비해 '*가르치기, *가물기, *놀리기, *기쁘기, *게으르기, *슬프기, *아프기'는 파생어로서 적절하지 않다. 이들은 용언의 명사형으로는 가능하다.

　　문장에서는 서술어가 논항을 부여하거나 의미역할을 부여하는 짜임새를 가지는 것으로 해석한다. 파생에서는 파생의 어간이 파생접사를 선택하는지, 파생접사가 선행 어근을 선택하는지, 아니면 서로 일치에 의한 선택이 이루어지는지를 단정하기 어렵다.

　　단순 파생의 경우, '걸이, 구이, 놀이, 몰이, 벌이'와 같은 보기에서 보면, '걸이'는 잘 쓰이지 않지만 '걸 것'을 의미할 수 있으며 '걸개'에서와 같이 '개'의 선택도 가능하다. 그러나 '*굽개, *놀개, *몰개, *벌개'는 불가능하다. 둘이 모두 가능한 경우도 '이'와 '개'에 의한 파생은 다른 의미를 가진다. '놀이개(노리개)'는 의미가 다르지만 존재하고, '몰개'는 존재하지는 않지만 가능성이 있다.

　　파생어의 기능적 중심어가 파생접사이고 이 중심어에 의해 파생어의 문법적 특징이 결정된다는 점에서, 서술어가 파생접사를 선택하기보다는 접사가 선행 서술어를 선택한다고 보는 것이 더 타당성이 있지만, 서술어와 접사의 상호 관계에 의하여 파생어의 선택

제약이 있음은 분명하다.

　파생명사의 생성은 문장의 생성에서 문장 S의 존재를 전제하는 바와 같이 파생어의 존재를 전제로 한다. 파생어는 문장처럼 주술 구조를 가지고 있지는 않지만 문장의 생성에서와 같은 통사, 의미적 특징이 생성의 과정에서 나타난다.

　‘옷걸이’에서 ‘걸이’의 파생이 먼저 일어난다고 볼 때 ‘걸이’의 생성 과정을 예측할 수 있다. ‘걸이’에서 파생접사 ‘이’가 선행 서술어를 선택하거나, 또는 동사 ‘걸’이 파생접사 ‘이’를 선택하는 관계는 다음과 같이 나타낼 수 있다. 이 구조는 정밀하지 않은 잠정적인 것이다.

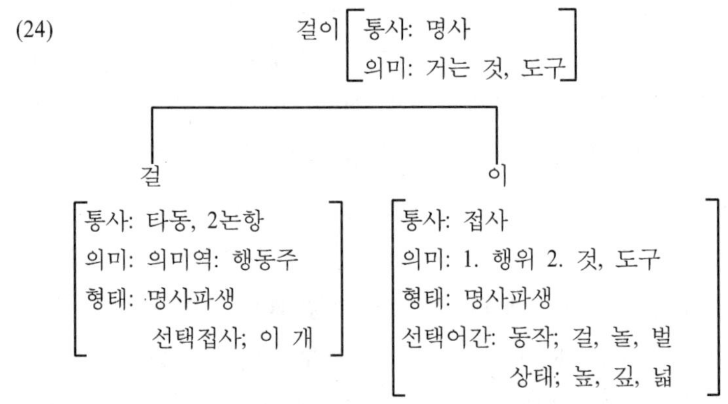

　동사 ‘걸다’는 ‘도구’나 ‘것’을 나타내는 파생을 위해 ‘이’나 ‘개’를 선택한다. 파생접사와 결합되는 선행 어간이 극히 제약되어 ‘*받이, *놓이, *만들이, *찾이, *알이, *버리이, *주이’ 등의 파생이 이루어지지 않는다. 이는 파생 접사의 서술어 선택이라 할 수 있다.

　‘걸이’의 경우 ‘걸-’의 통사 의미적 특징과 파생접사 특징에 의해

'이'가 선택되어 연결된다. 이 연결에 의하여 명사파생접사가 가진 명사로서의 통사적 특징을 갖고, 동사로서 가지고 있던 의미와 통사적 특징을 변화, 유지한다. '걸'이라는 통사적 특징을 버리고 '이'와 함께 명사화하면서 파생명사로서의 통사적 특징을 갖는다. 그러나 동사로서의 내재적 의미는 유지한다.

선행 어간과 파생접사와의 결합은 규칙적이지 않기 때문에 개별 어휘와 파생접사와의 결합 관계가 일일이 표시될 수밖에 없다. 이들의 결합이 이처럼 개별성을 갖게 된 데는 공시적인 단어 생성의 규칙에 앞선 역사적인 단어 형성의 과정이 고려되어야 할 것이다. 이러한 방법에 의한 선택제약의 원리 규명은 현실적으로 어렵다.

파생어 가운데에는 합성 파생에서는 나타나지만 단순 파생에서는 나타나지 않아, 합성 파생만이 이루어지거나 파생에 선행해서 합성이 이루어진 것으로 해석되는 파생어들이 있다. 복합 파생어 '창갈이, 옷걸이, 책꽂이, 구두닦이, 물막이, 소몰이, 때밀이, 금붙이, 시집살이, 배앓이, 고기잡이, 화풀이' 가운데 '갈이, 막이, 몰이, 잡이, 풀이'는 단순 파생어로 나타나지만, '꽂이, 닦이, 밀이, 붙이, 살이, 앓이'는 나타나지 않고, '걸이'는 의미가 다르다. '걸이'는 씨름할 때 다리로 상대자의 오금을 걸어서 내미는 재주이다. '풀이'는 '문제에 대한 풀이'의 의미로 현대에 들어 많이 쓰이는 것이지만 합성 파생어가 먼저 이루어진 것으로 보인다.[7]

---

7) 복합 파생에 의한 보기들은 다음과 같다.
　　갈이: 창, 굽, 봄, 가을, 물, 마른, 더운, 색, 삭, 대우, 그루, 하루
　　걸이: 발, 징, 발등, 연장, 나룻, 옷, 못, 갓, 팔, 목, 턱, 낚시, 귀, 마수, 코,
　　　　　족자, 모자
　　꽂이: 꽃, 책, 초, 땅
　　낳이: 여름, 봄, 밭

　‘선행 어간+이’의 단순 파생명사가 많지 않음을 근거로 합성 파생의 생성이 ‘선행 어간+이’의 결합보다 ‘명사+선행 어간’의 통어적구성이 먼저 형성되었다고 단정하기는 쉽지 않다. 이들 선행어간의 통어적구성도 단어로서 독립적으로 활발히 쓰이지 않고 이들을 하나의 원리로 설명하기도 어렵다.

　선행 통어적구성이 형성하는 짜임새는 다양한 의미의 통어적구성을 가지고 있어 일률적으로 설명되지 않는다. ‘걸이’의 경우 ‘징, 옷, 못, 갓, 낚시, 모자, 연장, 족자’는 ‘걸다’ 행위의 목적 대상임에 비해, ‘목, 귀, 코, 턱’은 거는 장소를, ‘팔’은 올려놓는 것을, ‘발등, 나룻마수’는 이와 다른 의미를 가지고 있다.

　합성 파생명사인 ‘옷걸이’는 다음과 같이 두 가지 방법에 의하여 분석되고 생성도 이러한 과정에 의하여 이루어지는 것으로 추론된다.

놀이: 윷, 꽃, 관등, 사랑, 뱃, 밤, 대감, 들, 물
놓이: 불, 잔불, 쥐불
돌이: 소용, 맴
떨이: 이슬, 먼지, 주머니, 재
맞이: 꽃, 빙충, 백중, 서방, 손님, 봄, 생일, 달
몰이: 말, 소
받이: 총, 정, 개구멍, 창, 밥, 생, 바람, 이슬, 물, 볼, 살
벌이: 밥, 돈
붙이: 홍정, 금, 털, 살, 고기, 가루
살이: 고용, 친정, 타향, 귀양, 고생, 셋방, 시집, 신접, 살림, 머슴, 여름,
　　　 고을, 벼슬, 옥, 징역, 겨우, 하루, 한해, 처가
알이: 집, 알음, 염
앓이: 배, 가슴, 이, 홋배
잡이: 삼, 감, 길, 줄, 돌, 칼, 살, 손, 북, 고기, 장구, 고래
접이: 목, 귀, 한팔, 감
팔이: 삯, 품, 날품, 돌, 돈, 벼
풀이: 부정, 심심, 살, 신, 분, 댕기, 뒤, 제석, 화, 자

(25)

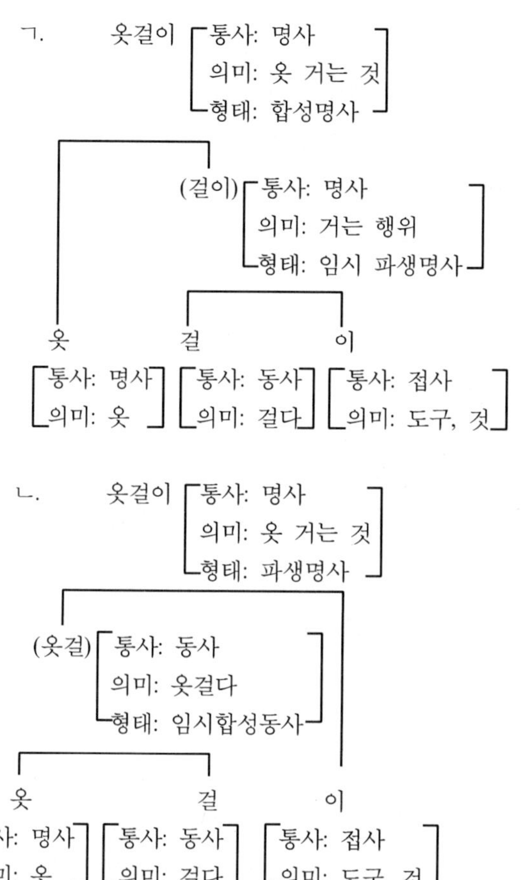

이러한 생성 구조는 잠정적인 것으로 정밀한 과정의 제시가 필요하다.

합성어는 통사적구성이 굳어져서 이루어지는 통사적 합성어와 비통사적구성이 굳어져 이루어지는 비통사적 합성어가 있다. 합성어에 대한 이러한 해석은 합성이 통사적 과정 속에서 굳어져 합성어가 됨을 뜻하는 것으로 합성어의 생성이 역사적인 과정 속에서의 화석이라고 보는 것이다. 파생어의 형성도 이와 같다. 합성과 파생의 결과가 한정되어 있는 폐쇄적 문법 현상이기 때문에 사전에서 다루어지고 합성어와 파생어가 역사적 화석의 산물로 인식되는 것이다. 그럼에도 이들을 조어법이라는 단어 생성 원리로 다루는 것은 합성어와 파생어가 지금도 만들어지고 있는 조어의 과정이기 때문이다.

3 문장 생성의 과정

국어 문장의 생성 과정은 서술어의 선택과 서술어와 관련된 명사 논항의 선택, 그리고 서술어와 논항들에 대한 수식어의 선택의 과정으로 이루어진다고 볼 수 있다. 세계에 일어나고 있는 사건이나 상태 등의 인지 과정과 이를 언어로 생성해 내는 과정은 반드시 동일할 수 없다. 인지나 지각의 과정은 체와 용 구성의 발현이 한 순간에 동시적으로 나타나지만, 언어의 생성에서는 용을 바탕으로 체와 용의 연계가 이루어지는 것으로 확인된다.[8] 여기서는 이러한 과정을 국어의 일부 서술어를 중심으로 살펴본다.

판단 서술의 지정문을 나타내기 위해서는 지정의 서술어인 '이다'의 선택이 문장의 생성의 출발이고, 여기에서 문장 생성의 힘이

---

8) 인지는 '기억 속에 있는 정보의 종류 및 정보를 얻고 저장하며 사용하는 과정'으로 감각이나 지각과 구별된다. 정보에 대한 깨달음에는 감각(sensation)의 단계, 지각(perception)의 단계, 인지(cognition)의 단계로의 구별이 가능하다. 임지룡(1997: 13) 참조.

발생한다. 현상에 대한 지각이나 인식과, 문장의 생성의 순서는 같은 순서로 이루어지지는 않는다. 사건이나 상태에 대한 인식은 사건과 상태를 유발한 체와 그 체의 용에 대한 인식이다. 문장으로 보아서 체인 주어와 용인 서술어 '이다'의 선택이다. 그러나 문장의 형성은 서술어 '이다'를 중심으로 구성된다. 문장 서술을 위해 서술어가 선택되고, 서술어의 선택은 선택된 서술어의 격틀 가운데 한 틀을 선택하는 것으로 연계된다.

(26) ㄱ. NP1이다.
     ㄴ. NP1이 NP2이다.
     ㄷ. NP1이 NP2이 NP3이다.

실제로 일어나는 사건은 다양하고 복잡한 변수를 더 많이 가지고 있지만, 이미 구축되어 있는 '이다' 서술어 틀의 하나를 선택함으로써 문장 생성의 대부분이 이루어진다. 지정문의 기본 구조는 'NP1이 NP2이다'이지만, 지정사나 주격 조사가 나타나지 않는 문장의 선택은 발화 의도에 따라 선택된다.

'불이다'라는 문장의 구성은 불이 나는 장면을 보고 불에 대한 상태 표현, 예를 들면 '불이 밝다'나, 동작 표현 '불이 났다'의 표현과는 다른 불의 존재를 지시하는, 지정하는 판단 서술을 나타내기 위해, 서술어 '이다'가 선택되고, 이 용을 이루는 체인 '불'을 주어로 제시하는 문장 생성 과정을 이룬다. 지각이나 인지적으로 체와 용의 동시적 현상에 대한 지각을 바탕으로 문장의 생성은 용에 근거한 체와의 연계 과정을 이룬다.

존재를 나타내는 서술어 '있다'가 이루는 문장은 'N1이 N2에 있

다'로 대표된다. 존재문을 나타내기 위해서도 존재의 서술어인 '있
다'의 선택이 문장의 생성의 출발이고, 여기에서 문장 생성의 힘이
발생한다.

어떤 존재 사건에 대한 인식을 통하여 이 사건이 단순 존재, 상
황 존재, 소유 존재, 자격 존재인가에 대한 존재인지가 이루어진다.
이를 근거로 문장의 생성 방법이 선택된다. 인식된 존재의 유형에
따라 문장 서술을 위한 서술어가 선택되고, 서술어의 선택은 선택
된 서술어의 격틀 가운데 한 틀을 선택하는 것으로 연계된다.

(27) ㄱ. N1이 있다.
     ㄴ. N1이 N2에(에게) 있다.
     ㄷ. N2가 N1이 있다.
     ㄹ. N1이 N2로 있다.

'지하철이 서울에 있다'와 '서울에 지하철이 있다'의 차이에서
볼 수 있는 바와 같이 존재자인 N1과 존재자의 상황, 위치인 N2의
순서에 따라 존재자와 존재 상황에 대한 존재의 제시 의도가 달라
져 의미상 차이가 날 뿐만 아니라 자연스러움에도 차이가 있다. 문
장의 생성은 이러한 차이를 반영하기 위해 관련된 논항을 선택하
고 순서도 결정한다.

이러한 과정은 모든 서술어에 관하여 확대 적용할 수 있을 것이다.

문장 생성 과정에서 중시하여야 할 것은 사건이나 상태에 대한
지각이나 인지의 과정과 문장의 생성 과정이 동일하지 않다는 점이
다. 세계에 대한 인식은 한 덩어리로 인식되거나, 체와 용의 구별에
서 보면 체가 이루는 용의 작용의 관점에서 인식됨에 비해, 문장의

생성은 서술어인 용에 문장 생성의 힘이 부여되고 이를 중심으로 체에 대한 자리가 부여된다는 점에서 인식의 과정과 역순이 된다.

또 사건이나 세계의 인식이 사고의 틀인 언어에 의하여 구조화되어 이루어지는 면이 있지만 언어에 의존하지 않고 감각되고 지각되는 점이 있다는 점에서 감각이나 지각에 의한 인식이 언어화인 문장의 생성과 동일하지는 않다는 점이다.

'먹다'와 관련된 문장의 생성도 이와 같다. 먹다와 관련된 문장 표현의 일부를 보면 다음과 같다.

(28) ㄱ. 나는 밥을 먹었다.
　　 ㄴ. 나는 마음을 먹었다.
　　 ㄷ. 나는 퀴즈대회에서 우승을 먹었다.
　　 ㄹ. 화장이 잘 먹는다.
　　 ㅁ. 나는 그를 속여 먹었다.

(ㅁ)은 보조동사의 의미이고, (ㄹ)은 자동사적 쓰이며9), (ㄱ)은 구체적 대상, (ㄴ)은 추상적 대상을 목적어로 갖는 문장이다. 이러한 문장의 의미를 나타내는 문장을 생성하기 위해서는 동사 '먹다'의 여러 의미와 쓰임을 알아야 한다.

화자가 표현하려는 의미를 나타내기 위해서는 체용이 합일된 사건을 인식하고 이를 서술하게 되는데, 역시 문장으로의 실현은 서술어에서 주어와 목적어를 선택하는 방향이 되고, 자동사인 경우는 주어만의 선택을 하게 된다.

---

9) '화장이 먹다', '물감이 먹다', '분이 잘 먹다', '대패가 잘 먹다' 등의 자동사적 쓰임이 있다.

(29) ㄱ. 나는 점심을 떡국으로 먹었다
     ㄴ. 나는 떡국을 점심으로 먹었다.

‘점심을 떡국으로’와 ‘떡국을 점심으로’의 선택도 서술어 ‘먹다’
에 의해 논항에 주어지는 정보라는 점에서 문장의 생성은 서술어
중심의 문장 구성이 확인된다.

4 언어의 습득과 문장의 생성

언어의 습득은 일정 기간에 모든 사람에게 균등하게 이루
어진다. 어린이는 어른의 언어 속에서 자신에게 가능하고 필요한
언어를 선택하여 언어를 습득한다. 어린이가 언어를 습득하고 그
언어를 생성하는 것은 일반 어른들이 언어를 생성하는 과정과는
엄격히 구별된다. 그러나 어린이가 언어를 습득하는 과정은 언어의
생성 과정을 보여주는 한 단면이 될 수 있다는 점에서 관찰할 만
하다.

어린이의 언어 습득은 1살에서 6살까지의 유아기와 7살에서 12
살까지의 아동기로 나누는 것이 편리하다. 생후 3개월부터 1살 전
후까지 옹알이 시기인데 의미가 분명하지는 않으나 비교적 소리가
어떤 유형을 가진 것으로 보이는 발성의 시기이다. 언어 습득이 본
격적으로 이루어지는 것은 1살 정도부터인데 단어의 습득과 발화
가 시작된다.

‘엄마, 아빠’를 비롯한 사람에 대한 단어와 ‘눈, 코, 손’과 같은
신체어, ‘꼬까’와 같은 옷, ‘맘마, 우유, 까까’와 같은 먹을 것을 중

심으로 한 대상, 즉 명사 습득이 먼저 그리고 폭넓게 이루어진다. 용언으로는 '어부바, 쉬해, 안해, 안녕, 빠이빠이'나, '아퍼, 추워, 뜨거' 등이 쓰인다. 이런 유형의 쓰임은 영어에서도 같다. 'daddy, mama, papa'나 'hello, bye-bye' 등을 먼저 습득한다. 2살 이후부터 습득하는 단어의 수가 급속히 늘어나고 기본적인 명사와 용언의 습득을 넘어 조사를 비롯한 관형사, 부사의 쓰임도 가능해진다. 다음 단계에서는 문장의 습득에 의한 문장의 발화가 가능하다.

어린이의 언어 발달의 단계를 문장의 관점에서 보면, 옹알이 단계에 이어서 문장 발화 단계로, 1단계(1~1.5살)는 한 단어 문장(one word sentence) 시기, 2단계(1.5~2살)는 몇 단어 문장(a few word sentence) 시기, 3단계(2살~2.5살)는 시제의 구별과 단문의 나열 시기, 4단계(2.5살 이후)는 주문, 종속문, 조사의 사용 시기로 나눌 수 있다. 이인섭(1986: 125) 참조.

어린이가 한 단어로 나타내는 표현을 문장 차원에서 다룰 만한 것이냐에 대해서는 이론도 있으나, 한 단어를 통해서 문장 단위의 목적을 이루고 있고, 이는 문장의 습득으로 가는 초기 단계라는 측면에서 문장으로 다루는 것이 바람직하다. 어른들의 문장에서 단일문의 존재를 인정하는 것과 같은 원리이다. 이 단계에서는 '까까'라는 한 단어는 '까까'를 달라거나 있다거나 빼앗았다거나 하는 다양한 행동을 '까까'라는 한 단어로 대신 표현한다.

한 단어 문장의 다음 단계는 두 단어 문장이다. '엄마 까까'와 같이 호칭어가 들어가는 한 단어 문장의 확장을 비롯하여, '까까 먹어' 목적어와 서술어를 결합하는 두 단어 문장, '엄마 먹어', '엄마 가'처럼 주어와 서술어를 연결하는 두 단어 문장으로의 확장이 이루어진다. '엄마 까까 먹어'와 같은 세 단어 문장은 두 단어 문장의 확장이다. 두 단어 문장의 구성은 조명한(1982)에서 구분한 바와 같이 '행위자-행위, 목적-행위 및 행위자-목적, 장소-행위 및 장소-실체, 실체-수식 및 수식-실체, 지시-실체, 공존-행위, 수여자-행위' 등으로 나누어 볼 수 있다.

부정이나 사동과 같은 문법 관계의 습득을 지나면 복문 구조를 습득하고 생성하기에 이른다. 다음은 이인섭(1986: 153)에서 보인 2살 전후의 아이의 접속문과 내포문의 보기이다.

    (30) ㄱ. 엄마두 자구 나두 자구.
            ㄴ. 끄며는 켜지고, 키며는 꺼져.
            ㄷ. 머리 빗겨 안 주면 맴매할꺼야.
            ㄹ. 핫도그 머그면 똥싸.

    (31) ㄱ. 뿔 그린거 짤르지마.
            ㄴ. 높은 데서 뛰었다.
            ㄷ. 옛날 술 먹는 거 깨졌지.
            ㄹ. 이거 도나스 만드는 거지?

Maratsos(1978)에서는 어린이의 언어 습득 과정을 'Daddy car', 'Daddy's car', 'Daddy has car', 'Daddy has a car'의 순서로 습득된다고 본다. 다음 문장 (32)도 어린이의 언어 습득의 단계를 보여준다. 정동빈(1987: 394) 참조.

    (32) ㄱ. 'big car', 'That big car', 'That is big car' 'That's a big car.'
            ㄴ. 'No hungry', 'I no hungry', 'I am not hungry', 'I ain't hungry', 'I am no hungry', 'I'm not hungry.'

    (33) ㄱ.*이거 쇼빵 안 먹는거야. (못 먹는거야.)

ㄴ.*엄마는 안 일곱. (일곱 살이 아니다.)
ㄷ.*이케 방 안 들러가. (못 들어가.)
ㄹ.*아빠 안 골났다. (골나지 않았다.)
ㅁ.*머리 빗겨 안주면 맴매할꺼야.

(33)은 언어 습득 단계에서 어린이들이 규칙화하는 과정에서 비문법적 문장을 생성한 보기이다. 이러한 비문법적인 문장은 어린이들의 문장 생성의 과정을 보여주는 것인데 어린이의 언어 습득 과정은 언어의 생성과정을 보여주는 한 단면이다. 이인섭(1986)에서의 보기이다.

어린이의 언어 습득 과정을 문장 생성의 과정과 연계할 수 있다. 어린이의 명사 습득과 이에 따른 명사에 의한 한 단어 문장의 발화는 체용의 관점에서 체만으로 의사를 전달하는 것이다. '까까'나 '곰' 등의 발화는 '이게 뭐야?'와 같은 문장에 대해 '까까'라고 답하는 지정문의 한 표현 양식이고, '체용' 가운데 '체'만으로 서술을 이루는 것이다. 다음 단계에서 '먹어', '집어', '웃어봐' 등의 표현을 습득하고 이를 발화하는 것은 용언만의 문장을 습득하는 것이다. '체' 없이 '용'만으로 문장을 생성하는 것이다.

어린이의 언어 습득은 명사를 중심으로 한 '체'의 습득, 용언을 중심으로 한 '용'의 습득, 그리고 명사와 용언의 결합으로 이루어지는 주술구조의 습득, 즉 체용의 습득이 이루어지고 이에 따른 발화가 이루어진다.

제9장
담화

1 담화와 담화 분석

언어의 연구를 문장으로 한정하여 집중적으로 연구하는 것은 문장이 언어를 관찰할 수 있는 의미, 통사, 형태적으로 적절한 단위이기 때문이다. 문장은 통일적인 생각을 나타낼 수 있는 말의 적당한 덩어리이다. 그러나 문장만으로는 문장이 갖고 있는 의미를 충분히 이해할 수 없고 문장이 발화된 전후의 상황, 또는 문장과 문장 사이의 문맥을 통하여 문장을 이해할 수 있는 경우가 많다. 문맥이나 텍스트, 담화는 이처럼 문장이 발화되는 상황을 포괄적으로 나타낸다. 문맥이나 텍스트가 문어를 대상으로 하는 특징이 강함에 비해 담화는 구어를 대상으로 한다.

담화가 문어보다는 구어에 대한 연구인 점에서 실제로 사용된 자연스러운 언어 표현이 주 재료가 된다. 문장에 대한 언어 연구가 언어의 구조에 대한 연구임에 비해, 담화는 언어의 사용에 대한 연구라는 점에서도 비교된다. 담화의 대상은 문장 이상의 단위가 된다.

언어는 두 가지 다른 관점에서 논의할 수 있는데, 전달 관점(transactional view)과 상호 관점(interactional view)이다. 전달 관점은 사실적이며 명제적인 정보를 전달하는 것으로 언어학자들이 관심을 갖는 대상임에 비해, 상호 관점은 역할 관계나 동료 결속(peer-solidarity), 대화 차례 등의 언어의 용법에 관심을 갖는 것으로 사회학자들이나 사회언어학자들의 관심 대상이었다. Brown & Yule(1983) 참조.

담화 분석이란 담화 공간 그 자체와 담화 공간에서 나타나는 모든 언어 표현들에 대한 특징을 분석하는 것이다. 담화가 이루어지는 공간은 화자와 청자의 관계와 같은 외부적인 상황을 비롯하여 담화와 담화 선후 사이의 존재하는 관계를 모두 포함한다. 화자와 청자와의 관계는 좀 더 폭을 넓히면 대화자들의 대화와 더불어 대화자들의 관계도 고려되기 때문에 사회학적인 관점에서의 논의가 필요하다. 담화 또는 대화 분석이 사회학에서 많이 이루어진 점은 이러한 이유 때문이다. 대화자들이 어떤 주제를 선호하고 어떻게 이를 대화에서 제시하는가가 담화 분석의 대상이 되었다.

담화에 대한 연구를 수사학과 연결지어 논의하기도 하지만, 현대 언어학의 관점에서 보면 독일을 중심으로 한 유럽에서의 텍스트 언어학에 관련된 연구들과 체코를 중심으로 한 주제나 화제와 논평에 대한 연구에서 비롯하여 1970년대에 들어 학문적인 독자성을 형성한 것으로 논의된다. 이상적 화자를 대상으로 한 언어의 연구에 비해, 실제 화자가 발화한 내용을 대상으로 한 언어 연구의 필요성에 대한 인식은 담화의 중요성을 고려하게 하였다. Labov(1972)의 사회적 상황에서의 담화 기능에 대한 연구가 대표적이다. 오스틴Austin, 그라이스Grice, 설Searle 등에 의한 화행에 대한 언어철학적 연구는 화자의 의도·믿음·평가·화자와 청자와의 관계 등에 대한 논의를 활발하게 하여 수행문과 같은 연구가 나타나게 한 점도 담화 분석의 발달의 요인이 되었다.

담화 분석에 근거한 언어 연구에서는 문법의 여러 범주와 규칙이 선험적으로 결정되어 있다기보다는 담화 맥락상의 여러 요인에 따라 의미와 기능이 결정된다고 본다. 현대 세계 언어학을 주도하고 있는 미국 언어학에서 생성문법에 대한 반성과 이에 대한 대안으로 제시된 것은 폭넓은 의미에서의 기능 문법이다. 기능 문법이란 엄격한 이론적인 또는 방법론적 논의와 의미, 화용론, 담화론 또는 통시론과 공시론에 대한 엄격한 구별에 대한 거부라 할 수 있다. 기능 문법은 형식주의적(Formalism) 연구에 대한 상대적 연구 방법론으로, 기능주의적(Functional) 연구를 표방한다. 형식적 접근법은 미국의 구조주의로부터 시작하고 생성문법을 통하여 정밀화되었다. 기능론은 언어가 구조를 중심으로 하여 독자적으로 존재한다는 자율 통사론의 견해와 달리, 언어는 의사소통을 위한 전달 체계로서 언어의 형태는 의사소통에 관여하는 모든 요소에 의하여 결정된다고 본다. 이런 점에서 담화 관점에서의 고찰이나 인지적 관점에서의 고찰은 모두 기능론적 언어 해석에 포함된다.[1]

국어에 대한 담화 관점에서의 연구는 부사나 연결어미를 중심으로 한 담화 표지어의 연구와 약간의 대화 분석, 대화에서 징검다리 역할을 하는 문법 형태소나, 상이나 법을 나타내는 문법 요소에 대한 연구가 일부 이루어졌다. 또 개별 동사나 부사를 중심으로 일부 설명이 이루어진 바 있으나, 문장의 구조를 비롯하여 문장의 성분 등 문장 구성의 원리적 관점에서 중점적으로 이루어진 바는 없다.

---

1) 인지 언어학에 관점을 둔 연구는 포크니어(Gilles Fauconnier)의 정신 공간 이론, 레이코프(George Lakoff)의 은유 이론, 랭가커(Ronald W. Langacker)의 공간 문법, 탈미(Leonard Talmy)의 힘 역학이론, 필모어(Charles J. Fillmore)의 틀 의미론 등 다양한 관점에서 논의되고 있다. 언어를 언어 사용과 관련하여 고찰하는 연구는 드 부아(Du Bosi)나 후퍼(Hopper)의 발생 문법이나, 채프(Chafe)의 정보의 흐름과 구정보, 신정보 관계의 연구를 비롯하여, 기본(Givon)의 화제 지속성의 연구를 비롯하여 새그로프(Schegloff)와 톰프슨(Thompson), 색스(Sacks)의 대화 분석 연구를 들 수 있다. 대화 분석은 일상 대화의 맥락에서 언어 사용자들의 대화가 어떤 구조로 이루어지는가를 기능언어학적 측면에서 고찰한다.

1) 담화 속에서의 문장

통일된 뜻을 가진 언어의 단위는 문장이지만, 실제로 문장은 홀로 쓰이는 것이 아니라 여러 문장과 함께, 즉 문맥 또는 담화 공간 하에서 문장의 역할을 한다. 문장은 이러한 문맥이나 담화뿐만 아니라 문장을 사용하는 상황에 의해 문장의 의미와 기능이 분명해진다.

담화는 학교문법에도 반영되어 「고등학교문법」(1995: 121)에는 이야기로 다루어졌다. "실제 언어의 사용에서 문장들이 모여 이루는 단위"를 이야기로 규정하였다. 이야기는 발화들이 연결되어 이루어지는 것으로 보았는데, 여기서 "발화란 한 덩어리의 이야기를 구성하는 단위로서 '문장'과 대개 일치한다." 하였다. 학교문법에서 이야기는 옛날이야기와 같은 줄거리를 가진 이야기를 나타내는 의미가 강하다.[2]

이야기, 담화, 텍스트는 같은 대상을 지시하면서도 차이가 있다. 담화가 구어적임에 비해 텍스트는 문어적 특성이 강하다. 담화도 넓은 의미와 좁은 의미에서의 해석이 가능한데, 좁은 의미의 해석은 문단을 중심으로 한 dicourse의 의미를 갖고 넓은 의미에서는 언어 사용의 관점으로 해석된다.[3] 여기서는 문맥과 담화를 같은

---

2) 「고등학교문법」(1995: 141)에서 이야기를 "실화, 옛날 이야기, 전설 등을 가리키는 '이야기'라는 뜻과 혼동하지 않도록 한다."고 구분하고 있지만, 이들과 혼동될 우려는 여전하다. 담화는 구어적 언어 형식으로 '정보 제공 담화, 호소 담화, 약속 담화, 사교 담화, 선언 담화', 텍스트는 이야기가 문자로 쓰인 경우로 '정보 제공 텍스트, 호소 텍스트, 약속 텍스트, 사교 텍스트, 선언 텍스트'로 구분하였는데, 담화를 '문장과 담화'로 구분하기도 하여 관계가 분명하지 않은 점이 지적된다.

3) 박영순(1998: 253)에서는 담화(discourse)는 광의의 담화와 협의의 담화로 나누어 볼 수 있다 하고, "협의의 담화는 문장보다 큰 단위로서, 구조적으로 의미적으로 하나의 응집성을 가진 문장의 연쇄체로서 하나의 발화나 글 안

관점으로 간주하고, 담화로 나타낸다.

담화나 문맥 모두 문장들이 모여서 이루어진다. 문맥이 문어적 관점에서의 문장의 상황이라면, 담화는 구어적 관점에서의 문장의 상황이다. 국어 문법에서 문장의 연구는 지금까지 이러한 문맥이나 화맥과 상황의, 즉 담화의 관점에서의 논의가 충분하지 못했다. 문장을 담화 공간에서 존재하는 언어적 단위로 인식하는 것은 문장의 바른 규정을 제시할 수 있는 바탕이 될 수 있을 것이다.[4]

문장을 통일적 생각을 나타내는 언어 단위, 또는 주어와 서술어를 갖춘 구조적 단위, 서술성을 갖고 있는 단위에서 문장이 나타나는 앞 뒤 공간 즉 담화 공간 아래서의 문장으로의 시야의 확대가

에서 하나의 단락이나 단락들이 결합하여 더 큰 단락을 이루었을 때 이들 개별 단락이나 단락의 결합체를 담화라 할 수 있다." 하였다.

담화 → 텍스트 → 담화
(협의)　　　이야기　　　(광의)
paragraph　text　　　　speech
discourse　　　　　　　language use

4) 이은희(2000: 66)에서는 담화 관점에서의 언어에 대한 관찰과 문장 중심의 관찰을 다음과 같이 구별하여 제시하였다.

　ㄱ. 텍스트 언어학에서는 기존의 문장 단위 문법과 달리 언어적으로 발화되거나 기록된 것만이 아니라 언어적 의사소통의 전체 요소들을 고려하고 있다. 즉 문장 단위 문법에서는 소홀하게 취급되었던 언어적 의사소통의 맥락과 생산자, 수용자를 중요한 요소로 본다.

　ㄴ. 문장 단위 언어 이론에서는 문장을 정적이고 고정된 측면에서 파악했으나, 텍스트 언어학에서는 텍스트를 생산, 수용되는 과정에서 계속적으로 수정, 변화하는 동적인 대상으로 보고 있다.

　ㄷ. 문장 단위 언어 이론에서는 문장의 통사적 특성에 중점을 두면서 문법성과 적격성을 중시했으나 텍스트 언어학에서는 전체 텍스트의 의미적, 화용적 측면에 중점을 두면서 맥락에서의 적절성과 용인성에 중점을 두고 있다.

　ㄹ. 문장 단위의 언어 이론은 언어학 이론에 전적으로 토대를 둔 것인 반면 텍스트 언어학은 인간의 언어 생산과 수용 과정에 관련된 다양한 인지 과학 이론을 수용하면서 학제간 학문적 특성을 보이고 있다.

필요하다.

문장은 주어, 서술어를 비롯한 필수성분인 주성분과 부속성분으로 이루어진다. 필수적이라는 것은 문장에서 없어서는 안 됨을 뜻하지만, 구어 담화 공간에서는 오히려 더 잘 나타나지 않는다. 담화 공간에서는 어떤 성분이 나타나지 않아도 되고, 나타나지 않는 것이 자연스럽기도 하다.

    (1) ㄱ. 어디 가요?
       ㄴ. 집에.

그리고 주어가 무엇인지 알기 어려운 문장도 있다.

    (2) 불이다/이상입니다/천만의 말씀입니다/오랜만입니다.

이들을 고려하면 문장을 주어와 서술어를 갖춘 구조적 짜임으로만 해석하는 것은 재고의 여지가 있다. 주어와 서술어를 갖추지 않은 문장들을 단순히 일부 성분의 생략된 것으로만 보기보다는 담화 속에서 해당 성분이 없는 존재 자체가 문장으로서의 자격을 갖고 있는 것으로 볼 만하기 때문이다. 이러한 관점에서, 정열모나 북한 문법에서의 서술성에 의한 문장에 규정은 타당성이 있다.

문장은 통일된 생각을 갖고 있는 단위, 그리고 주술 구조를 갖추고 있는 단위, 그리고 주어, 목적어, 서술어를 비롯한 필수 성분으로 이루어지는 말의 단위에 더해, 담화 공간에서 통일적 생각을 나타내는 서술성을 가진 단위로의 폭넓은 해석이 필요하다.

2) 문어와 구어의 차이

글이란 말을 담는 그릇이다. 그러나 말을 그대로 글로 옮긴 것만
이 글은 아니다. 글은 글 자체로서의 특질을 갖고 있다. 글은 저장
기능을 갖고 시간과 공간을 넘어 의사소통을 가능하게 하였다. 말
이 청각 영역에서 머물다가 곧 소멸하는 특징을 갖는 반면에 글은
시간 영역에서 오랫동안 지속적으로 존재할 수 있기 때문에 표현
된 언어를 분석하거나 사색하게 하고, 또 생각을 통합적으로 정리
하게 하는 힘을 갖는다.

이러한 구술과 문자와 사이의 차이는 다음과 같이 논의되었다.
Brown(1986: 15-16) 참조.

(3) ㄱ. 구술 언어의 통사구조는 전형적으로 문자 언어보다 덜 구조화되
       었다.
       구술 언어는 단순한 구의 연속과 같은 불완전한 문장으로 이루
       어졌다.
       구술 언어는 전형적으로 종속 관계가 적다.
       구술 언어는 주로 능동과 평서문이고 피동이나 it이나 wh- 분열
       문이 적다.
       구술 언어는 문장과 절을 구별하기 어려운 경우가 많다.
    ㄴ. 문자 언어에는 절과의 관계를 표시하는 포괄적인 메타(meta) 언
       어 표시가 많아, 보문소 that, 시간 표시어 when, while, 논리 연
       결소 besides, moreover, however 등이 쓰인다. 이에 비해 구술언
       어는 and, but에 의해 실제적으로 덩이로 구성된다.
    ㄷ. 문자 언어의 명사는 앞에 수식어가 여럿이 나타나는 경우가 많
       지만, 구술 언어인 경우는 수식어가 둘 이상인 명사는 드물다.
    ㄹ. 문자 언어는 대체적으로 주어-술어 형태로 구조화되었음에 비해,
       구술 언어는 주제-평언(Topic-Comment)의 구조가 많다.
    ㅁ. 수동문은 비공식적 대화에서 자주 쓰이지 않는다.

ㅂ. 화자는 대화하면서 표현을 대체하거나 수정하기도 한다.
ㅅ. 화자는 전형적으로 다소 일반화된 어휘들을 사용한다.
ㅇ. 화자는 같은 유형의 통사형을 여러 번 사용한다.
ㅈ. 화자는 많은 경우 생각해 둔 보충말을 사용한다.

2 담화 연구의 실제
1) 화제와 논평

문장을 주어나 서술어보다는 담화 기능적 측면에서 화제와 논평의 관점에서 해석하기도 한다. 주어와 술어의 구조가 통사적으로 긴밀성을 가짐에 비해 문장 구조에서의 화제와 논평의 관계는 느슨한 담화 구조이다. 이러한 화제를 문장 화제라 한다.

문장에서의 화제는 프라그 학파에 의해 논의된 전달 힘(communicative dynamism)이 주요 개념이다. 화제는 문장에서 가장 낮은 전달 힘을 가진 것으로 규정된다. Danes(1974)는 언어를 세 가지 측면에서 설명하는데, 의미의 측면에서 행위자(actor), 행위(action), 목표(goal)와, 문법의 측면에서 주어, 서술어, 목적어, 그리고 언술(utterance) 측면에서 알려진 정보(known information)와 미지의 새로운 정보(new information)로의 구별이다. 언술의 측면에서의 해석은 화제와 논평의 구별이다. 어떤 개체나 집합의 존재를 처음으로 규정하는 문장에는 화제가 없다. 문장 전체가 새로운 정보일 때는 화제가 없는 것이다. '비는 온다'에서 '비'가 이미 화제로서 논의된 것임에 비해, '비가 온다'와 같이 모두 새로운 정보일 때는 화제가 없다. 채 완(1979) 참조.

단순문의 주술 구조와 대비되는 화제 논평의 언어 구조와 구별하여, 담화적 의미로서의 화제(topic)는 '에 대하여(What is talking about'의 의미가 있다. 이미 앞에서 논의되고 있던 내용에 대하여라는 의미이다. 담화 화제는 명사구가 아니라 명제이다. 담화에는 전체의 담화를 드러내는 단일 명제가 있다.

2) 어휘의 담화 기능

'이제'는 화자의 발화 시간을 나타내는 시간 표시가 주 의미인 부사로 '지금'과는 의미나 기능 면에서 같고 다른 점이 있다. 그런데 '이제'는 담화적인 쓰임에서는 문장이나 대화의 연결에서 (5)에서와 같이 대조, 인과, 이유, 조건 등의 의미를 나타내거나, (6)에서처럼 발화의 서두를 제공하거나, 대화의 새로운 국면을 유도하기 위한 목적을 위해서도 사용되는 것으로 논의되었다. 이원표(2001) 참조. 여러 상황에서 나타나는 '이제'의 쓰임은 어휘의 의미라기보다는 두 문장 사이의 관계에 의한 것이 이유가 되기도 하지만 담화적 표시로서 사용되고 있음은 분명하다.

(4) 언제 오셨어요? 이제/지금 왔다.

(5) ㄱ. 이제 우리는 가야 한다. 이제 알겠니?
    ㄴ. 우리도 할 수 있으니 이제 용기를 가져라.

(6) ㄱ. 이제 우리가 모처럼 만났으니 여러 가지 의견을 들어봅시다.
    ㄴ. 이제 다른 이야기로 화제를 바꾸지요.

이러한 논의는 어휘들이 담화 속에서 기본적인 어휘 의미와는 다른 의미와 기능을 나타내고 있음을 보이는 것이다. 어휘 형태소가 문법 형태소로 변화하는 문법화의 과정과 같은 논리로, 어휘적 의미에서 담화적 의미를 확대하여 가는 담화적 문법화로 해석된다.

어휘들이 가진 기본 의미와 다른 담화 의미에 대해서는 '네', '아니', '글쎄' 등을 비롯하여 여러 어휘들이 논의되었다. 대부분 담화 표지어로서의 기능을 나타내는 어휘들에 논의가 집중되었다.

3) 대화에서 담화적 특징

대화를 통하여 이루어지는 의사소통의 과정과 대화 참여자들 사이의 관계는 사회학적인 입장에서 연구한 사회학자들을 중심으로 대화 분석법(Conversation Analysis)에서 제시되었다. 색스Sacks가 사회학과 언어학을 연결시킨 역할을 한 것으로 평가되고 있다.

대화 과정에서 나타나는 인접 쌍(adjacency pair)과 말차례 갖기(turn taking)가 대화 분석의 대상이 되었다. 인접 쌍은 대화의 선호 조직과 관련되는데, 제안에 대한 인접 쌍으로서 거절보다는 수용의 관계를 관찰하는 것이다. 거절보다는 수용이 실현 가능성이 높은 것으로 나타났다. 화제의 조직에서 화제가 바뀔 때 대화 참여자 사이에 어떤 상호 작용이 이루어지는가도 관찰의 대상이다. 말차례 갖기도 화제의 조직에서 논의될 수 있다.

두 사람 이상이 대화를 할 때, 다른 사람의 말이 완전히 끝난 후에 이어서 말을 하는 것이 아니라, 다른 사람이 말하고 있는 중간에 끼어들어 말을 시작하는 경우가 있다. 이를 말 끼어들기라고 하는데 말 끼어들기는 자신의 말의 차례가 오기 전에 말을 함으로써 나타나는 현상이다.

말 끼어들기가 나타나는 이유는 '청자 반응 신호'로, '우발적으로', '우호적으로', '비우호적으로' 끼어들기가 나타난다. 말 끼어들기는 끼어들기 적절한 지점을 찾아서 끼어들어야 한다. 이를 추이적정지점이라 한다. 이러한 논의는 이원표(2001) 참조.

청자 반응 신호는 '예', '음', '그렇지요' 등과 같이 청자가 화자의 말에 대해 참여하거나 관심을 가지고 있음을 확인하여 주는 반응이다. 우발적 끼어들기는 추이적정지점을 적절히 파악하지 못하여 우발적으로 다른 사람 말에 끼어들게 된 경우이다.

우호적 말 끼어들기는 청자가 화자에 대하여 대화의 공동체임을 보이기 위해서, 또는 화자의 대화에 대해 더 정확하게 말해 줄 것을 요구할 때 즉 명료화의 요청으로 한다. 또 대화 내용의 폭을 확장하거나 주제를 한정하기 위한 경우도 우호적으로 끼어들기를 한다. 이 밖에도 친밀감을 나타내기 위함 등의 우호적임을 표시하기 위한 끼어들기가 있다. 이에 비해, 비우호적 말 끼어들기는 화자의 발언권을 빼앗거나 다른 필요에 의해서 추이적 적정지점이 아닌 시점에 말을 끼어들어 화자의 말의 진행을 변경시키는 것이다.

다음과 같은 대화의 보기를 통해 말 끼어들기를 관찰할 수 있다.

    (7) ㄱ. 난 반드시 이번 일은 성공한다고 봅니다.
        ㄴ. 네.
        ㄱ. 몇 번의 실패 경험이 있거든요. 이번에는 지난번 같은 일은 없을 거예요.
        ㄴ. (실패는 병가의 상사라잖아요.)
        ㄱ. 그때는 엄청 힘들었지요. 내가 처음 그 사람을 만난 것은
        ㄴ. (그런데 왜 이번에도 운수사업을 하시려는 거지요?)

  (7ㄱ) 화자의 대화에 대하여 (7ㄴ) 청자는 각각 '청자 반응 신호', '우호적 말 끼어들기', '비우호적 말 끼어들기'로 대화를 이어가고 있다.

3 텍스트 분석

  텍스트 분석의 관점에서 국어를 분석하면 문장의 선후 관계에 의한 해석을 얻을 수 있다. 텍스트 분석은 응결성(cohesion)과 응집성(coherence)의 문제로 요약된다. 텍스트의 응결성과 응집성은 형식과 내용의 관계이다. 응결성이 한 텍스트의 표층구조 단위들의 공통적 속성을 반영해 주고, 문법적 의존 관계에 기초하고 있음에 비해, 응집성은 의미의 형상이라는 뜻에서 내용의 연속성을 말한다.
  응결성은 응결성 장치로서 드러나는데, 응결성 장치 가운데 자소론적 응결 장치는 글자 모양을 통해 나타내는 방법으로 한자어의 경우 日, 月, 明의 연속과 같은 방법을 통해, 국어의 경우 ㄱ, ㄲ, ㅋ과 같은 글자 모양을 통해 나타낼 수 있다. 음운론적 응결 장치는 같은 음을 연속하여 내는 방법으로 '낮잠 든 슬픈 소실댁'과 같은 방법이다. 형태론적 응결 장치는 품사, 대용어, 높임의 호응을 맞추는 것이고, 통사론적 응결 장치는 연결(순접, 역접, 인과)이나, 시간 접속 부사에 의해 나타낸다. 의미의 측면에서는 의미의 등가성의 방법으로서 명시적 재수용(보기: 나무는 덕을 가졌다. 나무는 주어진 분수에 만족할 줄 안다.)과 함축적 재수용(보기: 우리는 서울에 갔다. 역에서 우리는 친구를 만났다.)이 있다. 기능의 등가성으로는 같은 대상에 대한 다른 표현(보기: 영철이는 동생의 손을 잡고 갔다. 개울에서 형은 동생을 업었다.)을 들 수 있다. 고영근(1999: 142) 참조.

텍스트 분석은 문학 해석의 방법이 될 수 있다. 다음은 고영근(1999: 315)에서의 한용운의 시 '님의 침묵'을 대상으로 한 텍스트 분석이다. 이러한 분석은 언어학적 관점에서 문학을 해석하는 것이다.

(8) 님은 *갔습니다.* 아아, <u>사랑하는 나의 님</u>은 *갔습니다.*
( ) 푸른 산 빛을 깨치고 단풍나무숲을 향하여 난 작을 길을 걸어서 차마 떨치고 *갔습니다.*
황금의 꽃같이 굳고 빛나던 옛 맹서는 차디찬 티끌이 되어서 한숨의 미풍에 날아 *갔습니다.*
날카로운 첫 키스의 추억은 나의 운명의 지침을 돌려 놓고 뒷걸음질 쳐서 사라졌습니다.

이 시를 텍스트 관점에서 해석하면, '님'과 '사랑하는 나의 님'의 관계는 명사에 의한 구체화를 보이는 연쇄가 이루어지고, '갔습니다'의 반복에 의해 동사 연쇄가 나타난다. ( )는 생략된 주어 '님'으로, 동사 '연속된다', '날아가다', '사라지다'는 모두 '가다'의 의미적 연쇄이다. 시제는 형태, 시간, 내용 모두 과거의 사건을 진술한다.

(9) 나는 향기로운 <u>님의 말소리</u>에 귀먹고 꽃다운 <u>님의 얼굴</u>에 눈멀었습니다.
사랑도 사람의 일이라 만날 때에 미리 떠날 것을 염려하고 경계하지 않은 것은 아니지만 이별은 뜻 밖의 일이 되고 놀란 가슴은 새로운 슬픔에 터집니다.
그러나, 이별이 쓸데 없는 눈물의 원천을 만들고 마는 것은 스스로 사랑을 깨뜨리는 것인 줄 아는 까닭에 걷잡을 수 없는 슬픔의 힘을 옮겨서 새 희망의 정수박이에 들어부었습니다.

시적 자아인 '나'는 주어로서 앞의 텍스트와 구별되는 응결장치
이다. 앞 텍스트의 님은 부사어로 '님의 말소리', '님의 얼굴'로 실
현된다. '만나다-떠나다', '염려하다-경계하다'는 각각 동사로서 반
의어를, '이별-슬픔'은 유사 이미지 의미에 의해 응결성을 보인다.
그리고 슬픔에서 희망으로 반전을 보인다. 현재도 과거로 표시하였
다. '들어붓다'는 형태는 과거이나 현재 완료의 의미를 나타낸다.

> (10) 우리는 만날 때 떠날 것을 염려하는 것과 같이 떠날 때에 다시 만
> 날 것을 믿습니다.
> 아아, 님은 갔지마는 나는 님을 보내지 아니하였습니다.
> 제 곡조를 못 이기는 사랑의 노래는 님의 침묵을 휩싸고 돕니다.

주어는 '우리'로 바뀌었는데, '님-나-우리'로의 변증법적 통일을
보인다. '만나다-떠나다', '염려하다-믿다'는 반의어로서 응결성을
보이고, '가다-보내다'는 유의성으로 응결성을 보인다. 시제는 미래
나 현재와 관련된 시제이다.

4 사회 속의 국어

언어는 개인 안에 홀로 존재하는 것이 아닌 사람 사이, 그
리고 사회에서 존재하는 것이다. 따라서 사회의 환경이나 변화에
따라 언어의 기능과 모습도 달라진다. 이러한 모습을 현대의 사회
적 측면을 고려하면, 대중 매체 속의 언어 현상이 가장 특징적인
대상이다.

대중 매체 속의 언어는 언론 매체인 신문, 라디오, 텔레비전을

통한 미디어 언어 현상과 인터넷의 대중화로 인한 인터넷 언어 현상으로 나누어 볼 수 있다.

미디어 언어 현상은 드라마나 코미디와 같은 프로그램을 통한 특정 언어 표현이 유행하는가 하면, 광고 문안이 인기를 얻기도 한다. 특히 광고들은 각 시대와 사회를 반영하여 국어와 영문을 혼합하는가 하면, 영어처럼 들리면서도 국어의 의미를 가진 표현을 만들어 내기도 한다.

(11) ㄱ. 순간의 선택이 10년을 좌우합니다.
      ㄴ. 함께 사는 세상

(12) ㄱ. 래미안(來美安), 이브자리(이부자리)
      ㄴ. e 편한 세상(이 편한 세상)
      ㄷ. 역시 노는 바닥이 달라. (바닥 장판 판매 회사 제품 선전)

미디어를 통한 광고는 공익 광고를 비롯하여 사회에 중요한 의식을 전달하는 언어 표현을 이루기도 하고, 소리 현상이나 어휘의 중의적 의미성 이용하는 방법으로 광고의 효과를 높이려고 하고 있다. 이러한 언어에 대한 이용은 한 시대의 언어 현상을 반영하는 것이고 미디어를 통해서는 이데올로기를 비롯한 언어 의식 구조의 유도를 할 수 있다.

인터넷을 통한 정보의 교환이 급속도로 이루어지면서, 이메일이나 채팅을 통하여 의사를 표현하는 마당이 넓어졌다. 이러한 배경에서 신속히 문자를 입력하거나, 끼리만의 언어 마당을 만들려는 은어와 같은 유형의 전산 표현이 많아졌다. 이러한 언어 현상을 통칭하여 통신언어라고 논의하고 있다.

(13) ㄱ. 방가(반갑습니다), 추카(축하), 조은(좋은), 멀(뭘)
      ㄴ. 허걱, 바래욥, 하세용
      ㄷ. ㅋㅋ(크크), ㅎㅎ(흐흐, 하하, 호호), *^.^*(빨개진 얼굴)

(ㄱ)은 맞춤법에는 맞지 않지만, 서로 이해할 수 있는 범위 안에서 소리 나는 대로, 또는 입력이 편한 대로, 또는 말을 줄여서 입력하는 방법들이다. 이에 비해 (ㄴ)은 친근감을 나타내기 위해 소리를 글자로 표현하거나 글자나 소리를 더하는 방법이고, (ㄷ)은 소리를 문자로 표현하거나 모음을 삭제하거나 자판의 기호를 이용하여 얼굴 표정을 그려보는 방법이다.

제10장
국어의 시간과 공간

1 한국 민족과 한국어

국어란 무엇인가? 국어는 자기가 살고 있는 국가 또는 민족이 사용하는 언어이다. 우리의 국어인 한국어는 한국 민족이라는 민족적인 이해와 한국이라는 국가와 관련된 언어라는 일반적인 개념에 근거한다.

일반적으로 한국 민족을 퉁구스족, 그 가운데에서도 만주지방의 남부 퉁구스족의 일파로 본다. 그러나 김원룡(1976: 9)에서는 "한국 민족은 퉁구스 전형과는 다른 신체적 특성, 즉 두골장경(頭骨長徑)이 짧은 단안(短顔)과 안고(顔高)가 높은 고안(高顔)을 가지고 있고, 시베리아, 만주, 몽고 일대에 사는 북방 민족권에 속하면서도 지리적으로 북방 민족권의 남단이 되어 문화면에서 독특한 지역을 형성한다."고 하였다. 한국민족과 퉁구스족은 오랫동안 독립된 생활을 하여 왔으므로 알타이족에서 토이기족, 몽고족, 퉁구스족 등과 병행하여 하나의 민족단위를 이루는 것으로 본다. 김정학(1964: 355) 참조.

한국 민족의 구성은 알타이족뿐만 아니라 한반도로 밀린 고아시아족도 고찰할 필요가 있음이 지적되는데, 알타이족이 본거지로부터 이동 확산하기 전에 북방 아시아에는 원주종족인 고아시아족(Palaeo-Asiatics) 또는 고시베리아족(Palaeo-Siberians)이 있었는데 알타이족에 밀려 한반도에서 떠났을 가능성이 있음이 논의되었다. 김정학(1964: 323) 참조.[1] 결국 퉁구스란 아시아 내륙의 선주민, 즉

---

1) 김정배(1974: 37-42)에서는 한국민족과 고아시아족과의 관련성을 토기와 관련지어 살펴보았다. 한국의 선사문화의 기저에는 계통을 달리하는 두 문화 즉 유문토기와 무문토기의 문화가 있는데, 유문토기는 시베리아에 연결되고, 무문토기는 만주와 관련된다. 유문토기가 무문토기보다 선행하였고 이

고아시아족이 다른 지역의 주민들과 혼혈 또는 자체 변화를 하여 지역화한 것이고, 그 퉁구스가 다시 서남 만주 한반도 일대에서 지역화한 것이 예맥(濊貊) 퉁구스이고 이 예맥이 남하한 것이 삼한의 한족이라고 본다. 김원룡(1976: 11, 50) 참조.

한국어는 유형적인 면과 낱말에서 알타이제어와 일본어와 아주 유사한 언어로 알려져 있다. 그러나 한국어가 알타이어에 속한다는 해석은 한국어의 계통에 대한 연구 가운데 한 가지 중요한 견해일 뿐이다. 한국어와 알타이어와의 무관함을 주장하는 연구도 있다.

한국어가 알타이어에 속한다는 주장은 알타이어족이라는 언어군의 존재를 전제한다. 동일한 어족에 속한다고 생각되는 제 언어에 언어학적 기준을 도입하여 최초로 알타이어라는 용어를 사용한 사람은 까스트렌(Castrén)이다. 여기서의 알타이어는 우랄 알타이어와 동일하다.2) 이러한 초기의 우랄 알타이어로서의 동질적 이해는 세밀한 연구를 통해서 우랄어족과 알타이어족의 분리가 이루어졌다.

알타이어라는 공통적인 언어족을 이루는 것은 여러 언어들이 공통적 특징을 가지고 있기 때문이다. 알타이제어는 만주, 퉁구스, 몽골어, 튀르크어를 총괄하는 명칭으로 여기에 소속된다고 보는 언어는 다음과 같다. 여기서의 내용들은 김방한(1983)을 참조한 것이다.

들은 시간적 차이를 갖는 별개의 문화 성격을 가지고 있다. 고아시아족은 서부 시베리아와 흑룡강 분지나, 흑룡강과 연해(沿海) 일대의 넓은 지역에서 살고 있던 종족으로 보이는데 이들은 유문토기인들로 무문토기인의 진출로 밀려나 오늘날 시베리아의 베링(Bering)해 지방 등 먼 지역에 거주하고 있다. 김방한(1983) 참조.
2) 까스트렌이 알타이어라고 부른 것은 튀르크어, 몽골어, 만주 퉁구스어 이외에 핀-우글어와 사모예드어를 포함한 우랄 어족이 포함되어 있다. 김방한(1983: 70) 참조.

(1) ㄱ. 만주-퉁구스 제어Manchu-Tungus Languages(찐찌우스Cincius의 분류)
　　북방계:
　　　1. 에벤키 방언; 소련의 예니세이강과 오호츠크해 사이와 동북
　　　　시베리아지역
　　　2. 라무트 방언; 캄차카 반도의 일부와 야쿠트 자치 공화국
　　　　일부
　　　3. 네기달 방언; 아무르(Amur)강 하류와 암군(Amgun)강 유역
　　　4. 솔론 방언; 만주의 서북부 일부와 만주의 북부 일부
　　남방계:
　　　1. 만주어; 만주 지방
　　　2. 골디 방언; 나나이어(Nanai)라고도 한다. 아무르강 중류, 송
　　　　화강 하류
　　　3. 울챠 방언; 골디방언보다 아무르강의 하류에 분포
　　　4. 오로치 방언; 아무르강 지역
　　　5. 우데헤 방언; 우수리강과 아무르강의 지류 부근에서 사용
　　　6. 오로키 방언; 사할린 중부와 북부에서 사용
　ㄴ. 몽골제어Mongolian Languages(뽀빼Poppe의 분류)
　　동몽골어군:
　　　1. 다구르방언; 만주의 서북부, 하일라르시 부근과 논나이강
　　　　계곡, 치치하르시 부근
　　　2. 몽구오르방언; 중국의 청해성 및 감숙성 일부
　　　3. 동몽골어; 내몽골 및 외몽골의 여러 방언, 외몽골의 칼카
　　　　방언은 몽골인민공화국이 사용하는 공통어
　　　4. 부리야트 방언; 서시베리아의 바이칼호 지방에 있는 부리아
　　　　트 자치공화국
　　서몽골어군:
　　　1. 모골방언; 아프가니스탄 일부지역
　　　2. 오이라트 방언; 몽고 인민공화국 서북부와 중국 신강의 일부
　　　3. 칼묵 방언; 볼가(Volga)강 하류의 소련 칼묵 자치공화국
　ㄷ. 튀르크제어Turkic Languages(벤찡Benzing의 분류)
　　볼가르 어군:

1. 츄바시 방언; 볼가강 중류 츄바시 자치 공화국
남튀르크 어군:
1. 터어키 방언; 오스만 터어키어
2. 아제르바이쟌 방언; 아제르바이쟌
3. 투르크멘 방언; 투르크멘 공화국
서튀르크 어군:
1. 폰토 카스피어군
2. 우랄어군
3. 아랄-카스피어군
동튀르크 어군:
1. 우즈벡 방언
2. 신위구르 방언
북튀르크 어군:
1. 아랄-사얀어군; 알타이 방언, 쇼르 방언, 카카스 방언, 투바
방언
2. 북시베리아 어군; 야쿠트 방언(소련 야쿠트 자치국)

이들 언어들은 서로의 공통점과 차이점에 따라 다시 분류되는데, 학자들마다 다른 견해를 제시하고 있다.

람스테드는 알타이족에 한국어를 알타이어에 포함하면서 다음과 같이 도식화하였다.

(2)

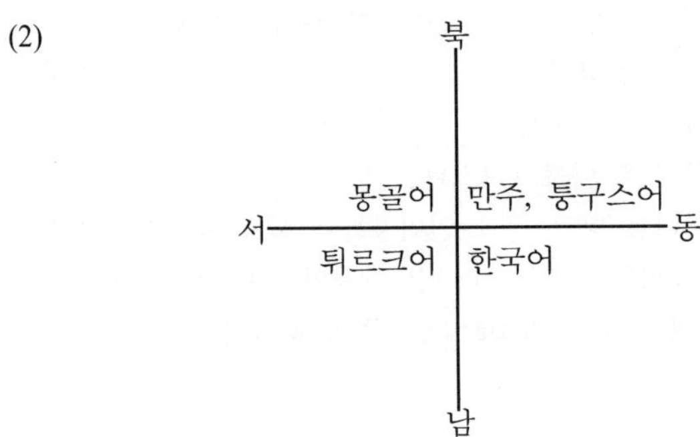

이를 좀더 정밀하게 발전시킨 것은 뽀뻬인데, 한국어의 계통이 분명하지 않다고 하며 다음과 같이 한국어와 알타이어의 친근성을 논하였다.

(3)
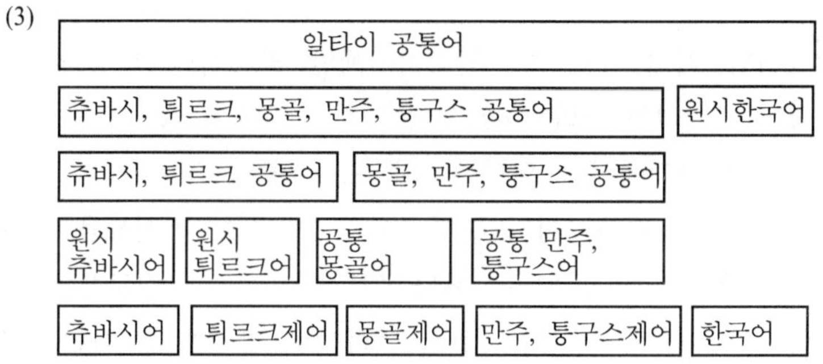

알타이어를 공통으로 하는 언어 집단을 형성할 수 있는 근거는 이들 언어들이 보이는 공통적인 특징 때문으로, 다음과 같이 요약 정리된다.[3]

(4) ㄱ. 음운론적으로 모음조화가 있다.
　　ㄴ. 장모음과 단모음의 대립이 있다.[4]

---

3) 알타이어족설을 부정하는 견해도 적지 않다. 클로슨Clauson, 되르퍼Doerfer 등의 학자들은 알타이 제어의 언어 구조는 현저하게 유사하지만, 어휘 면에서 차용어를 제외하면 공통된 요소가 없거나 혹 있다고 해도 극히 소수라는 것이다. 기초 어휘도 대명사의 일부가 유사할 뿐이고, 수사가 각기 다르며 신체의 부분 명칭이라든가 또는 친족 명칭 등도 유사한 것이 거의 없다. 근거로 제시된 음운 대응 규칙도 정확하지 않다. 알타이 제어는 역사적으로 대단히 밀접한 접촉을 갖고 서로 강한 영향을 미친 결과 언어 구조가 유사해지고 또한 차용에 의해서 서로 공통된 요소를 가지게 되었다고 본다. 김방한(1983: 84) 참조.
4) 1차적(기원적) 장모음과 2차적 장모음으로 나누어지는데, 장단 모음의 대립

ㄷ. 어두에 유음(流音)이나 자음군이 오는 것을 기피하는 제약이 있다.
ㄹ. 문법적 기능을 나타내는 자음, 모음의 교체는 나타나지 않는다.
ㅁ. 첨가어로서 교착성을 가지고 있다.
ㅂ. 관계대명사와 접속사가 없으며 용언의 부사형으로 그 기능을 한다.
ㅅ. 어순이 주어+목적어+서술어의 구조이다.

그러나 이러한 현상은 알타이어에만 공통적인 특징이 아니고, 한국어는 이러한 알타이어로서의 특징과 구별된다는 주장도 있다.

강길운(1987)에서는 알타이어의 모음조화는 대부분 전설모음과 후설모음의 대립체계이지만, 한국어는 고대에도 전설모음과 후설모음의 모음조화가 없었다고 본다. 알타이어의 교착어로서의 특징도 한국어와 비교할 만하지 않다. 부리야트 방언에서 '나는 간다'는 'bii yabana-b'인데 'b'는 1인칭 어미이다. 골디어에서 '내가 죽인다'는 'mi waaram-bi'인데 'bi'는 1인칭 어미이다. 국어에는 없는 인칭 어미들이 있다. 물론 우리 중세 국어에는 '오/우'가 있었던 점은 참고할 사항이다.

한국어에는 주격 조사, 호격조사가 있고, 인칭 어미가 없고, 형용사가 활용을 하며, 명령형 어미가 어간에 따로 붙으며, 접두사가 쓰이고, 공동칭 대명사가 있고, 양성용언이 있는 점은 알타이어와 다른 특징으로 제시된다. 주격 조사의 보기를 들면 터키어의 'bu adam kimdir'는 '이 사람이 누구인가'인데, 사람인 'adam'에는 주격의 표시가 없다. 이 점은 몽고어와 만주어도 같다. 강길운(1983: 72) 참조.

의 보기는 야쿠트어의 경우 as(열다)와 a:s(배고프다), 칼카어의 경우 ula(산)와 u:la(발바닥), ar(무겁다)와 a:r(야위다)를 보기로 들었다. 김방한(1983: 63) 참조.

2 지역어

방언이란 중심 지역의 언어인 표준어와 상대되는 지역의 언어 즉 지방 언어이다. 표준어란 일정한 언어 단체 내에서 모든 사람들에게 규준이 되게 공인된 언어로, 지리적, 시대적, 계급적으로 표준이 되는 언어이다. 현대 국어의 표준어는 "교양 있는 사람들이 두루 쓰는 현대 서울말로 정함을 원칙으로 한다."이다. 이 규정은 1988년에 개정된 것으로 1933년에 제정될 당시에는 "표준말은 대체로 현재 중류 사회에서 쓰는 서울말로 한다."와 비교된다.

방언학이란 지역 언어에 대해 그 어휘, 음운, 문법 등의 사실을 정확히 기술하고 특징을 밝히는 것이다. 언어의 차이는 행정구역에서의 구획과 다를 수 있는데, 국어 방언은 행정 구역에 따라 방언의 차이가 뚜렷이 나타난다. 국어의 방언은 크게 충청, 경상, 전라도를 중심으로 한 남부 지방 방언과, 경기, 황해, 평안, 강원을 중심으로 한 북부 지방 방언으로 나누어진다. 두 지역의 방언의 차이는 중간 자음 'ㅂ, ㅅ, ㄱ'의 유지 여부의 차이에서 대표적으로 나타난다. 대체적으로 남부 지역에서는 유지하고, 북부에서는 탈락되는 경향이 있다. 함경 지역어가 남부 지역어와 유사 관계를 보이는 것은 역사 속에서 동일한 언어 기층을 이룬 시기가 있을 것으로 추정된다. 한국방언학회(1973: 238) 참조.

'ㄱ'이 유지되는가 탈락되는가의 지역에 따른 차이는 다음과 같다. 행정 구역 내부에서도 차이가 있고, 다음에서 든 것은 다른 여러 표현의 일부이다. 실제로는 이보다 더 다양한 형태로 나타난다. 김형규(1974) 참조.

(5) ㄱ. 내:
    ㄱ유지; 냉갈(전남, 전북), 냉기(전남, 경남), 냉굴(함경), 내굴(함
           남), 내구리(평북)
    ㄱ탈락; 내(경기를 위시한 대부분)
  ㄴ. 수레; 아욱과에 딸린 한해살이 풀
    ㄱ유지; 술기(함경, 경북)
    ㄱ탈락; 수레(함경 제외 대부분)
  ㄷ. 바위:
    ㄱ유지; 바구(경상, 전남), 방구(경상, 충북, 강원, 황해)
    ㄱ탈락; 바우(충청, 경상, 전라, 강원, 황해), 바위(경기, 충남), 바
           이(경상)
  ㄹ. 벌레:
    ㄱ유지; 벌기(경북), 벌개(강원), 벌거지(경기), 볼가지(전남)
    ㄱ탈락; 벌레(경기, 강원), 버레(전북), 벌레이(경남), 버랭이(제주)

이 밖에도 ‘가랑비(갈강비), 구멍(궁기), 개울(개굴), 올해(올개), 입술(입수구리), 쓸개(쓰래), 가루(갈기), 머루(멀구), 생강(새앙), 나무(낭구), 뿌리(뿌래기), 도라지(돌가지), 모래(몰개, 모새), 바위(바구), 고리(골기), 가볍다(가갑다), 쓰다(쓰겁다), 짜다(짜갑다), 만든다(맹긴다)’ 등의 어휘들이 있다.

‘ㅂ’이 유지되는가 탈락되는가의 지역에 따른 차이는 다음과 같다.

(6) ㄱ. 확: 절구의 아가리로부터 움푹 들어간 부분
    ㅂ유지; 호박(경남, 경북, 함남, 함북, 강원 일부), 호배기(경남, 함
           북, 함남), 호방(경북)
    ㅂ탈락; 확(경기, 황해, 평안, 강원, 전라, 충청), 학(충청, 전라),
           혹(제주)
  ㄴ. 아욱: 아욱과에 딸린 한해살이 풀

ㅂ유지; 아북(함경, 경상), 아복(함남, 경북)

ㅂ탈락; 아욱(경기, 충청, 평안, 황해, 전라, 경상), 아옥(강원, 황
해, 경기, 충청, 전라, 경상 일부)

ㄷ. 홀어미: 과부

ㅂ유지; 호부래미(경상), 호부러미(경북), 하부래미(함북), 호부러
멩이(경북, 경남)

ㅂ탈락; 호리미(경북), 호레미(충청), 호러미(대부분의 지방), 홀어
망이(경북), 호러망(제주)

ㄹ. 놀:

ㅂ유지; 나부리(경북), 노불(함남), 누부리(함남), 나불(삼척)

ㅂ탈락; 놀(경기, 강원,), 노을(김포), 노울(전남), 나울(경북), 나오
리(경북), 농을(충북)

ㅁ. 누에:

ㅂ유지; 누베(경북, 함경), 누비(경북, 함남), 느배(의성), 니비(경상)

ㅂ탈락; 누에(경기, 강원, 충북), 누이(황해), 누왜(황해), 눙에(강원)

이 외에도 '가운데(가분데), 누이(누부), 입술(입수불), 벙어리(버
버리), 이웃(이붓), 다리(달비), 우엉(우벙), 새우(새비), 이야기(이바
구), 혼자(호분자), 고소하다(고습다), 무섭다(무서버), 짜다(짭다)'
등이 있다.

순경음 비읍(ㅸ)은 훈민정음 창제기에 이미 소실 단계에 있던 음
운으로, 훈민정음 반포 이후 15년을 넘지 못하고 사라졌다. 훈민정
음 반포 이전에 많은 어휘에서 '오/우'의 흔적만이 남고 탈락된 것
으로 보인다. 이들의 'ㅂ'음이 경상남도 방언에 많이 남아 있다. 15
세기보다 고형이 방언에 남아 있는 것이다.

중세 국어의 표기는 '가온디'만 나타남에 비해 방언에는 '가분데,
가분대'가 나타나기 때문에 역사적으로 'ㅂ'음이 존재했음을 추정
할 수 있다. '흐옷'은 홑의 의미를 가진 중세어이다. '흐ᄫᅀᅡ'는 명

사형 '흥븟'의 부사형이다. '흥븟'에서 '흥옷'이 이루어진 것으로 보인다. '흥옷'은 홋을 거쳐 홀이 된다. 홀어미의 고형인 '흥올어미'에 대해 '호불어미, 호부러미', '홀아비'의 고형인 '흥올아비'에 대해 '호부래비'가 방언에 있다. '노을(노불, 노부리, 나부리), 누에(누베, 누비, 뉘비, 니비), 누위(누부, 누비), 버워리(버버리), 흥옷(호붓)'도 같은 원리이다. 김형규(1974) 참조.[5]

'ㅅ'이 유지되는가 탈락되는가의 지역에 따른 차이는 다음과 같다.

(7) ㄱ. 무:
ㅅ유지; 무수(경기, 충청, 강원), 무시(전라, 경상)
ㅅ탈락; 무(충남, 강원, 경기), 무이(강원, 황해), 미우(황해), 뮈우(경기, 황해)
ㄴ. 김:
ㅅ유지; 지심(전라, 충남, 경상, 강원, 함남), 지슴(전라, 충남, 함남), 지섬(경상), 기심(경북), 기섬(함북)
ㅅ탈락; 김(경기, 황해, 평안), 짐(경북, 충청, 강원), 지움(충남)
ㄷ. 가위:
ㅅ유지; 가시개(전라, 경상, 전남), 가새(전라, 충청, 경기), 가시(경남)
ㅅ탈락; 가위(경기, 경북), 가왜(황해, 평남), 가우(경기, 황해), 가이(강원, 경북), 가애(경북)
ㄹ. 가을:
ㅅ유지; 가실(충북, 전남북), 가슬(전북), 가실개(강원)
ㅅ탈락; 가을(경기, 경북), 갈(경기, 경북), 가올(경남), 가울(강화), 갈개(강원)

---

5) '고양이'에 대한 방언은 '고내, 고내기(경북), 고냉이(경북, 경남, 강원, 함경)' 등으로 나타나는데, 역사적으로는 계림유사에 '猫曰 高尼'라 하였고 「삼국사기」 지리지에는 '高伊子方言猫也'라 하였다. '고양이'는 '고이'에 '앙이, 양이'가 붙은 것이다.

이 밖에 '마을(마실), 아우(아수), 여우(여수), 겨울(겨슬), 부엌(부석)' 등도 'ㅅ'이 탈락되거나 유지되고 있다.

남부지역과 북부지역의 방언의 차이는 모음에서도 나타난다. '우/이'와 '우/오', '으/어', '으/이', '아/오' 등이 대응된다. 한국방언학회(1973: 242) 참조. 그러나 이것도 남부와 북부가 엄격히 구분되는 것은 아닌 경향성을 갖는다. '수수'는 충·남북, 경기, 강원, 황해, 평남 등에서는 '수수'로 전북에서는 '쑤수'로 나타나고, 전남, 경상남북에서는 '수시' 또는 '쑤시'로, 경남에서는 '수이', 함·남북과 강원에서는 '수기'로 나타난다.

(8) ㄱ. 우/이: 수수(수수, 쑤수/수시, 쑤시, 수이, 수기), 가루(가루, 갈루/가리, 갈리), 노루(노루/노리), 자루(자루/자리)

ㄴ. 이/우: 나비(나비/나부), 도끼(도끼/도꾸), 종이(종이/종우), 침(침/춤)

ㄷ. 우/오: 기둥(기둥, 지둥/기동, 지동), 개구리(개구리, 깨구리/개고리, 깨고리, 깨고락지), 메추라기(메추래기, 매초리/매추리), 아욱(아욱/아옥)

ㄹ. 오/우: 손톱(손톱/손툽), 송곳(송곳/송굿), 저고리(저고리/저구리), 가오리(가오리, 개오리/가우리, 개부리)

ㅁ. 으/어: 읍(읍/업), 들(들/덜), 틈(틈/텀), 구름(구름/구럼)

ㅂ. 으/이: 그림(그림/기림), 끓이다(끓인다/깷인다), 드리다(들인다/디린다), 오르다(오른다/오린다)

ㅅ. 아/오: 팥(팥/퐅), 말(말/몰), 파리(파리/포리), 팔(팔/폴)

방언은 보수적인 특징이 있다. 끊임없이 변화가 이루어지는 언어 전파의 중심지에 비해 산간지대를 비롯한 외진 지역은 변화가 적다. 방언이 고형을 유지하고 있는 것으로 보이는 자료들이 있는 것은 이 때문이다.

3 남한과 북한의 다른 문법 해석

남북 분단 이전에도 남한과 북한은 지역어로서의 차이를 가지고 있었지만, 체제가 달라짐으로써 어휘의 차이가 생기고, 어문 규범에서도 표준어와 문화어와 차이를 보이고 있다. 그러나 이러한 차이는 언어의 이질화로 우려할 만한 것은 아니다. 국어 문법에 대한 견해 차이도 남한 안에서 나타날 수 있는 다양한 견해의 하나에 지나지 않는다.

격체계와 문장성분의 해석은 문법적 관점의 차이나, 문장 구조 인식의 차이를 비교하기에 유용한데, 남한과 북한의 문법 해석의 차이는 격의 해석에서 분명히 구분된다. 남한 문법에서는 격과 성분을 기능적 관점에서 해석하는 견해가 주류를 이룬다. 북한 문법에서 격과 문장성분과의 관계는 대체적으로 일치하지만, 보어를 이루는 격은 여러 격으로 세분되어 있는 점이 남한 문법과 구별된다. 문장 속구조의 인식 여부도 남한과 북한의 문법적 차이를 보여주는 문법 해석이다.

북한의 격체계는 각 문법서마다 용어와 범위의 차이를 가지고 있을 뿐, 대부분 형태를 중심으로 기능을 고려하는 관점이다. 「조선어 문법 1」(1960: 142)에서는 "격체계는 주격, 속격, 대격, 여-위격, 조격, 구격, 호격 및 절대격의 여덟 가지 격으로서 형성되어 있다." 하였다. 「조선문화어문법규범」(1976)에서도 주격토, 대격토, 속격토, 여격토, 위격토, 조격토, 구격토, 호격토로 나누었다. 「조선문화어문법」(1979)이나 「문화어문장론」(1983) 등에서의 격체계도 별 차이가 없다. 리근영(1985) 「조선어 리론문법, 형태론」6)에서는 "체

---

6) 주격토는 세움말과 보탬말을 이룬다. '되다'에서 행동의 결과가 이루어지는

계구성에서는 다른 형태론적 범주 구성에서와 마찬가지로 우선 문법적 형태에 기초하게 된다." 하였다. 이는 격의 설정이 형태론적 관점에서 세워져야 함을 보인다.

격과 문장성분은 상당 부분 일치하지만 일대일 대응 관계를 갖는 것은 아니다. 목적어와 여러 부사어들을 주로 보어 범주에서 다루었다. 「조선어문법 2」(1963)에서 문장성분은 주어, 술어, 규정어, 보어[7], 상황어로 구성되어 있고, 동종의 문장에 대한 총괄어와 제시어가 있다. 문장성분 밖에 오는 어들로는 호칭어, 삽입어, 감동어가 있다. 「조선문화어문법규범」(1976)에서의 문장성분의 갈래는 맞물린 성분과 외딴 성분이 있는데, 맞물린 성분에는 풀이말, 세움말, 보탬말, 들임말, 꾸밈말, 얹음말이 있다. 외딴 성분에는 부름말, 끼움말, 느낌말, 이음말, 보임말이 있다. 이전의 문법서와 명칭과 분류에서 큰 차이가 있다. 「조선문화어문법」(1979)에서의 문장성분도 거의 같다. 보탬말은 체언이나 체언형의 대격, 여격(에게), 위격(에서), 조격(로), 구격(와) 형태로 표현된다. 일정한 보조적인 단어를 써서도 표현되는데 '관하여, 같이, 함께'이다. 보탬말은 기능에 따

대상, '아니다'에서 부정되는 대상은 보탬말이 된다. 「조선문화어문법」(1979: 248) 참조. 대격토는 행동이 직접 또는 간접으로 미치는 대상만이 아닌, '행동의 목적과 내용, 장소, 시간 및 량적관계', '변화되여 이루어지는 대상' 등을 나타낸다.

7) '보어'는 "어떤 행동이나 상태가 성립되기 위하여 관여하게 되는 보충적인 대상을 나타내는 부분이다". 보어가 어떤 관계를 가지고 보충적 객체로 되는가에 따라 '직접보어, 간접보어, 대비의 보어, 전성의 보어, 상태의 보어, 조성의 보어, 국면의 보어, 방도의 보어, 재료의 보어'가 있다. 간접보어는 "타동사로 표현된 문장성분과 련결되면서 그 행동의 성립상 필수적으로 직접 보어 다음에 요구되는 보충적 대상을 나타내는 보어다." 간접보어는 여위격 토 '에게, 에', 대격 토 '를' 등에 의하여 표시된다. "닭을 모이를 많이 주었소."

라 직접적인 보탬말, 간접적인 보탬말, 변화의 보탬말, 상대의 보탬
말, 형성자의 보탬말, 정황의 보탬말, 시간 공간적인 보탬말로 나누
었다. 간접적인 보탬말은 입말에서 격토 '를, 을'에 의한 대격형으
로도 이루어질 수 있다. '저 닭을 모이 좀 주지', '그 꽃나무를 물
을 흠뻑 주어라'와 같다. 상태의 보탬말은 보조적으로 '같이, 달리,
함께'로도 표현될 수 있다. 외딴성분에는 느낌말, 부름말, 끼움말,
이음말, 보임말이 있다.

  「문화어문장론」(1983)에서는 자리토와 문장성분의 대응 관계가
있음을 보이고, 맺음토를 비롯한 서술토도 자리토로 다루었다.[8] 맞
물린 성분은 다시 술어, 주어, 보어, 인용어, 상황어, 규정어로 나눈
다.[9] 부사어인 상황어에는 부사와 용언의 꾸밈형이 이루는 것으로
구분하였다. 보어가 나타내는 것은 "행동이 직접적으로 미치는 대
상, 행동이 간접적으로 미치는 대상, 행동이 이루어져 변화되는 대
상, 행동이나 상태가 일어지는데 관계되거나 비교되는 대상, 행동
이 이루어지는 원인, 방식, 수단, 자료, 분량, 행동이 이루어지는 장
소, 방향, 시간"을 나타낸다 하였다. 일부 문법책에서 보어를 지나
치게 세분함을 비판하고,[10] 보어가 체언의 대격, 여격, 위격, 조격,

---

8) 자리토들의 갈래와 문장성분의 갈래사이에는 어느 정도의 대응관계가 존
   재함을 보이고, "맺음토-주로 맺음술어, 이음토-주로 이음술어, 얹음토-주로
   규정어, 꾸밈토-주로 상황어, 주격토-주로 주어, 속격토-주로 규정어, 대격
   토-주로 보어, 여격토-주로 보어, 위격토-주로 보어, 조격토-주로 보어, 호
   격토-주로 부름말"의 상관 관계를 갖는다 하여 토와 문장성분과의 관련성
   을 지적하였다.
9) 주어와 술어와의 관계에서 '주어, 술어'를 주성분이라 하고, '규정어, 보어,
   상황어'를 부성분이라 하는 논의와 '주어, 술어' 가운데 주어를 가장 중요
   한 자리로 보는 주장이 있음을 지적하고, "조선어에서 주어는 문장의 구조
   적중심으로 될 수 없으며 주어는 술어보다 웃자리에 놓일수 없다", "조선
   어에서 주어는 문장구성의 필수적요소가 아니다." 하였다.

구격 형태로 이루어짐에 비해, 상황어는 부사와 용언의 꾸밈형으로 이루어지는 것으로 구별하였다. 보어의 필수성과 수의성과 관련된 문장성분의 분류의 관점에서 보면 여기서 논의된 보어가 보어인가 부사어인가의 문제는 여전히 남는다.

「조선어 리론문법, 문장론」(1986)에서는 문장성분을 크게 세 가지로 나누어 '맞물린성분', '외딴성분', '단독성분'으로 나눈다. 문장성분과 격과의 관계에 대하여, "문장성분의 표현문제에서 '한 형태의 한 기능, 한 형태의 한 의미'만을 추구하는 방향으로 나가면 불피코 형식주의적 편견에 사로잡히게 된다. 이리하여 모든 주격형태는 주어, 모든 사격형태는 보어로 처리하는 것과 같은 경향에로 나갈 수 있다. 이와 반대로 "한 형태의 다양한 의미'를 론리적인것에서만 찾는다면 종잡을 수 없이 갈라진 성분의 종류를 인위적으로 가르게 된다."고 비판하고, "구조-문법적 입장에 서서 한 형태의 다의성, 다기능성, 한 의미의 다형태, 다기능, 한 기능의 다형태화, 다의미화의 원칙을 인정하는 것이 가장 공정한 처리방법이다."라고 하여 격의 형태, 의미, 기능의 관계를 논의하였다.

남한 문법에서 기능적 관점에서 부사격 조사로 한데 묶는 조사에 대하여, 북한에서 '여격, 위격, 조격, 구격'으로 나누어 격을 달리하는 점은 격에 대한 형태 중심의 관점이다. 격과 문장성분을 동일시하는 남한 문법에서 부사어를 이루는 부사격 아래 여러 조사들이 모이는 것에 비해, 형태를 바탕으로 의미와 기능을 고려하는 북한 문법에서는 보어를 이루는 여러 격들이 제시된다.

---

10) 직접보어와 간접보어, 더 나아가 전성의 보어, 대비의 보어, 상대의 보어, 조성의 보어, 국면의 보어, 방도의 보어, 재료의 보어, 자격의 보어를 두기도 함을 지적하고, 이와 같은 소분류에 의하여 보어의 종류를 설정한다면 여기에 그치지 않을 것이라고 비판하였다. 「문화어 문장론」(1983: 91) 참조.

보어와 부사어의 구별이 문장성분에서 중요한 것은 보어는 필수성을 전제로 하고 부사어는 수의성을 염두에 두기 때문이다. 남한 문법에서는 부사격에 의한 문장성분들을 대부분 수의적이라고 본다. 북한 문법에서 '여격, 위격, 조격, 구격'을 보어로 다루는 것은 보어에 대해 필수성을 전제하지 않는 것이다.

주시경(1910)에서는 속구조를 인식하여 "저 사람이 노래하면서 가오"에 대해 '(저) (사람이) 가오'의 속구조가 있음을 지적하였다. 그러나 이러한 속구조의 인식은 "(人) (人) 먹는다"와 같은 단문이나 접속문에서 나타나고, 관형사절이나 부사절에서의 속구조에 대한 인식은 없다. 주술 구조를 갖추지 않은 관형사절을 '마디, 또는 마듸'라 하지 않았다. "저 붉은 봄 꽃이 곱게 피오"에서 '붉은'은 '언', '곱게'는 '억'으로 '붉은'과 '곱게'는 '금이듬'이라 하여 속구조나 '절' 단위를 인정하지 않았다. "이마가 붉은 두름이가 소리가 길게 울더라"에서 '이마가 붉은'은 '금이드' 또는 '언드'라 하고, '소리가 길게'는 '금이드' 또는 '억드'라 하였다. "'드'는 아모리 적어도 임, 남 두 이가 잇음을 이름이니라." 하여 '드'가 '절'의 단위임을 보였는데 주술 구조를 갖춘 관형절과 부사절은 '절'로 해석하였지만, '붉은', '곱게'의 속구조까지를 고려하지는 않았음을 보여준다.

김두봉(1916)에서도 '주어'가 나타나지 않는 '관형어', '부사어'가 나타나는 문장들(좋은 꽃 나무도 많더이다, 나비가 꽃 속에서 질겁게 날아다니더냐)을 홋월로 다루어 이들에 대한 속구조를 인정하지 않았다. "꽃과 잎이 붉고 푸르고나"에서와 같이 '뭇임자'와 '뭇풀이'로 이루어지는 문장도 홋월로 보았다. 이것은 문장 구성 측면보다 결과 즉 표현의 측면을 중시하였기 때문이다. 겉구조에 주술 구조가 나타나지 않으면 마디로 인정하지 않는 겉구조 중심의 해석 때문이다. "무겁을 <u>벗은</u> <u>맑은</u> 맘이 가을 하늘에 (돋은) 달과 같도다", "<u>미친 물결 만난</u> 사공 <u>얼 차리고</u> <u>힘 다해서</u> <u>더욱 더욱 노를 젓어</u> 마츰내 저 언덕에 (다다르고나)"의 보기도 이와 같다.

최현배(1955, 1982: 738-746)에서는 "마디는 끝나기만 하면, 또는 따로 서기만 하면 월이 될 만한 짜힘을 가진 말이 완전히 끝나지 아니하고, 또는 따로 서지 아니하고, 다만 월의 한 조각이 됨에 그치는 것"이라 하였다. "이은말은 여러 낱말이 모여서 한 겹진(複雜한) 뜻을 나타내되, 아직 온전한 생각을 나타내는 것이 되지 못한 것, 곧 월은 물론이요 아직 마디도 되지 못한 것"으로 규정하였다. 표면에 나타난 현상을 중시한 '절'과 '구'의 구별이 이와 같이 명백한 구별을 주기는 하지만 겉구조를 중시함에 따라 연관성이 있다고 여겨지는 짝들의 상호 관련성을 놓칠 수 있다. "(우리가) <u>자유를 사랑함</u>은 사람의 본질이다"는 '구'이고, "<u>우리가 자유를 사랑함</u>은 사람의 본질이다"는 '절'이라 하고 하는 것은 둘 사이의 관련성을 놓치게 된다. 속구조에서는 생략된 성분을 완전히, 또는 완전하지 않으나 회복할 수 있기 때문에 둘 사이의 관련성을 인정하지 않을 수 없다.

박상준(1932)에서는 문장을 '구어'라 하였다. "구어라 하는 것은 단어가 연합하야, 한낱 완전한 의사를 표현하는 말이니 이를 문이라고도 이른다." 하였다. "맑은 바람이 잘 부오"를 단구어로 보아 속구조는 인정하지 않았다. 반면에 주술 구조를 갖춘 "맑은 물이 흐르는 큰 강이 잇다"는 수식어구라 하였을 뿐만 아니라, "<u>약속을 잘하는</u> 사람은 그 약속을 잘 잊어버린다", "하늘은 <u>자기를 돕는</u> 사람을 도아준다", "<u>여명시에 일즉 오거든</u>, 너는 저리 가거라."도 수

식구어로 다루었다. 이는 관형어나 부사어만으로 이루어진 수식어는 속구조를 인정하지 않은 반면에 둘 이상의 단어 연결로 이루어진 수식어는 속구조를 인정하여 복구어로 해석한 것이다.

단일한 관형어나 부사어로 수식 관계를 이루는 수식어는 문장 구성과는 구별되는 단어이어서 마디로 해석할 수 없지만 '자기를 돕는'과 같이 다른 문장성분이 있어서 문장과 연계시킬 만한 경우에는 속구조를 인정하여 마디의 일부 성분 생략으로 해석한 듯하다. 다른 문법서에서는 이러한 두 단어 이상으로 이루어진 구 차원의 성분에 대한 보기가 없었다는 점에서 속구조 인정의 중요한 암시를 보이고 있다 할 수 있다.

북한 문법에서는 안긴문을 이루는 명사절, 관형사절, 부사절의 내포절은 단순문의 문장성분에 대한 확대 성분에 불과한 것으로 보고, 이어진문을 이루는 선행절, 후행절과 분명히 구별하여 '구'로 다루었다. 이어진문을 이루는 연결 문장은 '절' 또는 '단일문'이라 하는데 대부분 주어 술어를 갖춘 것을 대상으로 하였다. '구'에 대해 속구조를 인정했다고 볼 만한 것은 '구'를 성분을 확대하는 단위로 보았기 때문이다. 북한 문법에서와 같이 내포문을 이루는 절과 접속문을 이루는 절을 엄밀히 구별할 필요성에 대한 인식의 문제가 제기된다.

4 국어 연구의 큰 흐름

국어에 대한 학문적인 연구는 훈민정음이 창제된 시기가 출발점이다. 국어에 대한 관심은 이 시기 이전에도 있었지만 국어의 연구가 체계적으로 제시된 것은 이 시기이기 때문이다.

「훈민정음 해례」에 나타난 과학성과 철학성은 그 연구가 비록 음운, 음성에 한정된 것이지만 논리가 정연하고 명확한 서술에 바탕하고 있다. 「훈민정음 해례」에 나타나 있는, 한글을 만들 때 고려하였던 언어학적인 이론은, 뜻을 구별하여 주는 말소리의 가장 작은 단위인 음소(音素)를 인식한 점과, 글자를 만들 때 소리를 내는 자리와 방법에 근거하는 조음 음성학적인 방법을 이용하고, 소리와 소리를 구별하여 주는 구별의 특질 즉 변별적 자질에 근거하여 한글을 만든 점이다. 훈민정음을 만들기 위한 「동국정운」에서의 한자음 연구나 다른 문자에 대한 연구도 모두 국어학 연구에 중요한 업적이다.

국어학 연구는 최석정의 「경세훈민정음도설」, 황윤석의 「화음방언자의해」, 정동유의 「주영편」, 유희의 「언문지」 등을 통해 이어지면서 역이론, 음소관을 보이면서 철학적, 언어적 연구가 이루어졌다. 그러나 이러한 연구들은 모두 소리와 관련된 성운학이나 음성, 음운의 연구로서 문법적인 연구는 체계적으로 이루어지지 못했다.

문법적인 연구가 이루어진 것은 개화를 통하여 서양의 문법을 받아들이게 되는 근대에 이르러서이다. 문법 연구의 초기에서 남북 분단까지의 연구를 살펴 보면 국어학의 연구는 외국인에 의해 시작되었다.11) 이들은 모두 서구 문법을 기초로 한 연구이기 때문에

---

11) 김민수(1986) 참조. 단편적인 기술로는 Sidbold(1832)가 국어의 문법 윤곽을 기술했고, 화란 선교사 uzlaf(1832)는 국어 문법을 단편적으로 기술했다. 체계적인 연구는 Dallet(1874)가 문법의 체계를 최초로 갖추었으나, Ridel(1881)을 참고하여 발표시기의 문제가 있다. Ridel(1881)은 국어 문법 전반을 체계화한 최초의 단행본으로 평가 받는다. 실용 문법서로는 Underwood(1890)가 있다. 「역대한국문법대계」 참조.

국어의 특징을 잘 설명하지 못하였다.

최광옥, 유길준의 「대한문전」에서 우리들에 의한 국어의 문법적인 연구가 비롯되어 주시경의 「국어문법」에서 틀을 이루었다. 주시경의 분석적 체계에서 기틀이 잡힌 국어 문법의 연구는 품사 분류와 관련하여 최현배를 중심으로 한 준종합적 체계, 정열모를 중심으로 한 종합적 체계와 김두봉을 중심으로 한 분석적 체계로 다양한 견해를 가지면서 연구가 진행되었다.[12]

이러한 연구는 분단으로 인하여 단절된 남북이 다른 학문적인 입장에 의한 다른 언어 규범을 갖기에 이르렀다. 남북 분단의 초기에는 남북한이 동일한 맞춤법과 문법을 사용하였으나 점차 다른 체계를 이루어 갔다. 북한의 경우 조선어 철자법의 사용과 문화어 운동의 전개를 거쳐 북한대로의 문법 체계를 이루었다.

국어학의 연구는 개화기부터 외국의 문법 이론을 도입하면서 이루어졌기 때문에 서구 언어학 연구에 기반을 두고 있다. 개화기로부터 50년대까지의 서양 언어이론의 수용은 주로 유럽 쪽의 것이었고, 그 방법은 일본어에 적용된 것을 모델로 하거나 일본인 교수에 의하거나 일본어로 번역된 것을 통한 것이었다. 남기심(1989) 참조. 50년대 후반부터 미국의 기술언어학이 도입되었고, 이후 생성문법이 도입되면서 생성문법의 연구에서 많이 논의되었던 주제

---

12) 유길준(1906, 1909)과 최광옥(1908)의 「대한문전」이 최초의 문법서이고, 주시경(1906)은 유인된 대한 국어문법이고 (1910) 국어문법은 문법체계를 갖춘 대표적 저술이다. 분석적 관점은 주시경을 중심으로 김두봉(백연, 배못, 1916, 1922)이 대표적이다. 준종합적 관점은 분석적 언어관과는 달리 조사를 독립 품사로 세우는데, 최현배(1930)가 대표적이다. 종합적 관점에서는 어미뿐만 아니라 조사도 품사로 세우지 않는다. 정열모(1946)의 「신편고등문법」이 가장 대표적인 문법서이다.

들을 중심으로 연구하였다. 생성 이론 중심의 국어 연구를 통해 국어의 많은 문법적 특징이 밝혀지고 체계화되었다. 생성문법이 인지문법에 비판을 받으면서 국어의 연구도 생성문법과 인지문법의 이론에 근거한 연구와 국어 현상을 중시하는 연구가 공존하며 이루어지고 있다.

학교문법은 해방 이후 해방 이전의 것을 개편하여 사용하다가 1949년에 문법 통일을 위한 시도로서 한자어와 우리말로 된 292개의 문법 용어를 제정하고 검인정제를 실시하였다. 이후 1963년에 학교문법 통일안이 작성되어 9품사로 통일되고, 일부 용어가 다시 통일되었다. 현행 학교문법서는 1985년에 통일된 고등학교문법을 기반으로 한 국정교과서로서 2002년에 전체적인 체계와 일부 내용을 개편하였다.

북한에서의 문법은 분단 후 1948년까지 한글 맞춤법 통일안을 사용하다가 조선어 신철자법을 1948년에 공포하였는데, 한자어 표기에서 어두에 ㄹ, ㄴ을 둔 점이 큰 차이이다. 남한과 다른 체계의 형성은 1954년의 조선어 철자법에서 비롯되는데 형태, 음소적 원리는 같으나 배경 문법체계가 다르다. 예를 들면 단어가 아닌 토를 세웠다. 문화어 운동은 평양 중심의 주체 이론을 바탕으로 한 국어 운동으로 남한의 학교문법과 구별되는 문법 체계를 완성하기에 이른다. 「조선 문화어 문법」(1979), 「조선어학 개론」(1983), 「문화어 형태론」(1980), 「문화어 문장론」(1983) 등이 대표적 저작들이다.

제11장
국어가 걸어온 모습

1 훈민정음의 창제

국어의 역사는 언제부터 시작되었는지 모르지만, 우리 민족의 역사와 함께 하였을 것으로 추측된다. 국어의 역사를 알 수 있는 것은 글을 통한 자료에 의해서이다. 이들 문헌 자료들이 국어학 연구의 대상이 된다. 국어의 온전한 모습을 알 수 있는 것은 훈민정음 창제 이후의 문헌에 의해서이다. 이전 시기의 국어는 국내외의 자료를 통하여 단편적으로 알 수 있을 뿐이다.

중국 역사서 「삼국지 위지(三國誌 魏誌) 동이전(東夷傳)」에는 고구려를 비롯한 한반도의 언어 상황에 대한 기록이 나온다.[1] 국어를 살펴볼 수 있는 고대 국어 자료는 삼국시대의 금석문인 남해도 석각문, 광개토왕릉비문, 울주 천전리 서석, 경주 임신 서기석, 평양 고구려 성벽 석각, 경주남산신성비, 김천 갈항사 석탑의 글이 있다. 삼국시대의 문헌 자료로는 향가가 수록되어 있는 「삼국유사」와 「균여전」, 고유명사 표기가 기록되어 있는 문헌으로는 「삼국사기 지리지」에서 지명을, 「삼국유사」에서 인명을 많이 찾아 볼 수 있다.

「삼국사기」에는 고대 국어 자료들이 나타나는데 보기를 들면, 사람이름을 나타낸 것으로 '居柒夫 惑云 荒宗, 赫居世王 盖鄕言也 或作不居內王 言光明理世也'가 있다. 땅이름을 나타낸 보기로 '淸風縣 本高句麗 沙熱伊縣, 永同郡 本吉同縣'을 들 수 있다.

---

1) 고구려는 '옛말에 이르기를, 동이는 부여의 별종이라 하고 말과 법과 풍속이 같음이 많다. 東夷舊語以爲夫餘別種 言語諸事多與夫餘同 其性氣衣服有異.(後漢書, 魏誌), 예는 '말과 법과 풍속이 대개 고구려와 같은데, 옷이 다른 점이 있다.'(魏誌), 동옥저는 '말과 음식과 거처와 옷이 고구려와 비슷한 데가 있다.'(後漢書), 신라는 '그 절하는 법과 행동이 고구려와 같다. 말은 백제로 말미암아 소통된다.'(梁書). 허 웅(1983), 김윤경(1938) 참조.

  중세 국어인 고려 건국에서 조선 시대 훈민정음 창제 시기는 차자표기 중심의 문헌들인 「향약구급방」, 「구역인왕경」, 「유가시지론」, 「대명률직해」, 「양잠경험촬요」, 「계림유사」, 「조선관역어」 등을 통해 당시의 국어의 모습을 얼마간 살펴볼 수 있다.

  국어의 온전한 모습을 알 수 있는 것은 훈민정음의 창제 이후이다. 훈민정음 창제 이전에도 국어의 모습을 알 수 있는 자료들이 있으나 이는 어휘나 일부 문법 형태를 통한 부분적인 자료일 수밖에 없다. 따라서 국어학의 총체적이며 확실한 역사적 연구는 훈민정음 창제 당시를 중심으로 현대까지를 향한 전망적 연구와 이전 시기로의 회고적 방법을 통해 이루어진다. 이런 점에서 한글 창제 시기는 국어 연구에서 중심축이 된다.

  훈민정음은 일부 한문 숭상 세력의 반대에도 불구하고 세종대왕의 국민을 위한 실용, 자립, 문화 의식에 의하여 창제되고 반포된 우리의 글이다. 세종대왕은 훈민정음 창제와 더불어 용의주도한 보급을 시도하였다. 문학 방면에는 「용비어천가」를 지어 조상들의 큰 덕을 기리고 한글의 표현력을 입증하였다. 정치 방면에서는 반포 후 곧 정무에 한글을 쓰고 문관 채용에 한글을 한 과목으로 삼도록 교시하였다. 경제 방면에는 별전 '효뎨례의'를 주조하여 많은 사람에게 한글이 퍼지도록 유도하였다.

  훈민정음 창제 이후의 국어의 역사는 일반적으로 15세기 훈민정음 창제 시기부터 16세기 임진란까지를 한 시기로 보고(후기 중세), 이후 임진란 이후부터 갑오경장까지를 또 한 시기로 보고(근대), 그 이후부터 지금까지를 현대로 본다.[2]

---

2) 이기문(1972)에서의 시대 구분은 고대 국어(~9세기 말), 전기 중세 국어

훈민정음 창제 시기인 중세 국어의 연구에 이용되는 문법 자료는 자료를 구성하는 글들의 특징에 따라 크게 '한글 자료'와 '구결, 이두 자료'로 나누어 볼 수 있다. 한글 자료는 한문과 함께 번역 관계를 이루는 글이 많다. 훈민정음 창제 초기인 당시로서는 한자에 근거한 기존의 글을 한글로 보이기 위해서 취한 문자 표현 방법이다. 이들 자료들은 창작에 의한 것인가 번역인가로 크게 나누어 볼 수 있다. 창작으로는 「용비어천가」, 「월인천강지곡」이 있고, 번역으로는 「석보상절」, 「월인석보」와 간경도감에서의 번역물인 「능엄경언해」, 「법화경언해」, 「금강경언해」, 「원각경언해」 등의 불경 언해서가 있다. 「두시언해」와 같은 중국 문학이나, 「삼강행실도」, 「내훈」과 같이 생활에 관련된 내용도 번역되었다. 이 밖에 「악학궤범」을 통해 구전 문학을 기록하였고 「동국정운」과 「홍무정운 역훈」, 「사성통고」로 우리 한자음을 정리하였다.

이러한 작업은 16세기에도 이어져 송강가사와 시조와 같은 문학 작품이 창작된 한편, 불경 번역 사업이 지속되면서 「사서」, 「오경」, 「소학」을 비롯한 유교 경전이 번역되었고, 「여씨향약언해」, 「속삼강행실도」, 「농서언해」, 「잠서언해」, 「구황촬요」 등의 번역과 「악장가사」를 통한 구전 문학의 정착이 이루어졌고, 「박통사언해」, 「노걸대언해」에서 중국어 번역사도 이루어졌다.

이들은 다시 그 표현 형식에 따라 운문과 산문으로 나눌 수 있다.3) 운문으로는 제왕의 위업이나 부처의 행적을 찬양하는 노래로,

---

(10~14세기), 후기 중세 국어(15~16세기), 근대 국어(17~19세기), 현대 국어(20세기초~현대)이다. 김형규(1975)에서의 시대 구분은 고대어(~신라), 중고어(고려 935~1391), 중기어(조선 태조 1392~임란 1591), 근대어(임란~갑오경장), 현대어(갑오경장 1984~)이다.

한문가사가 있는 「용비어천가」와 한글 가사만 있는 「월인천강지곡」
이 있다. 산문에는 「석보상절」과 「월인석보」가 있는데 직역의 번역
이라기보다는 번안의 성격이 강하다. 언해문은 한문이나 중국어의
원문을 앞세우고 이를 한글로 번역한 것으로 번안 자료와 구별된다.
구결문과 언해문이 짝을 이루고 있는 것은 「훈민정음 언해」, 「석보
상절 서」, 「월인석보 서」, 「능엄경언해」를 비롯한 간경도감 간행의
「불경 언해」 등이 있다. 한문과 언해문이 짝지어진 것으로는 「두시
언해」, 백화문과 언해문이 짝지어진 것에는 「번역박통사」와 「번역
노걸대」가 있다. 구결과 이두는 한자를 빌어서 국어를 나타냈던 표
기 방법으로 한글 구결 자료와 대립되는 한자 구결이 있고, 이두는
한문을 국어의 어순에 따라 번역을 하되 중간에 조사나 어미를 넣
고 있으며 때로는 어휘도 바꾼다. '地藏伊 答言爲舍代 仁者下'는
이두의 사용이다.

　훈민정음은 세종 25년(1443년) 계해(癸亥) 12월에 창제되어 세종
28년(1446년) 병인(丙寅)에 반포(훈민정음 서문에 정통 11년 9월 상
순으로 되어 있다)되었다. 훈민정음에 관한 책으로는 「훈민정음 해
례」와 「훈민정음 언해」가 있다.

　「훈민정음 해례」는 한자로 된 훈민정음의 창제 원리에 관한 책
으로 1. 예의(例義) 2. 제자해(制字解), 초성해(初聲解), 중성해(中
聲解), 종성해(終聲解), 합자해(合字解), 용자례(用字例) 3. 정인지
의 서문이 있다. 「훈민정음」 언해본은 여러 이본이 있다. 「월인석

---

3) 고영근(1997)에서는 「월인석보」나 「석보상절」에 나타나는 번안 자료와 언해
　 자료에 나타나는 한자 어휘를 풀이하거나 삽입한 협주 자료를 따로 구분하
　 고(보기: 昧는 어드볼 씨라), 이 외에도 서간 자료와 고려가요를 들고 있다.
　 여기에서의 자료 구분은 이 책의 구분을 따랐다.

보」(세조 5년, 1459년)에 수록되어 있는 「훈민정음 언해」가 가장 오래된 것이다.

「용비어천가」는 세종 27년(1445년) 4월에 완성하여, 세종 29년(1447년) 초간한 악장 형태의 노래이다. 조상들의 큰 덕을 칭송하고 훈민정음으로 이러한 노래를 지을 수 있음을 보이려 하였다. 모두 10권 125장이다. 1, 2장은 서론적인 노래(개국송), 3~109장은 창업의 수고와 이태조의 뛰어난 재주를 중국 고사를 들어 비유한 노래(사적송), 110~125장은 후세 임금에게 교훈을 주는 노래(계왕훈)이다. 훈민정음 창제 이후 최초의 문학작품이고 한글로 된 가장 오랜 모습을 가지고 있어 어휘, 문법 등 국어 연구에 중요한 자료이다.

「용비어천가」는 세종 25년의 초간본, 간년 미상의 고판본, 광해군 4년 간행의 만력본, 효종 10년 간행의 순치본, 영조 41년 간행의 건륭본이 있는데, 만력본이 현존하는 최고의 완본이다. 「용비어천가」는 관현악으로 이루어져 종묘 제향과 조정의 의식에 예가로 불리고 연주되었는데, 여민락(與民樂: 1~4장, 125장의 한문 가사), 치화평(致和平: 1~16장, 125장의 한글 가사), 취풍형(醉豊享: 1~8장, 125장의 한글 가사)이다.4)

「석보상절」은 세종대왕이 정비인 소헌 왕후 심씨가 1446년 3월

---

4) 「용비어천가」에 나오는 해동 육룡과 가족 관계는 다음과 같다.
　　海東六龍
　　穆祖　　　翼祖　　　道祖　　(子興)
　　(이안사)　(이행리)　　　　桓祖(子春)　(天桂)
　　　　　　　　　　　　　　太祖　　　　(成桂)　太宗(방원)
　　고려 말기의 왕: 공민왕, 신우, 신창, 공양왕
　　이성계의 형제:
　　태조의 1부인 신의왕후; 방간, 방우, 방과(정종), 방원(태종), 방형, 방의
　　　　　2부인 신덕왕후; 방번, 방석

에 승하하자 비의 명복을 빌기 위하여 수양대군으로 하여 김수온
이 양승우의 「석가보」와 도 선의 「석가씨보」를 기본으로 삼아 엮
은 증수 「석가보」를 우리말로 옮기게 하여 세종 29년(1447년)에 인
행한 산문이다. 먼저 한문으로 「석가보」를 짓고 이를 한글로 번역
한 것으로 보이나, 이견도 있다. 최현배(1961) 참조. 중세 국어에
흔히 나오는 구결문이 없고 직역의 티가 없어 번안 산문이라 함이
정확하다. 현존하는 국문자 활자본의 최고본이며 문체가 생동적이
고 세련된 구어체 산문이다. 「석보상절」 상재의 경위는 고판본 「월
인석보」 권1에 머리한 수양군의 「석보상절 서」와 세조의 「월인석
보 서」에 있다.[5]

　「월인천강지곡」은 세종이 소헌 왕후의 명복을 비는 뜻으로 수양
대군을 시켜 「석보상절」을 짓게 한 후 이를 보고 나서 몸소 한글
을 주로 하여 지은 노래이다. 「석보상절」과 「월인석보」는 한자를
우선하였으나 「월인천강지곡」은 한글 우선이다. 이는 세종께서 몸
소 지은 노래이기 때문으로 보인다. 세종 31년(1449년) 간행하는데,
상, 중, 하 3책 중 현재 상권 1책이 전한다. 「월인석보」는 수양대군
이 임금이 된 뒤 「석보상절」과 「월인천강지곡」을 합편하여 간행한
것으로 전부 25권 가운데 초간본 1, 2, 7, 8, 9, 10, 11, 12, 13, 14,
15, 17, 18, 23, 25 권과 중간본 1, 2, 4, 7, 8, 21, 22, 23권 등이 전
하고 일부는 전하지 않는다.

---

5) 전부 24권으로 간행된 것으로 보이나 현재까지 발견된 것은 초간본 6, 9,
　13, 19(국립도서관 소장), 23, 24(동국대학교 소장)와 중간본 3(천병식 소장),
　11(심재완 소장)과 나중에 발견된 초간본 20, 21권이다.

2 훈민정음 창제 시기의 국어와 바뀜

모든 언어는 바뀐다. 소리와 단어 그리고 문장을 구성하는 문법에서 여러 변화가 생긴다. 15세기 국어에서 '스랑ㅎ다'는 지금처럼 애정의 의미인 '사랑하다'의 의미와 더불어 '생각하다'의 의미로도 쓰이다가 지금처럼 '사랑하다'는 의미만 남게 되었다. 당시에는 애정의 의미로는 '둣다'와 '괴다'도 쓰였는데 지금은 사라졌다.

> (1) ㄱ. 션비롤 둣ㅅ실씨: 愛(용 80)
> ㄴ. 님ㅎ나 날 괴시니(사미인곡)

'녀름'은 '절기'와 '농사'를 뜻하고, '여름'은 '열매'를 뜻하는 말이었는데, 모두 '여름'으로 소리가 나면서 '절기'와 '열매'를 뜻하는 단어가 되고, '농사'를 뜻하는 의미는 한자어인 '농사'로 대체되었다.

> (2) ㄱ. 긴 녀릆 江村애 일마다 幽深ㅎ도다(두언 7: 3) 절기
> ㄴ. 歲有ᄂ 녀름 둣윌씨라 (월석 서) 농사, 녀름디이
> ㄷ. 곶 됴코 여름 하ᄂ니 :實(용 2)

'행주치마'는 '힝ᄌ쵸마'로, '힝ᄌ(행주)'와 '쵸마(치마)'가 합한 말인데 행주산성에서의 싸움과 관련하여 '행주치마'가 되었다는 어원이 제시되기도 하였다. 그러나 행주산성에서의 전투는 임진왜란 때, 즉 1592년에 권율 장군이 왜군을 크게 이긴 전투이다. '힝자쵸마라'는 단어는 이미 「훈몽자회」에 나오는데, 「훈몽자회」는 중종 22년(1527년)에 지은 한자 학습서이므로 잘못된 어원임을 알 수 있

다. 이를 민간어원이라고도 한다.

국어의 변화의 모습을 온전히 알 수 있는 최초의 시기인 훈민정음 창제 당시의 국어와 그 이후 국어의 변천하는 모습을 문장 구성의 중심 요소인 문법 형태를 중심으로 살펴본다.

1) 문자, 표기법과 소리

훈민정음은 스물여덟 글자이다. 표기법은 받침으로 팔종성(ㄱ, ㆁ, ㄷ, ㄴ, ㅂ, ㅁ, ㅅ, ㄹ)의 표음적 표기를 하였는데 일부 문헌에서는 표의적 표기를 하기도 하였다(「용비어천가」와 「월인천강지곡」에 '곶, 깊고' 등이 쓰였다). 체언과 어간의 받침은 이어지는 조사나 어미가 모음인 경우 이어적기를 하였다. 끊어적기를 한 문헌도 있는데 주로 「월인천강지곡」에 나타난다(눈에, 손ᄋᆞ로, 일울, 믈이, 쑴을, 몸이 등).

사잇소리는 현대에 비해 복잡하였는데 사이시옷 외에도 'ㄱ, ㄷ, ㅂ, ㅸ, ㆆ'이 사잇소리로 쓰였다. 「용비어천가」에서는 점을 찍어 구나 문장을 구분하려는 시도가 있었지만 띄어쓰기는 하지 않았다. 한자는 크게, 한글은 작게 쓰는 것이 일반적인데 「월인천강지곡」은 반대로 한글을 크게 썼다. 한자에 동국정운식 한자음을 표기하였는데 「용비어천가」와 「두시언해」 한자어에는 음을 달지 않았다.

훈민정음 창제 당시에는 현대와는 달리 자음에는 'ㅸ, ㆆ, ㅿ'와 복자음인 'ㅳ, ㅄ, ㅶ, ㅲ', 'ㅺ, ㅼ, ㅾ, ㅽ', 'ㅴ, ㅵ', 'ㆅ, ㆀ, ㅥ'이, 모음에는 'ㆍ, ㆎ, ㅚ, ㅟ'가 쓰였다.

자음은 현대에는 받침으로만 쓰이는 'ㆁ'이 어두에도 쓰였다('바올', 용 44). 'ㅇ'는 소리 값이 없는 것으로 보이지만, '달아'와 '다라'에서의 소리의 차이에서 보는 바와 같이, 소리 값이 있던 것으로 보이는 자료도 있다.

'ᄫ'은 유성음으로, '셔볼>셔울'에서와 같이 'ㅂ>ᄫ>반모음 오/우'로 변했다. 그 시기는 이미 1446년경에 완전히 이루어졌다. 이것으로 보면 이 글자는 변이음을 나타내기 위한 글자로 음소보다는 음성적인 특징이 강하다. 'ㅿ'은 'ㅅ'의 유성마찰음이었다. ᄆᅀᅳᆷ>마음에서와 같이 'ㅅ>ㅿ>ㅇ'로 변했다. 이 변화는 16세기 말에 완전히 이루어졌다. ㆆ는 된소리 부호의 기능을 하였다. '갏길히'(용 19), '하ᄂᆞᇙ 뜨디시니'(용 4)에서와 같이 어미 또는 사잇소리로 쓰이다가 사라졌다. 'ㅅ'은 종성에서 소리 값이 있었다고 해석된다.

합용병서는 중자음이었는지 된소리였는지 분명하지 않다. 합용병서들은 '뿔, ᄢ'가 '햅쌀, 좁쌀, 찹쌀, 입때, 접때'에서와 같이 'ㅂ'이 남아 있는 것으로 보아 당시에는 모두 소리가 났던 것으로 추정한다. 각자병서는 널리 쓰이지 않았는데, 된소리였던 것으로 보인다. '넌지시 치혀시니'(용 87), '使ᄂᆞᆫ 히혀 ᄒᆞᄂᆞᆫ 마리라'(훈민 언해) 등에서 쓰였다.

중세 국어의 단모음은 'ㆍ, ㅏ, ㅗ, ㅡ, ㅓ, ㅜ, ㅣ' 일곱으로 모음조화하였다. 'ㆍ'는 후설저모음이고, 복합 중성 글자들은 반모음 'ㅣ'가 발음되어 이중모음으로 발음되었다.

'ㆍ'의 음가는 여러 설이 있는데 '오' 발음보다 혀를 덜 오므린 소리로 추정된다. '에, 애'를 비롯하여 '외, 위, 애, 예, 왜'는 현대와는 다르게 소리가 났던 것으로 추정된다. 현대 국어에서는 '에, 애'를 비롯하여 '외, 위'가 모두 단모음으로 발음됨에 비해, 15세기에는 합쳐진 글자의 원래 소리가 모두 난 것으로 추정된다, '가히>개'는 모음 사이에 'ㅎ' 소리가 탈락된 것인데, 결국 두 모음이 단모음화된 것으로 '애' 모음이 이중모음이었음을 보여준다. '드리예'에서 '이' 모음이나 '딴이' 모음 뒤에서 '딴이' 모음이 첨가되는 점을 들어 알 수 있다.

'에, 애'가 복모음이었다가 단모음이 된 것은, 15세기 모음 체계는 앞 모음이 많이 비어 있어 앞 모음을 채우기 위한 것으로 해석한다. 이러한 변화는 19세기에 일어난 것으로 추정한다. 허 웅(1983: 357, 365) 참조. '외, 위'의 단모음화도 같은 원리로 설명된다.

소리의 변화의 원인에는 여러 가지가 있으나, 발음을 편하게 하려는 것이 대표적이다. 소리의 변화로 단어의 소리가 달라지게 마련이다.

'스골>시골', '아츰>아침'으로의 변화는 '으' 소리가 'ㅅ, ㅈ, ㅊ'의 자리에 이끌려 '이'가 된다. '믈, 블, 플'이 가능했는데, 'ㅡ'가 입술소리인 'ㅁ, ㅂ, ㅍ'를 닮아 'ㅜ'로 되면서 '물, 불, 풀'로 바뀌었다. '둏다, 티다'와 같이 치음이 '이' 모음 앞에서 쓰일 수 있었는데, '좋다, 치다'에서와 같이 모두 구개음으로 바뀌었다. '잡히다, 먹이다'가 '잽히다, 멕이다'로 소리가 나는 것은 모음이 'ㅣ' 모음에 이끌려 앞자리로 이동하기 때문이다

'개야미>개미, 비얌>뱀'은 모음축약, '주머귀>주먹, 기러기>그력'은 모음 탈락임에 비해, '죠희>종이, 호᷊>호자>혼자'는 자음의 첨가이다.

중세어의 모음조화는 현대어에 비해 상대적으로 잘 지켜졌지만, 규칙적이지 않은 보기가 많아 이미 이 현상이 흔들리고 있음을 보여준다. 양성모음과 음성모음끼리의 연결은 「용비어천가」의 명사와 조사와의 연결에서 비교적 지켜짐을 볼 수 있다. 이에 비해 '이' 모음 뒤에는 일관성이 없었다. 「훈민정음」이 모음조화를 잘 지키려

고 한 문헌이라고 볼 때, 制의 '졔(소리는 져+ㅣ)' 뒤에 '는'이 온 이유를 모음조화로 설명하기 어렵다. '에'와 '애' 다음에 각각 '는, 눈'이 쓰인 것이 비교적 규칙적이었던 것으로 보아 같은 원리로 설명하기 어렵다.

언해본이 「월인석보」에 실린 것으로 보아 「용비어천가」에서 나타나던 규칙성과 구별됨을 알 수 있다. 「석보상절」 서문의 명사와 조사의 연결을 조사한 연구에서 '우, 에, 위, 의' 뒤에 '는'이 존재함을 볼 수 있다. '雖는(석보 서 2), 界는(석보 서 1), 世는(석보 서 2), 爲는(석보 서 1), 歸는(석보 서 6), 旣는(석보 서 5), 幾는(석보 서 5), 依는(석보 서 6)'에서 볼 수 있듯이 '는'에서만 이러한 현상이 나타난다는 사실도 특이하다. 이숭녕(1946, 1988: 216) 참조.

'이' 모음 뒤에서의 모음조화는 「용비어천가」에서도 아주 규칙적이지는 않았다. '이' 모음이 중성 모음이기 때문이었던 것으로 보이는데, 양성모음과 연결되기도 하고 중성모음과 연결되기도 하였다. 특히 '臣올(용 123), 民올(용 45)'과 '民을(용 21), 臣을(용 74)'에서 보는 바와 같이 같은 어휘에 대해서 다른 모음의 조사를 선택하였다. 다음은 이숭녕(1946)에서 「용비어천가」의 자료를 중심으로 정리한 명사와 조사의 연결에서 나타나는 모음조화의 모습이다.[6]

---

6) 다른 모음과의 모음조화는 규칙적이었다.
　　ㄱ. 온, 눈/은, 는: 아-온; 남곤(용 2)
　　　　　　　　　　　오-온; 눈믈(용 24, 77)
　　　　　　　　　　　어-은; 천성은(용 71)
　　　　　　　　　　　으-은; 므른(용 2)
　　ㄴ. 올, 롤/을, 를: 아-올/롤; 南올(용 15), 한올(용 20), 남굴(용 81)/下롤(용 6), 馬롤(용 35)
　　　　　　　　　　　오-올/롤; 孫올(용 8), 용올(용 22), 오술(용 92)/訴롤(용 12), 戸롤(용 18)

(3) ㄱ. 익-는: 알픠눈(용 30)

　　　에-는: 뒤헤는(용 30)

　　ㄴ. 이-올: 陣올(용 55), 臣올(용 123), 民올(용 45)

　　　이-롤: 한비롤(용 68), 治롤(용 73), 머리롤(용 95), 志롤(용 97), 尸

　　　　　롤 (용 119), 里롤(용 97), 하나비롤(용 19), 할미롤(용 19)

　　　이-을: 民을(용 21), 賓을(용 63), 臣을(용 74), 食을(용 116), 心을(용

　　　　　104)

　　　이-를: 아즈미를(용 99)

　　　위-를; 位를(용 83)

　　　외-롤; 죄롤(용 31), 罪롤(용 121)

　　　에-를; 번게를(용 83), 제를(용 73)

　　　애-롤; 놀애롤(용 13)

　훈민정음 창제 당시의 모음조화의 규칙성에 비해 이후의 문헌들에서는 모음조화가 잘 지켜지지 않았다.

　중세 국어의 명사형 어미에서 반드시 나타나는 '오/우'의 모음조화는 '어, 우, 으, 이' 뒤에는 '움'이, '아, 오, ᄋ, 이, 애, 외, 와' 뒤에는 '옴'이 쓰였다. 즉 '이' 뒤에는 '오/우'가 모두 쓰였다.[7] 한편

　　　　ᄋ-올/롤; 말ᄊ모(용 13), 바ᄅ롤(용 18)/子롤(용 8), 事롤
　　　(용 23)
　　　　익-올/롤; 生올(용 30), 冊올(용 18)/海롤(용 20), 션비롤
　　　(용 80)
　　　　어-으/를; 業을(용 3), 年을(용 71)/庶를(용 77)
　　　　우-으/를; 움흘(용 5), 君을(용 45)/后를(용 10), 主를(용
　　　11)
　　　　으-을: 그를(용 7), 님그믈(용 24)
7) 다음은 「금강경언해」의 보기이다.
　　이-옴: 고툐미(금 7,), 구지조물(금 96), 닐옴(금 2), 디눔(금 193), 더러요물
　　(금 2), 베효미(금 19)
　　이-움: 그류미(금 4), 기류미(금 109), 깃구믈(금 14), 이슈믈(금 9), 뼈듀미
　　(금 16), 뼈듀메(금 10).

연결어미 '아/어'가 중성모음 '이'로 끝나는 어간과 연결될 때는 '어'만이 연결되었다. 「용비어천가」에서 '주리여(용 20), 니러나시릴 씬(용 22), 기러(용 109), 너겨(용 96), 채텨(용 36)'와 같이 쓰였다.

현대 국어의 모음조화는 일부 지켜지고 있지만, 중세 국어에 비해 철저하지 못하다.

2) 체언과 조사

중세 국어의 어휘는 현대 국어와 비교할 때, (4)에서와 같이 '불휘, 남, 서리, 겨재' 등 소리와 표기가 다른 어휘들이 많지만 문법적인 특징에서 큰 차이는 없다.

> (4) 불휘 기픈 남군 바룬매 아니 뮐씬 곶 됴코 여름 하누니
> 시미 기픈 므른 フ모래 아니 그츨씬 내히 이러 바루래 가누니

위 「용비어천가」 2장을 볼 때, 현대 국어와 다른 특징을 보이는 체언은 ㅎ, ㄱ 종성 체언들이다. ㅎ 종성 체언은 체언이 모음과 연결될 때 반드시 ㅎ이 나타나고 뒤에 자음이나 휴지가 올 때는 ㅎ이 나타나지 않는 체언들로 현대 국어에는 대부분 사라졌다.

중세 문헌에 나타나는 ㅎ 종성 체언은 '갈(칼), 겨슬, 고(코), 그르(그루), 긴(끈), 길, 나조(저녁), 내, フ눌(그늘), フ술(가을), フ올(고을), 나(나이), 나라, 네(넷), 노, 니마(이마), 님자, 누물(나물), 눌(칼날), 뎌(악기의 저), 돌, 돌(징검다리), 둘, 뒤, 드르(들), 뜰(뜰), 싸, 쏠(근월), 마(먹는 마), 말(말뚝), 모, 모야(모양), 밀, 모술, 미(들), 뫼, 바다, 보(들보), 보(보자기), 볼(팔), 비술(배알), 세(셋), 셔

울, 쇼(속인), 소(거푸집), 소(물 고인 소), 수, 수(숲), 븟돌(숫돌), 스 굴(시골), 스믈, 시내, 술, 쇼(요), 안, 안뜰, 알, 암, 언(언덕), 여러, 열, 열(삼), 올(금년), 우(위), 울(울타리), 움(움집), 위안(동산), 자, 조, 즈름길, 츌(근원), 터, ᅙ나, ᅙ눌' 들이다.

이들 체언들은 ᅙ이 없이 나타나기도 하는데, '하ᄂ래(월석 1: 31), 하ᄂ니라(월석 1: 39)'와 같다. 이들은 '갏>칼, 곻>코'에서 볼 수 있는 바와 같이 현대 어휘에 화석으로 남아 있는 것도 있다.

ㄱ 종성 체언은 모음 앞에서 '남기, 굼기, 불기, 년기'와 같이 'ㄱ'이 나타나는 체언들이다. '나모, 구무, 불무, 녀느'가 독립형이 다. '남구'에서와 같이 일부 방언에 이러한 소리가 남아 있다.

일부 체언의 끝 모음은 모음으로 시작하는 조사 앞에서 'ᄀᄅ: 골('ᄀᄅ' 香; 월석 10: 44, '골ᄋ로'; 월석 2: 29)', '아ᅀ: 오'('아ᅀ 爲弟'; 훈민 용자례, '앗오'; 용 24)'에서와 같이 탈락한다. 이 외에 는 'ᄂᄅ, ᄆᄅ, ᄒᄅ'와 '여스, ᄌᅀ'가 있다.

조사는 체언에 붙어 문법적 관계를 표시하거나 뜻을 더한다. 중 세 국어의 격조사는 현대 국어와 같이 주격, 목적격, 관형격, 부사 격 조사 등이 있었는데, 형태는 다음과 같이 달랐다.

(5) 주격: 이, ㅣ, Φ; 싀미 기픈(용 2), 내 가리이다(용 94), 비 업거늘(용 20)
목적격: 롤, 를, 올, 을, ㄹ; 가칠 므러(용 7), 놀애롤 브르리(용 8), 나 라홀 맛ᄃ시릴쎄(용 6)
처소격: 애, 에, 예; 바ᄅ래(용 2), 中國에 달아(훈민 언해), 서리예 가 사(용 4)
이, 의; 나지 도ᄃ니(용 101), 員의 지븨 가사(용 28)
의; 부뎌의 禮數ᄒᅀ와(능엄 2: 1), ᄌ걋긔(용 25)

관형격, 처소격: 이, 의; 須達이 아들(월인 기 149), 나지 도ᄃ니(용
101)
　　　ㅣ; 公州ㅣ 江南(용 15), 臣下 ㅣ 말(용 98), 내 님금(용 50)
부사격: 도구(방편); ᄋ로, 으로, 로;ᄰ히 열 여듧 相ᄋ로 뮈며(월석 2:
13)
　　　동반, 비교(견줌), 접속; 과, 와; 길넗 사롬과 ᄀ티(석보 6: 5)
호격: 아, 야, 하; 님금하 아ᄅ쇼셔 (용 125)
지정사(서술격): 이라, 라

중세 국어의 조사 가운데 특기할 만한 것은 위치를 나타내는 처
소의 부사격 조사 '애, 에, 예'가 있음에도 불구하고, 관형격 조사
와 같은 형태인 '이, 의'가 처소, 위치격조사로도 쓰인 점이다. 처
소격조사 '에'와 기능은 동일한데 상보적 분포를 이루어 형태적 변
이 형태가 된다. 이 조사를 선택하는 고유명사는 하루의 때를 나타
내는 말들인 '새박, 아춤, 낮, 나조, 밤' 등을 비롯하여 '낮, 앒, 봄,
ᄀ술ㅎ, 낛, 날, 술, 밧, 돐, 우ㅎ, 집, 뭍, 밑, 적, 굼, 동녁, 곁, 처섬'
등 100여개가 넘는다. 한자어는 東, 城, 門, 甁 등이 있다.

처소의 의미·형태에서 출발하여 관형사형, 또는 속격, 소유의
의미를 갖게 된 것이라는 해석과 관형사형이나 속격의 의미에서
처소의 의미로 확대되었다는 다른 해석이 가능하다. 이른 시기에
관형격과 처소의 부사격이 미분화 상태이거나, 처소의 부사격에서
관형격으로 또는 그 반대로의 변화가 이루어졌을 것이다.

소유와 위치는 존재라는 '있음'의 의미를 공유한다. 이는 '있다'
가 소유와 존재를 모두 나타내는 점과 관련성이 있다. 의미적으로
는 소유보다 존재가 앞선다는 점에서 존재에서 소유로의 변화를
예상할 수 있다. 처소의 '이, 의'가 소유의 의미와 관형의 기능을

갖게 되었다고 볼 수 있다. 이는 의미에 중심을 둔 해석이다. 반대로의 해석도 가능하다.

관형격 조사는 'ㅣ'가 주로 모음 아래에서만 쓰여 '익, 의'와 상보성이 있지만 반드시 그렇지는 않다. 모음 다음에도 '公侯의'(두언 21: 20)에서와 같이 '의'로 나타나기도 한다. 'ㅣ'에 고룸소리 'ㅇ, 으'가 들어가 이루어진 것으로 추론할 수 있다. 처소의 부사격 조사 '에, 에, 예'에도 공통적으로 'ㅣ'가 들어가 이들이 모두 'ㅣ'에서 연유하였다는 해석이 가능하다. 처소의 부사어 '익, 의'가 관형격에서 출발하여 처소로의 의미로도 쓰였다고 해석하는 것이다. 이는 형태를 중심으로 변화의 개연성을 설명하는 것으로 형태 중심 해석이다.

그러나 'ㅣ' 앞에 하필 'ㅇ, 으'가 들어가는가 하는 문제를 설명하기 어렵다는 점에서 삽입보다는 탈락으로 설명할 수 있다. '익, 의'에서 모음 충돌로 'ㅇ, 으'가 탈락되고, '익, 의'가 처소와 소유 또는 관형의 이중 의미를 가지고 있는 형태 부담으로 인해 처소의 의미는 '에, 에, 예'의 형태로 분화, 변화하였다고 추론할 수 있다.

관형격 조사 '익, 의'뿐만 아니라 사이시옷인 'ㅅ'에 의해서도 관형 표현이 이루어진다. 관형격 조사 '익, 의'의 앞에는 '사르미 뜨들(월석 1: 12)'에서와 같이 평칭의 유정물이 오지만, 관형 표현을 이루는 'ㅅ' 앞에는 '부텻 道理(월석 서 2)'에서와 같이 유정의 존칭이나 '나랏 말쓰미(훈민 언해 1)'에서와 같이 무정물이 온다. 이는 형태론적 이형태라 할 수 있다.

중세 국어의 보조사들은 현대 국어와 용법이 유사하나 의문보조사는 현대 국어에는 없는 보조사이다. 다음은 당시의 보조사의 일부이다.

(6) 대조보조사: 논, 는, 온, 은, ㄴ
     단독보조사: 곳/옷; 우리옷 계우면(월석 2: 72)
     의문보조사: 가/아; 이 ᄯᆞ리 너희 죵가(월석 8: 94)
                      이 두 사ᄅᆞ미 진실로 항것가(월석 8: 94)
     그 밖의 보조사: 도, 셔; 자리 출발; 그에셔 사니(월석 2: 7)
                      ᅀᅡ; 강조

중세 국어에서는 현대 국어와 달리 체언 뒤에 직접 ‘고’나 ‘가’
나 나타나서 조사로 해석할 수밖에 없는 표현의 물음이 있다. 물음
말 즉 의문사가 있는지 없는지에 따라 조사 ‘고’와 ‘가’의 선택은
달라진다.

(7) 이 엇던 光明고(월석 10: 7), 어늬 이 봄고(능엄 2: 48), 부톄 누고(월
     석 21: 195)

(8) 이 ᄯᆞ리 너희 죵가(월석 8: 94), 이논 賞가 罰아(몽산 53)

의문문에서의 이러한 구분은 어미의 활용에서도 같이 나타난다.
중세어의 의문법은 의문 종결어미 ‘다’, ‘가’, ‘고’로 나타나는데, 이
어미 앞에는 ‘은’, ‘을’이 앞에 온다. 앞에 ‘은’, ‘을’이 올 때, 주어가
2인칭일 때는 ‘다’가 쓰이고 1, 3인칭일 때는 ‘가’, ‘고’가 쓰였다.

(9) 2인칭 의문: 네 바리롤 어듸 가 어든다(월석 7: 8)
              네 엇뎨 안다(월석 23: 74)
              네 내 마롤 드를따 ᄒᆞ야놀(석보 6: 48)

(10) 1, 3인칭 의문: 내…엇뎨 자보몰 보논고(법화 2: 200)
                  세 쥐 녜도 잇더신가(용 88)

의문어미 앞에 '으니' '으리'가 올 때는 인칭의 구별이 없다. 의
문어미가 바로 연결되면 '고'는 '오'로 '가'는 '아'로 바뀐다. '뉘 마
ᄀ리잇가(용 15)'에서와 같이 많은 예외가 있다.

(11) 현 고돌 몰마시뇨(용 110)
　　　지븨 사ᄅ시리잇고(용 110)
　　　四海롤 녇글 주리여(용 20)
　　　사람롧 쁘디리잇가(용 15)

의문조사나 의문형 어미가 의문사 여부에 따라 선택되는 현상은
현대 표준어에서는 없다. 그러나 경상남도 지역에서는 아직도 의문
조사 여부에 따라 의문형 어미가 선택되어 중세어에서 있었던 현
상이 그대로 남아 있다.

경남 지역에서 '가'와 '고'는 설명의문이냐 판정의문이냐에 따라
선택되고, '가/고'와 '나/노'는 상보적 분포를 보인다. '가'와 '고'의
차이는 선행 용언이 '이다'일 때 나타난다. '니가 학생이가?'는 의
문사를 포함하지 않는 판정 의문, '므슨 일이고?'는 의문사를 포함
하는 설명 의문이다. 선행 용언이 동사나 형용사일 때는 '니 학교
가나?'와 '니 어디 가노?'와 같이 '나'와 '노'로 구별된다.

선행용언이 '이다'이라도, 선어말어미가 들어간 경우는 '니가 학
생이었나?', '므스 일이었노'와 같이 '가/고' 대신 '나/노' 쓰인다.
그러나 높임의 '시'와 연결될 때는 '저 분이 너거 아붓님이시가(*
나)?', '어느 분이 너거 아버님이시고(*노)?'와 같이 '가/고'로 쓰인
다. 선행 용언이 동사나 형용사인 경우는 그대로 '너거 선생님은
므어 하시노(*고)'나 '너거 선생님도 아시나(*가)?'에서와 같이 '노/
나'가 연결된다.

3) 사동과 피동법

사동과 피동은 사동사와 피동사를 중심으로 이루어진다. 사동 접미사는 '이, 히, 기'와 '오, 우' 등이 있다. '게 ㅎ다'에 의한 구형 사동도 쓰였다.

  (12) 긏다-그치다: 한비롤 아니 그치샤(용 68)
       살다-살이다: 즁 살이시고(월인 2: 77)
       낟다-낟호다: 신통력을 나토샤(월인 서 6)

  (13) 녈다-녈오다, 깊다-기피다: 비 업거늘 녀토시고 쏘 기피시니(용 20)
       더럽다-더럽이다: 어버싀 일후믈 더러빅ᄂ다(월석 8: 97)
       오알다-오알오다: 衆生 둘히 ᄆᅀᆞ몰 오올와(월석 8: 5)

  (14) 一切 有情이 나와 다ᄅ디 아니케 호리라(석보 9: 4)

현대 국어보다 형용사의 사동의 사용이 더 많았다. '기피다, 어두이다, 더러빅다' 등은 현대 국어에 쓰이지 않는 어휘들이다. '닝우다, 밍골이다, 살이다, ㅎ이다'도 가능했으나 지금은 불가능하다.

사동사에 의한 사동법은 주동사에 사동 접미사가 붙어서 이루어지는데, 주동사에 붙는 접미사는 '이>리: 눌이다>날리다, 놀이다>놀리다, 말이다>말리다, 울이다>울리다, 이>히: 묵이다>묵히다, 붉이다>붉히다, 닉이다>익히다, 이>기: 웃이다>웃기다, 오/우>리: 몰오다>말리다, 얼우다>얼리다'와 같이 달라지기도 하였다.

사동사에 의한 사동이 줄어들고 '게 ㅎ다'에 의한 구형, 통사적 사동이 확대된 것이 사동법의 주요 변화이다. 피동사에 의한 피동의 발달로 사동사 사동과 혼동이 일어남을 막으려고 변화한 것으로 추론된다.

피동사에 의한 피동은 접미사 '이, 히, 기'가 어근에 붙어서 이루어진다. '어 디다'에 의한 구형 피동도 쓰였다.

(15) 둪다-둪이다: 七寶ㅣ 이러 짜 우희 차 두피고(월석 8: 18)
앗다-앗이다: 나라홀 앗이리니(월석 2: 5)
닫다-닫히다: 동문이 도로 다티고(월석 23: 80)

(16) 드트리 도외이 븟아 디거늘(석보 6: 30)

피동사에 의한 피동도 '리' 파생이 없이, '믈이다, 열이다'이었는데, '믈리다, 열리다'가 되었다. '보내이다, ㅂ리이다(버리다), 닝위다(잇다)' 등이 가능했었는데 지금은 쓰이지 않는다. '어 디다'에 의한 구형, 통사적 피동의 쓰임도 많아졌다.

4) 높임법

중세 국어 주체높임의 선어말어미는 '시, 샤'로 나타났다. 샤는 현대 국어를 기준으로 해석할 때 '시'와 연결어미 '아'로 분석된다. 그러나 '이' 모음 뒤에는 '어'가 오는 것이 국어 음운 현상이어서 '셔'가 되어야 하기 때문에 이러한 분석은 적합하지 못하다. 중세어에서는 '샤'가 그대로 '시'와 이형태이었고 더 이른 시기에는 '샤'만이 주체높임을 나타냈다고 해석된다.

'샤'는 형태적으로는 연결어미 '아'나 선어말어미 '오'와 연결된다.

(17) ㄱ. 연결어미 '아': 느르샤(용 1)

ㄴ. 선어말어미 '거/어': 오샤샤(용 38)

ㄷ. 선어말어미 '오': 정ᄒᆞ샨(용 125)

ㄹ. 통합 어미'옴', '오ᄃᆡ', '옷', '어도': 올ᄆᆞ샴(용 4), 니ᇫ샤도(용 125)

'샤'가 어미 '아, 거/어, 오, ㅁ, ᄃᆡ'의 어미와 연결될 때에 한정되어 나타나기 때문에 '샤'를 '시+아'로 분석하되 '아'를 어미 '오'의 이형태로 해석하기도 한다.

객체높임은 목적어 명사나 부사어 명사가 가리키는 인물이 주어 명사보다 높을 때, 목적어 명사나 부사어 명사를 높이기 위한 문법 표시이다. 객체높임의 선어말어미는 선행 어미의 음운적 조건에 따라 '습(ㄱ, ㅂ, ㅅ 뒤), 줍(ㅈ, ㅊ, ㄷ 뒤), 습(모음이나 유성음 ㄴ, ㅁ 뒤)'으로 나타나고, ㅂ 불규칙에서 'ᅀᆞ, 즇, ᅀᆞ'로 나타난다.

(18) ㄱ. 아후를 기드리ᅀᆞᄫᅡ(용 10)

ㄴ. 길헤 바ᄅᆞᅀᆞᄫᅵ니(용 10)

ㄷ. 부텻긔 이런 마룰 몯 듣ᄌᆞᄫᅡ며(석보 13: 44)

ㄹ. 世尊끠 저ᅀᆞᆸ다 혼 말도 이시며(월석 1: 36)

상대높임은 화자와 청자 사이의 높임의 관계로 화자가 청자를 높이거나 낮추는 방법이다. 훈민정음 창제 당시의 문장 종결형은 평서형, 의문형, 명령형, 청유형이 있고, 모두 상대높임에 따라 ᄒᆞ라체, ᄒᆞ야쎠체, 하쇼셔체로 나누어진다. 상대높임의 선어말어미는 다음과 같다.

ᄒᆞ라체의 표시는 종결어미로 나타난다.

(19) ㄱ. 소리ᄲᅮᆫ 듣노라(석보 6: 15)

ㄴ. 네 겨집 그려 가던다(월석 7: 10)

ㄷ. 후에 뉘읏붐 업게 ᄒ라(석보 23: 11)
ㄹ. 그 연화를 ᄇ리라 ᄒ시다(석보 11: 31)

ᄒ야쎠체에서는 'ᄒ닝다, ᄒ댕다, ᄒᄂ닝다'와 같이 변형된 모습으로 나타난다. 허 웅(1975)에서는 'ᄒ닝다'를 '하뇌이다'의 변천으로 본다.

(20) ㄱ. 내 그런 ᄯ들 몰라 ᄒ댕다(석보 24: 32)
      ㄴ. 그리 아닝다(석보 6: 16)
      ㄷ. 부텨와 즁과를 請ᄒᅀᄫ려 ᄒ닝다(석보 6: 16)
      ㄹ. 닛디 몯하리로쇵다(내훈 2하 37)
      ㅁ. 엇뎨 부톄라 ᄒᄂ닛가(석보 6: 16)
      ㅂ. 내 보아져 ᄒᄂ다 ᄉᆞᄫ쎠(석보 6:14)
      ㅅ. 그 ᄯ들 닐어쎠(석보 6: 16)

ᄒ쇼셔체는 'ᄒᄂ이다, ᄒᄂ니잇가'에서와 같이 '이', '잇'으로 나타난다.

(21) ㄱ. 니ᄅ샨 양ᄋ로 호리이다(석보 6: 24)
      ㄴ. 王이 부톄를 請ᄒᅀᄫ쇼셔(석보 6: 38)
      ㄷ. 가사이다(석보 3: 26)

'시, 샤'로 나타나던 주체높임의 선어말어미는 16세기부터 '시'로 통일되기 시작하였다. 객체높임은 점차 상대높임으로 바뀌었다. 상대높임의 약화로 이를 보상하기 위한 것과 객체높임의 대상이 덜 명시적인 것이 변화의 원인으로 제시된다. 허 웅(1983) 참조.
훈민정음 창제 당시의 상대높임은 ᄒ라체, 하야쎠체, 하쇼셔체의 세 등급이었는데, 현대 국어의 격식체에서는 '합니다, 하오, 하게, 해라'의 네 등급이 되었다. 이 가운데 '하오체'와 '하게체'는 점점 사라지고 있어 두 등급이 있다. '어'와 '어요'의 비격식체는 19세기에 이르러 등장한다.

5) 시간 표현법

훈민정음 창제 당시의 시간 표현은 현대 국어의 표현과 여러 가지로 다르다. 따라서 형태를 중심으로 시간 어미의 체계를 나누고 여기에 각 어미들이 어떤 시간을 나타내고 있는가와 시간 의미의 관점에서 시간의 범주를 먼저 나누어 보고 이들 시간 범주를 나타내는 어미들이 어떤 것이 있는가의 두 방향에서 관찰이 가능하다.

먼저 현재, 과거, 미래라는 시간 범주의 관점에 서서 당시에 이러한 범주를 나타내는 어미들이 어떤 것이 있는가를 보면 다음과 같다.

(22) ㄱ. 현재: 네 이제 쏘 묻ᄂ다(월인 23: 97)

이제 惡趣예 이셔 至極 受苦ᄒᄂ다(월석 21: 53)

내 오늘 實로 無情호라(월석 21: 219)

ㄴ. 과거: 아희도 出家ᄒ니라(석보 6: 10)

ᄀ장 볼ᄀ니(월석 2: 35)

출가ᄒ 사ᄅ믄 쇼히 ᄀᆮ디 아니ᄒ니(석보 6: 22)

ㄷ. 회상: 그뒷 ᄯᄅ를 맞고져 ᄒ더이다(석보 6: 15)

내 롱담ᄒ다라(주어 명사구가 일인칭임)(석보 6: 24)

일후미 德藏이러니(석보 13: 34)

ㄹ. 미래: 더욱 구드시리이다(용 125)

내내 붓그리리(용 16)

네 내 마롤 다드를때(석보 6: 48)
갏 길흘 알외시리(월석 7: 61)

현재는 형용사와 '이다'에서는 무 형태로 나타난다. 미래의 관형
사형은 '을'과 '린'이 모두 나타나는데, '린'의 쓰임은 드물다.
당시의 시간 표현 체계를 허 웅(1975, 1983)에는 현실법과 확정
법, 회상법과 미정법으로 구분하고, 고영근(1997)에서는 서법을 중
심으로 직설법, 부정법, 회상법, 추측법, 추측 회상법으로 나눈다.
여기서 부정법은 일정한 형태가 없으면서도 일정한 시제가 표시되
는 경우를 뜻하였다.
훈민정음 창제 당시의 시간 표현을 나타내는 형태소는 'ᄂ',
'더', '으니', '으리'로 대표되는데, 이 가운데 'ᄂ', '으니', '으리'는
관형사형 어미의 '는, 은, 을'에만 남았고, '더'는 '더라, 던, 더니'
등의 제약된 결합 형태로 남았다.
'ᄂ'는 'ᄒᆞᄂ다'에서 'ᄒᆞᆫ다'의 과정과 '먹ᄂ다'로의 유추와 확대를
거치면서 '는'으로 형태 변화하였고, '더', '다', '러', '라'의 여러 형
태로 나타나던 '더'는 형태가 '더'로 단일화하였다. 과거와 미래에
서는 '었/았'과 '겠'의 발생으로 '으니'와 '으리'의 사용이 거의 없
어지게 되었다.

6) 인칭과 대상법

현대 국어에서 볼 수 없는 특수한 선어말어미 '오/우'는 삽입모
음, '아어체' 등의 명칭을 가지고 있다. 「고등학교문법」(2002: 293)
에서는 평서형 어미, 연결어미 '니', 관형사형에서 주로 나타나는

어미라 하고, 'ㅁ, 디'와 연결되는 '오/우'는 'ㅁ, 디'가 단독으로 나
타나는 일이 없으므로 형태소의 일부분으로 다루었다.

(23) ㄱ. 호라, ㅎ노라, ㅎ다라, 호리라 (ㅎ다, ㅎᄂ다, ㅎ더라, ㅎ리라)
     ㄴ. 호니, ㅎ노니, ㅎ다니, 호리니 (ㅎ니, ㅎᄂ니, ㅎ더니, ㅎ리니)
     ㄷ. 혼, ㅎ논, ㅎ단, 홀 (흔, ㅎ는, ㅎ던, 홀)

어미 '오/우'는 분리 가능성을 염두에 두고 (24)와 같이 세 가지
로 나눌 수 있다. '하' 다음에서 '디' 앞이라도 오/우가 나타나지
않았다.

(24) ㄱ. 반드시 어미 '오/우'와 연결되는 어미
     1. 명사형 어미: ㅁ
        날로 뿌메(훈정), 안좀 걷뇨매(월석 2: 24), 가샴 겨사매(용
        27)
     2. 연결어미: 디, 려
        ᄆᅀ매 너교디(석보 6: 24), 짜홀 볼보디(석보 6: 34), 말쏘몰
        술본리 하디(용 13)
        精舍 지수려(석보 6: 35), 부텻 모몰 보ᅀᅡ보려 홀씨(석보 23:
        39)
     ㄴ. 때로는 연결되지만 때로는 연결되지 않는 어미
     1. 평서형 어미: 다(라)
        연결되는 경우; ㅎ오ᅀᅡ 내 존호라(월석 2: 34)
        연결되지 않는 경우; 닐굽히 너무 오라다(월석 7: 2)
     2. 연결어미: 니, 나, 니와, ㄴ뎌, ㄴ댄, ㄴ딘 등
        연결되는 경우; 내 이제 니ᄅ노니 네 슬펴 드로라(월석 21: 1)
        연결되지 않는 경우; 내 네 아비 곧ㅎ니 ᄂ외야 시름 말라
        (월석 13: 23)
     3. 관형사형 어미: 은, 을

연결되는 경우; 믈 톤 자히 건너시니이다(용 34), 니르고져 훓배
(훈민)
연결되지 않는 경우; 시러 펴지 못훓 노미(훈민)
ㄷ. 항상 연결되지 않는 어미: 고, 게, 긔, 드록, 으며, 으면

어미 '오/우'의 연결에 따라 의미가 달라지는 문장은 말하는 이
가 자기 자신을 말의 주체로 등장시킬 경우 '오/우'가 연결되어 인
칭법이라 하는데, 단순히 1인칭의 주어를 나타낼 뿐만 아니라 대개
는 말하는 이의 의도를 나타낸다.

1인칭인 경우는 '오/우'가 나타나고, 2, 3인칭인 경우는 '오/우'가
나타나지 않는다.

(25) ㄱ. 호오사 내 존호라(월석 2: 34)
      ㄴ. 내 몯 얻노라(월석 1: 36)
      ㄷ. 나는 제자 大目犍連이로라(월석 23: 82)
      ㄹ. 내 농담호다라(석보 6: 24)
      ㅁ. 내 이제 … 니르노니 네 술펴 드르라(월석 21: 138)

(26) ㄱ. 아돌돌히 아비 죽다 듣고(월석 17: 21)
      ㄴ. 네 아드리 … 허믈 업스니 어드리 내티료(월석 2: 6)
      ㄷ. 너희 디마니혼 이리 잇느니 샐리 나가라(월석 2: 6)

의도를 나타내기 위해 인칭을 어기는 경우도 많다. 일인칭이지
만 말하는 이의 의도가 전혀 포함되지 않을 때 '오/우'를 쓰지 않
고 의도를 강하게 나타내기 위해 일인칭이 아닌 문장에도 '오/우'
를 쓰기도 한다.

(27) ㄱ. 내 이 業 전츠로 버서나디 몯호리라(월석 21: 56)
      ㄴ. 長者여 … 몬져 먹디 마로리니(월석 21: 111)

관형사형 어미 '은/을'의 경우 인칭과는 무관하지만 관형사형의 짜임이 주어-서술어의 구조인가 목적어-서술어의 짜임인가에 따라 '오/우'의 쓰임이 달라진다. 관형사형에서 한정을 받는 대상이 속뜻으로는 주어가 될 때, '오/우'가 나타나지 않는데 이를 주체법이라 한다. 관형사형에서 한정을 받는 대상이 속뜻으로는 목적어가 되는 문장은 '오/우'가 나타나는데 대상법이라고 한다. 주체법과 대상법의 보기는 각각 다음과 같다.

(28) ㄱ. 微妙한 쁘들(월석 서 21)
　　 ㄴ. 기픈 根源(월석 서 21)
　　 ㄷ. 아기 나흔 겨집둘홀 보고(월석 21: 143)
　　 ㄹ. 늘그니 병ㅎ니 주근 사롬 보시고(석보 6: 17)
　　 ㅁ. 자ㅂ리 업시(월석 2: 27)

(29) ㄱ. 제 지순 죄(석보 9: 30)
　　 ㄴ. 채녀는 쑤뮨 각시라(월석 2: 28)
　　 ㄷ. 나혼 子息이(석보 9: 26)
　　 ㄹ. 衆生이 니불 오시(월석 8: 65)
　　 ㅁ. 供養ᄒᆞᇙ 거슬 가져(월석 7: 52)

피한정명사가 목적어나 부사어의 기능을 띠면 선어말어미 '오/우'가 나타난다고 설명하기도 한다. 고영근(1997: 322) 참조. 피한정명사가 부사어일 때는 같은 명사라도 '오/우'가 쓰이기도, 쓰이지 않기도 한다. 다음은 각각 도구와 처소를 나타내는 부사어가 쓰인 문장이다.

(30) ㄱ. 옷 섄론 므를 먹고(석보 11: 25): 믈로 오슬 섄니라
　　 ㄴ. 쩌 무든 옷(석보 6: 27): 오새 쩌 무드니라

이러한 인칭법과 대상법은 16세기부터 동요하기 시작하여 17세기에 이르러 소멸하여 현재에 이른다.

7) 믿음과 느낌법

현행 「고등학교문법」(2002: 293)에서 '거'는 주관적 믿음을 나타내는 어미, '니'는 객관적 믿음을 나타내는 어미, '돗'은 느낌의 선어말어미로 설명하고 있다. 이에 비해, 허 웅(1975: 923)에서는 강조나 영탄을 나타내는 어미로 '어, 거, 도, 노, 다, 샤, 소/스'를 들고 있고, '니'는 확정법의 때매김으로 본다.

주관적 믿음, 또는 강조를 나타내는 '거'는 '오'와 결합되면 '과'로 바뀌고, '어/아'와 형태적으로 대립되어 있다.[8) '거'는 ㄹ과 반모음 이(딴 이), 어미 '(으)리', 지정사 '이', '아니' 밑에서 ㄱ이 줄어든다. 어미 '오' 밑에서는 '나'로 변동한다.

> (31) ㄱ. 제 오니 내 願에 甚히 맛거다(월석 13: 15)
>
> ㄴ. 셜볼써 世界 뷔어다(석보 24: 15)
>
> ㄷ. 모다 닐오디 舍利弗이 이긔여다(월석 6: 31)
>
> ㄹ. 어서 도라 니거라(월석 8: 101)
>
> ㅁ. 阿難아 내 혼 말 드러라(월석 10: 21)
>
> ㅂ. 우리는 하늘히오 그듸는 當時로 사람이어니(월석 7: 12)
>
> ㅅ. 측흔 맛슴미 업거이다(월석 10: 8)

---

8) 허 웅(1975: 923944)에서는 '거'계와 '어'계가 형식과 내용에 있어 서로 비례적으로 대응한다고 하였다. 두 어미의 선택의 조건에 대한 논의는 없다. 고영근(1981: 32)에서 '거'와 '어'는 통합어간의 종류에 따라 교체되는 기능만 표시할 뿐 통사, 의미상의 기능에는 차이가 없다고 보았다.

‘니’는 ‘ᄒᆞᄂᆞ니라, ᄒᆞᄂᆞ니이다, ᄒᆞ더니라’로 나타난다. ‘돗’(자음 위에서 도)은 ‘ᄒᆞ도소이다, ᄒᆞ도소녀, ᄒᆞ도다’로 나타난다.

이러한 믿음과 느낌 또는 강조법은 어말어미와 통합되면서 현대에는 하나의 어미로 굳어지며 사라졌다. ‘아름답도다’와 같은 보기에서 그 흔적이 남아 있다.

제12장
우리의 글 한글, 훈민정음

사람이 동물과 달리 문명과 문화를 이룩할 수 있게 된 것은 글자를 가지고 있기 때문이다. 세계 문명의 발상지마다 문자가 있었다. 말은 다른 사람과 의사를 전달하게 하고 또 생각하는 바탕을 이루는 것으로 무엇보다 중요한 것이지만, 오늘날과 같은 문명의 발전은 글자 없이는 불가능하다. 문화는 사람들이 생각하고 알아낸 정보와 지식을 다른 사람과 교환하고, 쌓음으로써 이루어지는 것인데, 문자가 없다면 많은 정보와 지식이 개인의 머리 속에서 사라질 수밖에 없는 것이다.

문자는 소리를 내고 나면 곧 사라져 버리는 음성 언어, 즉 말의 한계를 극복하기 위해 비롯되었다. 즉 말의 소리를 대신하기 위하여 만들었다. 그러나 문자가 발생된 동기는 음성 언어인 말을 대신하기 위한 것이라기보다 어떤 내용을 전달하려는, 전달 내용을 기록하려는 노력에서 비롯되었다고 볼 수 있다. 전달하려는 내용을 음성 언어를 거치지 않고 문자로 기록한 것이다.

우리들의 의사를 오래 두고, 또 다른 장소에도 전달하기 위해서는 역사적으로 여러 방법이 사용되었다. 동굴의 벽화나 옛 문헌을 보면 매듭을 짓는 방법이나, 나무에 새기는 방법으로 의사 전달을 했음을 볼 수 있다. 아직 원시생활을 하는 종족들 가운데 어떤 종족은 조개껍질을 노끈에 꿰어 용건이나 약속을 표시하기도 하고, 나무에다 표시를 하여 의사를 전달하기도 한다.

사람들이 전달하고자 하는 내용을 저장하는 방법을 모색한 최초의 단계는 생각하는 바를 그림으로 그리는 회화의 단계부터 시작하였고, 이어 사물을 있는 그대로 그리는 것이 아닌 모습을 본 딴 문자화의 단계로 향하는 그림문자, 상형문자가 생겨났다. 한자의 山은 △에서, 川은 ﹘에서 유래하였음을 쉽게 알 수 있다. 한자의 태양이 日임에 비해, 이집트 문자로 태양은 ⊙이다. 사물을 있는 그대로 사실적으로 나타내는 것이 아닌 압축적이고 추상적인 방법으로 나타내는 것이다.

세계에서 가장 오래된 글자는 최고의 문명 발상지였던 메소포타미아 지방에서 기원전 3100년쯤에 수메르인들이 쓰기 시작하였다. 기원전 3000년쯤에 이집트 문자가 등장하였고, 한자의 가장 오래 된 형태인 갑골문자는 중국문명이 발상한 기원전 1300년쯤에 생겼다.

오늘날 서구의 대부분의 나라들이 사용하는 로마자(roman)나, 러시아를 비롯한 옛날 소련의 여러 나라들이 사용하는 시릴릭(cyrillic), 중동의 여러 민족이 사용하는 아랍문자 모두 기원 전 1700년경에 등장한 선세미트족의 음절문자에서 발전한 기원 전 1100년경의 페니키아 음절문자에서 유래한 것으로 인접 민족들이 이미 사용하여 온 문자의 일부를 바꾸어서 자기들의 글자를 만든 것이다.

우리는 한글을 만들기 이전에는 중국의 글자인 한자를 받아들여 한문 문장으로 우리의 말을 나타내거나 한자를 이용하여 우리말을 나타냈다. 기록에 나타나 있는 것으로 보아서 우리의 글자 생활은 한자를 사용하면서라고 볼 수 있다. 한자의 가장 오래된 형태는 갑골문자인데 인접한 나라들은 이를 받아들여서 그대로 또는 형태를 바꾸어서 사용하였다. 우리나라의 경우는 늦어도 한사군이 설치되고 한족과 교류가 빈번해지면서 한자가 들어온 것으로 생각된다. 이후에는 다른 나라에 한자를 전하기도 하였으니, 백제의 왕인이 고이왕 52년(서기 285)에 논어와 천자문을 일본에 전하였다.

세상에 존재하는 언어의 수는 약 3,000종이라는 것이 일반적인 것이었으나, 5,000종으로 추정하는 연구도 있어 최소한 4,000종은 되는 듯하다. 이에 비해 글자는 250여 가지 정도로 추정하고 있다.

1 한글이 걸어온 길

우리말은 우리 겨레의 오랜 역사적 삶을 통하여 생겨나서 발전해 온 것이다. 우리는 태어나면서부터 우리말의 울타리 안에서 자라왔고, 우리말의 세계 속에서 생각하고 행동하며 살고 있다. 우리의 생각과 행동은 모두 우리말의 특이한 구조와 성격에 따라 이루어진다. 우리말은 우리들의 생각과 행동을 지배하는 힘을 가지고 있으며, 이 힘은 겨레의 삶 속에서 잉태되어 오랜 세월을 두고 자라오고 있다. 그러므로 우리말 속에는 겨레의 얼이 살아 있다고 말할 수 있다. 이러한 우리말을 담는 그릇인 우리글 한글은 세계의 문자에서 찾아볼 수 없는 독창적인 것으로서 그 쓰임이 조직적이다.

한글이 만들어지기 이전에 우리글이 있었다고 볼 만한 옛날 기록들이 있다. 선사시대 유물들에 나타나는 글자와 관련된 듯한 자료들이나 바위에 새겨져 있는 내용들이 있는데, 이들이 단순한 그림인가 회화문자인지에 따라 우리의 옛날 글자의 존재 여부도 달라진다. 여러 가지 고문헌에는 옛날 우리나라 사람들이 글자를 쓰고 있었던 듯한 흔적들이 있는데, 삼황내문, 신지사비문, 왕문문, 각목문, 고구려문자, 백제문자, 향찰, 발해문자, 고려문자 등의 기록이 그것이다.

황제(皇帝)가 동쪽 언덕에 도착하여 삼황내문을 받았다는 기록이 「포박자」라는 문헌 등에 있다. 신지(神誌)는 단군 시대의 사람이라는 기록이 「대동운편」이라는 책에 있고 「삼국유사」 각주에 고조선 비사라는 기록이 있는 것으로 보아 단군시대에 문자가 있었다는 추정을 하게 된다. 「양서(梁書)」라는 중국의 옛 문헌에 고구려에서 나무를 새겨서 신의를 나타냈다는 나무에 새긴 글 각목문(刻木文)

이 존재했고, 왕문(王文)이라는 부여사람이 글자를 썼다는 기록이 있어 왕문문이라 한다. 「삼국사기」의 고구려에 대한 기록에는 "나라의 초기에 문자를 사용하기 시작했다."는 기록이 있어 고구려 문자의 존재를 예상할 수 있고, 당나라 시대의 문헌인 「신당서」에는 "백제는 문자가 있어서 기록을 적었다."고 되어 있어 역시 백제 문자의 존재를 예상할 수 있다. 그러나 이러한 기록은 믿을 만한 것이 못 되고 실제 글자를 찾아내지 못하고 있다.

한글이 만들어지기 이전에는 우리는 말은 있지만 그 말을 담을 그릇인 글이 없었다. 그래서 우리 선조들은 우리말을 나타내기 위하여 한자를 썼다. 지금 우리에게 한글이 없다면 역시 남의 글자를 빌어서 우리말을 나타낼 수밖에 없다. 즉 '우리'라는 우리말을 한자로 나타내면 그 소리를 따라 '雨利'와 같이 적거나 로마자로 나타내면 'uri'라고 쓸 수밖에 없을 것이다.

우리나라 사람들은 중국 문화의 영향을 받아 일찍 한자를 들여왔고, 그것을 우리말을 적는 데 이용하였다. 한자의 뜻과 소리를 이용하여 우리말을 나타내었다. 뜻을 이용하는 방법은 '서울'을 나타내기 위하여 한자로 '東京'이라 하는 것으로 우리의 '서울'과 한자의 '東京'은 소리는 다르지만 뜻이 같기 때문에 '서울'이라는 뜻을 나타낼 수 있다. 소리를 이용하는 방법은 우리말을 같은 소리의 한자로 적는 방법으로 앞에서 '우리'를 '雨利'라고 적을 수 있다고 한 것과 같다.

「삼국사기」에서는 '거칠부(居柒夫) 혹운황종(或云荒宗)'이라 하였는데 '거칠부'의 '거칠'이란 우리말의 '거칠다'라는 소리를 한자로 표기한 것으로, 천자문의 '거칠 황'에서 '황(荒)'이란 거칠다는 뜻의 글자라는 의미를 나타내듯이 '거칠'이라는 우리말은 황(荒)의 뜻을 나타낸다. 이처럼 한자의 뜻과 소리를 이용하여 우리말을 나타낸 것으로 향찰과 이두, 그리고 구결이 있다. 향찰과 이두는 사람마다 같은 것으로 보기도 하고 다른 것으로 보기도 하는데 모두 한자의 뜻과 소리를 빌려서 우리말을 나타낸 글자이다.

향찰이란 삼국통일 시기부터 고려 초기까지 민간에 널리 불리던 우리나라 고유의 노래인 향가를 한자를 이용하여 적은 글자 표기 방법이다. 「삼국유사」에 담겨 있는 '처용가'를 통해 향가를 기록한 모습을 여기서 일부만 보이면 다음과 같다.

(1) ㄱ. 東京明期月良　夜入伊遊行如可
　　ㄴ. 서울 발기 달애 밤들이 노니다가

(1)에서 동경(東京)은 '서울'의 뜻을, 명(明)은 '밝다'의 뜻을, 기(期)는 'ㄱ' 소리를, 월(月)은 '달'을 나타내고, 야(夜)는 '밤'을, 입(入)은 '들다'를, 유행(遊行)은 '노니다'를 한자의 뜻을 이용하여 나타낸 것으로 보인다. '달애'의 조사 '애'나 '노니다가'의 어미 '다가'를 나타내기 위하여 비슷한 발음을 가지고 있는 량(良)으로 조사 '애'를 나타내고, '다가'는 여(如)의 뜻이 '다'인 점과 가(可)의 소리를 같이 이용하여 나타냈다.

사람이나 땅의 이름을 나타낼 때도 한자의 뜻과 소리를 이용하였는데, '박혁거세(朴赫居世)'를 우리말로 '불거내(弗拒內)' 즉 '밝으네'의 뜻이 있음을 보이고, '청풍(淸風)'에 대해서도 '사열이(沙熱伊)'로서 '서늘하다'의 뜻을 나타냈다.

구결(口訣)은 한문을 우리말로 읽을 때에 읽기 쉽고 뜻을 이해하는 데 도움을 주기 위한 것으로, 주로 우리말의 조사나 어미 부분을 한자로 나타낸 것이다. 爲는 '하다'의 '하'를 나타내고 다른 한자는 소리로 나타냈으니, 爲尼로 '하니'를, 里羅로 '이라'를 나타내고, 약자를 만들어서 ß는 '은, 는'을, 'ㄠ'은 '애, 에'를, 'ㅁ'는 '고'를 나타냈는데, 'ß'는 '隱'에서, 'ソ'은 '爲'의 약체인 '為'에서, 'ㄠ'는 '厓'에서, 'ㅁ'는 '古'에서 따온 것이다.

일본의 글자인 히라가나와 가타카나는 모두 한자를 줄여서 만든 것이다. 일본 사람들이 한자의 모습을 바꾸어 자기들의 글자로 만든 것에 비해 우리 한글은 한자와는 구별되게 온전히 새로 창조된 것이라는 점에서 다르다. 일본말은 음절의 수가 100을 넘지 않아 한자를 빌어서 음절을 만들 수 있지만, 우리말은 음절의 수가 이론적으로 3,000개가 넘고 실제 사용하는 것도 1,000개나 되어서 한자를 이용하여 글자를 만들기 어려웠다. 이 점이 일본이 한자를 이용해 자기 글자를 만든 것에 비해 우리가 새로운 글자를 창조하는 길로 가게 된 이유이다.

우리의 글 한글인 훈민정음이 만들어진 것은 조선의 4번째 임금이신 세종대왕 재위 25년인 1443년 음력 12월이고, 이를 국민에게 반포한 것은 세종 28년 1446년이다. 세계의 모든 글자가 그림문자, 상형문자의 단계를 거치면서 오랫동안 변형되어 오늘날의 글자에 이른 데 비해, 한글은 세종대왕이 독창적으로 창조하였다는 점에서 다른 글자와 구별된다.

세종대왕은 조선의 3대 임금인 태종대왕의 셋째 아들로 태어나서 4대 임금이 되신 분으로 역대 어느 왕보다 큰 치적을 남기셨다. 정치와 문물제도를 정리하여 행정체계를 확립하고 집현전을 설치하여 학문을 북돋았고 인재를 양성하여 언어와 문학, 정치, 경제, 군사, 농사, 음악, 종교, 역사, 지리 등 모든 분야의 문화를 진흥하였고 과학을 발달시켰다. 천체를 헤아려 볼 수 있게 한 혼천의와 간의를 만들거나, 물시계인 자격루, 해시계인 앙부일구, 강우량 측정기인 측우기를 발명한 것과 같은 과학에서의 업적이 세종대왕 시절에 이루어졌다. 음악에서도 박연은 아악을 정리하고 악기를 제작하였으며, 우리의 고유 음악 악보인 「정간보」가 이 때 창안되었다.

세종대왕이 남기신 업적은 여러 방면에서 많지만, 한자를 통해 이중적인 언어생활을 하던 우리 민족을 한자의 굴레에서 벗어나게 한 것은 우리 겨레의 문화의 독립과 슬기로운 생활을 위한 가장 큰 업적이다. 훈민정음의 창제 동기는 세종대왕의 「훈민정음」 서문과, 정인지의 「훈민정음 해례」 서문에 기록된 것으로 알 수 있다. 「훈민정음」 서문은 다음과 같다.

(2) 나랏말ㅆ미 듕귁에 달아 문ㅉ와로 서르 ㅅ못디 아니홀씨 이런 젼ㅊ
로 어린 빅셩이 니르고져 홇배 이셔도 ㅁ춤내 제 ㅃ들 시러 펴디 몯
홇노미 하니라 내가 이룰 위ㅎ야 어엿비 너겨 새로 스믈 여듧ㅉ롤
밍ㄱ노니 사룸마다 히여 수비 니겨 날로 ㅃ메 뼌안 킈 ㅎ고져 홇 ㅼ
ᄅ미니라

이러한 「훈민정음」 서문은 우리는 중국과 달리 언어와 문화가 다른 나라이므로 글자도 우리말에 맞는 것이 필요하다는 국가주의, 모든 백성들이 자기 뜻을 표현할 수 있도록 하겠다는 민본주의와 민주주의, 우리 글자를 통해 우리 문화를 발전시키고자 하는 문화주의의 의지가 들어있는 것으로 해석된다.

「훈민정음」을 세종대왕이 직접 만드신 것이냐 아니면 집현전 학자인 정인지, 최항, 박팽연, 신숙주, 성삼문, 강희안, 이개, 이선로 등에게 명하여 만들게 한 것이냐의 의문이 있다. 한글 창제와 같은

커다란 위업을 세종대왕이 홀로 이룩하셨다는 것은 믿기 어려운 일이기 때문이다.

그러나 「훈민정음」 서문에 "내 이롤 위ᄒᆞ야 어엿비 너겨 새로 스믈 여듧ᄍᆞ롤 밍ᄀᆞ노니" 한 것으로 보거나, 최만리의 상소에 대한 답변에서 "임금 하는 일을 그르다 하는 것은 무슨 까닭이냐?" 한 것이나, 정인지의 「훈민정음 해례」 서문 "우리 임금께서 정음 스물 여덟자를 처음으로 만드시어" 등으로 보아 세종대왕께서 친히 창제에 간여하시고 집현전 학자들에게 이에 대한 자세한 풀이를 하게 한 후 선포한 것으로 보인다.

한글이 걸어 온 길은 영광보다는 고난이 더 많은 험난한 길이었다. 세종대왕은 한글을 창제하셨을 뿐만 아니라, 한글의 보급을 통한 실용화에 힘썼다. 「훈민정음」을 창제하고(세종 25년) 반포하는(세종 28년) 사이에 왕업의 어려움을 노래한 「용비어천가」를 지어(세종 27년) 2년 후 세종 29년에 간행하였다. 다음은 「용비어천가」 125장 중 2장의 노래이다.

> (3) 불휘 기픈 남ᄀᆞᆫ ᄇᆞᄅᆞ매 아니 뮐씨 곶 됴코 여름 하ᄂᆞ니
>   시미 기픈 므른 ᄀᆞ믈래 아니 그츨씨 내히 이러 바ᄅᆞ래 가ᄂᆞ니

이 「용비어천가」는 조선의 창업을 이룬 선조들의 위업을 노래한 것이지만, 훈민정음이 이러한 노래도 지을 수 있음을 보이려는 의도가 있는 것이다. 「석보상절」은 세조(수양대군)가 지은 석가모니의 일대기이고, 세종대왕은 이를 노래로 만들어 석가에 대한 찬송가인 「월인천강지곡」을 지었다.

세종대왕께서는 「훈민정음」을 정무를 수행하는 데 몸소 사용하였

고, 문관의 채용 시험과목으로 정하였으며, 돈에도 '효뎨례의'라는 한글을 써넣어 백성들이 한글을 쉽게 접할 수 있도록 유도하였다.

그러나 한글이 만들어진 당시에도 한글에 대한 반대가 많았다. 한자에 의한 한문만이 글이라고 생각하던 당시 지식인들에게 한글이란 괴상한 글자일 수밖에 없었다. 그래서 진서인 한문에 대해 한글은 언문이라 하여 천대를 받았고 최만리를 비롯하여 여러 학자들이 한글을 사용하는 것은 불가하다는 상소를 세종대왕에게 올리기도 하였다.

집현전 부제학인 최만리는 세종 26년(1444년)에 훈민정음에 대한 반대 상소를 하였는데, 그 이유로, 훈민정음의 사용은 중국을 숭상하는 모화사상에 그릇된 것이고, 이는 우리 스스로 오랑캐가 되는 것이며, 훈민정음의 창제가 일반의 필요에 의하여서라기보다는 독단적으로 만들어졌다는 것을 들었다.

상소문에 이르기를 "우리 조정에서 지성스럽게 중국을 섬기어, 한결같이 중화의 제도를 따랐는데, 이제 언문을 창작하신 것을 보고 들으니 놀랍습니다. 만일 중국에라도 흘러 들어가서 비난하는 자가 있으면, 사대 모화의 도리에 부끄러움이 없겠습니까."라고 하였는데 이는 모화사상을, "오직 몽고, 서하, 여진, 일본이 글자가 있는데, 이제 우리가 따로 언문을 지음은 중국을 버리고 스스로 이적(夷狄, 오랑캐)과 같아지려는 것이다."라고 한 것은 우리가 글을 가짐은 오랑캐가 되는 것이라는 생각을, "언문 같은 것은 국가의 급하고 부득이하게 기한에 마쳐야 할 일도 아닌데, 어찌 이것으로 급급하게 하여 번거롭게 하십니까?"라고 한 것은 한글이 당시 일반에게는 급히 필요한 것이 아니라는 주장이다.

이러한 주장은 당시의 문자 생활의 혁명적인 변화를 이루는 과정에서 보수적인 학자들이 생각할 수 있는 것이기는 하나, 그 생각이 얼마나 고루하고 편협하며 중국에 의존적인가를 알 수 있다. 이에 세종대왕께서는 "설총이 이두를 제작한 참뜻이 백성을 편리하게 하려 함이고, 언문도 또한 백성을 편리하게 함인데, 설총은 옳다 하고, 군상의 하는 일은 그르다 하는 것은 무엇이냐?"라고 꾸짖었다. 한글은 이처럼 보수 세력의 강력한 반대에도 불구하고, 혁신적인 세력의 힘과 세종대왕의 굳은 의지로서 사용되기에 이르렀다.

그러나 한글은 만들어진 지 겨우 오십 년에 큰 수난을 받게 되었다. 연산주는 민간에 언문 즉 한글을 쓰는 것과 가르치는 것을 금지하였는데, 연산주의 못된 죄악에 대해 한글로 쓴 익명서가 날아들었기 때문이다. 언문을 쓰는 사람은 법으로 정하여 목을 베고, 사대부 집의 언문, 구결 서적 모두를 불살랐다.

이러한 고난의 시절을 거치면서도 한글은 일반에게 정착되어 갔는데, 한글에 의한 문학작품으로 송강 정철(중종, 선조 시대)의 「송강가사」에 들어 있는 관동별곡과 사미인곡, 속미인곡은 한자어의 냄새를 완전히 털어버려 온전히 우리말과 글의 아름다움을 발휘한 가사로, 서포 김만중에 의해 극찬을 받았고, 한글 시조를 짓는 등 한글의 쓰임이 넓어져 갔다. 김만중(인조, 숙종 시대)은 구운몽과 「사씨남정기」라는 소설을 한글로 지어 한글의 역사와 우리 문학의 역사에 큰 획을 그었다. 이후 영, 정조 시대에는 「청구영언」과 같은 시가를 가려 뽑아 만든 시가집이 나오고, 춘향전을 비롯한 소설이 많이 창작되었고, 순 한글로 만든 일종의 백과사전인 「청규박물지」와 아낙네에게 일러주는 책인 「규합총서」와 같은 학술적 서적도 나왔다.

한글의 중요성이 일반에게 부각되기 시작한 것은 근대적인 개혁

이 이루어지는 이른바 갑오경장(1894년)에 이르러서이다. 열강의 세력 다툼의 틈 속에서 민족적 자주 독립의 정신이 싹트면서 고종의 칙령(1895년)으로 "법률 명령은 다 국문으로써 본을 삼고 한역을 부하여 혹 국한문을 혼용"한다는 국문 사용의 법령을 내렸고, 같은 해에 유길준은 국한 혼용으로 된 한국인 최초의 「서유견문기」를 내놓았으며, 서재필은 「독립신문」(1896년)을 4면의 영문판 이외에는 모두 한글만 사용하여 만들었다.

「독립신문」과 같은 신문을 만들려면 올바른 글자표기가 바탕이 되어야 하는데, 「독립신문」의 회계 겸 교보로 주시경(당시 이름 주상호) 선생이 이 일을 맡아서 하였다. 지금 우리가 사용하는 한글의 맞춤법은 1933년 조선어학회에서 정한 한글 마춤법(맞춤법) 통일안'에 근거한 것인데, 종래에는 글을 소리나는 대로 적는 표음주의 방식에 의해 적었음에 비해, 단어의 형태를 밝혀 적는 표의주의 또는 어원주의 방식으로 정하여 지금도 쓰고 있는 것은 주시경 선생의 주장에서 근거한다. 받침을 적는 방법에서도 받침에 'ㄱ, ㄴ, ㄷ, ㄹ, ㅁ, ㅂ, ㅅ, ㅇ'만을 쓴다는 8종성 사용의 원칙이 최세진의 「훈몽자회」 이래로 일반화된 것을 비판하고, 종성은 다시 초성을 쓴다는 「훈민정음」의 원칙을 강조하여 현재 우리 맞춤법에서 사용하게 된 것도 이 당시 주시경 선생의 국어에 대한 연구에 바탕을 두고 있다.

한글의 부흥, 정리와 보급에 큰 공을 세운 것으로 예수교의 선교 사업을 위한 한글로 이루어진 성경을 빼놓을 수 없다.

일제의 강점기에 한글은 암흑기를 당하였다. 우리는 우리말조차 할 수 없고 이름까지 바꾸어야 하는 비극적 시기를 거친 것이다. 이러한 곤경 속에서도 조선어학회(한글학회의 처음 이름)에서는 「한글」

이라는 연구지를 만들고 1933년에는 '한글 마춤법 통일안'을 발표하였다. 1945년 민족의 해방을 맞아 한글도 어둠을 떨치고 밝은 앞날을 맞이하게 되었다.

2 한글을 만든 원리와 구조

한글이라는 이름은 국어학자 주시경 선생이 1910년에 쓴 글 '한나라 말'에 나타난 '한나라 글'에서 '나라'를 빼고 만들어진 것으로 알려져 있다. 그리고 '한글'이라는 말이 쓰인 최초의 기록은 신문관이라는 곳에서 발행한 '아이들 보이'라는 잡지에서이다. '한글'의 '한'은 우리 고대 민족의 이름인 한(韓)과 관련되고, '크다', '하나', '으뜸', '바르다', '한울(天)'의 뜻을 가지고 있다. 그래서 한글은 '큰', '우리 민족의 글'이라는 뜻이다.

우리글인 한글의 첫 이름은 '훈민정음'이다. 훈민정음의 훈(訓)은 가르치다, 민(民)은 백성, 정(正)은 바르다, 음(音)은 소리로 '백성을 가르치는 바른 소리'란 뜻이다. 훈민정음을 줄여서 '정음'이라고도 하였다.

한글의 다른 이름으로는 '언문(諺文), 반절(反切), 암클, 중글, 상말글, 국문(國文), 가갸글, 우리글, 조선글, 배달글' 등이 있다. '언문'이란 한문을 높여서 진정한 글 진서(眞書)에 상대적으로 낮은 글이란 뜻이고, '반절'은 한글이 초성, 중성, 종성을 합하여 한 글자를 이룬다는 뜻이다. '암클'이란 부녀자들이 쓰는 글이고, 중글은 중들의 글자란 뜻이고, '상말글'은 상놈들이나 쓰는 글이라는 뜻이다. 가갸글은 '한글'의 순서가 '가갸거겨고교구규…'이기 때문에 부르게 된 이름이다.

한글의 중요성과 자랑스러움을 인식하고, 이를 기념하기 위해 1926년 10월 28일(음력 9월 29일)에 훈민정음 반포 480년을 기념하면서 이날을 가갸날이라 했다. 이것이 지금의 한글날의 처음이다. 그 뒤 훈민정음 해례가 1940년 경 발견되어 훈민정음을 반포한 날짜를 좀더 분명히 알게 되어 정인지 글에 9월 상순에 반포하였다는 글을 근거로 10월 9일(음력 9월 10일)을 한글날로 정하게 되었다.

한글의 낱자들의 자음(닿소리)은 '기역, 니은, 디귿, 리을, 미음, 비읍, 시옷, 이응, 지읒, 치읓, 키읔, 티읕, 피읖, 히읗'의 이름을, 모음(홀소리)은 '아, 야, 어, 여, 오, 요, 우, 유, 으, 이'의 이름을 가지고 있다. 이는 닿소리의 경우 첫소리와 끝소리가 나는 보기를 들어 준 것으로 '니은'에서 '니'는 첫소리, '은'은 끝소리의 'ㄴ'을 각각 보여준다.

훈민정음에는 한글 낱자의 이름에 대한 기록이 없어 당시에는 낱자의 이름이 없었다고 생각할 수밖에 없다. 한글의 이름이 문헌에 나타난 것은 1527년에 최세진이 쓴 「훈몽자회」에서인데 이 책은 천자문과 같이 한자를 가르치기 위한 책으로, 3,360자의 한자에 대해 한글로 소리와 뜻을 표시하였다.

한자의 소리와 뜻을 이용하여 한글 낱자의 이름을 지었기 때문에 적당한 한자의 음이 없는 경우는 비슷한 소리의 글자로 적었다. 닿소리의 경우 '기윽'에서 '윽'을 나타낼 한자가 없어서 '역'으로 하여 '기역(其役)'으로 하였고, '디귿'의 '귿'을 나타내기 위해서는 '지말(池末)'이라 하여 한자 말(末)의 뜻 '끝'으로 '귿'의 소리를 나타내고, '시옷'의 '옷'을 나타낼 수 없어서 의(衣)의 '옷'의 뜻으로 소리 '옷'을 나타내었다.

모든 낱자의 이름이 같은 원리로 이름지어졌지만 '기역, 디귿, 시옷'만이 '기윽, 디읃, 시읏'이 아닌 이유는 이처럼 한자로 '윽, 읃, 읏'을 적을 수 없기 때문인데, 지금의 낱자 이름에도 그대로 이어지고 있다. 이제는 자음 이름의 예외를 정할 필요가 없고, 또 이름을 잘못 알기 쉽기 때문에 이제는 '기윽, 디읃, 시읏'으로 일관되게 쓰자는 주장이 국어학자들 사이에 있다. 실제로 북한에서는 이들의 이름을 이처럼 일관되게 바꾸어 사용하고 있다.

이들 외에 된소리는 1933년 조선어학회에서 정한 한글 맞춤법 통일안에서 ㄲ(쌍기역), ㄸ(쌍디귿), ㅃ(쌍비읍), ㅆ(쌍시옷), ㅉ(쌍지읏)으로 정하여 지금까지 부르고 있다.

우리말의 소리는 한글로 나타내면 'ㄱ, ㄴ, ㄷ, ㄹ, ㅁ, ㅂ, ㅅ, ㅇ, ㅈ, ㅊ, ㅋ, ㅌ, ㅍ, ㅎ'의 홑자음과 'ㄲ, ㄸ, ㅃ, ㅆ, ㅉ의 겹자음, ㅏ, ㅐ, ㅓ, ㅔ, ㅗ, ㅚ, ㅜ, ㅟ, ㅡ, ㅣ'의 단모음, 그리고 'ㅑ, ㅕ, ㅛ, ㅠ, ㅒ, ㅖ'와 'ㅘ, ㅙ, ㅝ, ㅞ', 'ㅢ'의 이중모음이 있다. 이러한 우리말의 소리는 모두 한글로 나타난다.

현재 사용하고 있는 한글은 창제 당시인 중세와 비교하면 여러 글자가 사라지기도 하였고, 글자의 소리가 달라지기도 하여 다름이 있다. 훈민정음 창제 당시에는 있었으나 지금은 쓰이지 않는 자음 글자로는 'ㅸ, ㆆ, ㅿ, ㆁ, ㅲ, ㅄ, ㅴ, ㅫ, ㅺ, ㅼ, ㅳ, ㅽ, ㅵ, ㅷ, ㆅ, ㅇㅇ, ㅥ'이, 모음자는 'ㆍ, ㆎ, ㆄ, ㆅ'가 있었다.

한글을 만든 원리에 대해서는 여러 의견들이 있었다. 이중에는 다른 나라의 글자를 본받았다는 의견이 대부분인데 중국의 옛글자인 고전(古篆), 옛 인도글자인 범자(梵字), 몽고 파스파글자, 서장문자(西藏), 바알리(PALI)문자, 고대문자 등을 본받았다는 의견들이다. 최현배(1976: 605) 참조.

「세종실록」이나 정인지 「훈민정음」 뒷글의 "글자는 고전을 본받았다."는 기록은 한글이 중국의 옛글자를 본받았다는 견해를 보여 주고 있지만 구체적 설명이 없다. 이덕무(영조, 정조 시대)는 청장 관전서라는 자신의 책에서 ㄱ은 고문(古文)의 '及'자, 'ㄹ'은 '已'자, 'ㅁ'은 '圍'을 'ㅂ'은 '口'을 본받았다고 하고 자료를 제시하고 있으나, 모양이 비슷하다고 바로 그것을 본받았다고 하기는 어렵다.

한글이 범자를 본떴다는 의견도 여러 의견이 있는데, 훈민정음 반포 후 30년에 성현(성종 시대)은 자신이 지은 「용재총화」에서 "그 글자 자체는 범자에 의해서 만들었다.(依梵字爲之)"고 하였다. 이수광도 「지봉유설」에서 이러한 견해를 보였으나 근거를 제시하지 않았다. 이능화는 「조선불교통사」(1932)에서 한글과 범자를 비교하였는데, '리: ㄽ, 러: ㄹ, 라: ㄹ, 크: ㅈ, 사시: ㅅ, 셔싀: ㅈ' 등을 비교하였다. 일본학자인 金澤庄三郞은 그의 글(1911년)에서 한글과 범자의 모음 'ㅏ: ㅜ, ㅣ: ㅜ, ㅜ: ㅈ, ㅗ: ㅗ'를 비교하여 한글이 범자를 모방한 것이라 하였다.

이처럼 많은 의견들이 한글이 다른 나라의 글자를 본떠 만든 것으로 보고 있으나, 독일인 엑카르트Eckardt는 그의 한글에 관한 책(1928)에서 세종대왕이 새 글자를 연구하시다가 창문 문살의 수직, 수평선과 문고리를 보고 한글을 만들게 되었다는 의견을 내었다. 1940년 안동에서 발견된 「훈민정음 해례」에 훈민정음의 제작원리에 대한 자세한 설명이 있어, 이제는 훈민정음을 만든 여러 가지 견해가 비교적 하나로 정리되었다.

1) 훈민정음을 만든 원칙과 제자 원리

「훈민정음 해례」의 제자해는 글자를 만든 방법에 대한 설명, 초성해는 처음 나는 소리에 대한 설명, 중성해는 가운데 나는 소리에 대한 설명, 종성해는 끝에 오는 소리에 대한 설명, 합자해는 초성, 중성, 종성이 합하여 이루어지는 소리에 대한 설명이고, 용자례는 이렇게 이루어진 글자들의 보기를 든 것이다.

훈민정음을 만든 대 원리는 해례의 제자해 첫머리에 있다. "하늘과 땅의 이치는 하나의 음양과 오행이다. 곤(坤)과 복(復)의 사이가 태극이 되고 움직임과 고요함이 있은 뒤에 음양이 된다. 무릇 하늘과 땅 사이에 삶을 받은 무리로서 음양을 버리고 어찌하겠는가? 그러므로 사람의 말소리에는 모두 음양의 이치가 있는데, 돌이켜 보건대 사람이 살피지 못했을 뿐이다. 이제 정음을 지음도 처음부터 지혜로서 경영하고 힘써 찾은 것이 아니라, 다만 그 말소리를 따라 그 이치를 다하였을 뿐이다. 이치는 이미 둘이 아닌데, 어찌 하늘과 땅, 그리고 귀신과 더불어 그 쓰임을 같이 하지 않을 수 있겠는가? 정음 스물여덟 글자는 각각 그 꼴을 본떠서 만들었다."라고 대원칙을 세웠다.

한글의 자음은 발음하는 꼴을 본떠서 만들었다. 우리가 내는 소리 가운데 목 안 또는 입 안의 어떤 자리가 완전히 막히거나 공기가 간신히 지나갈 만큼 좁혀지거나 하는 장애를 받고 나는 소리를 자음이라 하는데, 자음은 그 소리가 나는 자리에 따라, 어금닛소리(牙音), 혓소리(舌音), 입술소리(脣音), 잇소리(齒音), 목구멍소리(喉音)로 나누어진다.

어금닛소리는 어금니 근처를 막고 내는 소리로 'ㄱ, ㄲ, ㅋ, ㆁ',

혓소리는 혀끝으로 내는 소리로 'ㄷ, ㄸ, ㅌ, ㄴ', 입술소리는 입술에서 나는 소리로 'ㅂ, ㅃ, ㅍ, ㅁ', 잇소리는 윗니 근처에서 나는 소리로 'ㅈ, ㅉ, ㅊ, ㅅ, ㅆ', 목구멍소리는 목에서 나는 소리로 'ㆆ, ㅎ, ㆅ, ㅇ', 반혓소리는 혀끝이 완전히 닫기지 않는 소리로 'ㄹ', 반잇소리는 다른 잇소리와 성질이 다른 소리로 'ㅿ'이 있다.

이들 가운데 기본 글자로 'ㄱ, ㄴ, ㅁ, ㅅ, ㅇ'을 먼저 만들었는데, 이를 만든 원리는 다음과 같다. "초성은 17글자인데, 어금닛소리 ㄱ은 혀뿌리가 목구멍을 막는 꼴을 본뜨고 혓소리 ㄴ은 혀가 윗잇몸에 붙는 꼴을 본뜨고, 입술소리 ㅁ은 입모양을 본뜨고, 잇소리 ㅅ은 이의 모양을 본뜨고, 목소리 ㅇ은 목의 모양을 본떴다."

'ㄱ' 소리는 뒤 혓바닥을 여린입천장에 올려붙이고 거기를 막아서 내는 소리인데 이를 "혀뿌리가 목구멍을 막는 꼴"이라 하였다. 이때 혀의 모양이 'ㄱ'과 같이 된다. 이를 본떠서 'ㄱ' 글자를 만들었다. 'ㄴ' 소리는 혀끝을 윗잇몸에 붙여서 내는데 "혀가 윗잇몸에 붙는 꼴"이라 하였다. 이때 혀의 모양이 'ㄴ'과 같이 된다. 이를 본떠서 'ㄴ' 글자를 만들었다. 'ㅁ' 소리는 입술을 다물고 낸다. 이때의 "입의 모양을 본떠" 'ㅁ'자를 만들었다. 'ㅅ' 소리는 혀끝을 윗니 뒤쪽에 가까이 접근시켜 거기에서 마찰음을 낸다. 그래서 "이의 모양을 본떠" 'ㅅ'을 만들었다. 'ㅇ'은 소리가 없는 글자이나 이 글자도 목에서 나는 어떠한 소리가 있는 것으로 생각하고서 "목의 모양을 본떠" 'ㅇ'자를 만들었다.

이와 같이 발음하는 모습을 본떠 기본 글자 'ㄱ, ㄴ, ㅁ, ㅅ, ㅇ'의 다섯 글자를 만들어 낸 후 이 기본 글자를 토대로 다시 아홉 글자를 만들었는데, 각 기본 글자의 소리와 같은 자리에서 소리가 나지만 그 소리가 좀 세게 나는 것에 획을 더하는 것이다. 즉 'ㄱ'

에서 'ㅋ'을, 'ㄴ'에서 'ㄷ'을, 'ㄷ'에서 'ㅌ'을, 'ㅁ'에서 'ㅂ'을, 'ㅂ'
에서 'ㅍ'을, 'ㅅ'에서 'ㅈ'을, 'ㅈ'에서 'ㅊ'을, 'ㅇ'에서 'ㆆ'을, 'ㆆ'
에서 'ㅎ'을 만들어 9글자를 만들었다. 'ㅋ' 소리는 어금닛소리인데
'ㄱ' 소리보다 약간 세다. 그러므로 'ㄱ' 글자에 획을 하나 더하여
'ㅋ' 글자를 만든 것이다. 'ㄷ, ㅌ' 소리는 'ㄴ'과 같이 혓소리인데,
'ㄴ'보다 'ㄷ'이, 'ㄷ'보다 'ㅌ'이 더 세다. 그러므로 'ㄴ' 글자에 획
을 더하여 'ㄷ'을 다시 'ㄷ'에 획을 더하여 ㅌ을 만들었다. 'ㅂ, ㅁ'
소리는 'ㅁ'과 같이 입술소리인데 'ㅂ'은 'ㅁ'보다, 'ㅍ'은 'ㅂ'보다
더 세다. 그러므로 'ㅁ' 글자에 획을 더하여 ㅂ을 만들고 ㅂ에 획
을 더하여 ㅍ을 만들었다. 이때 'ㅁ'에 한 획을 더하면 'ㅂ'이 되고
또 한 획을 더하면 'ㅂ'과 같이 되어야 할 터인데, 한자와 혼동되
기 쉬워 'ㅁ'의 꼴을 바꾸어 'ㅂ'으로 한 듯하다. 'ㅂ'에 한 획을 다
시 더하면 ㅂ이나 '브'가 되어야 하지만, '읍'과 혼동되거나 ㅂ자
체가 복잡한 글자가 되어 ㅍ으로 정한 듯하다.

 'ㅈ, ㅊ' 소리는 'ㅅ'과 같이 마찰음인데 'ㅈ'은 'ㅅ'보다, 'ㅊ'은
'ㅈ'보다 소리가 세다. 그러므로 'ㅅ'에 한 획을 더하여 'ㅈ, ㅈ'에
한 획을 더하여 'ㅊ'을 만들었다. 'ㆆ'은 'ㅇ'과 같이 목소리이다.
'ㅇ'에 한 획을 더하여 'ㆆ'을, 'ㆆ'에 다시 한 획을 더하여 'ㅎ'을
만들었다. 'ㅇ'은 거의 소리가 없고 'ㅎ'은 'ㆆ'보다 소리가 세다고
보았다. 이리하여 기본글자 5자와 획을 더하여 이루어진 9자를 더
하여 14자가 만들어졌다.

 반혓소리인 'ㄹ'은 예외로 만들었다고 하나 혓소리의 기본인
'ㄴ'이나 한 획을 더한 'ㄷ'과 관계가 있고, 반잇소리 'ㅿ'도 'ㅅ'에
한 획을 밑에 그어 만든 것이라 할 수 있다. 그러나 이 'ㄹ'은 'ㄴ'
이나 'ㄷ'보다, 반치음은 'ㅅ'보다 소리가 더 세기 때문에 획을 더

한 것은 아니다. 'ㆁ' 소리는 어금닛소리와 비슷하면서, 목구멍소리 'ㅇ'과도 비슷하여 그 모양을 달리하여 글자를 만들었다.

이와 같이 하여 한글 자음(초성) 17자는 그 소리가 나는 자리에서의 발음기관의 모습을 기본으로 하고 여기에 관련된 소리들의 글자에 획을 더하는 유기적인 방법으로 만들었다.

모음(중성)은 하늘과 땅과 사람을 본떠 만들었다. 모음은 소리를 낼 때 자음과 달리 장애가 없이 나는 소리인데, 자음은 소리 나는 자리가 비교적 분명한 데 비해 모음은 소리 나는 자리를 정하기가 어렵다. 따라서 자음과 같이 소리를 내는 발음기관의 모습에 따라 글자를 만들기가 어려웠다. 그래서 모음은 다른 방법으로 글자를 만들 수밖에 없는데, 하늘과 땅과 사람의 세 재료(삼재, 三才)를 글자 만드는 꼴의 재료로 하였다.

현대 국어의 모음(단모음)은 'ㅏ, ㅐ, ㅓ, ㅔ, ㅗ, ㅚ, ㅜ, ㅟ, ㅡ, ㅣ'의 열소리인데, 혀의 앞뒤의 위치에 따라 앞쪽에서 나는 모음은 전설모음, 뒤에서 나는 모음은 후설모음이라 한다. 발음할 때 입이 조금 열려서 혀의 위치가 높은 것은 고모음, 그 보다는 입이 더 열려서 혀의 위치가 중간인 것은 중모음, 입이 크게 열려서 혀의 위치가 낮은 것은 저모음이라 한다. 또 발음할 때 입술을 둥글게 오므려 내는 것은 원순모음이라 하고, 원순모음이 아닌 것은 평순모음이라 한다.

훈민정음을 만들 당시의 우리 국어의 단모음은 일곱이었다고 추정되는데, 이를 홀소리의 밝음(양성)과 어두움(음성)에 따라 나누면 밝은 소리(양성모음)에 'ㅗ, ㆍ, ㅏ'가, 어두운 소리(음성모음)에는 'ㅜ, ㅡ, ㅓ', 중간소리로 'ㅣ'가 있다.

밝은 소리 가운데 'ㆍ' 소리를, 어두운 소리 가운데 'ㅡ' 소리를,

중간소리는 'ㅣ'소리를 기본으로 정하고 이 소리에 맞는 글자를 생각하였는데, 하늘과 땅과 사람의 모습이 글자를 본뜰 대상이 되었다.「훈민정음」제자해에는 'ㆍ, ㅡ, ㅣ' 세 글자에 대해 다음과 같이 설명하고 있다. "ㆍ는 하늘이 자시(子時)에 열리는 것으로, 꼴이 둥긂은 하늘을 본뜬 것이다. ㅡ는 땅이 축시(丑時)에 열리는 것으로 꼴이 평평함은 땅을 본뜬 것이다. ㅣ는 사람이 인시(寅時)에 생긴 것으로 꼴이 서 있음은 사람을 본뜬 것이다."

기본모음인 'ㆍ, ㅡ, ㅣ'를 근거로 다른 홀소리도 만들었다. 'ㆍ'와 'ㅡ'를 합하여 'ㅗ'와 'ㅜ'를 만들었는데 "하늘과 땅이 처음 사귀는 뜻을 가진 것으로, ㅗ는 ㆍ와 같되 입을 오므리는 소리이고, ㅜ는 ㅡ와 같되 입을 오므리는 소리이다." ㆍ와 ㅣ를 합하여 ㅏ와 ㅓ를 만들었는데 "하늘과 땅의 운용은 사물에서 출발하여 사람을 기다려서 이루어짐"의 뜻을 가진 것으로, "ㅏ는 ㆍ와 같되 입을 펴는 소리이고, ㅓ는 ㅡ와 같되 입을 펴는 소리이다."

'ㅗ, ㅏ'는 밝은 소리(양성모음)이고, 'ㅜ, ㅓ'는 어두운 소리(음성모음)인데, 'ㅗ, ㅏ'는 밝은 소리이므로 하늘인 'ㆍ'가 땅 'ㅡ'와 사람 'ㅣ'의 각각 위와 밖에 있는 형상이 되었고, 'ㅜ, ㅓ'는 어두운 소리이므로 하늘인 'ㆍ'가 땅 'ㅡ'와 사람 'ㅣ'의 각각 아래와 왼쪽에 있는 형상이 되었다.

이렇게 해서 기본글자인 'ㆍ, ㅡ, ㅣ'와 이를 근거로 다시 만든 글자(재출자) 'ㅗ, ㅏ, ㅜ, ㅓ'의 일곱 글자가 이루어졌다. 이들 글자들의 관계는 다음과 같이 설명하였다.

하늘과 땅과 사람을 본떠서 삼재의 이치가 갖추어졌다. 그러나 삼재는 만물의 앞이 되는데, 하늘은 또 삼재의 'ㆍ, ㅡ, ㅣ' 석 자가 여덟 소리의 머리가 되며, 'ㆍ'는 또 석 자의 우두머리가 됨과 같다. 'ㅗ, ㅏ, ㅜ, ㅓ'의 네 소리에 사람 'ㅣ'가 관여하여 다시 'ㅛ, ㅑ, ㅠ, ㅕ'가 만들어졌다. 'ㅛ'는 'ㅗ'와 같되 'ㅣ'에서 일어나고, 'ㅑ'는 'ㅏ'와 같되 'ㅣ'에서 일어나고, 'ㅠ'는 'ㅜ'와 같되 'ㅣ'에서 일어나고, 'ㅕ'는 'ㅓ'와 같되 'ㅣ'에서 일어난다 하였다. 즉 'ㅛ, ㅑ, ㅠ, ㅕ'는 'ㅗ, ㅏ, ㅜ, ㅓ'에서 점을 하나씩 더한 모습이지만 이 점은 사람 즉 'ㅣ'의 뜻과 소리를 가진다. 예를 들면 오는 '이+오'를 빨리 발음할 때의 소리를 나타낸다.

'ㅛ, ㅑ, ㅠ, ㅕ'가 'ㅣ'에서 일어나는 뜻을 반영하여 글자를 만들면 'ㅣㅗ, ㅣㅏ, ㅣㅜ, ㅐ'와 같은 모습이 되었을 것인데 이처럼 하면 글자꼴이 이상해지기 때문에 'ㅣ'가 아닌 'ㆍ'를 더한 'ㅛ, ㅑ, ㅠ, ㅕ'를 만든 것으로 보인다.

2) 글자를 만든 철학적 원리

훈민정음을 만든 원리에는 철학적인 원리가 들어있다. 모든 세계의 현상이 음양 오행(화, 수, 목, 금, 토)의 철학에 의해 운행되는 것으로 생각한 당시에는, 사람의 소리에도 음양과 오양의 이치가 있다고 보았다.

"무릇 생을 받은 무리가 하늘과 땅 사이에 있는 것으로 음양을 버리고 어디로 갈 것인가? 그러므로 사람의 소리에도 모두 음양의 이치가 있다." 이러한 생각은 우주를 지배하는 원리를 음양오행으로 보고, 모든 현상을 그 근본 원리의 운용으로 보는 중국의 음양 사상에 훈민정음 제작의 철학적 기반을 두고 있기 때문이다.

훈민정음에서는 자음의 다섯 가지의 소리인 목소리, 어금닛소리, 혓소리, 잇소리, 입술소리를 오행(五行)인 물(수, 水), 나무(목, 木),

불(화, 火), 쇠(금, 金), 흙(토, 土)과, 계절의 5가지 봄(춘, 春), 여름
(하, 夏), 가을(추, 秋), 겨울(동, 冬), 늦여름(계하, 季夏)과, 5가지의
음 궁(宮), 상(商), 각(角), 치(齒), 우(羽), 그리고 동, 서, 남, 북의 네
가지 방위와 관련지어 설명하였다.

목소리에 대한 설명에서, "목소리는 깊고 윤택하니 물이다. 소리
가 비고 통함은 물이 비고 맑고 흘러 통함과 같다. 계절로는 겨울
이고, 음으로는 우"라고 하였다. 어금닛소리에 대한 설명은 "어금
니는 착잡하고 기니 나무이다. 소리는 목소리와 비슷하나 여물음은
나무가 물에서 나서 형체가 있음과 같다. 계절로는 봄, 음으로는
각"이라고 하였다. 혓소리에 대해서는 "혀는 날카롭고 움직이니 불
이다. 소리가 구르고 날림은 불이 구르고 펴고 날림과 같다. 계절
로는 여름, 음으로는 치"라 하였다. 잇소리에 대해서는 "이는 단단
하고 부러지니 쇠다. 소리가 부스러지고 막힘은, 쇠가 가루처럼 부
서져서 단련하여 이루어짐과 같다. 계절로는 가을, 음으로는 상"이
라 하였다. 입술소리는 "입술은 모나고 붙으니 흙이다. 소리가 머
금고, 넓음은 흙이 만물을 함축하고 광대함과 같다. 계절로는 늦은
여름이고 음은 궁"이라 하였다.

이처럼 소리에서 인상을 받아, 이 인상을 철학적으로 해석하였
다. 목소리는 물 흐르는 듯한 소리로, 어금닛소리는 단단하여 나무
두들기는 듯한 소리로, 혓소리는 불이 구르는 듯한 소리, 잇소리는
쇠가 부스러지는 소리, 입술소리는 땅처럼 든든한 느낌의 소리로
인식하였다. 이러한 소리의 인상을 오행에서 하나의 원기가 다른
원기를 생성하는, 즉 서로 생겨남(상생, 相生)과 원기가 서로 이김
(상극, 相剋)의 원리와 연관지었다.

오행은 생겨남의 뜻으로 나무에서 불이 생기고(목생화, 木生火),

불에서 흙이 생기고(화생토, 火生土), 흙에서 쇠가 생기고(토생금, 土生金), 쇠에서 물이 생기고(금생수, 金生水), 물에서 나무가 생긴다(수생목, 水生木)는 순환의 원리를 가지고 있다.

어금닛소리에 대하여 해례에서는 "ㆁ은 비록 혀뿌리가 목구멍을 닫아 소리의 기운이 코로 나아오되 그 소리는 ㅇ와 서로 비슷하다. 목구멍은 오행의 물(수, 水)에 속하고 어금니는 오행의 나무(목, 木)에 속하는데 ㆁ이 비록 어금닛소리에 있으면서도 ㅇ와 서로 비슷한 것은 마치 나무의 싹이 물에서 나와서 부드럽고 여리어 아직도 물기가 많음과 같다." 하였다. 이는 나무의 어금닛소리 'ㆁ'이 물의 목소리 'ㅇ'에서 상생함을 보이다. 같이 나무인 어금닛소리 가운데에도 "ㄱ은 나무의 바탕이 생긴 것이요, ㅋ은 나무가 성하게 자란 것이요, ㄲ은 나무의 늙고 단단한 것"이라 하여 서로간의 차이를 소리의 인상과 연결지어 구별하였다.

오음(五音)도 그 소리 바탕을 보면, 우음(羽音)은 낮고, 부드럽고, 평온하고, 각음(角音)은 촉성을 띠는 경의 소리이고, 치음(齒音)은 빠르고 들날리는 소리이고, 상음(商音)은 빠른 소리이고, 궁음(宮音)은 무겁고 두꺼운 소리의 질과 인상을 가지고 있다.

목소리가 비고 통하는 소리인 점과 우음의 낮고 부드럽고 평온함이 서로 통하고, 어금닛소리는 착잡하고 긴데 촉성을 띠는 경의 소리와 통하고, 혓소리의 날카롭고 움직이는 소리는 치음의 빠르고 들날리는 소리와 통하고, 잇소리의 단단하고 부러지는 소리는 상음의 빠른 소리와 통하고 입술소리의 머금고 넓음은 궁음의 무겁고 두꺼운 소리의 질과 통한다.

「훈민정음」에서는 음양오행과 관련되어 철학적인 설명을 하고 있다. 모음의 기본 글자는 천, 지, 인을 상징한 'ㆍ, ㅡ, ㅣ'인데, 하늘이 땅과 만나고 하늘과 땅의 일에 참여하는 사람이 천지와 만나는 뜻으로 기본 3글자에서 8글자를 만들었다.

홀소리는 밝음(양)과 어두움(음)으로 나누어지는데, 'ㅗ, ㅏ, ㅛ, ㅑ'는 양성모음으로 하늘과 관련되고, 'ㅜ, ㅓ, ㅠ, ㅕ'는 음성모음으로 땅과 관련되는데 하늘은 홀수(기수, 奇數)와 땅은 짝수(우수, 偶數)와 연결된다. 즉 수로 보아, 'ㅗ'는 1, 'ㅜ'는 2, 'ㅏ'는 3, 'ㅓ'는 4이고, ' ㆍ'는 5, 'ㅠ'는 6, 'ㅛ'는 7, 'ㅕ'는 8, 'ㅑ'는 9, 'ㅡ'는 10이다.

이들 모음은 오행과 5방위(동, 서, 남, 북, 중)와 연결되는데, "ㅗ가 처음으로 하늘에서 나니, 하늘이 첫째 물(水)을 내는 자리로 방위는 북(北)이고, ㅏ는 그 다음으로 하늘이 셋째 나무(木)를 내는 자리로 방위는 동(東)이고, ㅜ는 처음으로 땅에서 나니, 땅이 둘째 불(火)을 내는 자리로 방위는 남(南)이고, ㅓ는 그 다음으로, 땅이 넷째 쇠(金)를 내는 자리로 방위는 서(西)이다. ㅛ는 다시 하늘에서 나니, 하늘이 일곱째 불을 이루는 수(數)로 남(南), ㅑ는 하늘이 아홉째 쇠(金)를 이루는 수로 서(西), ㅠ는 다시 땅에서 나니, 땅이 여섯째 물을 이루는 수로 북(北), ㅕ는 땅이 여덟째 나무를 이루는 수로 동(東)이다."

'ㆍ'는 하늘이 다섯째 흙(土)을 내는 자리로 방위로는 가운데(中)이다. 'ㅣ'만이 홀로 자리와 수(數)가 없는 것은 대개 사람은 끝이 없음(무극, 無極)의 참(진, 眞)과 음양과 오행의 정기가 묘하게 합하여 엉긴 것이며, 진실로 한정된 자리와 이루어지는 수로서 논할 수 없기 때문이다.

이처럼 훈민정음의 자음과 모음은 그 소리가 음양오행과, 음악의 소리, 계절, 방위 등과 역학(易學)이라는 철학적 원리와 조화롭게 만들어졌다는 점에서 정말로 신기하고 미묘하다 하겠다. 그래서 신숙주는 세종께서 지으신 훈민정음에 대하여 "그 깊은 근원과 정밀한 뜻의 묘한 것에 있어서는 신(臣)들이 능히 발휘할 바가 아니다." 하고 다시 "정음을 지으심은 조상이나 스승의 것을 본받아서 서술하여 밝힌 것이 없이 자연으로 이루신 것이다. 그 지극한 이치가 있지 아니한 데가 없되, 사람의 힘으로 되는 일의 사사로움이 아니다."라고 하여 그 원리의 신묘함을 말하였다.

3) 글자를 만든 언어학적 원리

언어학이란 우리들이 사용하는 말 즉 언어를 과학적으로 연구하는 학문이다. 언어학에는 소리에 대한 연구와, 단어의 뜻과 단어들이 모여서 만드는 문장의 원리와 뜻에 대한 연구가 있다.

한글은 글자를 만들 때에 언어학의 바탕 하에서 만들었음을 「훈민정음 해례」에 있는 설명을 통하여 알 수 있다. 「훈민정음 해례」에 나타나 있는 한글을 만들 때 고려하였던 언어학적인 이론은 뜻을 구별하여 주는 말소리의 가장 작은 단위인 음소(音素)를 인식한 점과 글자를 만들 때 소리를 내는 자리와 방법에 근거하는 조음음성학적인 방법을 이용하고, 소리와 소리를 구별하여 주는 구별의 특질 즉 변별적 자질에 근거하여 한글을 만든 점이다. 이런 점에서 한글은 언어학적 원리에 입각한 글자의 창조이다.

국어에서 '불'과 '풀'이 완전히 다른 뜻의 단어가 되는 것은 이들의 첫소리 'ㅂ'과 'ㅍ'이 서로 다른 소리이기 때문이다. '말'과 '물'이 다른 뜻의 단어가 되는 것도 'ㅏ'와 'ㅜ'가 다른 소리이기 때문이다. 이처럼 단어의 뜻을 구별하여 주는 소리의 단위를 음소

(또는 넓게 음운)라 한다. ㅂ과 ㅍ은 다른 음소이고 'ㅏ'와 'ㅜ'도 다른 음소인데, 이들이 다른 음소임을 분명히 구별하여 주는 것은 끝과 같은 자리에서이다. 이처럼 똑같은 자리에서 나타나서 그 소리들을 바꿈으로 뜻이 달라지는 낱말의 짝(불과 물)을 최소대립쌍이라 한다.

「훈민정음」에는 이러한 대립쌍에 대한 인식이 설명되어 있다. 「훈민정음 해례」의 합자해에는 다음과 같은 설명이 있다. "우리말의 '혀'가 입 속의 혀, 설(舌)이 되고 '혀'가 끌어당기는 인(引)이 되고, '괴여'가 내가 어떤 이를 좋아한다가 되고, '괴ㆅ여'가 어떤 이가 나를 좋아한다가 되고, '소다'가 물건을 덮다가 되고, '쏘다'가 무엇을 쏘다가 된다." 하였다.

'불, 풀', '말, 물'이 대립쌍이 되는 바와 같이, '혀'와 '혀', '괴여'와 '괴ㆅ여', '소다'와 '쏘다'에서 'ㅎ'과 'ㆅ', 'ㅇ'과 'ㆀ', 'ㅅ'과 'ㅆ'이 대립쌍에 의한 다른 음운임을 보여주고 있다. 이는 한글을 만들 때 언어학적인 원리에 의해 만들었음을 보이는 것이다

한글의 자음은 발음기관의 모습을 본떠서 만들고 모음은 '하늘, 땅, 사람'을 본떠서 만들었다. 자음을 발음기관을 본떠서 만든 것이기 때문에, 한글의 각 글자는 발음기관에 따라 구별되는 변별성을 가지고 있다. 어금닛소리, 혓소리, 입술소리, 잇소리, 목소리는 모두 소리를 내는 자리에 따라 나눈 것으로 조음 음성학적인 근거를 가지고 있다.

자음은 기본음 'ㄱ, ㄴ, ㅁ, ㅅ, ㅇ'에 획을 더해서 'ㅋ, ㄷ, ㅌ, ㅂ, ㅍ, ㅈ, ㅊ, ㆆ, ㅎ'을 만들었다. 이때 기본음에 비해 획을 더하여 만든 글자는 조금 센 소리라 하였다. 이러한 예사소리와 센소리의 구별은 'ㄱ, ㄷ, ㅂ, ㅅ'과 같은 예사소리와 'ㅋ, ㅌ, ㅍ, ㅊ'과

같은 거센소리의 음성학적인 구별을 하고 있는 것이다. 'ㄷ'도 가획을 하였지만, 'ㅌ'이 센소리임에 비하여 상대적으로 예사소리에 속한다.

「훈민정음 해례」에서는 자음을 맑고(청, 淸) 흐림(탁, 濁)으로 구별하였다. 맑은소리(전청, 全淸)는 'ㄱ, ㄷ, ㅂ, ㅅ, ㅈ'이고 다음 맑은소리(차청, 次淸)는 'ㅋ, ㅌ, ㅍ, ㅊ, ㅎ'이고, 흐린소리(전탁, 全濁)는 'ㄲ, ㄸ, ㅃ, ㅉ, ㅆ, ㆅ'이고, 'ㆁ, ㄴ, ㅁ, ㅇ, ㄹ, ㅿ'은 맑지도 흐리지도 않은 소리(불청불탁, 不淸不濁)이다. 맑은소리, 전청을 나란히 쓰면 흐린소리, 전탁이 되는 것은 맑은 소리가 엉기면 흐린소리가 되기 때문이라 하였다. 이처럼 소리를 맑고 흐림의 청탁으로 나눈 원리는 소리의 세기와 관련되어, 전청은 안울림소리, 차청은 센소리(격음), 전탁은 된소리(경음), 불청불탁은 울림소리에 해당되어, 소리내는 방법에 따라 소리를 구별한 것으로 언어학적인 원리를 바탕으로 하였다.

"ㆆ은 ㅎ소리보다 소리가 얕다."고 한 점은 소리의 깊고 얕음(심천, 深淺)에 대한 구별이고, ㅇ을 입술소리 밑에 이어쓰면 입술가벼운소리(순경음)가 된다."고 함은 소리를 가벼움과 무거움(경중, 輕重)에 따라 구별한 것이니, 역시 언어학적 원리를 바탕으로 한 것이다. 소리의 늦고(완, 緩), 빠름(급, 急)을 인식하여 구별하였는데 불청불탁의 글자 'ㆁ, ㄴ, ㅁ, ㅇ, ㄹ, ㅿ'는 그 소리가 세지 않아서 끝소리로 쓰면 급하지 않은 소리에 맞고, 전청, 차청, 전탁의 글자는 소리가 세어 끝소리로 쓰면 급한 소리가 난다 하였다. 이도 소리의 인상을 언어학적으로 인식했음을 보여 준다.

「훈민정음」에서는 모음(중성)도 발음할 때의 혀의 모양, 소리의 느낌, 입열기의 정도로 설명하였다. 이는 모음을 조음 음성학의 언어학적 방법으로 설명한 것이다. 「훈민정음 해례」의 "·는 혀는 오그라지고 소리는 깊다. ㅡ는 혀는 조금 오그라지고 소리는 깊지도 얕지도 않다. ㅣ는 혀는 오그라지지 않고 소리도 얕다."는 이들 기본 모음을 내는 데 작용하는 혀의 모양을 설명하고, 한편으로는 그 소리를 들었을 때의 인상을 설명한 것이다. 여기서 세 모음을 변별하여 주는 자질은 조음적인 측면의 혀를 오그림의 축(縮), 혀를 오그리지 않음(不縮)과 소리의 인상과 관련된 청취 음성학적인 관점의 깊음의 심(深)과 얕음의 천(淺)이다.

입 열기의 정도에 따라서도 모음은 구별되는데, "ㅗ는 ·와 더불어 같되 입을 오므리는 것, ㅏ는 ·와 더불어 같되 입을 벌리는 것, ㅜ는 ㅡ와 더불어 같되 입을 오므리는 것, ㅓ는 ㅡ와 더불어 같되 입을 벌리는 것"이라는 설명은 입술 둥근 소리와 입술 안 둥근 소리의 조음음성학적인 구별로 모음에 대한 언어학적 이론을 배경으로 하고 있음을 볼 수 있다.

이처럼 한글은 자음과 모음이 모두 음소에 대한 개념과 조음 음성학적인 언어이론과 청취 음성학의 언어학적 이론을 배경으로 하고 있다.

4) 한글의 짜임새

한글의 자음자와 모음자는 자음자끼리, 또 모음자끼리 나아가 자음자와 모음자가 합하여서 새로운 글자를 이룬다. 훈민정음에서 발음기관을 본떠서 만든 단자음자(홑닿소리)는 열일곱자이다. 이 자음(첫소리, 초성)의 두 글자나 세 글자를 나란히 써서(갈바써서, 병서하여) 쓰기도 하는데 각자 나란히 쓰기(각자병서)와 합하여 나란히 쓰기(합용병서)가 있다.

각자병서하여 이루어지는 글자는 지금도 사용하는 'ㄲ, ㄸ, ㅃ, ㅆ'과 훈민정음 창제 당시 'ᅘᅧ다'(끌다)와 같은 단어에 쓰인 'ᅘᅧ', '다ᄔᆞ니라(抵)'에 쓰인 'ᄔ', '히ᅇᅧ'에 쓰인 'ᅇ'이 있다. 또한 'ㅁㅁ'의 존재의 가능성도 생각할 수 있다. 이들은 현대 말의 소리처럼 된소리였을 것으로 추정한다. 합용병서로 이루어진 글자는 'ㅂ'계열인 'ㅲ, ㅄ, ㅶ, ㅷ'과 'ㅅ'계열인 'ㅺ, ㅻ, ㅼ'이 있고, 세 자음이 합하여서 된 글자로는 'ㅴ, ㅵ'이 있다. 이들은 'ᄯᅡ(땅), ᄶᅡᆨ(짝), ᄩᅳᆷ(틈), ᄣᅢ(때)' 등에서 쓰였다.

훈민정음에는 이들 소리에 대한 설명이 따로 없다. 이들은 각 글자가 가지고 있는 소리대로 발음되었던 것으로 추정한다. 지금의 쌀을 당시에는 'ᄡᆞᆯ'이라 하였는데, '햅쌀, 좁쌀, 찹쌀'의 ㅂ 소리는 'ᄡᆞᆯ'의 ㅂ소리가 남아 있는 것으로 해석하는 것도 이들이 각 글자가 가진 소리대로 발음되었을 것이라는 추정을 뒷받침하여 준다. 그런데 이들 합용병서의 대부분은 현대 국어로 오면서 된소리화되었다. '땅, 짝, 때, 쌀' 등이 모두 된소리가 된 것을 보면 알 수 있다.

모음도 서로 합하여 겹모음을 만든다. 모음은 'ㆍ, ㅡ, ㅣ, ㅗ, ㅏ, ㅜ, ㅓ'의 일곱 모음에다 모음 'ㅣ'와 'ㅗ, ㅏ, ㅜ, ㅓ'가 합하여진 'ㅛ, ㅑ, ㅠ, ㅕ'를 한 글자로 적도록 하여 모두 열한 자의 단모음을 가지고 있다. 이는 열한 자음과 합하여 스물여덟 자가 된다.

홑모음(단모음)들을 합하여 겹모음(복모음)을 만드는데, 'ㅗ, ㅏ'가 합하여 'ㅘ, ㅜ, ㅓ'가 합하여 'ㅝ, ㅛ, ㅑ'가 합하여 'ᆥ, ㅠ, ㅕ'가 합하여 'ᆦ'가 된다. 열한 개의 홑모음 중 'ㅣ'를 제외한 모음 열 개와 여기 새로 나온 모음 네 개가 'ㅣ' 모음과 합하여 'ㆎ, ㅢ, ㅚ, ㅐ, ㅟ, ㅔ, ㆉ, ㅒ, ㆌ, ㅙ, ㅞ'가 된다. 이처럼 모든 모음에 'ㅣ'

가 뒤따를 수 있는 것에 대해 "ㅣ가 깊거나, 얕거나, 닫기거나 열린 소리들에 아울러 능히 서로 따를 수 있는 것은, 그것이 혀는 펴고, 소리는 얕아 입을 열기에 편하기 때문이니, 또한 사람이 만물을 여는데 참여하여 통하지 않음이 없음을 가히 볼 수 있다."고 설명한다.

모음과 자음은 초성과 중성과 종성으로서 서로 어울려야 소리를 이룬다. "무릇 글자는 모름지기 어울려야(합해져야) 소리(글자)가 된다", "첫소리(초성), 가운뎃소리(중성), 끝소리(종성)의 세 소리가 합하여 글자를 이룬다."고 훈민정음에서는 설명하였다.

첫소리 글자는 가운뎃소리 글자의 위에나 왼쪽에 있어 '군'자의 ㄱ이나 업자의 'ㅇ'과 같고, 가운뎃소리의 둥근 글자와 가로펴진 글자(·, ㅡ, ㅗ, ㅛ, ㅜ, ㅠ)는 첫소리 글자의 아래에 있고, 세로 펴진 글자(ㅣ, ㅏ, ㅑ, ㅓ, ㅕ)는 첫소리의 오른쪽에 있어 '튼', '즉'이나 '침'과 같다.

끝소리 글자는 첫소리 글자와 가운뎃소리 글자의 아래에 있다.

3 한글의 우수함

우리는 오랜 역사 속에서 숱한 역경을 겪으면서도 우리의 모습을 온전히 간직해 온 우리 자신을 자랑스럽게 생각한다. 이 가운데 우리들은 문화유산에 대하여 남다른 긍지를 가지고 있다. 우리의 문화유산 가운데 과거에 그것이 존재했었다는 것에 가치를 갖지, 그것을 지금 이 순간에도 활용하고 미래에도 끝없이 사용할 것으로 생각되는 것은 그리 많지 않다. 한글은 지난 시절 꾸준히 쓰여 왔고 지금도 쓰이며 앞으로 쓰여야 할 우리의 글이다.

한글이 과학적이고 우수한 이유는 다음과 같다.

먼저 한글은 우리말에 맞는 글자이다. 한글은 우리말을 나타내는 데 적절한 글자라는 점에서 그 가치가 높다. 한글이 우리말을 나타내는 데 효율적인 글자임은 우리가 잘 아는 다른 나라의 글자와 비교하면 쉽게 알 수 있다. 중국어와 중국 글자인 한자는 소리에서 직접적인 관계가 없다. 중국어로 사람은 '렌(ren)' 또는 '엔(jen)'이라 소리 낸다. 그러나 글자 '人'은 이 소리와 아무 관련이 없다. 이에 비해 한글은 '사람'을 '사람(saram)'이라 하여 글자가 소리와 직접 관련되어 있다. 이러한 중국어와 한자, 우리말과 한글의 관계는 표의문자와 표의문자의 차이로 드러난다.

일본어와 비교해도 한글이 우리말을 나타내는데 적절함을 알 수 있다. 만약 우리가 한글이 없이 일본 글자로 우리말을 기록한다면, 우리말을 올바로 기록할 수 없다. 일본 사람들은 '커피'를 '고히'라고 발음한다. 일본에는 우리말의 'ㅋ, ㅌ, ㅍ, ㅊ'과 같은 거센소리(격음)가 없어 '커피'를 발음할 수 없고 이에 맞는 글자도 없다. 이는 국어의 '코, 탱자, 파리, 춤'과 단어들을 제대로 발음할 수 없음을 보여준다. 일본어에 이러한 발음이 없으니 글자도 필요하지 않았다고 생각된다. 이에 비해 우리말은 거센소리(격음: ㅋ, ㅌ, ㅍ, ㅊ)뿐만 아니라, 된소리(경음: ㄲ, ㄸ, ㅃ, ㅆ)도 있다. 한글은 이러한 소리를 모두 적을 수 있는 글자를 가지고 있다. 이는 한글이 우리말을 충분히 나타낼 수 있는 글자임을 보여준다.

우리말과 영어도 서로 소리의 인식에서 다르다. 우리말은 여린소리(평음)과 거센소리, 된소리가 서로 다른데, 그 다름을 잘 알고 있다. '불'과 '뿔'과 '풀'의 소리가 다름을 알고 나아가 뜻을 구별한다. 그러나 영어에서는 이러한 구별이 분명하지 않다. 따라서 영어에서 '뿔'과 같은 소리를 나타내는 된소리의 글자(알파벳)이 없다. 그러나 우리는 우리말을 나타내는 된소리와 거센소리의 글자가 모두 있다.

그러나 우리는 '감기'라는 말에서 '감'의 'ㄱ' 소리와 '기'의 'ㄱ' 소리가 다른 것을 잘 알지 못한다. '기'의 'ㄱ' 소리는 소리 낼 때 성대가 울려서 내는 소리이기 때문에 성대 울림이 있다 하여 유성음이라 하는데, 우리는 이 소리를 성대 울림이 없는 소리인 무성음과 잘 구별하지 못한다. 즉 '감기'에서 두 'ㄱ'의 다름을 구별하지 못한다. 그래서 우리 한글에는 유성음을 나타내는 글자가 없다. 한글을 처음 만들 당시에는 이러한 소리도 구별할 수 있는 'ㅸ, ㅿ' 글자도 있었으나 지금은 사용되지 않는다.

한글은 음소(또는 음성)를 적는 글자이면서 동시에 음절을 적는 글자로서의 특징을 가지고 있다. 우리는 '바람이 불어'를 '바라미 부러'로 쓰지 않고 '바람이 불어'라고 하여 실제의 발음과는 달리 각 단어의 형태소를 음절을 경계로 하여 구별하고 있다. 이것은 우리글이 음소글자이지만 동시에 음절문자로서의 기능도 가지고 있음을 보이는 것으로, 같은 소리글자인 로마자에서는 이와 같은 표시가 불가능하다. 이러한 음절의 표시로서 실질형태소 '바람'과 문법 형태소 '이'의 구별이 분명하여진다. 이 점도 우리들이 우리말을 나타냄에 있어 부족함이 없음을 보여 주는 것이다.

한글은 만든 원리가 과학적이다. 한글은 일반적으로 세계의 글자들이 그림글자, 상형글자, 표의문자의 순서대로 발전해 온 것과 달리 한 시기에 전체적인 짜임을 고려하여 창조한 글자라는 점에서 다른 글자들과 구별되는 일관된 체계와 원리를 가지고 있다.

그림문자에서 비롯한 원시적 문자는 오랜 세월을 거치면서 가장 진화한 형태인 소리를 낱덩이로 표시할 수 있는 표의문자, 음소문자로 변형되어 왔는데, 훈민정음은 이러한 글자의 변화 중에 최고 단계의 글자를 창조한 것으로, 음소 분석 방법에 의한 근거 하에 문자를 창조하였다는 점에서 문자사에 독보적인 위치를 차지한다.

한글은 발음기관이나 하늘, 땅, 사람을 본따 기본자를 만들고 여기에 획을 더하거나 글자를 합하여 글자로서의 체계화를 이루었다. 따라서 근본적으로는 모습을 본떠 만드는, 즉 상형원리에 근거하여 이루어진 글자이다. 상형을 기본으로 하여 이를 변형하는 과정으로만 보면 한글도 한자와 다름이 없다. 한자도 자연계 대상을 본뜬 그림글자에서 비롯하여, 간략화되면서 지시대상에서 멀어져 상형글자로 되었고, 관념을 나타내는 글자인 지사(指事)를 이용하고 다시 이들을 결합하는 방법으로 글자를 만들었다.

그러나 한자는 각 글자의 형성이 개별적이고, 숫자가 많은 복잡한 구도를 가지고 있어 전체적인 짜임새를 파악하기 어려움에 비해, 한글은 상형 원리를 기본으로 하였으나, 형성되어 이루어진 글자들이 단순하고 평이하면서 유기적인 관련성을 갖고 모든 소리를 표현할 수 있다는 점에서 우수성을 갖고 있다. 상형 원리를 바탕으로 음소문자를 창조한 문자사에서 획기적인 일이다.

한글의 글자는 글자와 글자 사이에 조직적인 관계가 있다는 점에서 다른 글자와 차별되는 우수성을 가지고 있다. 대부분의 글자가 모양을 본떠 이루어진 후 오랜 세월이 지나면서 형성된 것이기 때문에 글자와 글자 사이에 관련성이 없다.

영어의 알파벳의 경우 서로 비슷한 소리라도 그것을 표기하는 글자까지 비슷한 것은 아니다. 즉 K와 G, P와 B, T와 D가 글자로서 유사성을 가지고 있지 않다. 이에 비해 한글은 자음의 경우, 예사소리에 비해 거센소리(격음)는 획을 더하는 방법으로, 된소리(경음)는 나란히 씀으로써 소리 사이의 관계를 글자로 나타냈다. 'ㄱㅋㄲ, ㄷㅌㄸ, ㅂㅍㅃ, ㅈㅊㅉ'에서 보이는 대립쌍들이 대표적인 보기이다.

모음에서 한 획을 더해서 반모음 [y]를 표시한 것, 즉 'ㅏ, ㅓ, ㅗ, ㅜ'에 반모음 'ㅣ'가 들어가 'ㅑ, ㅕ, ㅛ, ㅠ'가 된 것도 소리와 글자 사이의 유기적 관계를 보여준다. 이는 소리에 나타나는 여러 가지 체계적인 관계가 글자에도 그대로 나타낼 수 있게 고안되었음을 보여주는 것이다.

글자는 그 꼴이야 어쨌든 다른 글자와 섞갈리지 않으면 그 기능을 다할 수 있기는 하고, 비슷한 소리를 표기하는 글자가 그 꼴이 다르다고 글자로서의 가치가 덜해지는 것은 아니다. 그러나 소리의 유기적인 관련성이 글자의 유기적인 관련성에도 표출되는 것은 소리의 체계적인 관계와 글자의 체계적인 일치성을 보인 점에서 장점임은 분명하다.

한글만이 의도적으로 문자를 특정 시기에 만들었다는 점에서 독창적이다. 한자나 로마자를 비롯한 대부분의 글자는 어느 누구에 의하여 의도적으로 제정된 것이 아닌, 인간이 살아오는 동안에 얻어진 자연적인 산물이다. 한글만이 그 만든 사람과 만든 때 그리고 만든 원리가 분명한 세계에서 유일한 언어라는 점에서 독창적이며, 주인 있는 언어라 할 수 있다.

한글은 배우기 쉽고 쓰기 쉽다. 현재 우리가 사용하는 한글의 자음자와 모음자는 복합모음자를 제외하고 스물넉 자이다. 그러므로 이 스물넉 자만을 배우면 우리의 말을 모두 글로 나타낼 수 있다.

한글이 한자 사용의 어려움을 극복하기 위하여 생겨난 글자이기 때문에 한글의 편리성은 한자의 불편함과 비교되기 마련이다. 한글이 이처럼 배우기 쉽다는 것은 한자를 전제로 한 것이다. 오늘날의 한자의 수는 4~5만쯤 되고 이들 중에 옛 글자나 안 쓰는 글자를 제외해도 1만이 쓰인다. 따라서 한자를 제대로 사용하려면 1만 단어를 외워야 한다. 이처럼 한글이 얼마나 배우기 쉬운 글자인가는 한자와 비교하면 분명히 드러난다.

그러나 한글만이 배우기 쉬운 글자는 아니다. 영국은 26, 프랑스는 25, 이탈리아 22, 에스파이냐 27, 아라비아 28, 러시아 41, 일본은 50자의 글자를 가지고 있다. 이들 나라도 이 글자만으로 자신들의 말을 글자로 충분히 나타내고 있다. 따라서 한글은 우리가 한글 이전에 써온 한자에 비교해 배우기 쉬운 점이 드러나고, 다른 소리글자들과는 비슷하다. 그러나 다른 소리글자들이 오랜 세월 글자의 발전 과정을 거쳐 배우기 쉬운 글자가 된 것에 비해 한글은 처음부터 배우기 쉬운 글자로 창조되었다는 점에서 구별된다. 한글은 배우기 쉬울 뿐만 아니라 쓰기도 쉽다. 그러나 한글의 쓰기는 한자와 비교하면 쉽지만, 로마자나 다른 표의문자와 비교하면 결코 쉽다고만 할 수는 없다.

한글은 모아쓰기를 하기 때문에 음소문자이면서 동시에 음절문자로서의 성격을 가지고 있다. 이러한 음절문자로서의 특징 때문에 단어 가운데 뜻을 나타내는 부분과 기능을 나타내는 부분을 시각적으로 구별할 수 있다. 즉 '떡이'라는 표기는 소리 나는 대로 하면, '떠기'가 된다. 이는 '떡'이라는 단어와 '이'라는 단어가 다른 단어임을 구별해주는 변별적인 표기 방법이다.

이러한 음절문자로서의 표기 방법 때문에 소리 나는 대로 적지 않는 표기방법이 맞춤법으로 정해지게 되었다. 한글맞춤법이 “표준어를 소리대로 적되 어법에 맞도록 한다.” 규정함은 이처럼 각 단어가 가지고 있는 형태를 보여주기 위해서이다. 이러한 표기법은 결과적으로 쓰기를 어렵게 하였다.

한글은 문자의 가장 발달된 단계인 표의문자이다. 글자는 그림 글자에서 발달되기 시작하여 한 글자가 하나의 뜻을 나타내는 뜻글자, 표의문자 또는 낱말 글자, 단어 글자가 되었다. 단어 글자는 글자를 통해서 뜻을 알아볼 수 있는 장점을 가지고 있지만 동시에 여러 가지 단점을 가지고 있다.

단어마다 글자가 필요하기 때문에 단어의 수만큼 글자가 있어야 한다. 따라서 이러한 뜻을 가진 단어를 만들고 그것을 기억하는 일은 어려운 일이다. 단어 글자는 글자와 소리가 직접적인 관계가 없다. 글자와 그 글자가 나타내는 의미 사이에 직접적인 연관 관계를 가지고 있는 것이 뜻글자, 단어 글자임에 비해, 글자와 그 글자가 가지고 있는 뜻과는 관계가 없고 소리와만 관계가 있는 글자를 소리글자라 한다. 소리글자는 한 글자가 음절을 표시하는 음절 글자와 한 글자가 낱소리를 나타내는 음소글자가 있다.

글자 한 자가 한 음절을 표시하는 것이 음절문자인데 일본 글자가 대표적이다. 일본 글자 ‘あ’는 ‘아’, ‘い’는 ‘이’, ‘う’는 ‘우’, ‘え’는 ‘에’, ‘お’는 ‘오’를, ‘か’는 ‘가’, ‘き’는 ‘기’, ‘く’는 ‘구’, ‘け’는 ‘게’, ‘こ’는 ‘고’를 각각 나타내어 글자가 그대로 음절을 나타낸다.

음소글자는 음절이 자음과 모음으로 분석됨을 글자로서 나타낼 수 있는 방법의 글자로 문자발달사 중에 가장 진화한 방법이다. 로마자가 세계 어느 나라의 말이라도 적을 수 있듯이 한글은 어느 나라의 말도 적을 수 있어, 발음 부호로서의 기능도 할 수 있는 소리글자이다. 이러한 소리글자이며 동시에 음소글자이기 때문에 그 많은 음절들을 몇 개 되지 않는 한글(한글 자모의 수는 스물 넉 자, 복합자모 제외)로서, 우리말을 모두 나타낼 수 있다. 또한 한글은 음절 글자인데 이 점은 로마자와도 구별된다.

한글은 표음문자 가운데 음소문자이다. 따라서 글자의 발달 단계 중에서 가장 높은 단계에 속한 글자이다. 글자의 역사가 최소한 오륙천 년 전으로 소급되고 로마자는 현재와 같은 음소문자로 진화되었으나, 한자와 같은 글자는 아직도 뜻글자임에 비해 한글은 지금부터 오백 년 전에 소리글자 중에서도 음소문자로 창조되었으니, 그 우수성을 높이 사지 않을 수 없다.

한글은 음절문자로서 표의문자(뜻글자)의 구실을 한다. 음소문자는 문자 발달상 최종 단계의 것이고, 많은 장점을 가지고 있지만, 표의문자(뜻글자)가 가지고 있는 시각적인 효과를 가지고 있지 못하다.

글자는 소리로 나타난 말을 보관하기 위한 도구에 불과한 것으로 생각하는 것이 일반적이다. 그러나 글자와 말과의 관계는 '글자'를 통해 '소리'를 연상하고 다시 '뜻'을 생각하는 연상 관계뿐만이 아니라, 중간 단계의 '소리'를 거치지 않고, '글자'가 그대로 우리에게 '뜻'을 전달하는 측면도 있다. 즉 글자가 곧 개념과 직접 연결되는 관계를 형성하는데, 이는 표의문자만이 가능한 것이다.

한글은 모아쓰기를 함으로써 음소문자로서의 특징에다가 음절문자로서의 장점도 살릴 수 있다는 점에서 한 가지로 두 가지의 효과를 거둘 수 있는 소리글자이다. 한글의 모아쓰기는 다른 음소문자들이 가지고 있는 단순 음소 단위의 표기방식에 비하여, 시각적으로 글자에 의하여 조합되는 단어의 의미가 한눈에 인식된다는 장점을 가지고 있다. 즉 '흙'을 도형으로 나타내면, 단순한 음소 표기식의 경우 'ㅎㅡㄹㄱ', 즉 직선 평면 구조임에 비해 '흙'은 입체 구조를 가지고 있어서 '흙'이라는 단어를 하나의 구조체로 인식하기에 유리하다.

모아쓰기로 인하여 국어의 맞춤법은 소리가 나는 대로 적으면서도 각 단어들이 가지고 있는 형태를 인식할 수 있도록 구성되었다. 즉 '산이'는 소리 나는 대로 적으면 '사니'이지만 '산이'라고 구별하여 적는 것은 '산'과 '이'라는 단어가 각각 가지고 있는 뜻과 기능을 구별하여 표시하려는 의도에서이다. 이는 '산'이라는 모아쓰기로 인하여 표의문자가 가지고 있는 장점을 보완하는 것이다. 한글이 모아쓰기를 하기 때문에 인쇄하거나 타자를 치기에 불편한 바가 있고, 시각적으로 균형이 없다는 비판이 있다. 국어의 띄어쓰기가 어려운 점도 이러한 모아쓰기에 연유한다.

한 단어가 한 음절 한 글자로 표현되는 한자와 같은 표의문자의 특징은 음절이 곧 의미의 단위인데, 한글의 모아쓰기는 표음문자임에도 이러한 표의문자로서의 특징도 있는 장점이 있다. 또한 모아쓰기는 읽기 능률을 높인다는 점에서도 효율적인 글씨 쓰기 방법이다.

일반적으로 세계의 글자는 가로로 쓰든가 세로로 내려쓰든가 하는 한 방향의 글자 쓰기를 한다. 세로쓰기를 하는 글자는 일본, 몽고, 만주, 중국 등의 일부 국가이고 나머지의 대부분의 글자는 가로글씨로 쓴다. 한글은 가로쓰기와 세로쓰기가 모두 가능한 문자이다. 가로쓰기를 하는 것이 현대 한글 글자 생활에서의 일반적인 글자 생활이지만 훈민정음 창제 당시부터 현대에 이르기까지 상당 기간을 세로쓰기를 하여 왔다. 한글이 가로쓰기와 세로쓰기 모두가 가능한 점은 다양한 글자 생활의 표현을 할 수 있도록 하여 준다는 점에서 긍정적이다. 한글은 창제된 시기부터 상당 기간 세로쓰기로 쓰였기 때문에 한글은 세로쓰기에 적합한 글자라고 보는 견해도 있으나 가로쓰기에도 편리한 글자이다.

한글의 자모는 24개뿐이기 때문에 다른 소리글자에 비하여도 배우기 쉽다. 로마자의 경우 필기체, 인쇄체, 대문자, 소문자가 있어서 100여 개의 글자를 배워야 한다. 일본어의 경우 우리 한글에 해당하는 가나모지를 고쥬우옹(50음)이라고 부르기도 하나, 중복된 글자와 지금은 쓰이지 않는 글자들이 있어 실제로는 45자이다. 여기에 글자체가 '히라가나'와 '가타카나'가 있어 양쪽을 다 알아야 하고, 탁음, 반탁음, 유음, 촉음 등이 있어 실제의 발음 수효는 그보다 훨씬 많아진다. 따라서 기계화와 전산화하기도 쉽다. 한글이 기계화하기 쉽다는 주장도 한자와 상대적 비교이다. 서양에서는 26자의 로마자로 이미 완벽한 기계화를 이루었다.

한글은 음절별로 모아쓰기 때문에 인쇄의 과정에서 이론적으로는 음절수가 3,000이 넘고, 실제로도 1,000여 자의 활자가 필요하여 불편하다. 타자기에 의한 기계화에서도 받침이 있기 때문에 받침 처리를 위하여 두벌식, 세벌식 등의 여러 가지 방법이 고안되었고, 자판의 통일도 쉽지 않은 불편함이 있었다. 이러한 모아쓰기의 불편함을 풀기 위해 가로 풀어쓰기가 연구되고, 사용이 시도되었다. 주시경 선생부터 이후 최현배 선생에게 이어져 필요성이 강조되었으나 실용화는 이루지 못하였다. 그러나 이제 컴퓨터의 발달로 컴퓨터와 자동타자기는 스스로 받침을 붙여 글자를 만들기 때문에 타자기의 자판의 통일도 쉽게 되었고 인쇄의 과정에서도 활자 인쇄가 사라지고 컴퓨터 인쇄가 보편화되어, 한글의 기계에 의한 쓰기에 남아 있던 일부의 약점도 사라지게 되었다.

한자가 표의문자이기 때문에 한자가 한 단어를 나타내어 오히려 기계화가 용이하다는 의견이 가능하다. 즉 타자를 칠 경우 한자는 '美'라는 키를 한 번 누르면 되지만, 한글의 '아름답다'는 10번, 영어의 'beautiful'은 9번을 눌러야 한다는 점에서 한자가 오히려 기계화에 편리하다는 것이다. 그러나 이 경우도 한자는 모든 글자를 벌려 놓고 그것을 찾아내야 하는 찾기의 작업이 어렵기 때문에 표음문자의 쓰기의 편리성을 따라갈 수 없다.

한글 모아쓰기의 약점은 동시에 장점이 된다는 점에서 양면성이 있다. 또한 한글은 필기체가 없으므로 필기체가 제정되어야 할 필요도 제기되었다. 한글의 필기체 개발은 한글 글자체의 개발이라는 넓은 범위 안에서 이루어져야 할 과제이다.

4 한글의 아름다움

글자는 전달하려는 내용을 정확하고 신속하게 전달할 수 있어야 한다. 여기에다 전달 받는 사람을 위해 글자의 아름다움과 시각적 즐거움을 줄 수 있다면 가장 바람직할 것이다. 우리나라를 비롯한 동양에서는 붓글씨가, 서양에서는 펜글씨가 전통 글씨체로 쓰였다. 따라서 이들 필기구의 특징이나 필기의 습관이 글씨의 모양을 다르게 하였다. 인쇄를 위한 활자는 글씨를 바탕으로 만들어졌기 때문에 명필가의 글씨가 활자의 글자본이 된 것은 자연스러운 일이다. 우리의 전통적인 필기구는 붓이었기 때문에 붓 흔적의 유연함과 힘의 강약, 표현의 자유스러움 등 붓글씨의 특징이 우리 글씨의 특징이 되었다. 한글의 글씨체는 붓에 의한 필기체가 바탕이 되었기 때문에 한자의 기풍이 많이 포함되어 있다. 이는 서양

글씨가 펜 끝의 모양과 방향에 따라 가로, 세로 줄기의 굵기가 일정하게 변하며 기계적이고 균일한 점과 비교된다.

가장 오래된 한글의 모습은 「훈민정음 언해본」과 「해례본」을 비롯한 세종대왕의 훈민정음 창제 당시의 문헌들에서 볼 수 있다. 이들은 모두 인쇄를 통하여 전해지고 있어서 한글의 모습은 손으로 쓴 필사체보다 인쇄를 통한 기록에서 다양한 형태를 보인다.

(4)

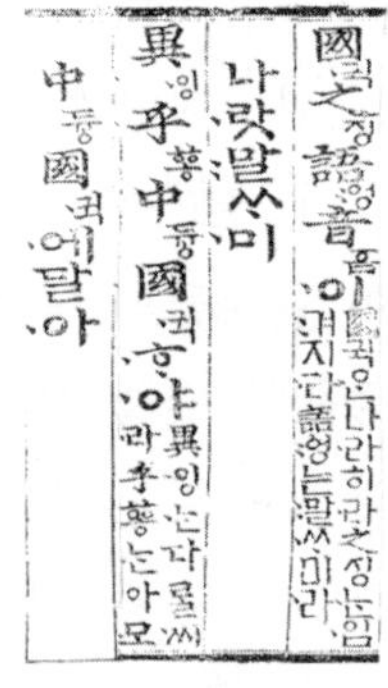

ㄱ. 훈민정음 해례　　　　　　　　　　ㄴ. 훈민정음언해

ㄷ. 용비어천가　　　ㄹ. 석보상절　　　ㅁ. 월인천강지곡

활자는 인쇄판으로 계속 짜서 인쇄할 수 있도록 갖추어진 한 벌의 글자이다. 이러한 활자에 의해 찍은 글자체를 활자체라 한다.[1] 한글의 활자체를 활자 제조법 기준으로, 시대적 변화를 고려하여 나누어보면, 크게 한글 창제 시기에서 새 활자가 도입된 1864년 이전까지를 옛 활자 시대, 새 활자 도입에서부터 1950년 자모조각기와 사진식자기의 도입으로 원도를 설계하여 활자 제작이 시작된 시기까지를 새 활자시대, 그리고 그 이후를 원도활자시대로 나눈다.

옛 활자시대에 가장 이른 한글 글자체는 나무로 만든 목판글자인 「훈민정음 해례」 글자(1446년), 「용비어천가」 글자(1447년)와 놋쇠로 만든 활자체인 「석보상절」 글자(1447년), 「월인천강지곡」 글자(1447-1448년) 글자가 있다.

이 글자들의 특징은 대부분 정 네모틀에 크기를 맞춘 점이다. 훈민정음의 곁줄기를 둥근 점으로 표시한 것은 다른 문헌과 다른데 각각 'ㅏ•'와 '•ᅳ'로 나타낸다. 가로, 세로의 줄기가 모두 굵고, 굵기가 비슷하다. 방향은 수평과 수직으로 되었고 사선을 이용하지 않았다. 즉 '감'의 'ㄱ, ㄲ, ㅋ'의 경우 'ㄱ, ㄲ, ㅋ'으로 돋움체(고딕체)처럼 수직선만을 이용하였다. 'ㅇ'은 바른 원형이고, 자음의 크기와 모양은 위치에 따라 달라진다. 즉 'ㅁ'의 경우 '모, 미, 감' 등의 모습으로 크기가 다르다.

---

1) 현재 사용하는 활자체 가운데 대표적인 것은 바탕체(명조체)와 돋움체(고딕체)이다. 바탕체(명조체)는 다시 세명(가는 명조), 중명(중간 명조), 태명(큰 명조)로 나누고, 고딕도 세고딕, 중고딕, 태고딕으로 나눈다. 그러나 이 활자체의 이름은 한글에 적당하지 못하고 유래도 애매하다. 명조는 중국의 명(明)왕조를, 고딕은 서양의 중세시대의 건축, 문화 양식의 이름이다. 이 두 활자체 외에도 그래픽체, 나루체 등의 변형체와 궁서체가 있다. 궁서체는 조선조 규중 여인들에 의해 다듬어진 궁체를 서예가 김충현 씨가 정리한 글씨체이다.

  ‘이, 오’와 같이 모음만으로 이루어진 글자나 ‘鼈, 鼥’과 같이 여러 자음과 모음으로 된 글자 모두를 같은 크기의 네모틀 안에 넣어 글자를 나타냈기 때문에 공간적 안배에서 불균형한 아름다움을 보이고 있다. 이 글자체는 붓글씨에 의한 필기체와는 거리가 있어 인쇄를 위해 개발된 글자체라 할 수 있다. 이는 같이 쓰인 한자가 붓글씨체인 점과 구별된다.

  한글 창제 후 성종 때(13년, 1482년)에 나온 「금강반야바라밀다심경삼가해언해」라는 책은 강희안의 글자본으로 만들어진 강희안 놋쇠 활자체로 만들어졌는데, 「훈민정음」이나 「용비어천가」 등에 비해, 가로 세로가 모두 가늘고 비슷한 굵기로 처음과 끝에 붓의 흔적인 첫돌기와 맺음이 나타난다. 그리고 글자가 네모틀을 바탕으로 이루어지지만, 받침 있는 글자의 경우 자음이 모음보다 크기가 작아져 한글 창제 초기의 문헌들과는 공간 배열의 차이를 보인다. 같이 쓰인 한자와 같은 붓글씨체를 형성하게 된다.

  세조시대에는 간경도감(세조 7년, 1461년)이 설치되어 많은 불경이 한글로 번역되어 간행되었고 선조시대(21~23년, 1588~1590년)에는 「소학언해」와 「사서언해」 등, 경서의 한글 번역이 이루어져 간행되었다. 이들의 글자체는 훈민정음 창제 당시의 글자체와 근접하기도 하다가 다시 붓글씨체로 변모하기도 하는 변화를 보이면서 네모틀 속에서의 배치에 변화를 주며 한글의 아름다움을 나타내었다.

  한글 가운데 손으로 쓴 가장 오래 된 것은 세조 10년(1464년) 오대산 상원사를 고쳐 지을 때에 세조가 하사한 선을 권하는 권선문인 「대산어첩」으로, 그 지은이는 밝혀지지 않았다. 이외에 정 철, 인목대비의 친필편지와 선조의 어필 편지 등이 손으로 쓴 글씨로 남아있다.

새 활자는 근대식 서양의 활판술에 의한 납으로 주조되는 활자
가 등장하는 시기인데, 최초의 한글 새 활자는 최지혁의 글자를 글
자본으로 하여 천주교 주교 리델Ridel에 의해 일본 요하마에서 만
들어져, 「한불자전」(1880년) 간행에 이용되었다. 그리고 이 최지혁
체는 여러 호수로 다듬어져 성경물 인쇄에 많이 이용되어 「성경직
해」, 「누가복음」, 「요한복음」 등의 성서가 간행되고 「초등소학」, 「최
신초등소학」 등의 교과서의 간행에도 쓰였다.

우리 나라 최초의 근대식 인쇄소인 박문국(고종 20년, 1883년)이
신설되어, 일본에서 활판기계와 바탕체(명조체) 한자를 수입하고,
한글 새 활자를 넣어 「한성주보」를 만들었다. 이 활자체로 독립신
문(1896년)이 창간, 간행되었다. 최지혁 글씨체나 「독립신문」의 글
씨 모두가 붓글씨에 의한 글자체로, 최지혁 글씨체가 줄기가 모두
굵고 기둥이 길고 첫 돌기는 굵고 맺음은 뾰족한데 비해, 「독립신
문」의 글자는 조금 가늘고 비교적 고르다. 최지혁체의 경우 ㄱ의
수직선이 왼쪽으로 삐치지만, 「독립신문」의 경우는 수직으로 곧다.
ㅇ의 위에 상투가 붙는 점은 같다.

1910년 한일합방 후 1945년 해방까지의 우리말과 글의 수난기에
는 글자체의 개발에서도 발전이 크지 못했다. 그러나 많은 잡지와
서적이 간행되고, 조선일보(1920년 3월 5일 창간), 동아일보(1920년
4월 1일 창간) 등의 신문이 발행되며 활자체의 개발이 필요했다.
조선일보체의 경우 몇 차례의 개정이 초창기부터 있었는데, 초기에
는 붓글씨적인 성격이 강하고 후기에는 기계적인 성격이 강하다.
줄기의 경우 후기에는 돌기가 생략되고 단순해졌다.

일정한 크기의 활자 원도를 설계하여 이를 근거로 축소, 복사,
다양한 활자체를 제작하는 것은 원도에 의한 활자체 만들기인데,

이는 1950년 이후부터이다. 박경서는 1936년 이후 5호, 4호 활자를 완성해 활자가 귀했던 시기에 글자꼴을 제공했다. 그의 글자꼴은 당시와 해방 이후 국정 교과서에 사용되었으며, 현재 북한과 연변에서도 사용되고 있을 만큼 우수하다. 최정호는 광복 이후 바탕체, 돋움체, 궁체 등 40여 종의 글자체를 개발해 현재 출판물에 일반적으로 쓰이는 글자체 대부분의 원형을 완성했다. 최정순은 「한국일보」(1962년), 「중앙일보」(1965년)의 활자체를 개발하였을 뿐만 아니라. 「경향신문」, 「동아일보」, 「부산일보」 등의 신문용 글자체를 개발하였다.

이후 컴퓨터에 의한 전산사식이 개발되어 이에 맞는 활자체의 개발이 이루어지고 가로짜기를 위한 신문활자체가 「한겨레신문」, 「일요신문」에 이용되었다. 이제는 사무용 컴퓨터에 의한 워드프로세서를 전산식자시스템의 입력기로 이용할 수 있게 되고, 개인용 컴퓨터의 전산식자 입력화가 성공하여 전자 출판의 시대가 열리었다.

한글은 자음자와 모음자와 받침자를 모아쓴다. 자음자는 모여서 겹자음자를, 모음자는 모여서 겹모음자를 만든다. 이러한 모아쓰기에 의해 한글은 글자 낱자의 아름다움에 더하여 자음자와 모음자, 그리고 이들의 복합에 의하여 조형적인 아름다움이 나타난다.

영어의 알파벳은 단어를 이룰 때 모두 (1) a (2) an (3) and (4) also (5) angle의 평면적인 조형미를 가지고 있지만, 한글은 단어를 이룰 때 (1) 가 (2) 각 (3) 깔 (4) 갌 (5) 깎의 입체적인 조형미를 가지며, 다시 이 글자가 자음자인가 모음자인가에 따라 입체적 짜임새가 달라져서 조형미가 생겨난다. 영어의 알파벳은 선적인 구조로 이루어져 인식되기 때문에, 읽어내기 쉬운 특징을 가지고 있지만 알아내기의 힘은 약하다. 이에 비해 한자는 글자와 소리의 연관성이 없어서 읽어내는 힘은 약하지만 뜻글자이므로 알아내기 쉽다. 한글은 자음자와 모음자로 분리된 것이 합하여서 조형적으로 이루어지기 때문에 읽어내기와 알아내기에 모두 편하다.

한글은 순수 기하학적인 조형미를 가지고 있다. 즉 점과 수직, 수평선을 기본 요소로 하기 때문에 쪽자끼리의 조화와 전체적인 리듬감을 준다. 그러나 한글 글씨체는 한자의 영향을 받아 특히 획이 시작되는 부분이나 끝나는 부분에서 한자글씨를 모방하여 나름대로의 글씨체를 형성하지 못하고 있는 점은 약점으로 지적된다. 그리고 한글이 세로쓰기 기준에 맞추어 제작되어서 가로쓰기를 하는 경우 문자의 부분 또는 전체적인 균형을 조정하여야 한다는 견해도 있다. 한글은 수직과 수평의 직선이 많이 이용된 기하학 특징을 가지고 있다. 이는 동그스름하고 구불구불한 다른 나라의 글자들과 비교할 때 구조적이며 조형적인 아름다움에서 단점으로 지적되기도 한다.

한글은 인쇄하거나 필기를 할 때 모두 일정한 정사각형의 틀에 넣어 쓰는 경향이 있어, 미적인 측면에서의 불균형과 읽기 능력의 저해를 초래할 수 있다.[2] 최근에 한글 글씨체의 개발이 많이 이루어졌지만, 외국의 경우 수십, 수백 가지의 서체를 가지고 있는 것에 비해서는 아직 미약하다.

유사한 글자들의 구별이 분명하게 되도록 하여 서로 혼동이 일어나지 않도록 해야 한다. 한글의 '를, 롤, 룰'과 같은 글자는 모음자 ㅡ, ㅗ, ㅜ에 의해서 구별되는 글자인데 구별이 쉽지 않다. 이들도

---

2) 한글 글자꼴의 개발에서 네모틀을 벗어난 글씨는 공병우 박사의 한글 타자기에 의한 활자에서 볼 수 있다.

쉽게 변별되도록 글씨꼴의 개발이 이루어져야 한다. ㅗ, ㅛ와 같이 구별이 잘 안되는 글자도 굵기를 조절하게 선이나 원의 표현 방법을 달리 하여, 즉 단모음자는 선으로 복모음은 원으로 하는 방법과 같이 구별하는 글씨체가 바람직하다. 한글은 자모의 형태나 글자꼴의 구조가 가로 방향보다 세로 방향으로 더 많은 공간이 필요하다.

글자 가운데 어느 부분이 글자를 인지하는데 많은 정보를 가지고 있는가도 읽어내는 힘을 다르게 하는데, 한글의 경우 좌우와 상하로 나누어 본 결과 수평형의 오른쪽 부분에 글자 전체를 추리할 수 있는 정보가 밀집되어 있다. 이것은 받침이 있고, 여러 쪽자가 상하좌우에 모여서 낱글자를 이루는 한글의 구조적 특징 때문인데, 한글의 글자 정보가 가운데와 오른쪽에 몰려 있음을 보여준다. 또한 한글은 모아쓰기를 하기 때문에 글자를 식별하는 결정적인 단서를 찾는 데 불리하고, 불규칙하게 가로 세로로 섞어 모아쓰기 때문에 수평으로 움직이는 눈의 비약 운동을 어렵게 한다. 이러한 한글이 가지고 있는 특징을 고려하여 한글의 글씨꼴이 개발되어야 한다.

컴퓨터에서의 한글 쓰기는 기본 자모를 단위로 하고 이를 조합하여 음절을 표현하는 조합형과 한글의 한 음절을 한자와 같이 취급하여 음절 단위로 표현하는 완성형의 두 가지가 있다. 글자꼴의 개발에서도 조합형과 완성형에 따른 글씨꼴의 개발의 차이가 있다.

한글의 글자꼴은 붓이 필기구였던 시대부터 오랜 미적 고정관념에서 비롯된 것으로 현대와 같은 컴퓨터 시대에는 시대에 맞는 새로운 형태의 글자꼴이 필요하다. 이는 글자꼴에 대한 조형적인 연구와 새로운 아름다움의 창조라는 양면적인 목적의 추구 하에서 이루어질 것이다. 실제로 한글 글자체, 컴퓨터에서 한글 폰트의 개발은 놀라울 정도로 다양하게 발전하고 있는데, 컴퓨터의 실용화와 일반화가 급속히 이루어지면서, 화면용 글자와 인쇄용 글자의 개발이 이루어지고 있다. 한글 문서 편집기인 한글워드, 아래아 한글, 사임당, 훈민정음 등의 소프트웨어에는 기존의 바탕체, 돋움체, 필기체 이외에 국내에서 개발된 엽서체, 샘물체, 물결체, 풀잎체, 매직체 등이 포함되어 글자꼴의 다양화를 이루고 있다.

5 한글의 기계화와 과학화

첨단 산업의 발달에 의해 우리 생활의 모든 부분이 바뀌어 가듯이 한글과 관련된 문자 생활도 현대 사회에 맞추어 변모하고 있다. 한글과 관련된 기계화는 타자기와 컴퓨터에서 이루어졌다. 이들은 모두 지금까지 손으로 써 오던 글자를 글자판을 두드려서 쓰는 것으로 한글을 찍어내는 방법이다.

타자기는 컴퓨터에 밀려 우리 생활에서 사라졌지만, 컴퓨터 자판에 그대로 기능과 원리가 남아 있다. 우리나라의 실용적 한글 타자기는 1949년 공병우의 세벌씩 타자기로 가로로 찍어 가로로 읽도록 되어 있다. 이후 한글 타자기는 글자판의 차이에 따라 두벌, 세벌, 네벌, 다섯벌의 다른 타자기가 만들어졌다.[3]

---

3) 타자기를 최초로 발명하여 1714년에 특허를 받은 이는 헨리 밀이라는 영국인이고, 이를 실용화할 수 있게 개발한 사람은 미국인 숄즈라고 한다. 한글 타자기는 1914년에 이원익이 영문 타자기에 한글을 붙여 만든 것이 최초인데, 이 타자기는 세로로 읽게 만들어진 것이다. 송기주도 영문 타자기를 개조하여 한글을 찍을 수 있게 개발하였다. 그러나 이 글자판은 글쇠의 개수가 많고 윗글자쇠를 누르는 빈도가 높아 입력 속도가 늦었다.

한글과 관련해서 컴퓨터의 주된 작업은 문서 작성이다. 한글 타자기의 글자 배열은 2벌식, 3벌식, 4벌식 더 나아가서는 5벌식으로 나눈다. 컴퓨터에서도 글자판은 2, 3, 4벌식으로 사용할 수 있다. 타자기에서 2벌, 3벌식이라 하는 것은 한글이 모아쓰기를 하기 때문에 생긴 것으로 한글의 자모의 수, 즉 자음과 모음과 받침의 숫자를 말한다. 두벌식이란 한글의 초성에 해당하는 자음 한 벌과 모음 한 벌로 된 것이고, 세벌식이란 자음 모음과 받침 각각 한 벌로 된 것이고, 네벌식이란 초성 한 벌, 받침 있는 모음 한 벌, 받침 받지 않는 모음 한 벌, 받침 한 벌로 된 것이고, 다섯벌식은 받침 받는 자음 한 벌, 받침 안 받는 자음 한 벌, 받침 받는 모음 한 벌, 받침 안 받는 모음 한 벌, 받침 한 벌로 된 것이다.[4] 두벌식과 같은 벌수가 적은 자판은 자판이 간단하지만, 다섯벌식과 같이 벌식이 많은 자판에 비해 글자 모양이 예쁘지 못하다.

현재 컴퓨터에서 사용하는 한글 글자판은 두벌식이 대부분인데, 글자판의 배열이 오른손의 작업량은 40%임에 비해, 왼손의 작업량이 60%인 점에서 왼손잡이용 글자판이라는 비판을 받고 있다. 컴퓨터의 글자판은 글자의 입력 속도를 가장 높일 수 있고, 손가락에 배당되는 일의 정도가 과학적으로 배분되게 하여야 한다.

글을 입력할 때 사용하는 10개의 손가락 가운데 엄지손가락은 사이 띄우개(스페이스 바)를 누르는 데 쓰고, 한글 글자를 찍는 데

---

4) 한글 타자기는 한글의 구성인 초, 중, 종성자를 나타내기 위한 공병우 식의 3벌식 타자기, 글씨 모양을 인쇄체에 가깝게 개량한 김동훈 식의 5벌식 타자기와 1969년에 과학기술처가 만든 초성 한 벌과 모음 두 벌, 받침 한 벌로 된, 네벌식 글자판이라고도 하는 표준 글자판이 있고, 이후 정부가 이 네벌식을 1985년에 폐지하고 자음과 모음 한 벌로 만든 두벌식 글자판이 있다.

는 여덟 개의 손가락이 쓰인다. 이 여덟 개의 손가락 중에서 어느 손가락이 기능적으로 일을 많이 할 수 있는가를 조사하고, 또 한글 글자 가운데 어느 글자가 가장 많이 사용되는가를 조사하여 기능 부담이 많은 손가락과 빈도수가 높은 글자를 연결시키는 것이 합리적이다.[5]

한글의 자모의 빈도수가 자음과 모음에 대해서 엄밀하게 분석된 후에 손가락의 기능 부담과 관련지어야 할 것인데, 국어의 자음의 경우 사전을 중심으로 한 첫소리에서의 대체적인 빈도수를 보면, 모음이 쓰일 때 반드시 나타나는 ㅇ을 제외하면 ㄱ, ㅅ, ㅈ이 가장 높은 빈도수를 가지고 있음에 비해, ㅂ, ㄴ, ㄷ, ㅁ, ㅎ이 그 다음의 빈도수의 무리를 이루고 ㅊ, ㅍ, ㅌ, ㅋ이 빈도수가 낮은 무리이고, ㄹ이 가장 빈도수가 낮다. 그러나 이러한 빈도수는 국어의 모든 어휘의 초, 중, 종성 모두를 검토하여 다시 정확히 검토되는 경우 달라질 수 있다.

두벌식의 경우 자음이 먼저 출현하고 받침에도 쓰이는 것이 한글의 특징이기 때문에, 초성과 종성 가운데 빈도수가 높은 것을 기능 부담량이 높은 손가락에 배치하고 중성을 그 사이에 배치하는 것이 천체적인 윤곽에서 보아 합리적이다. 두벌식의 경우, ㅇ, ㄴ, ㄱ, ㄹ, ㅅ, ㄷ, ㅎ, ㅈ, ㅁ, ㅂ, ㅆ, ㅊ, ㅌ, ㄸ, ㅍ, ㄲ, ㅌ, ㅉ, ㅃ의 순서로 빈도수가 나타난다. 이처럼 손가락이 부담하는 정도를 비롯

---

5) 손가락 기능에 대한 연구는 미국인 리머씨에 의해 이루어진 바 있는데 그의 연구에 따르면 각 손가락의 기능 부담 순서는 다음과 같이 1. 오른손 검지 2. 오른손 장지 3. 왼손 검지 4. 왼손 장지 5. 오른손 무명지 6. 왼손 무명지 7. 오른손 새끼 8. 왼손 새끼이다. 이것으로 보면 왼손보다는 오른손이 많은 기능 부담을 가지고 있어서 한글 글자 중에 빈도수가 높은 것을 오른손 쪽에 두는 것이 합리적이라는 계산이 나온다.

하여, 타자를 칠 때 타자기 위에서 손이 움직이는 거리, 입력을 잘 못하는 정도, 피로한 정도 등을 고려하여 적절한 한글 글자판을 만들어야 할 것이다.

글자판은 남한과 북한 사이에도 다른데, 컴퓨터 글자판의 경우 배열이 달라 남북한의 정보 교류나 통일이 된 후 혼선이 빚어질 것을 예상할 수 있다. 남한과 북한은 모두 두벌식이고, 자음이 왼손, 모음이 오른손에 배치된다는 점은 비슷하지만, 개별적인 자음과 모음의 배열이 다르다. 자음의 경우는 비슷한 점이 많으나, 모음의 경우는 거의 완전히 다르다.

한글의 입력은 컴퓨터 자판에 한정된 것이 아니다. 휴대전화(핸드폰, 모바일폰)의 입력도 어떠한 방식이 가장 합리적인가에 따라 표준화가 필요하다. 모음을 조합하는 방식인 삼성전자의 방식과 자음을 조합하는 방식인 엘지전자의 두 방식이 가장 대표적인 방법이다. 삼성전자의 글자판은 모음은 ㅣ, ·, ㅡ만 있고, 자음은 ㄱㅋ, ㄴㄹ, ㄷㅌ, ㅂㅍ, ㅅㅎ, ㅈㅊ이 있다. 이에 비해 엘지전자의 글자판은 모음은 ㅏㅓ, ㅗㅜ, ㅣ, ㅡ가 있고, 자음은 ㄱ, ㄴ, ㄹ, ㅁ, ㅅ, ㅁ만이 자판에 있다. 나머지 자음과 모음은 각각 조합하는 방식이다. 이 자판들도 어느 자판이 효율적인가에 따른 연구가 여러 기관에서 이루어지고 있는데, 정밀한 연구 결과에 의해 가장 효율적인 방법으로 표준화가 이루어져야 할 것이다.

제13장
국어의 전산화와 정보화

현대는 정보의 시대라 한다. 여기서 정보는 새로운 기술의 개발에 필요한 자료를 비롯하여 물건의 판매라든가 유통, 국가의 기밀 등을 비롯한 모든 자료를 의미한다. 예전에는 땅이나 금, 물건과 같은 구체적 형태를 가지고 있는 것이 가치 있는 것이었지만, 지금은 정보가 돈보다 더 귀한 것으로 다루어지기도 한다.

우리의 정보화의 모습을 살펴보면 얼마 전까지만 해도 사회나 생활의 정보를 전화, 라디오, 텔레비전 등과 같은 매체를 통해 얻었지만, 지금은 컴퓨터, 인터넷, 양방향 TV, 화상 핸드폰과 같은 새로운 매체에 의해 정보를 얻고 있다. 쇼핑도 시장이나 백화점이 아닌 홈쇼핑이나 인터넷에 의한 구매 행위를 하고 있다. 전화에 의해 음성 언어로서 정보를 전달하던 것과 달리 전산화된 언어로서 화상을 통해 정보를 대량으로 전달하는 점도 구별된다. 정보의 저장과 공유는 전산의 발달로 거의 무한대로 확장되었다. 컴퓨터 기억 장치를 통해 무한한 정보의 축적이 가능해졌고, 정보의 공유도 인터넷을 이용하여 다양하고 다량의 정보의 공유가 가능하게 되었다.[1]

현대의 정보화는 컴퓨터에 의해 이루어지고 있는데 인간과 컴퓨터의 언어를 비교하면, 인간은 유한한 단어로 무한한 문장을 생성하는 언어 능력, 연상, 추론 능력을 가지고 있음에 비해, 컴퓨터는 거의 무한한 정보의 저장과 저장된 자료의 빠른 연산을 하지만 연상, 추론은 불가능하다.

국어의 정보화는 문자 인식, 음성 인식, 형태소 분석, 단어 분석, 문

---

1) 정보화의 모습은 이미 빌 게이츠가 「생각의 속도」에서 예시한 바와 같이, 무한한 정보의 흐름과 디지털 신경망, 종이 없는 사무실, 웹 생활 방식의 보편화가 이미 상당 부분 이루어졌다. 안진환 역(1999) 참조.

장 분석, 기계 번역, 맞춤법 검사, 문장 검사 등의 관점에서 살펴볼 수 있다.

음성 인식은 인간의 음성에 포함되어 있는 언어 정보를 자동으로 추출하여, 원하는 사람에게 필요한 정보를 제공해주는 기술이다. 음성 인식의 인식 범위는 고립 단어로부터 연결 단어, 검색 단어, 연속음 등의 인식이 가능하다. 음성 인식은 전화 안내, 음성 사서함, 음성 다이얼링 등에서 실용화되고 있다. 음성 인식의 짜임은 사람의 목소리를 마이크를 이용하여 입력하고, 주어진 입력 자료로부터 음성부분만을 검출하여, 음성 특징을 추출한다. 이는 일종의 음성 압축 부분이며, 인간의 발성 기관에서 필터 계수를 찾아내는 부분이다. 인식의 알고리즘은 음성의 특성을 잘 판단하고 구분할 수 있는 알고리즘이어야 하며, 이 알고리즘을 이용하여 실제의 음성 인식이 이루어진다.

문자 인식은 한글만의 인식이 아니라, 다국어 문자인식이 가능하여, 한자, 영어, 일어 등 기타 외국어 및 특수 기호를 인식할 수 있다. 음성과 문자 인식은 기계가 음성이나 문자를 듣거나 읽은 후에 전산 처리 과정을 거친 후에 요구에 대응할 수 있게 하는 과정으로 음성, 문자 외에도 지문, 눈동자, 바코드 등의 인식에서도 나타난다. 문자의 입력은 컴퓨터 자판에 의한 문자 입력과 핸드폰의 문자 입력이 있다. 타자기나 컴퓨터 자판에 의한 문자 입력은 한글 입력의 경우, 한글 2벌식, 한글 3벌식, 옛글 등이 있다.

국어 전산 정보화는 컴퓨터에 언어 자료와 언어 정보를 저장하여 이를 처리하는 작업이다. 이러한 자연 언어 처리로, 지식 바탕(지식 베이스)의 측면에서는 말뭉치의 구축을 바탕으로 담화, 문장, 어휘를 비롯한 문법 구조의 통계적 분석이 가능하고, 전산 처리 분야에 자료를 제공한다. 전자 사전의 편찬 등 언어 정보화를 구현하기 위한 기반 기술로는 형태소 분석, 구문 분석, 문맥 처리 기술 등을 이용하게 된다. 이를 바탕으로 자동 번역 시스템, 정보 검색 시스템, 문자, 음성 인식 시스템, 맞춤법 교정 시스템과 같은 응용 시스템이 구성되고 전자 사전 편찬과 같은 분야에 응용될 수 있다.

국어를 연구하는 목적은 진리 탐구와 실용적 이용으로 나누어 볼 수 있다. 진리 탐구는 언어는 인간을 이해하는 기본적인 인문과학의 바탕으로서 언어를 안다는 것은 무엇을 안다는 것, 즉 우리가 아는 것의 실체를 규명하는 것으로 인간의 언어에 대한 창조적인 능력(언어 능력: 음운, 형태, 통사, 의미에 대한 능력)을 밝히는 것이다. 우리가 문장을 생성해 내는 방법을 밝히고자 하는 것이다. 이에 비해 실용적 측면에서는 국어의 연구가 인간의 생활에 어떠한 이로움을 주는가에 관심을 갖는 것으로 맞춤법, 표준어 등의 연구를 통한 언어의 통일과 교육의 기본이 되어 왔고, 최근에는 컴퓨터와 관련된 기계 번역, 인공지능, 자연 언어 처리, 국어 정보 등과 연관된 실용적 이익을 얻는 연구가 논의의 중심이 된다.

지금까지 언어는 단순히 의사소통을 하기 위한 도구로 생각해 왔고, 또 언어학자들에 의해서는 의사소통 기능에 앞서 사고 형성을 하는 사고 자체라고 중시되어 왔지만, 언어를 정보의 관점에서 논의하지는 않았다.

언어는 언어학이라는 관련 학문 분야에서뿐만 아니라, 사회나 국가의 모든 정보를 담는 그릇이라는 점에서 정보를 축적하고 전달하는 기본 매개 요소로서의 가치가 있다. 이러한 언어를 정보로 이용하기 위해서는 언어를 정보화할 필요가 있다. 국어의 정보화는 국어를 전산화함으로써 시작된다. 국어의 전산 정보화는 국어에 대한 모

든 표현을 전산 입력하는 말뭉치 구축이고, 구축된 이 말뭉치를 국어
에 나타나는 다양한 정보로 이용하는 것이 국어 정보화의 내용이다.

현대 과학, 특히 컴퓨터 산업의 눈부신 발달로 국어 정보를 대량
으로 처리하게 되면서 국어의 연구도 정보화와 실용화의 방향으로
변화된 연구를 하게 되었다. 이들 가운데 대표적인 것으로 말뭉치
의 형성이다.

말뭉치를 기반으로 하여 국어의 통계·실증적 연구가 가능하고
이에 근거한 사전이 편찬될 수 있다. 말뭉치는 현대, 근대, 중세,
고대의 시간의 관점에서, 표준어와 방언의 지역적인 관점에서, 문
어와 구어 등의 사용의 관점에 따라 각각 구축될 수 있다. 말뭉치
를 통하여 단어나 형태소, 또 구문의 쓰임을 실제적으로 확인할 수
있어 연구의 실증성도 높일 수 있다. 말뭉치를 구축함으로써 낱말
의 빈도수를 조사하거나, 기본 어휘를 설정하거나, 언어사용에서의
이론 문법과 이의 사용에서의 불일치 여부 등도 확인할 수 있다.

말뭉치는 언어의 연구에서 머리 속에 한정되기 쉬운 언어 자료
를 풍부하게 하여 주고 전혀 예상하지 못했던 자료들도 제공하여
준다는 점에서 언어학 연구에 필수적 자료가 되어 가고 있다. 나아
가 사전 편찬과 기계 번역의 필수적인 자료를 구성하고 이러한 작
업의 하부 구조를 이루게 된다.

자동 번역은 현실적으로 완전하게 이루어질 수 없는 것이지만
번역의 완전성을 지속적으로 높여 갈 수 있고 이의 실용화를 통해
엄청난 경제적 부가 가치를 이룰 수 있기 때문에 오래 전부터 관
심의 대상이 되어 온 분야이다. 자동 번역 장치를 연구하는 과정에
서 부수적으로 많은 언어학적 문제점들이 도출되고 이의 해결을
모색하는 과정에서 언어학의 새로운 전개를 이루게 된다. 자동번역

이 문자에 의한 것이 아닌 음성적인 경우 기계의 음성 인식은 필수적인 것으로 이와 관련된 음성학의 연구도 이루어진다.

국어 전산화의 연구와 작업은 활발히 이루어지고 있다.[2] 사전 편찬과 관련된 대학의 연구소(연세대학교의 언어정보개발연구원, 고려대학교의 민족문화연구소 등)에서의 연구나, 정부(문화관광부)의 지원에 의한 연구인 세종 연구 계획과 같은 연구를 통해 한국어 정보화와 관련된 연구가 획기적으로 이루어지고 있다.

1 말뭉치의 구축과 응용

말뭉치는 Corpus를 국어의 어감에 맞게 번역한 것으로 생생한 언어 자료를 의미한다.[3] 말뭉치를 구축하면서 이와 관련된 언어 이론들이 제시되어 뭉치언어학(Corpus Linguistics)도 생겨났다. 뭉치언어학이란 일정한 원칙에 따라 선정한 대량의 말뭉치(문헌)를 전산기로 처리하여 각종 언어 정보를 추출하는 방법이다. 100만 마디의 국어 말뭉치는 3,500쪽 분량이라 한다. 1쪽에 300마디 정도이다. 이상섭(1990: 73).

---

2) 비교적 이른 시기의 연구로, 국어연구소에서는 1984~1985년에 걸쳐 국민학교, 중학교 교과서의 어휘 조사를 하였고, 국어국문학과 교수들을 중심으로 한 한국어전산학회가 1988년에 발족되었다. 「국어 생활」 16, 21, 23호에서 국어와 컴퓨터를 연결시키는 방안이 모색되기도 하였다.

3) 말뭉치에 관한 연구를 도입하고 이 용어를 조어한 것은 이상섭(1988)에서부터이다. 여기서는 말뭉치를 몽뚱이, 옹근 덩어리, 저작자의 저작 전부를 가리키는 것으로 어떤 기준으로든 한 덩어리로 볼 수 있는 말의 뭉치라 하였다. 문법책이나 언어학에 나오는 예문은 조작적이고 인위적인 것이 많지만 뭉치언어학은 조작성, 인위성을 피하여 언어의 자연 상태를 포착할 수 있음도 지적되었다.

  말뭉치 구축은 영국과 미국에서 사전 편찬 작업을 위하여 오래
전부터 수작업 또는 전산 작업으로 이루어져 왔다. 대표적인 외국
의 말뭉치 구축은 OXFORD, COBUILD, BROWN 말뭉치 등을 들
수 있고 국내에서는 연세대학교의 언어정보개발연구원과 고려대학
교의 민족문화연구소의 작업을 들 수 있다.4) 말뭉치의 크기는 필
요에 따라 단편 소설에서 책 만권의 분량에 이르기까지이다. 미국
의 브라운 말뭉치(1963년)는 100만 어절이고 세종 말뭉치(2000)는 1
억 2천만 어절이다. 이 말뭉치는 필요에 따라 가감된다.

  말뭉치의 종류는 아무 가공도 하지 않은 상태인 날말뭉치, 또는
원시 말뭉치(Raw Corpus)와, 여기에 자료에 대한 여러 해석이 붙은
꼬리달린(주석) 말뭉치로 나눈다. 문어인가 구어인가에 따라서도
글말(문어), 입말(구어) 말뭉치로 나눈다. 균형말뭉치는 여러 다양
한 장르를 배려하여 균형을 이루게 만든 말뭉치이다. 시간으로 보
아 공시적, 통시적 말뭉치, 특수 필요에 의한 특수 말뭉치와 실험,
방언, 지역, 학습자에 따른 말뭉치를 구축할 수 있다.

  특정 주제를 위한 말뭉치도 있다. 서양에서 일찌감치 성경이나
세익스피어의 문학 작품의 용례 색인을 만든 것을 들 수 있다. 문
학 연구에서 특정 작가를 중심으로 또는 특정 작품 유형이나, 특정
시기를 중심으로 말뭉치를 만들어 이를 분석하면 작가, 시기 등의

---

4) 초기의 영어 말뭉치는 1960년대에 Brown 대학에서 만든 Brown 말뭉치로,
   미국 간행물에서 100만 어절로 만들었다. LOB 말뭉치는 영국의 Lancaster,
   노르웨이의 Oslo 대학, Bergen 대학에서 공동으로 만든 100만 영국 영어 말
   뭉치이다. Birningham 말뭉치는 1980년대에 COUBILD 사전을 만들기 위해
   만들어졌다. 최근의 대표적인 말뭉치는 영국의 British National 말뭉치 BNC
   와 미국 전산학회의 ACL/DCI(Association for Computational Linguistics/Data
   Collection Initiative로 1억 단어의 말뭉치를 이루고 있다. 강범모(1995: 14-26)
   참조.

특징을 밝힐 수 있다. 말뭉치의 이용의 과정에서 중심어 색인 방법이 효과적으로 쓰인다.

말뭉치에 어떤 재료를 선택하는가는 말뭉치의 효율성을 결정하는 주요한 요인이 된다. 국어의 계량적 연구의 출발이라고 할 수 있는 국민학교 교과서의 낱말 찾기 조사는 초등학교 교과서를 대상으로 한 분석이기에 일반인들의 언어 사용과는 거리가 있다. 초등학교 교과서를 중심으로 한 찾기 조사에서는 '보시오'와 같은 표현이 많기 때문에 '보다' 보조동사의 빈도수가 높게 나타난다. 이러한 결과는 일반적인 언어 표현의 찾기 조사로는 적절하지 못하다.

말뭉치를 어느 크기로 만드는 것이 적절할 것인가의 결정은 말뭉치 형성의 효과와 경제성의 측면에서 필요하다. 현재 연구로는 1000만 어절 이상의 말뭉치를 구축하는 것이 연구의 신뢰성이 있는 자료라는 연구가 있다. 말뭉치의 어절 빈도를 측정하는 것은 말뭉치 구성을 어느 정도 하여야 하는가의 기준을 제시하기 위한 것이다. 저빈도 비율의 증가가 거의 멈추는 시점이 말뭉치 구성의 적절한 수준으로 평가된다.

말뭉치의 구축이 전세계적인 작업이 되어 가면서 말뭉치도 국제적 표준을 세워 작업하는 것이 바람직하게 되었다. TEI(Text Encoding Initiative)는 전자 문서의 표준을 정하여 전자 문서의 교환 및 연구를 촉진하기 위해 시작된 국제적 연구 계획이다. 문서에 관한 기본적인 정보와 텍스트의 정보 등을 기록한다. 문서의 제목, 간행기관 등의 원전에 관한 정보를 보인다. SGML(Standard Generaliged Markup Language)은 국제표준기구(ISO)의 표준 규약으로 텍스트의 표시(markup)에 관한 것인데 텍스트의 처리와 내용을 정의하는 수단으로 이를 통하여 표준화를 이루려고 하는 것이다.[5]

1) 말뭉치 자료의 수집

말뭉치를 어떤 자료를 가지고 구축하는가에 따라 말뭉치의 효과가 달라질 수밖에 없다. 기존에 이루어진 말뭉치들은 이러한 점을 고려하여 말뭉치를 이루었다. 여기서 자료의 선정 방법을 보면 다음과 같다.

연세대의 말뭉치는 낱말 빈도 조사 표본을 어떻게 선정할 것인가 하는 문제를 먼저 연구한 다음 1. 신문(33%) 2. 잡지(20%) 3. 소설 및 수필(18%) 4. 취미 및 교양(10%) 5. 수기 및 전기(9%) 6. 교과서(국어만 포함 5%) 7. 희곡 및 시나리오(5%)로 하여 낱말을 수집하였다. 시기적으로는 1975-1985년간에 간행된 것들이 대상이었다. 정찬섭 외(1990), 이상섭(1990: 72) 참조.

고려대학교의 말모듬은 자료의 내용에 따라 분류를 하고 있는데 1. 문어와 구어의 구분 2. 전달 매체에 따른 구분 3. 텍스트의 내용에 따른 구분 4. 더 상세한 내용의 구분을 하고 있다. 전달 매체의 구분은 1. 신문 2. 잡지 3. 책 4. 기타 출판물(안내문 등) 5. 기타 비출판물(일기, 편지 등) 6. 화면이 있는 방송 7. 화면이 없는 방송 8. 기타 녹음 9. 전자 출판물을 들고 내용에 따른 분류도 상세히 분류하였다. 김흥규 외(1996) 참조.

카이스트 기초 말뭉치는 가공되지 않은 말뭉치로서, 문서의 장르

---

5) 강범모(1995: 27-34)에서 한국어 말뭉치 구성을 위해 TEI 조건에 따라 보이고 있는 헤더(Header)는 다음과 같다. 이는 일부이다.

```
<TeiHeader>
<fileDesc>
    <titleStmt>
        <title>이문열: 젊은날의 초상, 전자판(electronic version)</title>
        <respStmt><resp>compiled by</resp>
```

및 문서 형태에 따라 균형 있게 수집한 텍스트 모음이고, 카이스트 태깅 말뭉치는 기초 말뭉치에 대하여 형태소 분석을 수행하고, 이 때 생기는 품사의 중의성을 해소하여 품사 태그를 붙여 놓은 말뭉치이다. 구문 트리 태깅된 말뭉치는 의존 문법에 기반한 구문 트리 구조로 표현된 말뭉치로 기초 말뭉치를 형태소 분석과 태깅을 한 후 구문 트리 태깅 과정을 거친 것이다.

세종 말뭉치는 세종 원시 말뭉치(구어), 세종 주석 말뭉치(문어), 주석 말뭉치(고전) 등으로 구성되어 있다. 세종 말뭉치의 검색 도구로는 글잡이가 있다. 세종 기획 말뭉치의 용례 색인 자료는 1000만 어절이다.

다음은 국내외 말뭉치 자료의 수집 대상의 비율이다.

(1)

코퍼스 종류	문어	구어
Brown Corpus	신문 18, 책-정보 57, 책-문학 25	
Cobuild	책-정보 43, 책-문학 23, 신문-잡지 등	구어 25
연세말뭉치	신문 33, 잡지 20, 소설-수필 18, 취미교양 10, 수기-전기-실화 9, 교과서 5	방송스크립트 5
고려대말모듬	신문 20, 잡지 10, 책-정보 35, 책-상상 21, 기타 2	구어/준구어 12

말뭉치는 연구의 필요에 따라 구어나 문어를 중심으로 또는 신문이나 책과 같은 대상을 중심으로 따로 구성될 수도 있다. 시기적으로도 현재 2000년대를 출발점으로 19세기 후반의 개화기, 나아가

중세 국어로 확장하면 국어의 역사적인 모습을 확연히 보여줄 수 있게 될 것이다.

말뭉치를 구성하는 자료의 특징을 조사하면, 텍스트에 따라 어휘 범주의 차이가 나타난다. 감탄사는 소설>수기>수필>인문논문>자연논문 순서로 빈도가 높고, 선어말어미는 수기>소설>보고>수필>논설>학술논문의 빈도이며, 대명사는 수기>소설>보고>수필>논설>학술논문의 순서이다.

2) 말뭉치 자료의 입력

말뭉치 자료를 입력하는 방법에 대한 전산적 처리 방법은 국어학의 연구 대상은 아니다. 그러나 말뭉치 구축의 전체적인 흐름을 파악하는 데 전산 처리 방법을 이해하는 것은 유용하다.

말뭉치에 주석 자료를 입력하는 것은 입력한 자료를 필요에 따라 출력하기 위한 것이다. 따라서 말뭉치에 주석 자료 입력은 이러한 목적에 맞게 이루어질 것은 당연하다. 말뭉치를 분석하기 위해서는 띄어쓰기, 형태소 분석, 문장 분석 등이 이루어져야 하기 때문에 이에 상응하는 프로그램이 개발되어야 한다. 한글 띄어쓰기의 검사나 어절 분석 도구의 개발은 이런 점에서 말뭉치 전산화의 기본적인 과정이다. 띄어쓰기나 어절 분석은 물론 말뭉치의 분석에 한정되어 이용되는 것이 아니다. 이들 모든 프로그램은 기계 번역을 위한 작업에도 그대로 이용될 수 있다. 현재 문서 편집의 도구로서 맞춤법과 문장 교정 장치는 실용화되어 많은 한글, 워드 프로그램들에 기본적으로 들어있다.

말뭉치의 가장 초기의 형태는 어떠한 관련 정보를 입력하지 않은 상태이다. 이를 Raw Corpus라 하는데, 생말뭉치, 날말뭉치 또는 원시 코퍼스라고 한다. 여기서는 단순 말뭉치라 하자. 이 단순 말 뭉치에 대해 여러 가지 관련 정보를 추가하게 되는데 이러한 작업을 꼬리표 달기, 태깅(Tagging)이라 하고, 단순 말뭉치에 단어 태그를 넣은 것을 태깅된 말뭉치라 한다. 다음 단계로는 구문에 대한 주석을 첨가하는데 이러한 과정을 파싱(Parsing)이라 하고 이 말뭉치를 파싱된(Parsed) 말뭉치라 한다. 파싱은 문장분석이라는 전산 처리에서의 용어이다.

단어와 관련된 정보를 말뭉치에서 얻기 위해서는 단어 정보를 말뭉치에 미리 표시하여 주어야 한다. 단어의 태그는 보통 품사에 대한 정보가 일반적이다. 태그(tag)는 가방이나 옷에 달려 있는 가격표 즉 꼬리표이다. 언어 처리 시스템에서의 태그는 여러 가지 종류가 있을 수 있지만, 대표적인 것은 단어에 품사를 표시한 것이다. '나는 학교에 간다'라는 문장에 태그를 붙이면, '나/npp+는/jx 학교/nc+에/jca가/pv+ㄴ다/ef./s.'와 같이 된다. 'npp, jx, nc, jca, pv, ef, s'는 모두 품사를 나타내는 꼬리표이다. 태깅에는 수동 태깅과 자동 태깅이 있는데 수동 태깅은 사람이 직접 태그를 붙이는 작업을 하는 것이고 자동 태깅은 프로그램을 이용하여 자동으로 태그를 붙이는 것이다.

다음은 카이스트 정보베이스에서 정리한 국어 품사에 대한 꼬리표이다.

(2)

기호(s)		1.	sp	쉼표	2.	sf	마침표
		3.	sl	여는따옴표 및 묶음표	4.	sr	닫는따옴표 및 묶음표
		5.	sd	이음표	6.	se	줄임표
		7.	su	단위기호	8.	sy	기타기호
외국어(f)		9.	f	외국어			
체언(n)	보통명사(nc)						
	서술성명사(ncp)	10.	ncpa	동작성명사	11.	ncps	상태성명사
	비서술성명사(ncn)	12.	ncn	비서술성명사			
	고유명사(nq)	13.	nq	고유명사			
	의존명사(nb)	14.	nbu	단위성 의존명사	15.	nbn	비단위성 의존명사
	대명사(np)	16.	npp	인칭대명사	17.	npd	지시대명사
	수사(nn)	18.	nnc	양수사	19.	nno	서수사
용언(p)	동사(pv)	20.	pvd	지시동사	21.	pvg	일반동사
	형용사(pa)	22.	pad	지시형용사	23.	paa	성상형용사
	보조용언(px)	24.	px	보조용언			
수식언(m)	관형사(mm)	25.	mmd	지시관형사	26.	mma	성상관형사
	부사(ma)	27.	mad	지시부사	28.	maj	접속부사
		29.	mag	일반부사			
독립언(i)	감탄사(ii)	30.	ii	감탄사			
관계언(j)	격조사(jc)	31.	jcs	주격조사	32.	jco	목적격조사
		33.	jcc	보격조사	34.	jcm	관형격조사
		35.	jcv	호격조사	36.	jca	부사격조사
		37.	jcj	접속격조사	38.	jct	공동격조사
		39.	jcr	인용격조사			

	보조사(jx)	40.	jxc	통용보조사	41.	jxf	종결보조사
	서술격조사(jcp)	42.	jcp	서술격조사			
어미(e)	선어말어미(ep)	43.	ep	선어말어미			
	연결어미(ec)	44.	ecc	대등적연결어미	45.	ecs	종속적 연결어미
		46.	ecx	보조적연결어미			
	전성어미(et)	47.	etn	명사형 어미	48.	etm	관형사형 어미
	종결어미(ef)	49.	ef	종결어미			
접사(x)	접두사(xp)	50.	xp	접두사			
	접미사(xs)	51.	xsn	명사파생접미사	52.	xsv	동사파생 접미사
		53.	xsm	형용사파생 접미사	54.	xsa	부사파생 접미사

다음은 LOB에서의 품사를 위주로 한 태깅의 보기이다.[6]

(3) hositality_NN is_BEZ an_AT excellent_JJ virtue_NN ,_,
    but_CC not_XNOT when_WRB the_ATI guests_NNs have_HV
    to_TO sleep_VB in_IN rows in_IN the_ATI cellar_NN
    !_!

문장에 대한 정보는 주로 문장 구조의 분석에 의하여 이루어진 정보를 입력하게 된다. 말뭉치에 구문 정보를 넣는 작업을 파싱이

---

6) 이 LOB 말뭉치에서의 NN은 단수보통명사, BEZ는 be동사, AT는 단일 관사
   JJ는 형용사, CC는 접속사, XNOT는 부정, WRB는 의문부사, ATI는 단수·
   복수 관사, NNS는 복수보통명사, HV는 have동사, TO는 부정사, VB는 동사
   기본형 등을 나타낸다. 임해창 외(1995: 56-57).

라 하는데 언어학의 밑바탕이 더 철저히 요구되는 작업이면서 복잡하고 힘든 작업이 될 수밖에 없다. 다음은 SEC에서의 문장 주석의 보기이다. 임해창 외(1995: 58-59) 참조.

(4) [S[NP Nemo_NP1 ,_, [N the_AT killer_NN1 whale_NN1 N] ,_,
[Fr [N who_PNQS N][V '' d_VHD grown_VVN [J too_RG big_JJ
[P for_IF [N his_APP$ pool_NN1 [P on_II [N clacton_NP1
Pier_NNL1 N]P]N]P]J]V]Fr]N] ,-, [V has VHZ arrived_VVN
....

말뭉치에 정보를 입력하는 방법은 완전히 수작업으로 하는 방법과 자동으로 작업이 이루어지게 하는 방법이 있는데 후자의 경우 그러한 작업이 이루어지게 하는 프로그램이 필요하다.

LOB 말뭉치를 자동 태깅하는 프로그램은 CLAWS(Constituent Likelihood Automatic Word-tagging System)이 있는데 대략 96~97%의 정확도로 말뭉치를 자동 태깅한다고 하니 정확도가 아주 높은 편이다. 임해창 외(1995: 80) 참조.

파싱은 구문 분석이다. 문장에 태깅을 붙이는 것을 의미할 때는 구문 태깅이라고도 한다. 구문 태깅의 보기는 다음과 같다. 다음은 카이스트의 지식베이스에서 구문 태깅한 자료이다.

(5) 사람이 스스로 만물의 영장이라 하고 우쭐대는 까닭이 여기에 있다.
(S (ADJP (NP (VP (NP 사람/ncn)+이/jcs (VP (VP (ADVP 스스로
/mag) (VP (VP (NP (NP 만물/ncn)+의/jcm 영장/ncn)+이/jp)+라/ecs 하
/pvg))+고/ecs 우쭐대/pvg))+는/etm 까닭/ncn)+이/jcs (ADJP (NP 여기
/npd)+에/jca 있/paa))+다/ef+./sf)

3) 말뭉치 자료의 분석

말뭉치는 그대로 두면 죽은 자료일 뿐이다. 이 자료를 살아 있게 하려면 이 자료를 통해 언어의 특징을 분석해 내야 한다. 말뭉치를 분석하는 도구로는 형태소나 단어, 또 문장 분석기가 있고 나아가 맞춤법도 검사한다. 단순 말뭉치에 다양한 태깅과 파싱 작업을 수행한 다음에는 여러 가지 필요에 따라 말뭉치를 분석할 수 있다. 또 태깅과 파싱을 하기 위해서는 형태소 분석이나 문장 분석이 이 작업을 하는데 미리 이용되기도 한다.

수집된 언어 자료로 낱말의 색인을 만들거나, 중심어 색인 방법 KWIC(Keyword in Context: 관찰하고자 하는 단어를 문맥의 중심에 두고 좌우에 관련된 문장이 나타나게 하는 방법)을 이용하여 언어에 관한 다양한 정보를 얻을 수 있다. 관찰 대상의 낱말을 가장 밖에 두는 KWOC(Keyword out of Context), 문자를 관찰의 대상으로 하고자 하는 KLIC(Key Letter in Context)도 유용하다.

영어에서의 중심어 표기 목록 색인(concordance)의 보기를 들면 다음과 같다. Sinclair(1991: 146)에서의 보기이다.

> (6) of activity and communication is only one of them
>   communication where the activity is halted in time if
>   whole pricess the activity is obvious enough the nervous
>   nervous activity of authors is legendary and the silent

고려대학교 말모듬에 의한 중심어 색인 방법에 의한 보기는 다음과 같다. 이는 김흥규 외(1996: 257)에 든 보기의 일부이다.

(7) 1321 가지고 놀다가 공이 도랑으로 빠져서 공 [주우러] 갔다가 일어
　　　　난 사고라고 한다.
　　1341 되고 남았다 작자는 지섭이 또 기왓장 [주우러] 나가지 않을까
　　　　싶어 새벽같이
　　1112 기억하면서 이박사의 이 산골 도토리라도 [주우러] 다니는 소
　　　　년 같은 모습을 대하고

　말뭉치의 자료들은 먼저 어절로의 분석과 형태소로서의 분석이 필요하다. 국어의 문장은 주어와 서술어로 이루어졌기 때문에 가장 기본적인 어절과 형태소 분석의 대상은 체언과 조사로 이루어진 어절과, 어간과 어미로 이루어진 용언 어절이 분석의 기본 대상이 된다. 이들의 분석이 국어학의 연구 성과와 연계된다는 점에서 국어학 연구가 다시 강조되는 것이다.

　말뭉치와 관련되어 자연어 처리 분야에서 가장 활발히 연구되고 있는 분야는 형태소 분석이다. 형태소의 기계 분석이 가능하기 위해서는 어절이 어떻게 구성되어 있는가에 대한 연구와, 동일한 형태로 나타나는 중의적 표현들을 어떻게 구별하여 분석하는가의 문제가 해결할 과제이다. 그러므로 형태소 분석 프로그램이 이루어지기 위해서는 국어 형태소에 대한 이해가 먼저 이루어져야 한다.

　형태소 분석기의 원리는 문자열을 입력으로 받아 그것을 구성하는 모든 형태소의 결합을 밝혀내는 것이다. 국어는 다른 언어에 비해 형태 음운 규칙이 복잡하고 제약이 심해 다양한 단어 형성 규칙이 복합적으로 적용될 수 있고, 미등록 형태소가 매우 자유롭게 생성될 수 있어 정확한 분석이 쉽지 않았다. 국어에서 형태소 분석과 관련되어 논의된 분석 방식으로는 최장 일치법, head-tail 구분법, tabular parsing 방법, 2단계 분석 모델, 음절 기반 모델 등이 있

다. 이들 모두는 형태소 분석 사전, 형태소 결합 규칙, 해석기로 구성되어 있다.

국어의 자동 형태소 분석에서 나타나는 대표적인 어려움은 조사와 어미에 대한 처리이다. '체언과 조사'와 용언의 분석의 경우, 체언과 조사에 의한 어절이 띄어쓰기에 의하여 어절로 인식될 때 다음 단계의 분석은 체언과 조사를 구별하여 분리하는 것인데 체언의 수에 비하여 조사의 수가 상대적으로 적기 때문에 조사를 먼저 분리하게 된다. 이러한 이유로 국어의 형태소 분석은 뒤에서부터 이루어지는 것이 경제적이다.

국어의 조사는 하나만 나타나는 것이 아니라 여러 조사들이 연쇄적으로 나타나기도 하기 때문에 조사 사전에 관련 정보가 입력되어 있어야 분석이 가능하다. 조사가 연속되는 경우 각각의 조사들이 연속되는 관계에 대해 조사의 1차, 2차, 3차 등의 다단계의 검색을 하거나 연속 조사되는 여러 조사의 형태를 아주 조사 사전에 올려서 1차에 검색하는 방법이 있다. 예를 들면, '에서부터까지', '에서부터는' 등을 사전에 아주 올리는 방법이다.

사전에 수록된 조사는 56가지로, 단독으로만 사용되는 조사는 10여 가지, 최대 결합은 6개까지이다. 이러한 초사 사이의 결합 관계에 따라 사용되지 않는 조사를 제외한 나머지의 수는 2,255가지 정도라 한다. 선행 체언의 품사나 종성 유무, 종성의 종류 등을 사용 결합 정보로 검색하여야 할 것이다. 권혁철 외(1992) 참조.

용언의 분석도 어간에 비해 어미의 수가 한정되어 있어 어미를 분리하여 분석하는 것이 경제적이다. 규칙과 불규칙에 대한 정보도 제공되어야 한다. 어미가 반드시 용언의 끝에 오는 것은 아니다. 어미 외에도 어미+조사(먹어는), 어미+보조용언+조사(먹어보기도)와 같은 결합 형태를 고려한 분석 장치가 필요하다. 선어말어미와의 결합 가능 여부, 용언의 특성에 따른 결합 여부, 등의 정보가 선행어의 정보로 제공될 때 유용성을 높일 것이다. 실제로 사용되는 어미는 1,289개라고 한다. 권혁철 외(1992) 참조.

조사와 어미의 형태가 같은 경우, 예를 들면 '남아(男兒)도, 남아도'에서와 같은 경우를 구별할 수 있는 장치가 필요하다. 일단 어미는 어말어미를 중심으로 하기 위하여 어말어미를 검색하고, 선어말어미는 다음 순서에 검색할 수 있도록 하여야 할 것이다. 문제를 일으킬 수 있는 단어들을 걸러내어 관련된 정보를 주어 구별하게 하여야 할 것이다. 이를 위하여 조사들의 정보, 어미의 정보, 불규칙의 정보, 약어의 정보, 어휘 정보(체언과 용언의 어간의 정보) 사전의 입력이 필요하다.

조사와 어미의 형태가 같으면 선행어의 체언, 용언 여부의 검증이 이루어진다. '높아가는'은 먼저 '는'이 조사나 용언 어미로 분석되지만 선행어가 용언이기 때문에 어미 정보로 연결된다. '그보다는'에서 '는' 조사 검증, 체언 검증과 용언 검증이 이루어지는데 1차 분석에서 '는'이 우선 조사나 어미로 분리되고, 2차 분석에서 '보다'가 조사나 용언으로 분리된다. 용언인 경우에는 '보다'를 따옴으로 표현하는 경우가 많기 때문에 조사로 처리하게 된다. 조사나 어미의 형태가 같을 때는 문장에서 어절의 전후나 문장 전체를 살펴보고 종합적으로 분석하는 방식이 더해져야 함을 알 수 있다.[7]

---

7) 장윤미·최윤철(1992)에서 말뭉치 10만 어절을 분석한 결과 여러 가지 오류를 찾을 수 있었는데 그 원인으로 1. 띄어쓰기 잘못 2. 기본형이 숫자로 됨 3. 단음절어 4. 명사형 5. 사전에 미수록 6. 철자의 잘못 7. 복합어 8. 한글

다음은 체언류와 용언류가 형태가 동일하기 때문에 중의적일 수밖에 없는 보기를 정보를 제공함으로써 중의성을 해결하는 방법이다. 임해창 외(1995: 64-65).

(8)

어절	분석결과	용례 제한 정보
대한	대한(체언)	
	대하다(용언)+ㄴ(어미)	앞 어절의 조사가 대부분 '에'로 종결한다. 예: 사실에 대한
할	할(체언)	앞 어절이 수사이다. 예: 3할
	하다(용언)+ㄹ(어미)	예: 잘 할 수 있다

어절의 구성을 비롯한 체언과 조사, 용언의 분석에서는 이외에도 용언의 불규칙 현상과 소위 매개 모음이라 하는 '으'를 정보처리에서는 어떻게 처리하는 것이 바람직한가 하는 점과, 축약 현상, 합성어의 처리 등의 문제가 있다.

국어의 연구는 국어에 나타나는 현상을 중심으로 법칙을 알아내어 문법을 이루고 이러한 문법을 형성하게 된 언어와 사고와의 관계 즉 인지 과정을 연구하는 것이다. 이에 비해 기계적인 처리는 언어를 어떻게 정보화하는가에 목표를 둔다. 언어의 정보화를 통해서 언어를 통한 인지 과정을 밝힐 수 있지만 우선적인 목표는 언어를 어떻게 전산으로 처리할 수 있는가에 목표를 둔다. 그러나 이러한 전산화의 과정속에서 언어에 대한 계량적인 연구 결과가 다

을 띄울 때 어절이 분리된 경우 9. '여' 변칙 용언의 복합어를 들었다.

량으로 얻어지게 된다. 형태소 분석을 비롯한 말뭉치의 분석 작업
은 컴퓨터의 원리에 근거하여 이루어져야 하기 때문에 전산학과의
공동 연구에 의하여 이루어져야 할 것이다.

국어의 명사 합성어의 경우 명사와 명사가 연결되어 합성어를
이루는데 이들 명사의 연결이 과연 합성어로 굳어졌는가 아니면
구인가의 문제는 국어 연구에서 잘 해결되지 않는 과제이다. 그러
나 명사와 명사와의 연결 상태가 실제 언어에서 어떻게 나타나는
가에 대해서는 계량적 관찰과 이에 입각한 분석이 가능하다.

복합어에 대한 말뭉치 기계 분석에서는 여러 가지 어려움이 있
다. 다음은 그 보기의 하나이다.

(9) ㄱ. 피해자조사위: 피해 자 조사 위
                   피해 자조 사위
    ㄴ. 간장제조업체인: 간장 제조 업체 인
                     간장 제조업 체인

(ㄱ)의 경우는 자조와 사위가 사전에 등록된 어휘이지만 이 합성
어에서는 적합하지 않기에 제외시키는 절차가 필요하고 (ㄴ)은 모
두 가능한 표현이므로 적절한 분석이지만 문장에서 어떤 의미로
쓰였는가는 문맥에 의해 확인할 수 있게 하는 작업이 필요하다.

채영숙·권혁철(1997)에서는 약 40만 어절의 말뭉치의 분석을 통
하여 복합 명사의 출현 빈도와 분할 위치 정보를 구하였다. 신문을
말뭉치로 하였기 때문에 '정상회담'이 65번으로 가장 많이 나타났
고 4음절은 2+2, 5음절은 2+3, 6음절은 3+3이 다수를 차지하는 분
할 정보를 보였다.

복합어의 결합 구조도 말뭉치의 조사에서 밝힐 수 있다. 세 개의 명사로 구성된 복합 명사의 경우 [[N1 N2] N3]의 구조는 단어수가 50인 경우, 110인 경우, 150인 경우 각각 65.38%, 68.04%, 55.20%의 빈도를 갖고, [[N1 [N2 N3]]의 구조는 13.46, 14.43, 19.20%의 빈도를 갖는다. 이는 명사구의 구조를 경험적으로 밝힐 수 있는 것이다.

중의적 의미를 가진 단어의 복합의 경우 기계가 의미를 분석할 수 있게 하기 위해서는 중의적 의미를 갖는 단어들이 취할 수 있는 연결 동사들의 의미 관계를 인식할 수 있도록 하여야 할 것이다. '사고'의 경우 '교통사고, 추락사고, 안전사고'에서과 같이 사건의 의미로 육체적인 인간 활동의 유형이고, '사고 능력, 서구 사고'에서 의 '사고'는 생각의 의미로 정신적인 인간 활동의 의미로 사용된다. 이들 다른 두 의미의 사고에 대해 의미를 다양하게 유형화하고 유형화된 의미들 간에 서로 결합할 수 있는 가능성을 찾아낼 수 있다.

'사고'라는 단어가 인간 활동 중 육체적 상호 활동을 가지는 범주에 속하는 경우는 앞에 올 수 있는 명사는 동일한 범주의 단어이고, 뒤에 올 수 있는 명사는 추상 관계 중 상호 작용, 변화에 관한 범주이다. 정신적인 인간 활동의 의미로 사용되는 경우 앞에 올 수 있는 명사의 범주는 시간, 기간, 순서와 같은 범주의 단어이고 뒤에 올 수 있는 단어의 유형은 추상 관계 중 상호 작용, 변화에 관한 범주이다. 이러한 작업들을 통해 한국어의 시소러스의 구축를 할 수 있게 되고 이러한 과정을 통하여 한국어의 기계 번역도 가능하게 될 것이다.

용례 분석은 세종기획 글잡이를 비롯하여 여러 가지 분석 프로그램이 있다. 맞춤법 검사는 문서 입력기(한글, 마이크로소프트)의 맞춤법 검사 및 교정에서 실용화되어 있다. 문장 분석과 문장 검사 는 영어 문장 분석에서 볼 수 있다.

2 기계 번역

기계 번역이란 어떤 자연 언어를 기계인 전자 장치를 통해서 같은 뜻을 가진 다른 자연 언어로 바꾸어 놓는 작업이다. 세계에는 약 3,000개 이상의 다른 언어가 있다고 하니 기계 번역이 가능하다면 바벨탑으로 인한 언어의 차이는 사라질 것이다. 언어의 다름으로 인한 의사소통의 어려움을 해소하고자 하는 기계 번역에 대한 연구가 오래 전부터 있었던 것은 이러한 욕구 때문이다.[8]

기계 번역의 아이디어는 컴퓨터가 발명되기 훨씬 전인 17세기에, 라이프니츠나 데카르트와 같은 학자들이 언어간의 번역을 위한 매개체로서 숫자 코드를 이용하거나 모든 언어에 대해 동의어에 같은 코드값을 부여할 수 있는 암호 체계로서의 보편 언어(Universal Language)를 고안했다고 한다.[9] 1933년에 이미 프랑스, 소련에서 특허를 낼 정도로 기계 번역이 진행되었다. 미국은 소련의 과학 정보에 어두웠기 때문에 '러시아-영어'로의 기계 번역 시스템을 개발하고자 막대한 연구비를 투입하였지만 1966년 ALPAC(Automatic Language Proceeding Advisory Committee)의 보고서에서 기계 번역이 장래성이 없음을 제시하여 충격을 주기도 하였다. 이주근(1989) 참조.

기계 번역은 1960년대 후반부터 미국의 생성문법을 중심으로 한 언어학 분야의 발전, 전산 과학의 발달, 축적된 경험을 바탕으로 다시 활기를 되찾았다. 미국에서의 기계 번역은 SYSTRAN[10]을 비

---

8) 한국정보과학회에서는 이미 1989년에 「정보과학회지」의 기계 번역을 특집으로 간행한 바 있다. 여기서의 기계 번역에 대한 역사나 논점은 이 특집의 내용을 참고한 것이다.

9) Hutchins(1986) 「Machine Translation-Past, Present, Future」, Ellis Horwood Limited, 윤덕호 외(1989: 83) 참조.

롯하여, 텍사스 대학에서는 독일 Siemens사의 위탁 연구로 기계 번역 프로젝트를, New Mexico 대학에서는 XTRA(English Chinese Sentence Translator)라는 기계 번역을, Bringham Young 대학에서는 영어표기의 성경을 세계 각국어로 번역하기 위해서 1970년부터 회화형의 기계 번역 시스템에 대한 연구를 하였다.

유럽에서의 기계 번역 개발은 EC 공동체가 EUROTRA 프로젝트를 중심으로 진행하였는데 이는 다언어간 번역기 개발 사업으로 9개 국어의 동시 번역을 목표로 하고 있다. 그리고 영국, 프랑스, 독일 등의 나라들은 각자의 기계 번역을 연구하고 있다. 일본은 1982년에 기계 번역을 국가 계획으로 설정하여 교토 대학을 중심으로 기술 논문 초록의 영어-일본어 기계 번역의 파이롯트 시스템을 1985년에 개발하였다. 이후 여러 나라 언어와의 기계 번역을 시도하고 번역의 정밀성을 높여 나가고 있다.

우리 나라에서의 기계 번역에 대한 집중적인 연구는 1979년 인하대학교에서 한국어-일본어 양방향 번역 시스템의 개발을 개시했고 1983년 후반부터 KAIST나 한양대학교에서 연구가 이루어지고 있다고 한다.

현재로서는 완벽한 기계 번역 시스템을 얻는 것은 어려울 것이

---

10) SYSTRAN은 조지타운 대학의 기계 번역 시스템을 기초로 한 가장 오래된 상용 시스템으로 1969년에 발표되었다. SYSTRAN이란 System Translation 의 합성어이고 시스템 Control/Support 프로그램, 번역 Logic 프로그램, 사전 데이타 베이스의 3개 구성 요소로 되어 있다. 시스템 Control 프로그램은 번역 Logic Processor와 사전을 총괄 관리하고 번역 작업을 한다. 시스템 Support 프로그램은 맨-머신 인터페이스를 포함한 I/O 관리 Logic 및 사전의 개발 효율을 높인다. SYSTRAN은 1970년 미 공군에서 채택된 것을 계기로 미국 정부기관, EC 공동체 등에서 문서 번역으로 이용되고 있다. 이주근(1989: 74) 참조.

나 번역 전문가가 작업의 생산성을 높이기 위하여 보조도구로서 활용할 수 있는 부류의 시스템은 지속적으로 개발되고 보완될 것이다. 문학 작품에서의 표현까지 완전히 나타낼 수 있는 완전한 기계 번역은 아마 불가능할 것이다. 이는 인간의 번역에서도 수많은 오류를 발견할 수 있는 점을 보면 짐작할 수 있다.

1) 기계 번역 방식

기계 번역의 방법은 번역의 대상인 언어와 번역의 결과인 언어를 어떻게 연결하는가에 따라 몇 가지 방법으로 나누어 볼 수 있다. 직접 방식, 변환 방식, 그리고 피봇 방식으로 구분하는 것이 일반적이다.

가장 쉽게 생각할 수 있는 것은 두 언어를 직접적으로 번역하는 것이다. 즉 국어의 '그가 사과를 먹었다'와 'He ate an apple'의 번역에서 '그-he, 먹다-ate, 사과-an apple'을 직접 연결하는 것이다. 이를 직접 번역 방식이라 한다. 직접 방식은 가장 초보적인 기계 번역 방식으로 원시 언어와 목표 언어 사이의 직접적인 대응으로 번역이 진행된다. 이 방식에서는 목표 언어의 생성에 필요한 정도까지만 원문을 분석하고 더 이상 깊이 있는 분석은 배제한다. 이때 필요한 대역사전은 대역어 정보뿐만 아니라 어휘 분석이나 구문분석에 필요한 정보와 생성에 필요한 문법 정보까지도 함께 수록하고 있다. 그리고 분석이나 생성 단계가 완전히 분리되어 있지 않고 필요에 의해 구분된 일련의 처리 과정을 거치면서 번역이 이루어지는 것이 보통이다.

다른 방법으로는 두 언어 사이에 중간구조를 설정하는 방식이다.

중간번역 방식(Interlingua)은 문장을 언어와 독립적 표현인 중간 언어로 의미를 표현하고 이 의미 표현으로부터 중간 단계를 거치지 않고 직접 번역되는 방식이다. 이를 피봇 방식이라고도 한다. 피봇 방식은 변환 방식처럼 두 가지의 중간 표현을 상정하는 대신 원시 언어와 목표 언어에 대해 공통적인 하나의 중립 표현을 상정하고 크게 분석과 생성 두 단계를 거쳐 번역이 이루어진다. 그래서 N개의 언어 사이의 기계 번역 시스템을 구축할 경우에는 단지 N개의 분석기와 생성기만 필요하므로 다언어간 번역에서는 잠정적으로 많은 이점을 지니고 있다. 하지만 범 언어적인 중립 표현의 설정은 그다지 쉬운 일이 아니다.

변환 방식(Transfer)은 현재 가장 널리 이용되고 있는 기계 번역 방식으로 이 방식에서는 원시 언어와 목표 언어 각각에 대해 두 가지 형태의 중간 표현을 상정하고 크게 분석, 변환, 생성이라는 세 단계의 번역 과정을 통해 번역이 진행된다. 1단계는 번역대상언어(Source Language) 문장을 추상적 내부 표현(Abstract Internal Representation)으로 분석하는 해석 단계이고, 2단계는 번역 대상 언어 구조를 번역할 목적 언어 구조로 변환하는 변환 단계이고, 3단계는 목적 언어 생성으로 번역이 이루어지는 단계이다. 이 때 크게 두 종류의 사전이 사용되는데 첫째는 원시 언어의 분석과 목표 언어의 생성에 필요한 어휘적 정보를 수록하고 있는 사전, 둘째로 원시 언어와 목표 언어 사이의 어휘적 대응 정보를 수록하고 있는 변환 사전이다. 또한 원시 언어와 목표 언어 각각에 대한 문법 정보와 구조 변형에 이용되는 변환 규칙, 원문을 번역문으로 번역하는 데 필요한 어휘 치환에 이용되는 변환사전이 필요하다. 임인칠(1989: 65) 참조.

해석, 변환, 생성의 세 단계의 독립된 과정의 결합에서 번역이 이루어진다. 현재 각국에서의 연구의 주류는 이 방식이 차지하고 있다. 유럽공동체에 의한 EUROTRA 개발 사업이 이 방식으로 추진되고 있는데, 이는 다언어간 번역 개발사업이다. 한국어와 관련하여 이미 상용화된 기계 번역 제품은 주로 한일어의 번역에서 상당 수준에 도달해 있고 그 프로그램은 상업적으로 판매되고 있다.

2) 기계 번역의 실제

한국어를 중심으로 볼 때 한국어와 일본어와의 번역은 어순이나 문법이 매우 유사하기 때문에 직접 번역이 편리한 경우도 있다. 그러나 영어인 경우는 어순이 다르고 여러 가지 문법 구조의 차이로 직접 번역이 어렵다.

(10) ㄱ. 이것은 책이다.
　　 ㄴ. これは ほんてす.
　　 ㄷ. This is a book.

따라서 기계 번역은 보통 다음과 같은 과정을 거쳐서 이루어지는 방향으로 연구되고 있다. 정희성(1986: 48) 참조. 기계 번역은 형태소와 구문 의미 해석이 서로 연관성을 가지면서 중간 표현을 만들어 번역하는 것이 일반적이다.

(11) (한국어)　　　　　　　　　　　　　　　　　　(영어)
　　 → 형태소 분석 → 한국어　　 → 영어　　　→형태소 생성
　　 → 구문 분석　　 중간 표현　 중간 표현　→구문 생성
　　 → 의미 분석　　　　　　　　　　　　　　 →의미 생성

한-일 기계 번역이나 한-영 기계 번역의 실제를 살펴보기 위해 임인칠(1989: 68)에서 보이고 있는 한-일 기계 번역 시스템의 구성을 살펴보면 다음과 같다.

(12)

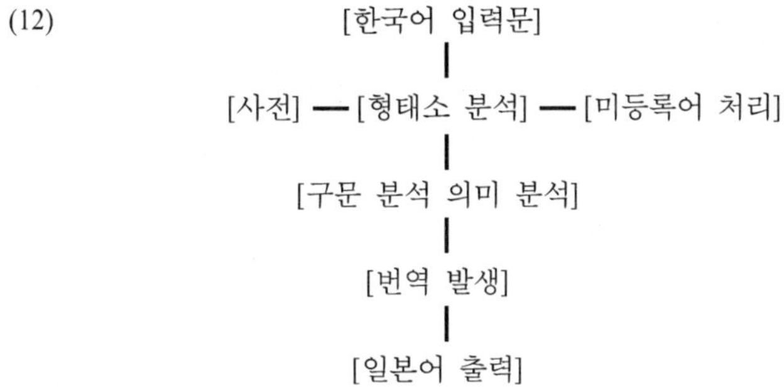

형태소의 분석은 한국어 입력문을 한글의 띄어쓰기를 이용하여 어절 단위로 분석한 후, 어절을 최장일치법(한 어절에서 작은 단어보다 큰 단어가 먼저 사전과 매칭되는 방법)을 사용하여 사전에서 검색한다. 연결된 형태소는 목록을 만들고 연결되지 않는 형태소들은 미등록어에서 다시 처리한다.

구문 분석에서는 입력된 문장의 구조를 인식하여 이미 등록되어 있는 국어의 문형 유형과 연결한다. 단어의 의미는 하나의 의미만을 가지고 있는 것이 아니기 때문에 문장과 문맥에 따라 적절한 의미를 분석하여야 한다. 이를 위하여 명사나 동사의 의미 속성을 면밀히 분석하여 문장에 쓰인 의미를 정확하게 파악할 수 있도록 한다. 다의어인 경우 다의어가 발생한 문장의 명사나 동사의 의미 속성을 파악하여 의미를 결정하고, 문장 내에 그러한 정보가 없을 때에는 문맥을 살펴 의미를 파악할 수 있도록 한다. 현재로서는 완전한 의미 분석은 어려운 실정이다. 자연 언어 처리 분야에서의 의미 분석에 대한 연구는 구문분석 및 의미 분석을 위해 LFG(Lexical Functional Grammar), HPSG(Head driven Phrase Structure Grammar), 의존 문법과 같은 언어학의 구문, 의미 분석의 이론을 기반으로 하여 한국어에 맞게 수정하여 적용시키려는 연구가 진행되고 있다.

기계 번역에서 문장구조를 추출하여 언어 간의 대응을 세운다. 한국어와 영어 문장의 구조적인 차이는 다음 보기를 통해 알기 쉽다. 정희성(1989) 참조.

(13) ㄱ.

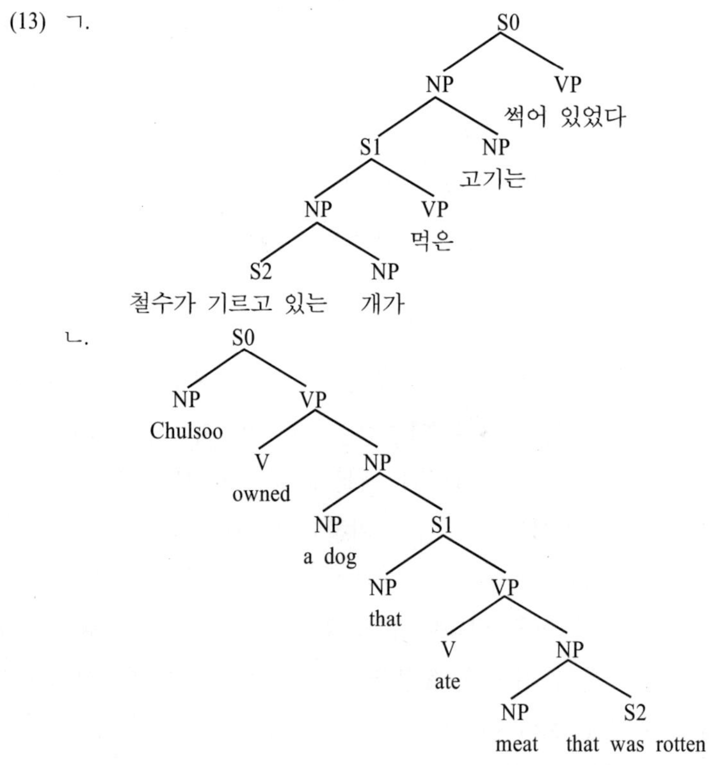

한국어는 왼쪽 갈래 구조, 영어는 오른쪽 갈래 구조이다. 이러한 대응성에 관한 연구는 기계 번역에 도움이 된다.

사전은 기계 번역에 필요한 각종 지적 정보를 보유하여야 하기 때문에 방대한 작업이 될 것이고 시스템 체계와 상호 밀접한 관계가 이어지도록 구성된다.

번역 발생은 분석된 자료를 근거로 상대 언어로 바꾸는 작업으로 상대어의 형태소나 문장 구조에 맞게 연결시키는 과정이다.

기계 번역 연구는 여러 기관에서 연구하고 있다. 서상규 외(1999: 184) 참조. 영-한 기계 번역 시스템을 최기선 외(1989)에서 논의된 과학기술처의 특정 연구과제 MATES-EK(Machine Translation Environment System-English to Korean)를 중심으로 살펴보면 다음과 같다. 이 계획은 한국과학기술원(KAIST)과 시스템 공학 센터(SERI) 주관으로 이루어진 연구이다. 이 연구에서 세운 개발 계획은 다음과 같다.

(14)

	기본 및 상세 설계	골격 시스템 개발	시스템 확장 및 성능 평가
번역 실행 시스템	기술 언어 타입 및 spec 정의 초보적 실행시스템 설계	문법개발지원기 개발 문법 실행기 보완	문법 개발지원기 보완 문법 실행기 보완
문법 S/W	영한 양 언어 대조 분석 및 문법 정리 형태소 처리규칙 작성	문법 S/W 작성 형태소 처리 규칙 확장 보완	문법 S/W 확장 보완
사전 시스템	사전 편집기 개발 초기 단계 기본 사전 작성	사전 편집기 보완 사전 작성 관리 시스템 개발 기본 사전 확장 전문 용어사전 작성	전문 용어사전 확장
통합관리 시스템	초보적 번역 편집기 개발	번역 편집기 보완 회화 제어 프로그램 개발	입출력 변화 프로그램 개발
기타	중간 표현 설계 기타 지원 시스템 개발	골격 시스템으로 통합 기타 지원 시스템개발	프로토타입 시스템으로 통합 성능 평가

영어를 한국어로 번역하는 과정도 형태소의 분석과 해석, 구문의 분석과 해석이 선행된 후 영한 변환이 이루어진다. 다음에 한국어 생성과정이 이어진다. 형태소의 분석에 의하여 실제로 나타나는 다양한 어형 변화 형태를 형태소로 처리함으로써 어휘정보의 중복과 불필요한 사전의 증대를 막아준다. 즉 영어에서 'tries, tried, trying'은 어휘 'try'와 문법형태로 분리함으로써, 국어에서 '간다, 가니, 가자, 가라'도 '가'와 문법 형태를 분리함으로써 어휘 정보를 간단히 하고 사전을 간소화하여 준다. 이 과정은 입력문에서 단어의 기본형이라 할 수 있는 형태소를 분리하고 사전을 검색하여 각 형태소에 해당하는 언어 정보를 얻는다. 구문 분석은 모호성을 해결하여 주기 위한 측면에서도 반드시 필요한 단계이다.

영-한 번역 과정에서는 한국어와 영어의 문법적인 차이가 많은 관계로 이를 조정하여 주는 과정이 필요하다. 이를 위해 전변환(Pre-transfer), 후변환(Post-transfer), 주변환(Main-transfer)의 세 단계를 거치는데, 전변환부는 주로 자연스러운 한글을 생성하기 위해 영어 고유의 구조를 한글 특성에 맞는 구조로 변환하는 것이다. 영어의 it-that 표현이 국어에는 없기 때문에 이를 국어에 맞게 변환하거나(It is required that you define the system-That you define the system is required), 무생물 주어문을 변환하는 바와 같은 것(Earthquakes destroyed this house-This house was destroyed by earthquake)이다. 주 변환부에서는 각 마디의 구조 변환과 역어 선택을 한다. 영어 해석 과정에서 얻어진 수식관계, 구문 환경, 단어와의 공기 관계 등의 모든 정보가 이용되어 변환이 이루어진다. 후 변환은 남은 변환을 마친다.

영-한 번역의 반대 과정인 한-영 기계 번역은 MATESI-EK로 대표되는데 이는 국가 특정 과제로 한국전자통신연구소와 서울대학교의 공동 참여로 이루어졌다. 정희성(1989)에 이 한-영 기계 번역 과제에 대해 설명되어 있다. 다음은 이 논의를 정리한 것이다.

모든 기계 번역이 그러하듯이 한-영 번역도 번역할 국어에 대한 정확한 형태, 구문, 의미의 분석을 통해 이를 정보로서 사전에 나타내고 이를 번역이 이루어질 언어를 분석한 결과와 연결짓는 작업이다. 기계 번역 시스템은 소프터웨어 부분(알고리즘)과 언어정보(데이터)로 구성되어 있는데 다음은 시스템별 프로그램 모듈이다.

(15)

시스템모듈	프로그램 모듈
번역실행 시스템	1. 형태소해석 시스템 　형태소 해석기, 형태소해석 개발지원기 2. 문법실행 시스템 　문법기술 언어변환기, 문법실행기 3. 문법소프트웨어 　형태소해석문법, 구문해석문법, 구문변환문법 구문생성문법, 　형태소생성문법 4. 형태소생성시스템 　형태소 생성기, 형태소 생성 개발지원기 개발
사전시스템	1. 사전관리시스템 　사전편집기, 사전병합기, 기타 사전 개발지원기 개발 2. 사전 　대량 중립사전, 기본어 사전, 전문어 사전
통합관리 시스템	1. 입력변환기 2. 출력변환기 3. 번역편집기 4. 제어/관리 프로그램
지원시스템	1. 번역대상 문장분석 S/W 2. 번역결과 문장분석 S/W 3. 기타지원 S/W

기계 번역에서 국어 문장을 어떻게 처리하여야 할 것인가의 문제를 이기용(1989)에서는 어휘정보문법(LIG: Lexicon-driven Information-based Grammar)을 기초로 번역체계를 구성하고 있는데[11] 이 구조를 근거로 '성호가 잔다'를 기계 번역하기 위해 어휘정보를 표시하여 나타낸 모습은 다음과 같다.

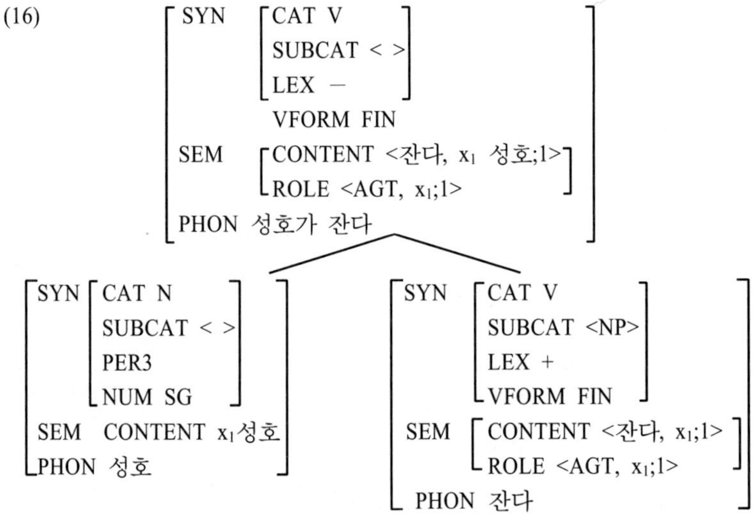

이러한 구조를 번역하려고 하는 언어의 의미·통사 구조와 일치하는 문장을 찾아내어 해당 언어로 실현하는 것이 기계 번역이다.

---

11) 문법(G: Grammmar)은 기존 언어학 연구인 범주문법, HPSG 문법, 의미역할 이론 등을 종합적으로 이용하고, 어휘(L: Lexicon)는 국어사전, 번역 대상 언어 사전, 변환 사전을 이용한다. 번역(T: Transfer)은 전이 체계이다. 어휘 정보 문법은 언어 표현 관련 정보(set of feature structure), 자질의 상호구조와 수형구조(set of operation), 공기제약, 어순, 하위범주화원칙(set of constraint)으로 구성되었고, 통사부는 X-bar에 근거한 구 구조문법, 함수문법을 가미하고, 의미부는 정보기반이론과 상황의미론을, 음운부는 문자열의 표현을 나타낸다.

  이러한 기계 번역은 단순한 어휘나 구조의 특징 기술로 불가능한 경우가 많다. 언어학은 어떤 가설을 세우고 그 가설에 맞는 자연 언어의 현상을 찾아내어 그 가설의 정당함을 증명하려 하였다. 그러나 이러한 방법은 언어 현상의 일반화를 이룰 수 있으나, 예외성을 갖는 모든 자연 언어 현상을 처리하는 데 문제가 많다. 따라서 주어진 언어 현상이 무엇인지 수집해서, 즉 한국어의 경우 한국어의 모든 문장을 컴퓨터에 수록하여 그 개개의 문장들을 미리 해석하는 연구가 필요하다. 이는 한국어 사전을 만드는 데 이미 시도되고 있다. 수집된 결과에 의해 한국어의 독특한 언어 현상을 추출해내고 그에 맞는 통사적 문법규칙과 의미적인 문법 규칙들이 개발될 수 있을 것이다.

3 국어 정보화의 이용

  국어를 전산 정보화함으로써 얻을 수 있는 효용성 가운데 중요한 하나는 단어의 빈도 조사이다. 단어의 빈도를 조사하여 사전 편찬이나, 국어 교육, 언어, 심리, 사회, 문학의 연구 등에 이용하고, 전산 정보화도 단어의 빈도에 근거하여 방향을 설정할 수 있다.

  우리나라에서의 단어 빈도 조사는 1951년 문교부에서의 조사와, 1956에 발간된 「우리말 잦기 조사 자료집」을 들 수 있다. 이 조사의 목적은 "우리말 말수(어휘)가 사용되는 잦기(빈도)의 실태를 조사하여, 과학적인 국어의 기본 형태를 파악하고, 우리말의 합리적인 사용을 꾀하며, 국어의 정상적인 발달 및 정화 운동을 목표로 하는 교과서 편집이나 계몽 활동에 활용하고, 나아가서는 국어학

연구의 참고자료 제공"하려는 데 두었다.

문교부 잦기 조사의 내용의 일부를 보면 다음과 같다.

    (17) ㄱ. 첫 소리별 낱말 갈래 및 빈도
          ㅇ: 8,679(낱말수)/빈도수(733,800)
          ㄱ: 7,702/303,353
          ㅅ: 6,871/155,515 등
          총: 56,485/2,218,727

        ㄴ. 문교부 잦기 조사
          어휘 잦기의 예:
          을(74,077)
          에(71,918)
          하다(48,313)
          있다(25,259)
          우리(8,977) 등

이 조사는 우리 국어에 대한 최초의 통계 자료라는 점에서 가치가 있지만 몇 가지 문제점도 갖고 있다. 먼저 어휘 뭉치의 대표성이 적절한가가 제시된다. 잦기 조사의 대상 자료 중 초, 중등 교과서가 30%이어서 자료가 편중되었기 때문이다. 신문, 잡지, 서적, 학술서적, 소설 등을 적절한 비율에 의해 구성하는 어휘 뭉치 작성이 필요하다.

국어 정보화를 이용하여 문학을 연구하려는 시도도 적절한 시도이다. 시 분석의 보기에서 한용운의 시집 「님의 침묵」을 통계화한 연구가 있다. 「님의 침묵」(1926)에 들어있는 87편의 시와 머리말 후기의 통계적 관찰은 다음과 같다.

(18) ㄱ. 20번 이상 쓰인 단어: 나(367), 당신(257), 님(221), 없다(158), 것
(152), 하다(104), 사랑(103), 않다(98), 가
다(74), 말(21), 웃음(20)
　　ㄴ. 외래어: 구쓰, 잉크, 키스
　　ㄷ. 방언: 얼골, 갓이 없다(가없다), 구녕, 버레, 실다, 슬치다(스치
다), 숭보다, 쩌르다(짧다)
　　ㄹ. 특수어: 검(신령님), 기루워서(그리워서), 그대네(그대들)
　　ㅁ. 새말: 눈결, 연잎옷

　철학자나 작가의 어휘 사용을 정보화하여 어휘 사용의 특징을
개인별로, 또 시기별로 관찰할 수 있다.
　국어 정보화는 이러한 언어적 특징의 한정되지 않고, 앞에서 살
펴본 기계 번역을 비롯하여 인터넷, 휴대폰 등 현대 사회의 첨단
산업 기기의 발달에 기여하고, 이용되고 있다.

참고문헌

강길운(1988)「한국어계통론」, 형설출판사

강 매·김진호(1925)「잘 뽑은 조선말과 글의 본」, 역대한국문법대계, 탑출판사

강범모(1995)「한국어 데이터 베이스의 설계 및 응용을 위한 기초 연구」, 민음사

강복수(1981)「국어문법사 연구」, 형설출판사

강선영(1993) Serial Verb Construction in Korean and their Implication,「생성문법 연구」3권 1호

강영세(1986) Korean Syntax and Universal Grammar, 하버드대 박사학위 논문

강진석(2000)「주자체용론연구」, 북경대학 박사학위 논문

교육부(1996)「고등학교문법」, 서울대학교 사범대학 국어교육연구소

교육인적자원부(2002)「고등학교문법」, 서울대학교 사범대학 국어교육연구소

고석주(1996) '있다' 구문에 대한 연구,「국어문법의 탐구」3, 태학사

고신숙(1987)「조선어리론문법-품사론」, 과학백과사전출판사

고영근(1970) 현대 국어 준자립형식에 대한 연구,「어학연구」6권 1호, 어학연구소

고영근(1980) 국어 진행상 형태의 처소론적 해석,「어학연구」16권 1호, 어학연구소

고영근(1981)「중세 국어의 시상과 서법」, 탑출판사

고영근(1983)「국어 문법의 연구」, 탑출판사

고영근(1986) 국어의 시제와 동작상,「국어생활」6

고영근(1986) 능격성과 국어의 통사구조, 「한글」 192

고영근(1986) 서법과 양태의 상관 관계, 「국어학 신연구」, 탑출판사

고영근(1987) 「표준 중세국어 문법론」, 탑출판사

고영근(1988) 북한의 문법 연구, 「국어생활」 15, 국어연구원

고영근(1989) 「국어 형태론 연구」, 서울대 출판부

고영근(1989) 「북한의 말과 글」, 을유문화사

고영근(1990) 시제, 「국어 연구 어디까지 왔나」, 동아출판사

고영근(1999) 「북한의 언어 문화」, 서울대 출판부

고영근(1999) 「텍스트 이론」, 도서출판 아르케

고영근 외(1979) 국어학 연구의 방향정립을 위한 기초적 연구, 「관악
    어문」 4

고영근 외(1985, 1989) 「표준 국어문법론」, 탑출판사

고영진(1995) 「국어풀이씨의 문법화 과정에 관한 연구」, 연세대 박사
    학위 논문

과학백과사전 출판사(1979) 「조선문화어문법」, 과학백과사전출판사

과학원언어문학연구소(1960) 「조선어문법 1, 어음론, 형태론」, 과학원
    출판사

과학원언어문학연구소(1963) 「조선어문법 2, 문장론」, 과학원출판사

구본관(1992) 생성문법과 국어조어법 연구, 「주시경학보」 9

국립국어연구원(1998) 공개 전산자료

국립국어연구원(1999) 「표준 국어 대사전」, 두산 동아

권오영 외(2000) 「혜강 최한기」, 청계

권혁철 외(1992) 철자 검사기와 같은 텍스트 처리, 「등불」 5

권재일(1985) 「국어의 복합문 구성 연구」, 집문당

권재일(1987) 문법형태소의 성격, 「국어학 신연구」, 탑출판사

권재일(1991) 김용구 지은 '조선어 리론 문법(문장론)' 평설, 「한글」
    213

권재일(1994) 「한국어 문법의 연구」, 도서출판 박이정

권재일(1998) 「한국어 문법사」, 도서출판 박이정

금성출판사(1980) 「세계철학대학전」

금장태(2000) 퇴계학파의 리기론, 「한국유학과 리기철학」, 송영배 외,
　　　예문서원

김경훈(1990) 부사 및 부사화, 「국어연구 어디까지 왔나」, 동아출판사

김계곤(1970) 현대 국어의 풀이씨 합성법, 「인천교대 논문집」 4

김광해(1981) '의'의 의미, 「문법 연구」 5

김광해(1988) 계사론, 「난대 이응백 선생 회갑 논문집」, 보진재

김광해(1993) 「국어 어휘론 개설」, 집문당

김귀화(1988) 「국어의 격 연구」, 서강대 대학원

김규선(1970) 국어의 복합어에 대한 연구, 「어문학」 23

김규식(1909) 「대한 문법, 역대한국문법대계, 탑출판사

김기혁(1980) 「국어 합성동사의 생성적 연구」, 연세대 석사학위 논문

김기혁(1981) 동사류의 의미 구조, 「말」 6, 연세대 한국어학당

김기혁(1983) 보조동사의 생산성, 「연세어문학」 16

김기혁(1984) 어휘의 화석화와 보조동사, 「연세어문학」 17

김기혁(1987) 「국어 보조동사 연구」, 연세대 박사학위 논문

김기혁(1988) 국어 문법에서 격의 해석, 「말」 14

김기혁(1988) 국어 문법에서 통사구조와 의미 구조, 「언어연구」 8, 경
　　　희대 언어연구소

김기혁(1988) 국어 문법에서 표면과 심층구조, 「국어국문학」 100

김기혁(1989) 국어 문장구조의 이해, 「경희어문학」 10

김기혁(1990) 관형구성의 통어현상과 의미 관계, 「한글」 209

김기혁(1991) 공시적 현상의 통시적 해석, 「국어의 이해와 인식」, 한국
　　　문화사

김기혁(1991) 형태·통어적구성과 중간범주, 「동방학지」 71·72합

김기혁(1992) 국어 통사론 연구사, 「국어국문학 40년」, 국어국문학회

김기혁(1993) 국어 선어말어미와 종결어미의 연속성, 「한글」 221

김기혁(1993) 문법 형태소의 연속과 불연속, 「국어국문학 연구의 새로운 모색」, 집문당

김기혁(1994) 국어 동사연속구성의 통어 의미론, 「우리말연구」 1

김기혁(1994) 동사 연결의 다단계성, 「언어연구」 12

김기혁(1995) 「국어 문법 연구」, 도서출판 박이정

김기혁(1996) 보조동사의 문법 범주, 「국어 문법의 탐구」 3, 태학사

김기혁(1996) 합성동사 생성의 통사 의미적 해석, 「국어국문학」 116

김기혁(1997) 국어 종결어미와 시간 범주, 「담화와 인지」 4-1

김기혁(1997) 언어 범주와 문법 범주, 「경희어문학」 17, 경희대 국어국문학과

김기혁(1998) 존재와 시간의 국어 범주화, 「한글」 240, 241

김기혁(1998) 존재의 문법 범주, 「경희어문학」 18, 경희대 국어국문학과

김기혁(1999) '가능' 범주의 형성과 확장, 「어원연구」 2, 한국어원학회

김기혁(1999) 개화기 국어의 문법 범주, 「인문학연구」 3, 경희대 인문학연구소

김기혁(1999) 진행의 문법 범주 확장, 「담화와 인지」 6-1

김기혁(2000) 남북한 문장론(통사론) 연구의 쟁점과 방향, 「민족문화」 41, 고려대 민족문화연구소

김기혁(2000) 지정의 문법 범주, 「이중언어학」 17, 이중언어학회

김기혁(2001) 「국어학」, 도서출판 박이정

김기혁(2002) 문장에 대한 관점과 해석, 「애산학보」 27, 애산학회

김기혁(2002) 문장의 구조와 유형, 「경희어문학」 22, 경희대 국어국문학과

김기혁(2002) Grammatical Category of Copula and Judgment Predicate Sentence, Selected paper in International Circle on Korean

Linguistics, ICKL

김기혁(2003) 국어문법에서 격과 의미역할, 「한국어학」 17, 한국어학회

김기혁(2004) 국어 시간표현의 동정적 인식, 「경희어문학」 25, 경희대 국어국문학과

김기혁(2004) 이기 체용론과 국어 문법 해석, 「인문학연구」 8, 경희대 인문학 연구원

김동식(1984) 동사 '되다'의 연구, 「국어국문학」 92

김동식(1993) 「현대국어 동사의 통사적 특성에 관한 연구」, 서울대 박사학위 논문

김동화(1980) 「불교학개론」, 보연각

김두봉(1922) 「깁더 조선말본」, 역대한국문법대계, 탑출판사

김민수(1968) 국어의 구문구조, 「아세아연구」 11-2

김민수(1971, 1984) 「국어문법론」, 일조각

김민수(1989) 「북한의 언어 연구」 증보판, 일조각

김민수(1994) '이다' 처리의 논쟁사, 「주시경학보」 13

김방한(1983) 「한국어의 계통」, 민음사

김봉모(1983) 국어 매김말 연구」, 부산대 박사학위 논문

김석득(1962) 형태소의 변이형태소(allomorph)로의 분석, 「한글」 129

김석득(1968) 직접 구성요소(IC) 간의 기능적 관계, 「이숭녕 박사 송수 기념논총」

김석득(1969) 국어 형태론, 「연세논총」 4

김석득(1979) 국어의 피사동, 「언어」 4-2

김석득(1981) 우리말의 시상, 「애산학보」 1집, 애산학회

김석득(1984) 도움풀이씨와 시상의 부담성, 「한불연구」 6, 연세대 한불 연구소

김석득(1986) 도움풀이씨의 형태 통어론적 차원, 「말」 11, 연세대 한국 어학당

김석득(1991) 리근영 지은 '조선어 리론 문법(형태론)' 평설, 「한글」 213

김석득(1992) 「우리말 형태론」, 탑출판사

김석득 외(1985) 「국어음운론」, 한국방송통신대학 출판부

김선희(1984) 합성동사의 의미분석, 「한글」 183

김성룡 역(1991) 「존재와 시간 입문서」, 시간과 공간사

김성화(1990) 「현대 국어의 상 연구」, 한신문화사

김성화(1992) 삽입모음 '으'의 기능, 「국어학」 22

김세중(1989) 국어 심리형용사문의 몇 가지 문제, 「어학연구」 25-1

김승곤(1978) 상태지속 연결어미 '아'에 대하여, 「눈뫼 환갑 기념 논문집」

김승곤(1986) 이다, 「한글」 191, 한글학회

김승곤(1989) 「우리말의 토씨」, 건국대학교 출판부

김승렬(1988) 「국어 어순 연구」, 한신문화사

김영기(1973) Irregular Verbs in Korean Revisited, 「어학연구」 9-2

김영배(1977) 「주해 석보상절」 23, 24, 일조각

김영정(1997) 「언어 존재 논리」, 철학과 현실사

김영주(1990) The Syntax and Semantics of Korean Case, 하버드대 박사
　　　학위 논문

김영황(1983) 「문화어문장론」 재판, 김일성종합대학출판부

김영희 외(1987) 「국어학 서설」, 정음사

김영희(1974) 한국어 조사류어의 연구, 「문법연구」 1

김영희(1974) 한국어 주관동사에 대하여, 「연세어문학」 7

김영희(1977) 단언서술어의 통사현상, 「말」 2

김영희(1980) 정태적 상황과 겹주어 구문, 「한글」 169

김영희(1980) 평가구문의 통사론적 연구, 「한국학논집」, 계명대 한국학
　　　연구소

김영희(1986) 복합명사구, 복합동사구, 그리고 겹목적어, 「한글」 193

김영희(1989) 이론수용과 통사론의 전개, 「국어학」 19

김영희(1993) 의존동사 구문의 통사 표상, 「국어학」 23

김완진(1957) -n, -l 동명사의 통사론적 기능과 발달에 대해, 「국어연구」 2

김완진(1972) 형태론적 현안의 음운론적 극복을 위하여, 「동아문화」 11

김완진(1975) 음운론적 유인에 의한 형태소 증가에 대하여, 「국어학」 3

김완진(1978) 국어학 연구의 동향과 과제, 「한국의 민족문화」 1, 한국 정신문화연구원

김완진(1981) 「국어 음운체계의 연구」, 일조각

김용구(1986) 「조선어리론문법-문장론」, 과학백과사전출판사

김용구(1989) 「조선어문법」, 사회과학출판사

김용옥(2004), 「혜강 최한기와 유고」, 통나무

김원룡(1976) 「한국문화의 기원」, 탐구신서

김윤신(2001) 「파생동사의 어휘의미 구조-사동화와 피동화를 중심으로」, 서울대 언어학과 박사학위 논문

김응모 (1993) 「국어 이동자동사 낱말밭」, 서광학술자료사

김일성종합대학출판사 편(1972) 「문화어문법규범」, 김일성종합대학출판사

김일성종합대학출판사 편(1976) 「조선문화어문법규범」, 김일성종합대학출판사

김일웅(1984) 풀이말의 결합가와 격, 「한글」 186

김일웅(1987) 월의 분류와 특징-생성과정과 관련하여, 「한글」 198

김일웅(1987) 월의 생성 과정, 「한글」 196

김정배(1974) 「한국민족문화의 기원」, 고려대학교 출판부

김정학(1964) 「한국민족 형성사」, 한국문화사 대계

김제열(1999) 「'하다' 구문의 연구」, 경희대 박사학위 논문

김종도(1998) 「인지 문법의 토대」 1, 2, 도서출판 박이정

김주원(1994) 알타이제어의 계사, 「주시경학보」 13

김준섭(1995) 「논리학」, 문학과 지성사

김지은(1997) 「우리말 양태용언 구문에 대한 연구」, 연세대 박사학위
　　　논문

김진수(1987) 「국어 접속조사와 어미 연구」, 탑출판사

김진영 외(1997) 「춘향가」(장자백 창본 춘향가), 도서출판 박이정

김진우(1971) 소위 변격용언의 비변격성에 관하여, 「한국언어문학」
　　　8·9합

김차균(1980) 국어 시제 형태소의 의미, 「한글」 169

김차균(1980) 국어의 사역과 수동의 의미, 「한글」 168호, 한글학회

김차균(1982) '있다'의 의미연구, 「언어학」 5, 한국언어학회

김차균(1985) 「국어음운론」, 한국방송통신대학

김창섭(1981) 현대 국어의 복합동사 연구, 「국어연구」 47, 서울대 국어
　　　연구회

김창섭(1983) '줄넘기'와 '갈림길'형 합성명사에 대하여, 「국어학」 12

김창섭(1984) 형용사 파생 접미사들의 의미와 기능, 「진단학보」 58

김창섭(1985) 시각 형용사의 어휘론, 「관악어문연구」 10

김창섭(1990) 복합어, 「국어연구 어디까지 왔나」, 국어연구회, 동아출판사

김창섭(1992) 국어 형태론 연구의 흐름과 과제, 「국어국문학 연구 40년」,
　　　국어국문학회

김창섭(1996) 「국어의 단어 형성과 단어구조 연구」, 태학사

김창주(1979) 「조동사 '먹다'에 대한 연구」, 건국대 석사학위 논문

김철웅(1990) 사이시옷, 「국어연구 어디까지 왔나」, 동아출판사

김형규(1974) 「한국 방언 연구」, 서울대 출판부

김형철(1997) 「개화기 국어 연구」, 경남대 출판부

김홍범(1987) '다면서, 다고, 다니'의 구조와 의미, 「말」 12

김홍규·강범모(1996) 고려대학교 한국어 말모둠, 「한국어학」 3

김홍수(1989) 「현대 국어 심리동사 연구」, 탑출판사

김흥수(1990) 심리동사, 「국어연구 어디까지 왔나」, 동아출판사

김희상(1911) 「조선어전」, 역대한국문법대계 1-19, 탑출판사

김희상(1927) 「울이글틀」, 역대한국문법대계, 탑출판사

나진석(1970) 「우리말 때매김 연구」, 과학사

남광우(1960) 「고어사전」, 동아출판사

남기심 엮음(1994) 「국어 연결어미의 쓰임」, 서광학술자료사

남기심(1968) 구조 언어학의 형태소 분석 방법론에 대하여, 「행정 이
　　　상헌 선생 회갑 기념 논문집」

남기심(1972) 주제어와 주어, 「어문학」 26

남기심(1972) 현대 국어 문법사, 「국어국문학」 58-60 합

남기심(1973) 「국어완형보문법연구」, 계명대 한국학연구소

남기심(1976) 국어의 시제, 「언어」 1-2, 언어학회

남기심(1977) 국어학이 걸어온 길, 「언어과학이란 무엇인가」, 문학과
　　　지성사

남기심(1978) 「국어 문법의 시제 문제에 관한 연구」, 탑출판사

남기심(1982) 국어의 공시적 기술과 형태소 분석, 「배달말」 7

남기심(1982) 문법이론과 국어문법의 연구, 「국어국문학」 88

남기심(1985) 주어와 주제어, 「국어생활」 3

남기심(1986) '-이다' 구문의 통사적 분석, 「한불연구」 7, 한불연구소

남기심(1988) 국어 문법에서 격은 어떻게 정의되어 왔는가, 「꼭 읽어
　　　야 할 국어학 논문집」, 집문당

남기심(1989) 국어학의 구미 언어이론 수용의 역사, 「국어국문학과 구
　　　미이론」, 지식산업사

남기심(1990) 토씨 '와/과'의 쓰임에 대하여, 「동방학지」 66, 연세대 국
　　　학연구원

남기심(1991) 국어의 격과 격조사에 대하여, 「겨레문화」 5집, 한국겨레
　　　문화연구원

남기심(1991) 불완전명사 '것'의 쓰임, 「국어의 이해와 인식」, 한국문화사

남기심(1994) 「국어 조사의 용법」, 도서출판 박이정

남기심 외(1979) 「언어학개론」 개정판, 탑출판사

남기심 외(1985, 1989) 「표준 국어문법론」, 탑출판사

남성우(1996) 「월인석보」 권13과 법화경언해의 번역, 「한국어문연구」 7

남용우 외(1987) 「격문법이란 무엇인가」, 을유문화사

남지순(1993) 한국어 형용사 구문의 통사적 분류를 위하여 1 심리형용
　　　사 구문, 「어학연구」 29-1

노대규(1982) 국어의 복합어 구성법칙, 「인문논총」 4, 한양대

대한 성공회(1954, 1969) 「신약전서」

도수희(1987) 「국어 대용언의 연구」, 탑출판사

독립신문(1896) 영인본, 상남언론재단

독립신문전산자료(1998) 경희대 국어문법 연구회

류성기(1993) 사동사 파생조건, 「주시경학보」 12

리근영(1985) 「조선어리론문법-형태론」, 과학백과사전출판사

문교부(1985, 1989) 「고등학교문법」, 문교부

문양수 외(1977) 「현대언어학」, 한신문화사

문헌연구회(1994) 「석보상절 문법형태 색인집」, 태학사

민현식(1982) 현대 국어의 격에 대한 연구, 「국어연구」 49

박갑수(1995) 「국어문체론」, 대한 교과서 주식회사

박기용 역(1998) 「분계학」, 경남대학교 출판부

박동인·황도삼(1989) 한영, 영한 기계 번역시스템(MATES) 개발과제, 「
　　　정보과학회지」 7-6

박만수(1987) 「우리말의 자리말 연구」, 동아대 박사학위 논문

박만수(1989) 자리말의 통합 양상에 대한 연구, 「한글」 203, 한글학회

박민규(1989) 어휘 조사의 전산처리, 「국어생활」 16

박병수(1974) 「Complement Structure in Korean」, 서울: 백합출판사

박병수(1982) 한국어 X' Syntax 시론, 「언어연구」 3, 경희대 언어 연구소

박병수(1989) 기계 번역에서 본 한국어의 특징, 「정보과학회지」 7-6

박상준(1932) 「개정철자준거 조선어법」, 역대한국문법대계

박선자(1983) 「한국어 어찌말 연구」, 부산대 박사학위 논문

박세영(1989) 기계 번역을 위한 자연언어의 Syntax, 「정보과학회지」 7-6

박순함(1970) '격문법'에 입각한 국어의 겹주어에 대한 고찰, 「어학연구」 6-2

박승빈(1935) 「조선어학」, 조선어학연구회

박승윤(1984) '시작하다' 동사의 타동성 예외, 「언어」 9-2

박승윤(1999) 형식명사술어 구문의 문법화 연구, 「담화와 인지」 5-2

박양규(1975) 소유와 존재, 「국어학」 3, 국어학회

박양규(1978) 사동과 피동, 「국어학」 7, 국어학회

박영순(1986) 고교문법에서의 보어와 보문처리 문제, 「국어학 신연구」, 탑출판사

박이문(1980) 「노장사상」, 문학과 지성사

박주현(1997) 「알기 쉬운 음양 오행」, 동학사

박창해(1964) 「한국어 구조론 연구Ⅲ」, 연세대 한국어학당

방성원(2000) 「국어보문연구」, 경희대 박사학위 논문

배종호(1986) 「한국유학사」, 연세대 출판부

배희임(1988) 「국어 피동 연구」, 한국문화사

서상규(1984) 국어 부정문의 의미 해석의 원리, 「말」 10

서상규(1984) 부사의 통사적 기능과 부정의 해석, 「한글」 186

서상규·한영균(1999), 「국어 정보학 입문」, 태학사

서상규 편(1997) 「번역노걸대 어휘 색인」, 도서출판 박이정

서재석 외 역(2001) 「화용론」, 도서출판 박이정

서정목(1987) 「국어의 의문문 연구」, 탑출판사

서정목(1988) 한국어 청자 대우 등급의 형태론적 해석(1),「국어학」17

서정목(1991) 한국어 동사구의 특성과 엑스-바 이론,「국어학의 새로운 인식과 전개」, 민음사

서정목(1993) 계사 구문과 그 부정문의 통사 구조에 대하여,「안병희 선생 회갑 논문집」, 문학과 지성사

서정선(1991) 인간의 생물학,「인간이란 무엇인가」, 민음사

서정수 외(1980)「신국어학개론」, 형설출판사

서정수(1974) 국어의 부정법 연구에 관하여,「문법연구」1

서정수(1975)「동사 '하'의 문법」, 형설출판사

서정수(1975) 국어 부사류어의 구문론적 연구,「현대국어문법」, 계명대 출판부

서정수(1976) 국어 시상 형태소의 의미 분석,「문법연구」3

서정수(1977) '겠'에 관하여,「말」2, 연세대 한국어학당

서정수(1978) '(으)ㄹ 것'에 대하여,「국어학」6

서정수(1978) 국어의 보조동사-토론-,「언어」3-2, 한국언어학회

서정수(1981) 합성어에 관한 문제,「한글」173·174합

서정수(1989) 분석체계와 종합적 설명법의 재검토,「주시경학보」4

서정수(1991) 풀이말 '있/계시(다)'에 관하여,「국어의 이해와 인식」, 한국문화사

서정수(1992)「현대 한국어 문법의 개관」, 한국문화사

서태룡(1981) 문법형태소 중심의 통사론 연구에 대하여,「한국학보」25

서태룡(1985) 통사,「국어국문학연구사」, 우석출판사

서태룡(1988)「국어 활용어미의 형태와 의미」, 탑출판사

성광수(1976) 국어 간접피동에 대하여,「문법연구」3, 문법연구회

성광수(1976) 국어 문형에 대한 고찰,「어문논집」13

성광수(1976) 존재동사 '있다'에 대한 재고,「국어어문논총」, 강복수 박사 회갑 기념 논문집

성광수(1978) 「국어 조사의 연구」, 형설출판사

성광수(1986) 격과 조사, 「국어생활」 5

성기철(1987) 현대국어의 대우법, 「국어생활」 9

성리대전(1978) 영인본, 영락 13년 간 본

손병욱 역주(2004) 「기학 19세기 한 조선인의 우주론」, 통나무

손호민(1973) Coherence in Korean Auxiliary Verb Construction, 「어학연
      구」 9-2

손호민(1976) Semantics of Compound Verbs in Korean, 「언어」 1-1

송석중(1981) 한국말의 부정의 범위, 「한글」 173 · 174합

송석중(1990) '이다' 논쟁의 반성, 「애산학보」 10, 애산학회

송영배 외(2000) 「한국유학과 리기철학」, 예문서원

송철의(1989) 「국어의 파생어 형성 연구」, 서울대 박사학위 논문

송철의(1992) 생성형태론, 「국어학 연구 백년사」, 일조각

시정곤(1993) '이다'의 '이-'가 접사인 이유, 「주시경학보」 11

시정곤(1994) 「국어의 단어형성 원리」, 국학자료원

신기철 · 신용철(1975) 「우리말 큰사전」, 삼성출판사

신선경(1993) '것이다' 구문에 대하여, 「국어학」 23

신오현(1993) 「존재와 언어」, 고려원

심재기(1982) 「국어 어휘론」, 집문당

심재기 외(1984) 「의미론 서설」, 집문당

안명철(1983) 현대 국어의 양상 연구, 「국어 연구」 56

안명철(1990) 국어의 융합현상, 「국어국문학」 103

안명철(1991) 인용구문 융합의 특성, 「국어학의 새로운 인식과 전개」,
      민음사

안명철(1995) '이'의 문법적 성격 재고찰, 「국어학」 25

안병희(1965) 문법론, 「국어학개론(강좌)」, 수도출판사

안병희(1978) 「15세기 국어의 활용어간에 대한 형태론적 연구」, 탑출판사

안병희·이광호(1990)「중세국어문법론」, 학연사

안상철(1999)「An Introduction to Korean Phonology」, 한신문화사

안주호(1998)「한국어 명사의 문법화 현상 연구」, 한국문화사

안진환 역(1999)「빌 게이츠 생각의 속도」, 청림출판

안희돈(1991)「Light Verb, VP Complement, Negation, and Clausal Architecture in Korean」, 위스컨신대 박사학위 논문

양동휘(1988) 의미-기능 만능주의 문법론에 대하여(Ⅰ),「어학연구」24-1

양동휘(1989)「지배-결속 이론의 기초」, 신아사

양동휘(1995)「문법론」, 한국문화사

양동휘 외(1991)「지배-결속 이론의 기초」, 한신문화사

양인석(1972)「Korean Syntax」, 백합출판사

양인석(1977) Progressive and Perfective Aspects in Korean,「언어」2-1

양정석(1986) '이다'의 의미와 통사,「연세어문학」19

양정석(1987) '이중주어문'과 '이중목적어문'에 대하여,「연세어문학」20

양정석(1991) 재구조화를 특징으로 하는 문장들,「동방학지」71·72합

양정석(1995, 1998)「국어 동사의 의미분석과 연결이론」, 도서출판 박이정

양정석(1996) '이다' 구문의 의미해석,「동방학지」91, 연세대 국학연구원

양정석(1997)「국어 동사의 의미 분석과 연결이론」, 태학사

양정석(2002)「시상성과 논항연결」, 태학사

언더우드(1910)「한영문법」, 한국어 문법대계, 탑출판사

엄정호(1989) 소위 지정사 구문의 통사구조,「국어학」18

엄정호(1993) '이다'의 범주 규정,「국어국문학」110

여손근(1991)「현대논리학」, 민영사

역대한국문법대계(1986) 탑출판사

연재훈(1989) 국어 중립동사 구문에 대한 연구,「한글」203

염선모(1987)「국어의미론」, 형설출판사

옥태곤(1988) 「국어 상 조동사의 의미 연구」, 부산대 박사학위 논문

왕문용(1989) 명사 관형구성에 대한 고찰, 「주시경학보」 4

우형식(1995) 「국어 타동구문 연구」, 도서출판 박이정

유길준(1908) 「대한문전」, 역대한국문법대계, 탑출판사

유길준(1909) 「국어문법」, 역대한국문법대계 1-06, 탑출판사

유동석(1990) 조사생략, 「국어연구 어디까지 왔나」, 동아출판사

유동석(1995) 「국어의 매개변인 문법」, 신구문화사

유동준(1983) 국어의 능동과 피동, 「국어학」 12

유목상(1969) 국어의 문장구성에 대한 고찰, 「중앙대 논문집」 14

유재원 엮음(1985) 「역순사전」, 정음사

유창돈(1964) 「이조어 사전」, 연세대 출판부

유창돈(1971) 「어휘사 연구」, 선명문화사

유현경(1985) 국어 접속문의 통사적 특질에 대하여, 「한글」 191

유현경(1997) 「국어 형용사 연구」, 한국문화사

유형선(1996) 주어와 주제구문의 유형에 대한 고찰, 「한국어학」 3

윤덕호·김영택(1989) 세계의 기계 번역 그 추세와 전망, 「정보과학회
　　　　지」 7-6

윤만근(1997) 「생성문법론」, 한국문화사

윤용남(1992) 「주자의 체용 이론에 관한 연구」, 성균관대 박사학위 논문

윤종열(1990) 「Korean Syntax and Generalized X-bar Theory」, 오스틴 텍
　　　　사스대 박사학위 논문

윤항진(1993) Functional Categories and ECM, 「생성문법연구」 3-1, 생성
　　　　문법연구회

윤평현(1989) 「국어의 접속어미 연구」, 한신문화사

윤희수(1984) X' 이론에 대한 연구, 「언어논총」 2, 계명대 언어연구소

윤희윤(1998) 「정보 자료 분류론」, 태일출판사

이경우(1992) 파생법, 「국어연구 어디까지 왔나」, 국어연구회, 동아출판사

이광정(1987) 「국어 품사분류의 역사적 발전에 관한 연구」, 한신문화사

이광정(1994) '이다' 연구의 사적 고찰, 「주시경학보」 13

이광호(1988) 「국어 격조사 '을/를'의 연구」, 탑출판사

이광호(1990) 목적어, 「국어연구 어디까지 왔나」, 동아출판사

이규호(1968) 「말의 힘」, 제일 출판사

이기갑(1981) 씨끝 '아'와 '고'의 역사적 교체, 「어학연구」 17-2, 서울대
　　　　어학연구소

이기동(1975) Lexical Causatives in Korean, 「어학연구」 11-2, 서울대 어
　　　　학연구소

이기동(1976) 조동사의 의미 분석, 「문법연구」 3, 문법연구회

이기동(1978) 조동사 '있다'의 의미 연구, 「허웅 박사 회갑 논집」, 과학사

이기동(1978) 조동사 '지다'의 의미연구, 「한글」 161

이기동(1979) 조동사 '놓다'의 의미연구, 「한글」 163

이기동(1980) Toward an Alternative Analysis of the Connective ko in
　　　　Korean, 「인문과학」 44, 연세대

이기동(1981) 언어와 의식, 「말」 6, 연세대 한국어학당

이기동(1981) 조사 '에'와 '에서'의 기본의미, 「한글」 173 · 174합

이기동(1983) 「언어와 인지」, 한신문화사

이기문(1972) 「개정 국어사 개설」, 탑출판사

이기용(1978) 언어와 추정, 「국어학」 6

이기용(1979) 두 가지 부정문의 동의성 여부에 대하여, 「국어학」 8

이기용(1989) 영한기계 번역체계 구축을 위한 소고, 「국어정보과학회
　　　　지」 7-6

이남순(1981) 현대국어의 시제와 상에 관한 연구, 「국어연구」 46

이남순(1984) 피동과 사동의 문형, 「국어학」 13

이남순(1985) 주격중출문의 통사구조, 「국어국문학」 93

이남순(1988) 「국어의 부정격과 격표지 생략」, 탑출판사

이남순(1990) 상, 「국어 연구 어디까지 왔나」, 동아출판사

이동희 편(1994) 「한국 소설의 이해」, 영남대학교 출판부

이등용(1993) 동사 '하 -'(爲)의 기원형, 「대동문화연구」 28, 성균관대

이맹성(1968) Nominalization in Korean, 「어학연구」 4-1 별권

이병근(1978) 국어의 장모음화와 보상성, 「국어학」 6

이병근(1986) 국어 사전과 파생어, 「어학연구」 22-3

이상복(1992) 「국어 조어법」, 연세대 박사학위 논문

이상섭(1990) 뭉치언어학: 사전 편찬의 필수적 개념, 「사전편찬학 연구」 3

이상섭(1990) 현대 사전 편찬학의 이론과 실제, 「사전편찬학 연구」 3

이석린(1987) 잡음씨의 연구 1, 「한글」 197

이석주(1989) 「국어 형태론」, 한샘출판사

이성하(1999) 「문법화의 이해」, 한국문화사

이성환·김기현(2002) 「주역의 과학과 도」, 정신세계사

이숙희(1992) 「The Syntax and Semantics of Serial Verb Construction」,
    워싱턴대 박사학위 논문

이숭녕(1946, 1988) 모음조화연구, 「이숭녕 국어학 선집」 재록, 민음사

이숭녕(1960) 「고등 국어문법」, 역대한국문법대계, 탑출판사

이숭녕(1961) 「중세 국어문법」, 을유문화사

이숭녕(1976) 15세기 국어의 쌍형어 '잇다, 시다'의 발달에 대하여, 「국
    어학」 4

이승재(1994) '-이-'의 삭제와 생략, 「주시경 학보」 13

이영춘 역(1976) 「형이상학입문」, 세계의 대사상, 휘문출판사

이원표(2001) 「담화 분석」, 한국문화사

이익섭(1965) 국어 복합 명사의 IC분석, 「국어국문학」 30

이익섭(1978) 피동성 형용사문의 통사구조, 「국어학」 6

이익섭(1984) 「방언학」, 민음사

이익섭·임홍빈(1983) 「국어문법론」, 학연사

이익환(1984) 「현대 의미론」, 민음사

이익환(1985) 「의미론 개론」, 한신문화사

이인섭(1986) 「한국 아동의 언어 발달 연구」, 고려대 박사학위 논문

이정민(1975) 국어의 보문화에 대하여, 「어학연구」 11-2

이정민(1976) Cases for Psychological Verbs in Korean, 「언어」 1-1

이정식(1992) The Role of Case in Exceptional Case Marking, 「생성문법
    연구」 5-1

이정택(1988) '-고'와 공존하는 도움풀이씨 연구, 「한글」 200

이정택(2003) 「피동 연구」, 한국문화사

이주근(1989) 각국의 기계 번역 시스템 개관 및 역사, 「정보과학회지」
    7-6

이주행(1981) 국어 복합어에 대한 고찰, 「국어국문학」 86

이주행(1988) 「한국어 의존명사의 통시적 연구」, 한샘출판사

이지양(1982) 현대국어의 시상형태에 대한 연구, 「국어연구」 51

이지양(1985) 융합형 '-래도'에 대하여, 「관악어문」 10

이지양(1990) 서법, 「국어 연구 어디까지 왔나」, 동아출판사

이철수(1985) 「한국어 음운학」, 인하대 출판부

이필수(1922) 「선문통해」, 역대한국문법대계, 탑출판사

이필영(1990) 관계화, 「국어연구 어디까지 왔나」, 동아출판사

이필영(1998) 명사절과 관형사절, 「문법 연구와 자료」, 태학사

이현희(1982) 국어 종결어미의 발달에 대한 관견, 「국어학」 11

이현희(1994) 「중세 국어 구문 연구」, 신구문화사

이현희(1994) 계사 '(-)이-'에 대한 통시적 고찰, 「주시경학보」 13

이홍배(1970) 「A Study of Korean Syntax」, 범한출판사

이홍배(1971) 이행소와 국어 변형문법 1, 「한글」 147

이홍배(1971) 이행소와 국어 변형문법 2, 「한글」 148

이홍배(1974) 국어의 변형생성 문법 1, 「문법연구」 1

이홍배(1975) 국어의 관계절화에 대하여, 「어학연구」 11-2

이홍배(1975) 국어의 변형생성 문법 2, 「문법연구」 2

이홍배(1979) 국어의 변형생성 문법 3, 「문법연구」 4

이홍배(1984) 「확대 표준 통사론」, 한신문화사

이효상(1995) 다각적 시각을 통한 국어의 시상체계 분석, 「언어」 20-3

이희승(1949) 「초급국어문법」, 역대한국문법대계, 탑출판사

이희승(1954) 존재사 '있다'에 대하여, 「서울대학교 논문집」 17

이희승(1956) 「중등문법」, 역대한국문법대계, 탑출판사

이희자(1994) '-이다'와 발화문, 「주시경학보」 13

임동훈(1991) 격조사는 핵인가, 「주시경학보」 8

임인칠(1989) 한-일 기계 번역 「정보과학회지」 7-6, 정보과학회

임지룡(1989) 국어 분류 어휘집의 체계와 상관성, 「국어학」 19

임지룡(1997) 「인지의미론」, 탑출판사

임지룡·김동환 역(1998) 「인지언어학 개론」, 태학사

임해창 외(1995) 어절 단위의 문맥을 고려한 형태소 단위의 한국어 품
     사태깅모델, 「한국인지과학회 춘계학술발표 논문집」, 한국 인지
     과학회

임홍빈(1979) '을/를' 조사의 의미와 통사, 「한국학논총」 2, 국민대학

임홍빈(1981) 존재 전제와 속격 표시 '의', 「언어와 언어학」 7

임홍빈(1982) 기술보다는 설명을 중시하는 형태론의 기능 정립을 위하
     여, 「한국학보」 26

임홍빈(1983) 서구의 일반언어학 이론과 국어학의 발전, 「정신문화연구」
     89 겨울호

임홍빈(1984) 문종결의 논리와 수행 억양, 「말」 9

임홍빈(1985) 형태, 「국어국문학 연구사」, 우석

임홍빈(1985) 국어의 문법적 특징에 대하여, 「국어생활」 2

임홍빈(1987) 「국어의 재귀사 연구」, 신구문화사

임홍빈(1988) 구조주의와 생성이론, 31회 「전국 국어 국문학대회 초록」,
　　　국어국문학회

임홍빈(1989) 통사적 파생에 대하여, 「어학연구」 25-1

임홍빈(1997) 「북한의 문법론 연구」, 한국문화사

임홍빈 외(1983) 「국어문법론」, 학연사

장경희(1995) 국어의 양태 범주의 설정과 그 체계, 「언어」 20-3, 한국
　　　언어학회

장석진(1993) 「정보기반 한국어 문법」, 도서출판 언어와 정보

장원목(2000) 조선 전기 성리학 전통에서의 리와 기, 「한국유학과 리
　　　기철학」, 송영배 외, 예문서원

장유미·최윤철(1992) 어휘데이타베이스 구축을 위한 한글 띄어쓰기
　　　및 어절분석도구의 개발, 「사전편찬학 연구」 4, 탑출판사

장지영(1937) 「조선어전」, 역대한국문법대계, 탑출판사

장하일(1947) 「중등 새 말본」, 역대한국문법대계, 탑출판사

장하일(1957) 낱말의 정의, 「이희승 선생 송수 기념 논총」

전상범(1977) 「생성음운론」, 탑출판사

전수태(1987) 「국어 이동동사의 의미 연구」, 한신문화사

전양범 역(1992) 「존재와 시간」(마르틴 하이데거), 시간과 공간사

전영삼 역(1992) 「학의 방법론1」, 헬무트 자이퍼트 저, 교보문고

전철웅(1990), 사이시옷, 「국어연구 어디까지 왔나」, 동아출판사

정길남(1987) 「개화기 국역성서의 표기법과 문법형태」, 개문사

정길남(1992) 「19세기 성서의 우리말 연구」, 서광학술자료사

정동빈(1987) 「언어 습득 연구」, 한신문화사

정동환(1993) 「국어 복합어의 의미 연구」, 서광학술자료사

정문수(1981) 상적 특성에 따른 한국어 풀이씨의 분류, 「문법연구」 5,
　　　문법연구회

정문수(1986) 한국어 심리동사의 동태성, 「동양문화연구」 1, 대전대

정언학(2004) '고 있다' 구성에서의 '진행'의 의미 발전 양상, 「어문연구」
44, 어문연구학회

정연창(2000) 「담화기능론」, 한국문화사

정열모(1946) 「신편고등문법」, 역대한국문법대계, 탑출판사

정위섭(1994) 「논리학 입문」, 학문사

정인상(1990) 주어, 「국어연구 어디까지 왔나」, 동아출판사

정인수(1994) 「국어 형용사의 의미 자질 연구, 영남대 박사학위 논문

정정덕(1986) 「국어 접속어미의 통사 의미론적 연구, 한양대 박사학위
논문

정진일 역(1998) 「주역」, 서광사

정태구(1992) 「Argument Structure and Serial Verbs in Korean」, 텍사스
대 박사학위 논문

정태구(1994) '어 있다'의 의미와 논항구조, 「국어학」 24

정필모 외 역(1989) 「문헌 분류 이론」, 구미무역 출판부

정희성(1989) 한영 기계 번역 시스템, 「정보과학회지」 7-6

정희정(1988) '에'를 중심으로 본 토씨의 의미, 「국어학」 17

조동일(1996) 「우리 학문의 길」 제2판, 지식산업사

조성호(2000) 율곡학파의 리기론과 리의 주재성, 「한국 유학과 리기철
학」, 송영배 외, 예문서원

주시경(1910) 「국어문법」, 역대한국문법대계, 탑출판사

주역과학아카데미 학술부(2003), 「주역과학교실」, 도서출판 수연

주자대전(1978) 영인본, 1771年 영조 47 입재

차현실(1984) '싶다'의 의미와 통사구조, 「언어」 9-2

채　완(1976) 조사 '는'의 의미, 「국어학」 4

채　완(1986) 「국어 어순의 연구」, 탑출판사

채　완(1979) 화제의 의미, 「관악어문연구」 4, 서울대 국어국문학과

천시권 외(1983) 「국어의미론」, 형설출판사

최광옥(1908)「대한문전」, 역대한국문법대계, 탑출판사

최기선·김덕봉(1989) 영한 기계 번역시스템(MATES-EK)의 개발기법과
          전략,「정보과학회지」7-6

최동주(1995)「국어 시상체계의 통시적 변화에 관한 연구」, 서울대 박
          사학위 논문

최영진 외(2000)「최한기의 철학과 사상」, 철학과 현실사

최윤식 외(1992)「하이데거에서 가다머로」, 조명문화사

최재희(1970)「논리학 원론」, 박영사

최정후(1983)「조선어학개론」, 과학백과사전출판사

최창렬(1983)「한국어의 의미 구조」, 한신문화사

최현배(1930)「조선어의 품사분류론」, 역대한국문법대계, 탑출판사

최현배(1934)「중등조선말본」, 역대한국문법대계 1-45, 탑출판사

최현배(1937, 1955, 1982)「우리말본」, 정음사

최현배(1959) 잡음씨의 세움, 이론적 사실적 및 비교언어학적 논증,「한
          글」125

최현배(1961)「고친 한글갈」, 정음사

최현배(1963) 잡음씨에 대하여,「연세논총」2

케빈 오록 역(1982)「조병화 영역시집」, 오상출판회사

하일민·진기행(1994)「논리와 사고」, 경문사

하치근(1989)「국어 파생형태론」, 남명문화사

한 길(1993)「국어 종결어미 연구」, 강원대 출판부

한국방언학회(1973)「국어방언학」, 형설출판사

한국사상사연구회(1996)「조선 유학의 학파들」, 예문서원

한국어학회(1999)「국어의 격과 조사」, 월인

한글학회(1980),「한글맞춤법」

한글학회(1992),「한글학회지은 '우리말 큰 사전'」

한동완(1996)「국어의 시제 연구」, 태학사

한상연(1988) 「시간과 공간」, 대완 도서출판사

한송화(2000) 「현대 국어 자동사 연구」, 한국문화사

한완상·마상조 역(1978) 「소유냐 존재냐」, 에리히 프롬, 전망사

한재영(1996) 「16세기 국어 연구」, 신구문화사

한재현(1981) 「생략과 대용현상」, 한신문화사

한정한(1999) 의미격과 화용격 어떻게 다른가, 국어의 격과 조사, 「한국어학회」, 도서출판 월인

한태동(1999) 「세종대의 음성학」, 연세대 출판부

허 웅(1965) 「국어음운학」, 정음사

허 웅(1968) 「표준문법」, 신구문화사

허 웅(1970) 「언어학 개론」, 정음사

허 웅(1975) 「우리옛말본」, 샘문화사

허 웅(1981) 「언어학-그 대상과 방법」, 샘문화사

허 웅(1982) 한국말 때매김법의 걸어온 발자취, 「한글」 178

허 웅(1983) 「국어학」, 샘문화사

허 웅(1989) 「16세기 우리 옛말본」, 샘문화사

허 웅(1989) 「국어 때매김법의 변천사」, 샘문화사

허 웅(1991) 「15, 16세기 우리 옛말본의 역사」, 탑출판사

허 웅(2000) 「20세기 우리말의 형태론(고친판)」, 샘문화사

허재영(1998) 춘향전, 심청전 전산자료, 한말글학회 공개자료

홍기선(1991) Argument Selection and Case Marking in Korean, Doctoral Dissertation, Stanford University

홍기선(1992) 한국어 대격의 의미, 「언어」 18-2

홍윤기(2002) 「국어 문장의 상적 의미 연구」, 경희대 박사학위 논문

홍윤표(1988) 전통문법이론의 수용과 국어연구, 31회 「전국 국어국문학대회 발표 초록」, 국어국문학회

홍윤표(1990) 격조사, 「국어연구 어디까지 왔나」, 동아출판사

홍윤표(1996) 왜 'ㄱ' 다음에는 'ㄴ'이 올까요?, 「함께 여는 국어교육」, 통권 30, 전국 국어교사모임

홍재성(1977) 소쉬르 언어학의 몇 가지 개념, 「언어과학이란 무엇인가」, 문학과 지성사

홍재성(1987) 「현대 한국어 동사구문의 연구」, 탑출판사

홍재성(1987) 현대 한국어 사전과 자동사/타동사 용법의 구분, 「성곡논총」 18

홍재성(1988) 한국어 사전에서의 동사항목의 기술과 통사 정보, 「사전편찬학연구」 3

홍재성(1989) 내려가다/내려오다와 그 사전적 처리, 「애산학보」 7

홍재성(1990) 한국어 자동사/타동사 구문의 구별과 사전, 「사전편찬학연구」 3

홍재성(1997) 「한국어 동사 구문 사전」, 두산동아

황병순(1988) 「국어의 상 표시 복합동사 연구」, 영남대 박사학위 논문

油谷辛利(1978) 현대 한국어의 동사분류, 「조선학보」 87

Abasolo, R.(1974) Basic Semantic Structure of Korean, Seoul, Tower Press

Akmajian & Henry(1975) An Introduction to the Principle of Transformational Syntax, Tower Press

Allwood, J. & Andersen, L. & Dahl, O.(1977), Logic in Linguistics, Cambridge Textbooks in Linguistics

Anderson, John M.(1971) The Grammar of Case: Towards a Localistic Theory, Cambridge: Cambridge University Press

Aronoff, M.(1976) Word Formation in Generative Grammar, Linguistic Inquiry Monograph 1, MIT Press

Bauer, L.(1983) English Word Formation, Cambridge CUP

Bauer, L.(1988) Introduction Linguistic Morphology, Edinburch

Berlin, B. & Kay, P.(1969) Basic color terms, Berkeley: University of California Press

Bierwish, M.(1969) On Certain Problems of semantic Representation, Fundatin of Language 5

Blake, Barry J.(1994) Case, Cambridge and New York: Cambridge University Press

Block & Trager(1942) Outline of Linguistic Analysis, Baltimore; Linguistic Society of America

Bloomfield, Leonard(1935) Language, Ruskin House George Allen & Unwin LTD, London

Bolinger, D.(1977) Meaning and Form, Longman group Ltd

Brown, G. & Yule, G.(1983) Discourse analysis, Cambridge Textbooks in Linguistics

Borsley, R. D.(1991) Syntactic Theory, Edward Arnold

Chafe, Wallace(1970) Meaning and the structure of Language, Chicago University Press

Chomsky, N. & Morris, H.(1968) The Sound Pattern of English, New York: Harper & Row pattern

Chomsky, N.(1957) Syntactic Structure, The Hague Mouton

Chomsky, N.(1965) Aspect of Theory of Syntax, MIT Press

Chomsky, N.(1970) 'Remarks on Nominalization' Reading in English

Chomsky, N.(1972) Studies on Semantics in Generative Grammar, Mouton

Chomsky, N.(1980) On Binding, Linguistic Inquiry 11-1

Chomsky, N.(1981) Lectures on Government and Binding, Foris

Chomsky, N.(1986) Knowledge of Language, Praeger

Chomsky, N.(1992) A Minimalist Program for Linguistic Theory, Draft Paper

Comrie, Bernard(1976) Aspect, Cambridge: Cambridge University Press

Cooper & Ross(1975) Word-Order, Functionalism, Chicago Linguistic Society

Croft, William(1991) Syntactic categories and grammatical relations: The cognitive organization of information, Chicago: University of Chicago Press

Danes, K.(1974) (ed.) Papers on Functional Sentence Perspective, Mouton

DeLancey, Scott(1999) Functional Grammar, LSA paper book

DeLancey, Scott(2003) Case, Unpublished paper book

Dowty, David R.(1979) Word meaning and Montague Grammar, D. Reidel Publishing Company

Elizabeth, Traugott & Bern, Heine(1991) Approaches to Grammaticalization, John Benjamins Publishing Company

Fillmore, C.(1966) Toward a Modern Theory of Case, Ohio State University Project on Linguistic Analysis13, (Reprinted in D. A. Reibel and S. Schane, eds. Modern Studies in English: Readings in Transformational Grammar, Englewood Cliffs, NJ: Prentice-Hall)

Fillmore, Charles(1968) The case for case, in E. Bach and R. Harms, eds., Universals in linguistic theory, pp. 1-90, New York: Holt, Rinehart

Fillmore, Charles(1970) The grammar of hitting and breaking, in R. Jacobs and P. Rosenbaum, eds., Readings in English Transformational Grammar

Fillmore, Charles.(1971) Types of lexical information, Semantics, Steinberg, D. & Jakobist, L.A. edition, Cambridge University Press

Fukui N.(1986) A Theory of Category Projection and Its Applications, Ph. D. Dissertation, MIT

Givon, T.(1979) On understanding Grammar, New York Academic Press

Givon, T.(2001) Syntax: Vol 1.2, Amsterdam: Benjamins

Haegeman, Liliane(1991) Introduction to Government and Binding Theory, Oxford: Basil Blackwell

Halliday, M. A. K.(1985) An Introduction to Functional Grammar, Edward Arnold

Han, H. S.(1986) The configurational Structure of the Korean language, Ph D dissertation UT Austin

Hawkins, J. A.(1983) Word Order Universals, Academic Press

Hockett, C. F.(1958) A Course in Modern Linguistic, New York, Mac Millan Ltd

Hopper, Paul J. & Elizabeth, Traugott(1993) Grammaticalization, Cambridge University Press

Hutchins, W. J.(1986) Machine Translation Past, Present, Future, Ellis Horwood Limited

Jackendoff, R.(1977) X' Syntax: A Study of Phrase Structure, MIT Press

Jackendoff, R.(1983) Semantic and Cognition, MIT Press

Jespersen, C.(1924) The Philosophy of Grammar, London: George Allen & Unwin

Johnson & Lakoff(1980) Metaphors We live by, The Univ. of Chicago Press

Jones, D.(1962) An Outline of English Phonetics, Cambridge

Katz, Jerrold J. & Fodor, Jerry A.(1964) The Structure of language; readings in the philosophy of language, Englewood cliffs, M. J., Prentice-Hall

Kess, Joseph F.(1992) Psycholinguistics, Amsterdam/Philadelphia., John Benjamins Publishing Company

Keyser & Postal(1976) Beginning English Grammar, Haliday Lithograph Corporation

Kim, Soo-Won and Joan, Maling(1998) Case assignment in the siphta construction and its implications for case on adverbials, In Ross King (ed.), Description and Explanation in Korean Linguistics, Ithaca, NY, East Asia Program, Cornell Unviersity

Labov, W.(1973) The boundaries of words and their meaning, In Bailey and Shay(1973)

Lakoff, George(1987) Woman, fire, and dangerous things, Chicago: University of Chicago Press

Langacker, R. W.(1987) Foundations of Cognitive Grammar, Stanford University Press

Lyons, E.(1969) Introduction to Theoretical Linguistics, Cambridge Univ. Press

Martin, S.(1954) Korean Morphophonemics, 역대문법대계 2-79

Matthews, P. A.(1974) Morphology, Cambridge University Press

Matthews, P. A.(1981) Syntax, Cambridge University Press

Nida, Eugene A.(1949) Morphology, Michigan: The University of Michigan Press

Palmer, F. R.(1986) Mood and Modality, Cambridge Textbooks in Linguistics

Pollard, Carl & Sag, Ivan A.(1994) Head-Driven Phrase Structure Grammar, CSLI Stanford, The University of Chicago Press

Quirk, Randolph et al.(1985) A Comprehensive Grammar of the English Language, Longman Inc., New York

Radford, A.(1981) Transformational Syntax, Cambridge Univ. Press

Radford, A.(1988) Transformational Grammar, Cambridge Univ. Press

Riemsdijk & Williams(1986) Introduction to the Theory of Grammar, MIT Press

Rosch, E.(1973) Natural Categories, Cognitive Psychology 7

Rosch, E.(1975) Cognitive representation of semantics in human categorization, Journal of Experimental Psychology: General 104

Sapir, E.(1925) Language, New York

Saussure, F.(1959) Course in General Linguistics, McGraw-Hill Book Company

Scalise, S.(1984) Generative Morphology, 전상범 역(1987), 한신문화사

Shibatani, M.(1973) Lexical versus periphrastic causatives in Korean, JL. 9

Sinclair, J.(1991) Corpus, concordance, Collocation, Oxford: Oxford University Press

Sohn, Ho-min(1980) Theme-Prominence in Korean, Korean Linguistics 2

Song, Seok-Choong(1976), Some Evidence for the Existence of the Copula in Korean, 권명수, 고병려 교수 정년기념논문집, 연세대 영문과 동창회

Taylor, John. R.(1995) Linguistic categorization, Oxford: Clarendon Press

Valin, Van R. D. & La Polla Randy J.(1997) Syntax: Structure, meaning and function, Cambridge Textbooks

Vendler, Zeno(1957, 1967) Linguistic in Philosophy, Ithaca: Cornell University Press

Webelhuth, Gert(1995) Government and Binding Theory and the Mimimalist Program, Oxford: Basil Blackwell

Weinreich, U.(1963) On the Semantic Sructure of Language, in Greenberg J. H.(1963) Univeral of Language Cambridge Press

Wiley, E. O.(1979) The annotated Linnean hierachy, with comments on natural taxa and competing systems, Systematic Zoology 28

Williams, Edwin(1981) Thematic Structure in Syntax, Cambridge, Mass. MIT Press

Yun, Jong-yurl(1990) Korean Syntax and Generalized X-bar Theory, Seoul Hanshin Publishing Co